河北省社会科学基金项目
教育部"新世纪优秀人才支持计划"资助
河北省哲学社科研究基地项目

Fayuan Gaige de Lilun
Tansuo yu Difang Shijian
Jiyu Hebei Fayuan de Kaocha

法院改革的理论
探索与地方实践：

基于河北法院的考察

梁平　陈奎　著

人 民 出 版 社

序

在人类历史上,为了实现社会的有序化,不同国家曾经采取不同的社会治理方式,但唯有法治被大多数现代国家奉为主要治道。法治作为人类历史文明的产物,其所蕴含的自由、平等、民主的价值理念,为人们所普遍接受。今日之中国,随着社会主义市场经济体制的建立和完善,民主政治的逐步推进以及法治理念的深入,在中国特色的社会主义法律体系已经建成的现实情境下,社会日益呼唤符合时代要求的司法体制以及与之相配套的运作机制。司法改革作为回应时代变革的伟大社会变革运动,放置于依法治国被高调重提且以超常魄力和勇气推进的宏观背景下,中国法治建设的司法转向正迎来前所未有的历史机遇。重新审视思考中国司法改革进程中面临的诸种问题并对轰轰烈烈开展的司法改革实践提出有益建言,已成法律人义不容辞的责任。

肇始于20世纪90年代的中国司法改革,至今已有二十余载。在决策层、理论界和实务部门的共同努力和推动之下,司法改革取得了令人瞩目的成就。司法改革作为透视中国改革开放三十多年来法治建设和司法发展状况的一个窗口,其不仅开启了当代中国司法现代化的崭新历程,也有效推动了社会主义法治国家建设的步伐。但总体而言,司法改革离"让人民群众在每一个司法案件中都感受到公平正义"这一目标尚有一定差距。司法运行过程中所面临的司法行政化、地方化和法官非职业化等问题仍在相当程度上影响着司法改革的具体成效。不可否认,过去的司法改革更侧重于具体制度的建构与完善,而对司法体制问题缺乏实质性触及。虽然具体制度变革具有"积薪"作用,但从制度变革的"量变"到司法体制的"质变"之间,绝非"捅破一层窗户纸"那般容易。因此,在中国特色社会主义法律体系已经建成转而推进中国特色社会主义法治体系建设的氛围中,解脱中国司法改革面临的"根本性束缚",寻求司法体制的实质变革方为破冰之举。也唯有如此，中国的司法改革方能跳出一般性制度修复的不足，进而寻求诊治司法运行根本顽疾的治本良药。当前，中国的司法改革已步入"深水区"，体制改革正实质性推进，这无疑是"治疗"司法顽疾的最佳"药方"。

如果说，建设中国特色社会主义法治国家是一项伟大的系统工程，那么司法制度则是其中极为重要的子工程，而这一子工程本身亦是一项小型系统工程。由此可见，司法体制改革作为一项涉及体制的根本性变革，必然牵涉复杂的利益格局调整，司法体制变革目标之达成绝非一朝一夕之功。在改革目标明确的前提下，如何将改革的长期性与过程的渐进性、理想的崇高性与手段的适宜性有机统一起来就显得尤为重要。在司法体制改革的攻坚过程中，民众对司法公正的诉求不可能停滞于对司法体制改革彻底成功的等待，寻求达成正义的保障措施实为必要。但当前可以笃定的是：阳光是最好的防腐剂，公开是最佳的消毒液。"正义不仅要实现，而且要以人们看得见的方式被实现。"司法公开作为解决当前中国司法难题的有效手段，应予大力提倡。

需要提及的是，在探寻剖析中国司法改革面临的诸种问题及应对策略的过程中，我们往往容易将自己置身于体制改革的宏大语境中。而司法运行的相关细节，因其不属于司法方向性、根本性问题，加之长期"重实体、轻程序"思想的影响，在司法实践中往往重视不够。但正所谓"见微知著"，无数个合理的细节共同构成一个完整和正当的程序，从而集中体现并保障公平与正义的实现。对司法运行程序细节之漠视，易带来程序正义之失陷。因此，追求"精密司法"必然有益于司法公正与权威之实现。但"精密司法"之实践，需要相关制度的完善以及程序正义理念的内化。显然，在当前我国司法改革尚处于全面推进的情形之下，单纯强调"精密司法"极有可能事倍功半。但在法院信息化建设已成潮流的情境下，通过信息化监控程序细节运作，不失为达成程序正义的那只"看不见的手"。

党的十八大以来，特别是党的十八届四中全会以来，有关司法改革的文件及举措接踵而至，令人目不暇接。按照"司法改革时间表和路线图"的要求，司法改革的推进速度日新月异。当我们还在反思过去司法改革之得失时，今天的司法改革正在成为过去，尽管追随司法改革的脚步没有停歇，有时感觉速度不够理想，无论如何，我们必须努力追赶……

目　录

导言:司法改革的跨越与新生

"20世纪80年代末期,我国的改革开放已经进行了十余年,我国的经济和社会均有了长足进步,但是政治体制改革的相对滞后却在一定程度上制约了其更大的进步。就在此时,或在媒体上,或在实践中,'司法改革'一词开始不断见诸人们的视野。随着中央对政治体制改革的日益重视和司法机关有关动作的频繁活跃,最初并不显山露水的司法改革逐渐成为我国社会的热门话题和改革界的一件大事,随着最高人民法院和最高人民检察院的相关正式文件的相继出台,以及各地司法机关各种改革措施的不断推出而掀起一轮又一轮的高潮。司法改革研究一度成为我国法学研究的显学,至今仍余音不衰。"[①]

一

中国司法改革是顺应进入20世纪90年代后的中国社会结构和社会运行方式的变化,回应新的社会要求而提出的。同时亦是基于中国司法自身所面临的深层矛盾而启动的。

马克思主义的基本原理告诉我们:"一切社会变迁和政治变革的终极原因,不应当在人们的头脑中,在人们对永恒的真理和正义的日益增进的认识中去寻找,而应当在生产方式和交换方式的变更中去寻找;不应当在有关的哲学中去寻找,而应当在有关的时代的经济学中去寻找。"[②]1978年,党的十一届三中全会确立了全党工作重点转移到社会主义经济建设上来的方针。自

[①] 鲁强:《当代中国司法改革过程研究》,博士学位论文,中国政法大学2008年,第1页。

[②] 《马克思恩格斯全集》(第三卷),人民出版社1956年版,第424—425页。

此,我国开始了从计划经济向商品经济,继而又从商品经济到市场经济的转变。到 20 世纪 90 年代末,市场已经成为资源配置的基本手段,经济运行中市场的主导地位也已大体形成。作为普遍性的实践与经验,市场经济必须在确定的制度框架中存在和发展;特定的制度是市场主体理性预期的重要依据。盖因市场经济是法治经济,社会治理过程中司法的作用愈显突出,对司法的依赖空前加重。社会治理过程对司法的倚重,这本来是法治社会的应然现象,但中国司法的现实条件无法回应经济领域的巨变进程,由此带来诸多的不适应:一方面,法律具有稳定性,经济现象所产生的要求具体体现为法律制度,乃至司法实践必然具有一定的时滞过程。司法变化的缓慢进程显然无法适应经济领域日新月异之革新,经济体制变革的司法需求难以得到及时因应。另一方面,在体制转换时期,司法需要在新旧体制所形成的不同要求中作出权衡。"在许多情况下,司法既要以宽容的态度对待旧体制所形成的现实,又要以超前的视野倡导和维护新体制所应有的规则。从理论上表述司法机构在此境况下的应有立场或许较为容易,但在实践中具体处置这种关系则极为困难。"①新的经济体制与原有司法体制的矛盾日益凸显,这就要求司法体制作出相应调整。

20 世纪 90 年代,"依法治国"作为一种治国方略提出。在此宏观背景下,民众的法律意识和权利意识空前高涨,人们一反过去厌诉和非讼的态度,不惜借助颇费周折但目标令人向往的司法来维护自己的合法权益。持续增加的诉讼数量使司法机关在承受能力上力不从心。"1979 年改革开放之初,全国法院全年结案 52 万件,1999 年结案数则达到了 623 万件。负荷重、积案多、超审限等问题成为人民法院挥之不去的困扰。事实上,以我国当时的审判力量和审判任务比较,二者之间不应形成如此巨大的矛盾。我国在 20 世纪 90 年代中期,法院审判人员人均年结案在 30 件上下,而同期的美国,地区法院的法官年人均结案没有低过 400 件,上诉法院没有低过 200 件。到 1995 年,分别达到 470 件和 331 件。"②"我国台湾地区 1986 年各级法院共审结 1157585 件案件,人均年结案 886 件。"③显然,问题并非在司法力量不足,而是司法体制自身所致,此为司法改革的契机。

我国原有司法体制之设计使得诸多权力可以影响甚至左右法官对案件的裁决,这就使得法官丧失了在审判中的独立性和中立性地位,而失去独立性和

---

① 顾培东:《中国司法改革的宏观思考》,《法学研究》2000 年第 3 期。
② [美]波斯纳:《联邦法院:挑战与改革》,邓海平译,中国政法大学出版社 2002 年版,第 436 页。
③ 苏永钦:《司法改革的再改革》,台湾月旦出版社 1998 年版,第 307 页。

中立性的司法审判很难做到公正、公平。在地方上,由于我国官员晋升的政治锦标赛模式,各级地方政府都希望快速发展本地经济,以增加本地居民的就业机会并提高地区 GDP 总量指标。这种狭隘的政绩观为地方保护主义的产生提供了温床。"由于法院在机构编制、法官任命、经费等方面依赖于地方党政,法院就成为地方党政领导谋求本地方发展的工具,从而导致司法地方保护主义的出现。这种司法地方保护主义导致地方各级法院以服务于地方经济发展和配合地方维稳为目标,而不是以向社会输出公平、正义的价值为目标,严重地破坏了我国社会主义市场经济发展秩序,同时也歪曲了国家的法律,割裂了司法在全国内的统一性。"①在法院内部,司法裁判的形成需要经过层层审签,审判委员会讨论,甚至上级法院的过问指点。这种体制使得审判案件的法官并非司法裁判的真正决定者,外在力量才是决定性因素。毋庸置疑,以行政化、地方化为主要弊端的司法体制已经不能适应国家治理之需要,在某种程度上甚至阻碍了市场经济的发展和政治文明的进步,因此以司法公正为目标、以审判独立为保障的司法改革的必要性凸显。

二

新中国成立,"开启了中国司法制度建设的新纪元。1949 年 9 月颁布的具有临时宪法性质的《中国人民政治协商会议共同纲领》和《中华人民共和国中央人民政府组织法》,奠定了新中国的法制基石。1954 年制定的《中华人民共和国宪法》和《中华人民共和国人民法院组织法》、《中华人民共和国人民检察院组织法》等法律、法令,规定了人民法院、人民检察院的组织体系和基本职能,确立了合议制度、辩护制度、公开审判制度、人民陪审员制度、法律监督制度、人民调解制度,形成了中国司法制度的基本体系"②。新中国成立初期,需要建立起对社会的全面控制,法院作为社会控制的一个有效工具,受到高度重视。1952 年党开始改造和整顿全国所有的法院,彻底清理原国民党政府遗留的司法工作人员,补充了大量我党自己培养的干部。1952 年《中央转发政法委分党组关于司法改革工作报告的通知》提出:"法院干部的补充,必须由各级党委调配一些立场坚定、观点正确和熟悉政策的老干部充任骨干,并从各种人民法庭的干部中调一些人来充实。此外,应由工、农、青、妇等人民团体及转业建设的革命军人中输送一些优秀分子。"因此有学者将这一时期的司法制度归

---

① 张晓东:《法治视域下的中国司法改革——以保障司法审判独立为目标》,硕士学位论文,吉林大学行政学院 2014 年,第 8—9 页。

② 国务院新闻办公室:《中国的司法改革》,人民出版社 2012 年版,第 2 页。

纳为五个特征："1. 服从党的领导；2. 为党和国家的中心工作服务；3. 走群众路线；4. 实事求是；5. 德才兼备。"①"20 世纪 50 年代后期以后，特别是'文化大革命'（1966—1976 年）期间，中国司法制度一度遭到严重破坏。1978 年实行改革开放后，中国总结历史经验教训，确立了发展社会主义民主、健全社会主义法制的基本方针，恢复重建了司法制度，制定和修订了一系列基本法律。"②恢复重建阶段的主要任务是司法理念的启蒙、司法组织的恢复、司法队伍的充实、司法程序的构建。1983 年对《法院组织法》和《人民检察院组织法》作了比较大的修改之后，我国的司法制度基本恢复和确立。从新中国建立之初到 20 世纪 80 年代，我国的司法制度经历了"建立—破坏—恢复重建"过程，在司法制度尚在建立完善的这一时期，难言有真正意义的所谓"司法改革"。

　　20 世纪 90 年代，随着《行政诉讼法》的施行、《民事诉讼法》的制定以及《刑事诉讼法》的修改，我国刑事司法、民事司法、行政司法三大司法体系全面确立。但原有司法体系却面临诸多挑战与困境，推进司法改革已经成为党和国家治国方略的有机组成部分，司法改革全面展开。1997 年 10 月召开的党的十五大，提出了依法治国、建设社会主义法治国家的历史任务，并且强调要推进司法改革，从制度上保障司法机关依法独立行使审判权和检察权。1999 年 3 月召开的九届全国人大二次会议，把依法治国、建设社会主义法治国家的基本方略用根本大法的形式固定下来，这为司法改革注入了强大的动力。为落实中央的战略部署，最高人民法院于 1999 年 10 月颁布了《人民法院五年改革纲要》（第一个五年改革纲要），司法改革在内部层面全方位展开。"第一个五年改革纲要"第一次系统地阐述了人民法院司法改革的目标和原则，提出了 39 项具体的改革任务，涉及审判方式改革、审判组织改革、法院内设机构改革、法院人事管理制度改革、法院办公现代化建设、审判管理和社会监督机制改革、法院深层次改革的探索等七大领域。总的来看，"'第一个五年改革纲要'的制定与实施，深刻地改变了人民司法事业的基本面貌，有力推动了中国法院制度现代化的历史进程"。③ 这一时期的改革主要集中在具体机制的改革层面，尽管所取得的成绩有目共睹，但改革并未从根本上解决司法不公这一顽疾。

　　进入 21 世纪以来，随着全球化趋势的加快，中国的司法改革面临着全新的外部环境。在此情境下，2002 年 11 月召开的党的十六大，第一次全面提出并且阐述了推进司法体制改革的历史性任务。司法改革更多地触及体制性层面的问题。提出"按照公正司法和严格执法的要求，完善司法机关的机构设

---

① 何拥军：《人民法院建设》，中国社会科学出版社 2008 年版，第 82 页。
② 国务院新闻办公室：《中国的司法改革》，人民出版社 2012 年版，第 2 页。
③ 公丕祥：《中国司法改革的时代进程（下）》，《光明日报》2008 年 12 月 30 日。

置、职权划分和管理制度，进一步健全权责明确、相互配合、相互制约、高效运行的司法体制。从制度上保证审判机关和检察机关依法独立公正地行使审判权和检察权。完善诉讼程序，保障公民和法人的合法权益。切实解决执行难问题。改革司法机关的工作机制和人财物管理体制，逐步实现司法审判同行政事务相分离。加强对司法工作的监督，惩治司法领域的腐败。建设一支政治坚定、业务精通、作风优良、执法公正的司法队伍"。为了贯彻落实党的十六大关于推进司法体制改革的战略部署，党中央专门成立了司法体制改革领导小组，具体负责领导和部署司法体制改革工作，并于 2004 年底发布《中央司法体制改革领导小组关于司法体制和工作机制改革的初步意见》，提出"改革和完善诉讼制度，改革和完善诉讼收费制度，改革和完善检察监督体制，改革劳动教养制度，改革和完善监狱和刑罚执行制度，改革司法鉴定体制，改革有关部门、企业管理公检法体制"等 10 个方面 35 项改革任务。最高人民法院于 2005 年 10 月 26 日颁布了《人民法院第二个五年改革纲要》。"第二个五年改革纲要"提出了 2004 年至 2008 年人民法院司法改革的 50 项基本任务，主要是：改革和完善诉讼程序制度，实现司法公正，提高司法效率，维护司法权威；改革和完善执行体制和工作机制，健全执行机构，完善执行程序，优化执行环境，进一步解决"执行难"；改革和完善审判组织和审判机构，实现审与判的有机统一；改革和完善司法审判管理和司法政务管理制度，为人民法院履行审判职责提供充分支持和服务；改革和完善司法人事管理制度，加强法官职业保障，推进法官职业化建设进程；改革和加强人民法院内部监督和接受外部监督的各项制度，完善对审判权、执行权、管理权运行的监督机制，保持司法廉洁；不断推进人民法院体制和工作机制改革，建立符合社会主义法治国家要求的现代司法制度。实践证明，"人民法院第二个五年改革纲要"并未得到很好的落实，公正司法和严格执法的要求并未全面实现，现代司法制度亦未真正建立，司法改革与既定目标尚存不小差距。

2007 年 10 月，党的十七大报告提出，深化司法体制改革，优化司法职权配置，规范司法行为，建设公正高效权威的社会主义司法制度，保证审判机关、检察机关依法独立公正地行使审判权、检察权。"这标志着我国的司法改革开始转向纵深发展，反映了最高决策层对司法体制改革的坚定决心，亦表明我国司法改革进入攻坚阶段。"①按照十七大的总体要求，中央司法体制改革领导小组提出了《中央政法委员会关于深化司法体制和工作机制改革若干问题的意见》，该文件围绕优化司法职权配置、落实宽严相济刑事政策、加强政法队伍建

---

① 谭世贵：《中国司法改革的回顾与反思》，《法治研究》2010 年第 9 期。

设、加强政法经费保障四个方面，提出了 60 项改革任务。与此相适应，2009 年最高人民法院发布了《人民法院第三个五年改革纲要》，"第三个五年改革纲要"确定的 2009—2013 年深化人民法院司法体制和工作机制改革的目标是：进一步优化人民法院职权配置，落实宽严相济刑事政策，加强队伍建设，改革经费保障体制，健全司法为民工作机制，着力解决人民群众日益增长的司法需求与人民法院司法能力相对不足的矛盾，推进中国特色社会主义审判制度的自我完善和发展，建设公正高效权威的社会主义司法制度。上述改革任务极其艰巨，但若能顺利完成，则公正高效权威的社会主义司法制度不难实现。这一时期（2007—2012 年）的司法改革，展现在人们面前的真实面貌是：随着司法人民性的强调和调解政策的转变，采用多元手段化解社会矛盾得到大力提倡，寻求司法与其他手段的有机衔接与协调成为司法实践中关注的重点。总体而言，司法改革举措继续小步前行，但触及体制的司法改革"攻坚现象"体现并不明显。

<h2 style="text-align:center">三</h2>

"改革开放三十多年来，人民法院的司法改革呈现出从司法规范重建—审判方式改革—司法体制改革的基本走向。司法改革不仅开启了当代中国司法现代化的崭新历程，也有效推动了社会主义法治国家建设的发展步伐。中国司法改革基本上呈现出学术话语鼓动与牵引、实务界跟进与展开、中央决策指导与把关的基本面相。"[①]中国司法改革的历程虽然曲折，但所取得的成绩同样引人注目。具体而言：1. 维护社会公平正义。维护社会公平正义，是司法改革的价值取向。中国从完善司法机构设置和职权配置、规范司法行为、完善诉讼程序、强化司法民主和法律监督方面进行改革，努力提高司法机关维护社会公平正义的能力。2. 加强人权保障。加强人权保障是司法改革的重要目标。中国的立法机关 2004 年颁布宪法修正案，将"国家尊重和保障人权"载入宪法；2012 年修改的刑事诉讼法将尊重和保障人权写入总则。中国司法机关依法采取有效措施，遏制和防范刑讯逼供，保障犯罪嫌疑人、被告人的辩护权，保障律师执业权利，限制适用羁押措施，维护被羁押人的合法权益，加强未成年犯罪嫌疑人、被告人的权益保障，严格控制和慎用死刑，健全服刑人员社区矫正和刑满释放人员帮扶制度，完善国家赔偿制度，建立刑事被害人救助等制度，努力把司法领域的人权保障落到实处。3. 提高司法能力。提高司法能力，

---

① 左卫民：《十字路口的中国司法改革：反思与前瞻》，《现代法学》2008 年第 6 期。

是中国司法改革的重要目标。近年来，中国不断完善法律职业准入制度，加强职业教育培训和职业道德建设，改革经费保障体制，有效提高了司法能力，为提升司法公信力奠定了坚实基础。法律工作者的规模不断扩大，法官的素质不断提升，办案能力不断增强。4. 践行司法为民。以人为本、司法为民，是中国司法工作的根本出发点和落脚点。近年来，中国主动适应经济社会快速发展的新形势新要求，不断推进基层司法机构建设，强化司法工作的服务意识，延伸工作平台，完善工作流程，切实为人民群众行使权利提供便利。

今日之中国，司法改革无疑是回应时代变革的伟大社会变革运动。综观国内正在开展的司法改革，无论是从深度，还是从广度上看无疑是改革开放以来我国社会整体变革的重要组成部分，而改革的发展方向与目标定位无疑将在相当程度上决定未来中国社会法治现代化的命运。美国大法官卡多佐说过："如果根本不知道道路会导向何方，我们就不可能智慧地选择路径。"[1]由此可见目标设定对主体实践的重要性。"就司法改革来说，只有目标明确，才能坚定信心，理智地选择前进的方向，才能将改革的长期性与过程的渐进性、理想的崇高性与手段的适宜性有机统一起来，避免在重大问题上摇摆不定和踯躅不前，才能在纷繁的现象面前认清事物本质、把握主要矛盾，从长远着眼设计具有前瞻性的改革举措。"[2]中国的司法改革，虽然在改革的具体方案上观点各异，但在总体理念和具体路径上却是一致的，即反对腐败、公正司法、提高效率，大体沿循"庭审方式的改变—诉讼制度的修正—司法体制的转型"这样一条路径展开。

"从改革的动因看，中国与其他国家的司法改革不同。其他国家的司法改革，如英国、美国、德国等，主要是解决战后各种案件的迅速增长所带来的诉讼迟延，即所谓'迟来的正义'的问题。因此，他们的司法改革多围绕着如何加快诉讼进程以及如何使程序更好地为当事人所利用来进行。而中国的司法改革则主要是为了解决司法不公、司法腐败等问题。"[3]动因之异表明：国外某些国家的司法改革更多解决的仅仅是形式上的问题，容易展开；而我国则需根治司法领域的深层次问题，难度更大。

司法改革是实现司法现代化的基本途径，其对于法治国家建设和个人权利的影响意义深远。近些年来，中国积极、稳妥、务实推进司法体制和工作机制改革，成绩有目共睹，但与人民群众的司法需求相比，司法供给尚无法全面

---

① ［美］卡多佐：《司法过程的性质》，苏力译，商务印书馆 1998 年版，第 63 页。

② 吴卫军：《法理与建构：中国司法改革的宏观思考》，博士学位论文，中国政法大学 2003 年，第 1 页。

③ 陈金钊、张其山：《对中国司法改革理论的反思》，《山东社会科学》2003 年第 6 期。

彻底回应民众期许。涉法涉诉信访数量居高不下以及人民群众对人民法院的满意度不高便是例证。司法改革尚存诸多问题需要解决，正如学者所言，"三十多年来的司法改革实践活动有许多值得反思的地方。例如，司法改革主要集中在法院制度，改革措施局限在中观、微观和技术层面；又如，'这些措施大体上还是在现行司法制度和现行司法体制下进行的，没有触及制度和体制本身。'再如，'司法改革的自发性、分散性、随意性较为明显，缺少必要的价值目标指引和整体规划设计，从宏观审视呈现出零打碎敲、杂乱无章的态势。这一系列问题归根结底是当下中国司法改革的全局性缺失问题'"①。实践不断发展，创新永无止境。司法改革是一项长期而艰巨的任务，我国尚需为此付出不懈努力。

四

党的十八大召开以后，司法改革进入实质性的体制改革阶段，并且进展迅速。党的十八届三中全会对司法改革方面的论述，为接下来的司法体制改革指明了方向：深化司法体制改革，加快建设公正高效权威的社会主义司法制度，维护人民权益，让人民群众在每一个司法案件中都感受到公平正义——确保依法独立公正行使审判权检察权；健全司法权力运行机制；完善人权司法保障制度。党的十八届四中全会以"依法治国"为主题，对司法改革作了全面细致的安排：公正是法治的生命线。司法公正对社会公正具有重要引领作用，司法不公对社会公正具有致命破坏作用。必须完善司法管理体制和司法权力运行机制，规范司法行为，加强对司法活动的监督，努力让人民群众在每一个司法案件中感受到公平正义——完善确保依法独立公正行使审判权和检察权的制度；优化司法职权配置；推进严格司法；保障人民群众参与司法；加强人权司法保障；加强对司法活动的监督。由此可以看出，当前的司法改革是真正法治视域下的司法改革，目的是要建立作为社会公器的司法，而不再是工具意义上的司法。

为落实具体改革任务，最高人民法院制定了《关于全面深化人民法院改革的意见》（以下简称《意见》），并将之作为修订后的《人民法院第四个五年改革纲要（2014—2018）》贯彻实施。《意见》确立了全面深化人民法院改革的总体思路：紧紧围绕让人民群众在每一个司法案件中感受到公平正义的目标，始终坚持司法为民、公正司法工作主线，着力解决影响司法公正、制约司法能力的

---

① 夏锦文：《当代中国的司法改革：成就、问题与出路》，《中国法学》2010 年第 1 期。

深层次问题,确保人民法院依法独立公正行使审判权,不断提高司法公信力,促进国家治理体系和治理能力现代化,到2018年初步建成具有中国特色的社会主义审判权力运行体系,使之成为中国特色社会主义法治体系的重要组成部分,为实现"两个一百年"奋斗目标、实现中华民族伟大复兴的中国梦提供强有力的司法保障。《意见》提出了全面深化人民法院改革的五项基本原则:一是坚持党的领导,确保正确政治方向;二是尊重司法规律,体现司法权力属性;三是依法推动改革,确保改革稳妥有序;四是坚持整体推进,强调重点领域突破;五是加强顶层设计,鼓励地方探索实践。围绕建成具有中国特色的社会主义审判权力运行体系这一关键目标,《意见》提出了7个方面65项司法改革举措,涉及法院组织体系、司法管辖制度、法官履职保障、审判权力运行、法院人事管理等各个层面,并设定了具体的路线图和时间表:一是到2015年底,健全完善权责明晰、权责统一、监督有序、配套齐全的审判权力运行机制;形成体系完备、信息齐全、使用便捷的人民法院审判流程公开、裁判文书公开和执行信息公开三大平台,建立覆盖全面、系统科学、便民利民的司法为民机制。二是到2016年底,推动建立以审判为中心的诉讼制度,形成定位科学、职能明确、运行有效的法院职权配置模式。三是到2017年底,初步建立分类科学、分工明确、结构合理和符合司法职业特点的法院人员管理制度。四是到2018年底,推动形成信赖司法、尊重司法、支持司法的制度环境和社会氛围。《意见》提出的改革举措严格与十八届三中、四中全会决定确定的改革举措"对表",是对中央改革任务的分解、延伸与细化,强调整体推进,重点突破。《意见》坚持以问题为导向,紧紧抓住影响司法公正、制约司法能力的突出问题,提出一系列重大体制革新举措。许多改革举措的力度、广度和深度前所未有。

　　"司法改革说到底是一种广义上所说的政府行为,进一步说,它是经由一种政府过程才得以进行的。具体而言,改还是不改,以及怎样去改,这都是经由一个政府决策过程才得以产生的。因此,从本质上来说,这个过程基本上是一个政治过程而非纯粹的法学领域的事件,更不是司法的过程,但是它所涉及的核心却是司法领域的内容。"①"在中国的司法改革的进程中,官方的决策不仅是推动改革的重要动力,也是关系改革方向与具体效果的决定性力量。"②党的十八届四中全会作出《中共中央关于全面推进依法治国若干重大问题的决定》,提出建设中国特色社会主义法治体系、建设社会主义法治国家的总目标。传统意义上以法律体系为载体的静态法治正在向以法治体系为载体的动

---

① 鲁强:《当代中国司法改革过程研究》,博士学位论文,中国政法大学2008年,第9页。

② 左卫民:《十字路口的中国司法改革:反思与前瞻》,《现代法学》2008年第6期。

态法治转变,写在纸上的法律正在向生活中的法律转变,法律上抽象的权利正在向具体的诉权转变,司法的功能和价值再次被关注,司法改革正面临承前启后、继往开来的重大历史机遇。

在论及我国曾经的司法改革并未取得预期成功的原因时,部分学者将其归结为缺乏整体、宏观的思路。有学者提出:"实际上,我国面临的却是整个司法体制本身存在的问题……一些改革措施过于零碎,无法相互协调,甚至与现行法相抵触。"①亦有学者指出:"既然改革的实质就是要将现存不合理因素驱除,那么我们必须对现行制度从整体上予以考察,找出一切不合理的东西,然后再根据各方面的条件,找出适应我国实践的制度。否则不能从根本上解决问题。"②实质上,此前中国的司法改革未能完全回应民众预期与我国法治建设进程不无关系。法治建设进程有其自身规律,中国的法治建设不应也不可能在人为的推动之下就可在短时期内完成,而我们目前所能做的不过是一步一步地为法治的生成创造条件,提供土壤,在法治的条件与环境尚未形成的情况下就催生法治不过是拔苗助长,会根本有害于法治。当前,在重申"法治是治国理政的基本方式"以及"法律是治国之重器"这一理念的前提下谈司法体制改革,无疑是司法改革之幸!

众所周知,中国所谈的"依法治国",在相当长的时期内是"法制"而非"法治"。中国的法治进程是立法主导的外生型法治进路,改革开放30多年来的法制成就突出表现在立法领域。遵循"立法为王"这一思路,法制的外在表征是对法律的大规模立改废。尽管我们在20世纪90年代提出"依法治国"这一基本方略的同时,提出"有法可依、有法必依、执法必严、违法必究"十六字方针,但囿于法律制度本身并不健全这一现实,法治国家建设的着力点更多地聚焦于"有法可依",而对"有法必依、执法必严、违法必究"则关注还不够多。由此导致的后果是:在相当长的时期内,学术界在论及司法改革时,应对策略往往集中在法律的制定和完善层面。"在司法改革的大旗下,各地司法机关纷纷以司法改革为名,摆脱现行法律的'束缚',进行大量的'制度创新',这些所谓的'制度创新'在很大程度上背离了现有立法的规定。这样以完善立法,实现法治为目的的司法改革,却反过来以一种'非法'的方式在运行。"③在法律本身尚不健全的背景下进行的所谓"司法改革"显然并非真正意义上的"司法"改革,且这种所谓"司法改革"会破坏法律的权威,进而冲击国人法治观念之形

---

① 徐昕:《英国民事司法改革之借鉴》,《法学》2001年第5期。

② 陈卫东:《中国司法改革十年检讨》,《中国律师》2002年第11期。

③ 谢佑平、万毅:《权威与司法创新:中国司法改革的合法性危机》,《法制与社会发展》2003年第1期。

成。2011 年 10 月，国务院新闻办公室发布的《中国特色社会主义法律体系》白皮书指出：新中国成立以来特别是改革开放三十多年来，中国的立法工作取得了举世瞩目的成就。截至 2011 年 8 月底，中国已制定现行宪法和有效法律共 240 部、行政法规 706 部、地方性法规 8600 多部，涵盖社会关系各个方面的法律部门已经齐全，各个法律部门中基本的、主要的法律已经制定，相应的行政法规和地方性法规比较完备，法律体系内部总体做到科学和谐统一，中国特色社会主义法律体系已经形成。这表明，尽管当前我国仍需要加强某些重点领域的立法，但法律体系的基本完备已是不争的事实。当前的改革是真正意义上的司法领域内的改革。

在法制现代化进程中，中国属于外源性法之现代化，因为法治源于西方，以西方的法治模式为典型代表，且历经数百年的法治实践，所以西方法治理论和制度便被中国学者必然地加以学习和借鉴。清末的修律运动标志着中国本土的法律制度作为一个自足的法律体系已告终结，从此中国开始大规模地、整体性地移植西方的法律制度以及与此相适应的法律教育，中国的法律制度也被纳入到以西方法律模式建立起来的世界法律体系之中。中国的司法改革同样遵循"引进—消化—吸收"这一路径。但令人深思的是，西法引进以后，中国的司法实践却难如人意。我国的司法改革在形式上虽然取得了很大的发展，但在实质意义上却有待加强。更多地停留在法典层面上，是"书本上的法"，还没有完全成为浸透到社会生活中的"活法"，移植而来的仅仅是一种"正式制度"，缺乏一种深厚的、源于本土化的"非正式制度"作为其支撑。时至今日，坚持从中国的实际情况出发，构建独具中国特色的司法制度体系之观念已渐成共识。

综而观之，党的十八大之前的司法改革，尽管各方对其颇多着力，但受制于诸种因素之影响，改革尚存遗憾。今日中国之司法改革，既具备深厚的前期改革积累，亦有系统的制度设计和具体的推进举措，同时还有高层坚定推进改革的魄力和勇气。我们有理由相信：中国的司法改革将迎来历史性的跨越和新生！

第一章　法院管理体制的困境与对策

第一节　法院管理体制的现实困境

改革开放三十多年来,随着法制建设的日益完善和依法治国方略的深入实施,作为我国司法制度重要组成部分的审判制度已经在国家政治、经济和社会生活中显示出重要的作用和强大的生命力,但是长期以来形成的司法行政合一管理的行政化管理模式,导致司法行政化、地方化和法官非职业化之弊端,在一定程度上制约了审判职能的充分发挥。当前,在新一轮司法政策如火如荼推进的现实背景下,深入剖析人民法院管理中面临的诸种问题,对于法院管理体制变革无疑具有"靶向"作用。

一、法院管理体制的行政化

(一)法官等级行政化

从法官人事管理制度上看,现行的法官管理体制沿用的是地方主管、上级法院协管的传统干部制度。法官制度是干部人事制度的一部分,法官级别等同于行政级别。法官的资格、待遇、职称、晋升、奖惩等诸方面,皆按照国家干部进行管理,实行的是干部职务系列等级制,即科员、副科、正科、副处、正处、副局、正局等逐级升迁。虽然《法官法》专门规定了法官级别:首席大法官、大法官(1—2级)、高级法官(1—4级)、法官(1—5级)四等十二级专业级别,但这一规定并未真正落实,实践中法官仍适用全国统一的行政级别。现行法院内部管理体制大体是:人民法院正、副院长构成了院级行政领导层;案件的审理,由法院内部的各审判业务庭完成,庭长是主持审判业务庭工作的中层负责人;法院内部集体领导审判工作的组织机构是审判委员会,有对重大疑难案件的讨论决定权;合议庭和独任庭则是人民法院具体承办案件的审判组织。

院长是法院中行政级别最高的法官。领导法院的日常工作,召集和主持审判委员会,向人民代表大会常务委员会提请任免审判员、副庭长、庭长、审判委员会委员、副院长职务,以及在本院任免助理审判员、书记员,签署某些重要的法律文书是其主要职责。左卫民教授在经过实证调研后指出,作为职业共同体的一员,法律家是院长的重要标识之一。对内,无论是对审判工作进行宏观管理,还是司法行政事务,院长也是管理家。对外,不仅要与党委、人大、政协、政府等汇报沟通,也要与公众、企业、媒体等打交道,院长也是政治家。在当代中国法院院长的多元角色期待中,管理家处于核心地位。作为管理家的活动大致包括审判管理和司法政务管理两大场域。院长作为政治家角色上的主要工作是,代表法院与法院外的党委、政府、人大、公安、检察等公共部门及传媒、公众等社会力量进行有效地配合或沟通,预防解决冲突,为法院争取更大的话语权。法律家角色近年来为学界积极倡导,实践中并未予以充分重视。"中国事实上形成了一种全能主义的体制,党政部门完全垄断了社会核心资源的调配、编制、财政等关键资源,法院严重依赖党政部门。在决策者看来,法院类似于党政部门的分支,而法院院长除分工不同外,与工商局局长、税务局局长等相比并无特别之处。"[①]

法院的副院长一般有数名,通常根据分工分管刑事、民事、执行等工作。一些有"影响"的案件,当事人往往会直接找到院长、分管院长,而院长、分管院长也往往会亲自过问。庭长被认为是"中层干部",处于"承上启下"的位置。庭长要负责全庭的日常行政管理工作,也要负责全庭的审判工作,比如庭长有分案权,即决定这个案件由哪个法官承办(也有的法院由书记员分案,或者按案号流水分案)、决定合议庭的组成人员、召开庭务会、在开庭中担任审判长等角色。从基层法院的实际情况看,庭长的职权带有很强的行政管理色彩,集中表现在签发法律文书、召集庭务会和对案件处理有异议时提交审委会讨论的决定权上。"在基层法院的司法改革中,有的法院还实施'双向选择'制度,即让法官选庭长,庭长选法官,这种做法实际上强化了法官管理的行政化,让法官不得不听命于庭长,也强化了庭长影响具体案件审判的能力,实际上损害了司法最要紧的问题。"[②]

---

① 左卫民:《中国法院院长在忙什么?》,2015 年 4 月 4 日,http://article. chinalawinfo. com/ArticleFullText. aspx? ArticleId =89967&listType =2。

② 李富金:《基层法院的司法管理体制改革》,《华东政法学院学报》2005 年第 1 期。

按照最高人民法院"第一个五年改革纲要"的设想,推行审判长和独任审判员选任制度,目的在于发挥他们在庭审过程中的指挥、协调作用,一方面可以确保优秀的资深法官独立行使审判权,改变以往那种大量水平不高的"审判员"、"助理审判员"充斥审判第一线的局面,另一方面也可以借此扩大合议庭的独立审判权,减少院庭长审批案件的范围,也促使审判委员会只讨论决定少数重大复杂的案件。然而,这种被赋予较大权力的"审判长",不仅从院庭长、审判委员会那里获取了相对独立的审判权,也与法官地位平等的本原定位不相吻合,审判长事实上成为案件裁决的最终决定力量。这是因为,在审判长负责制的框架下,案件被统一分配给审判长负责的审判组,审判长代表本审判组受理案件,组织合议庭进行法庭审理。其他法官或者人民陪审员充当普通合议庭成员;而对于自己不亲自参与审理的案件,审判长有权组织合议庭,或者委任某一法官独任审理案件,并对最终的裁决签署意见,遇有与合议庭、独任法官意见不一致的情况,审判长可以直接按照自己的意见作出裁决,本审判组的普通法官一般也要服从。可以看出,审判长逐渐具有类似于审判庭庭长的行政职务属性。这表明,各级地方法院在弱化了院庭长行政审批制度之后,审判长或主审法官事实上在代替院庭长进行这种类似于行政审批的司法决策活动。之所以会造成这种局面,主要是因为即便是在法官素质得以大幅提升的现实情境下,法院仍然面临部分法官素质不高、审判能力不强、容易滥用自我裁量权的问题。法院院长更愿意将审判权放权于少数业务素质较高的法官手中,这一方面可以保证案件的审判质量,另一方面也便于对这些审判长实施控制,从而减少行政管理的成本。法院通常会给审判长配备更多的审判资源,包括拨付办案经费、给予出外考察学习机会等,也使得审判长对本审判组的普通法官、法官助理、书记员拥有考评权、选择权甚至奖惩权。对于某一审判组负责承办的案件,审判长要承担较之其他法官更为重大的责任。各地在推行审判长或主审法官制过程中,都程度不同地将审判长视为本审判组所承办的案件的主要负责人,在案件出现错案或者考评不合格的时候,普通法官通常只会承担部分责任,而审判长则会承担最大的责任。换言之,"真正对案件的审判承担责任和风险的,既不是合议庭,也不是普通的法官、人民陪审员,而是本审判组的审判长或者本办公室的主审法官"①。

同时,法官的福利待遇主要与行政级别挂钩而非专业级别(尽管专业级别提升会同时提高相应福利待遇,但与行政级别提升所带来的福利待遇相比差距颇大)(见表1—1、表1—2)。在乡土中国社会,学而优则仕,仕者官也,法官

---

① 陈瑞华：《司法裁判的行政决策模式——对中国法院"司法行政化"现象的重新考察》,《吉林大学社会科学学报》2008 年第 4 期。

被视作"官"。在此种现实下,法官不可避免地追求行政级别的提升,而不是在专业级别上的大量精力的投入。

表1—1 某中级人民法院职务工资全部收入简表①

职务	书记员	审判员	副庭长	庭长	副院长	院长
工资标准	3000 元	3400 元	3700 元	4000 元	5600 元	6600 元

表1—2 某中级人民法院法官级别工资部分收入简表②

级别	四级法官	三级法官	二级法官	一级法官
工资标准	160 元	180 元	200 元	220 元

(二)审判组织行政化

合议庭的行政化。合议制度的基本特征主要是:多人参与、地位平等、共同决策。目前的改革动向是合议庭多为一个法官主审,其他法官参与。如果一个案件被认定为"错案",主要追究"主审法官"的责任,其他法官仅仅是"陪审"而已。"主审法官"事实上拥有对案件的"单独决定权"。同时,《最高人民法院关于人民法院合议庭工作的若干规定》第17条规定,庭长对合议庭评议结论有异议的,可以建议合议庭复议,庭长对复议结果仍有异议的,可提请院长提交审判委员会讨论决定。这事实上否定了合议庭少数服从多数的原则。合议庭职能弱化的结果,是法院内部"庭务会"作用的强化,庭长掌握某一具体业务庭的话语权,合议庭的民主功能难以发挥。

审判委员会的行政化。"审判委员会制"是我国独具特色的一种司法审判制度。《中华人民共和国人民法院组织法》第10条明确规定:"审判委员会的任务是总结审判经验,讨论重大的或者疑难的案件和其他有关审判工作的问题。"因此,我国法院在审理重大或疑难案件时,合议庭一般都要将案件提交本院的审判委员会,通过集体讨论作出审判决定。由此观之,尽管对于"审判委员会"是否为审判组织学界尚存争议,但不争的事实是,审判委员会实质上对案件有决定权,且该决定必须为合议庭所遵守。客观地讲,长期以来,审判委

---

① 见唐玉沙:《"破茧"之路——论中国法官形象改变的内在困境与出路》,载万鄂湘主编:《建设公平正义社会与刑事法律适用问题研究》,人民法院出版社2012年版,第217页。

② 见唐玉沙:《"破茧"之路——论中国法官形象改变的内在困境与出路》,载万鄂湘主编:《建设公平正义社会与刑事法律适用问题研究》,人民法院出版社2012年版,第217页。

员会确实发挥了一定的积极作用,尤其是在过去我国法官队伍整体素质较低的现实条件下,有效地保证了法院案件审理的质量水平。但事实上,从法理上来说,由审判委员会讨论决定重大、疑难案件的制度违背了审判的"直接言词原则"。因为,审判委员会的委员中绝大多数人并不直接参加具体案件的庭审,他们主要是通过主审法官的汇报来了解案情。而直接言词审理原则的一个基本要求就是,法官必须直接参与庭审,听取双方当事人的陈述、当庭举证、质证和辩论。审判委员会的委员没有直接参加案件审理全过程,也无法知悉诉讼参与人的言词表述。因此,他们无权参与决定案件的处理结果。此外,从审判委员会的组成上看,它更像是一个行政组织。目前,各级法院的审判委员会通常都是由正、副院长和各审判业务庭庭长组成,基本上是一个法院院领导和庭领导的组合。① 这一机构实际上带有明显的行政性质,是行政管理模式在司法活动中的集中体现。审判委员会讨论重大、疑难案件的会议形式,实际上也与法院行政领导召开领导办公会讨论重大行政事项的形式完全相同。法院院长对审委会讨论案件的最终定性拥有相当大的影响力。

(三)审级关系行政化

对于上下级人民法院之间的关系,我国《宪法》第 127 条第 2 款明文规定："最高人民法院监督地方各级人民法院和专门人民法院的审判工作,上级人民法院监督下级人民法院的审判工作"。《人民法院组织法》第 29 条第 2 款也有"最高人民法院监督地方各级人民法院和专门人民法院的审判工作"的规定。很明显,我国现行司法体制的理想,是要将上下级法院关系界定在"监督与被监督"的框架中,从而有别于上下级行政机关的"领导与被领导"模式。人民法院依照法律规定独立行使审判权,上下级法院之间应当是一种纯粹的审级监督关系,并不存在隶属关系和任何行政关系。但是由于法院本身被赋予了行政级别,地位严重地行政化,因而在实际工作当中,上下级法院之间除去审级监督关系外,还存在着一定的行政监督关系和行政指导关系。法院作为司法机关在自己的审级中是独立审理和裁判案件的,法院对自己审理的案件有独立判断并作出认定的权力。上级法院对下级法院的审级监督应当是通过上诉程序来实现的,而不能和行政机关一样通过所谓的请示、汇报、指示、命令来实现。然而,在我国的司法实践中,上下级法院之间的应然关系却发生了严重

---

① 在实践中,为解决法院行政职务稀缺这一现状,同时为激励审判业务骨干,各级法院均有审判委员会专职委员。但围于审判委员会专职委员本身的职责权限并无明确规定,实际上审判委员会专职委员的权限大小取决于院长之授权。由此观之,审判委员会当中的业务骨干事实上也受制于法院院长。

的扭曲,本应依法相互独立的格局在事实上却常常变异为行政化的彼此关系,主要表现是:①

 1. 下级法院审判案件时向上级法院请示、汇报的现象较为普遍,此即人们常说的"案件请示制度",它是指下级法院在审判案件的过程中,就案件的有关实体或程序问题向上级法院请示,上级法院研究后予以答复,下级法院据此答复对案件作出处理的"制度",其具体形式有三种:一是口头方式,即下级法院的案件承办人、庭长、院长向上级法院庭长、院长口头汇报案情(包括电话请示),由后者告知其应如何对案件进行处理。二是书面方式,即下级法院以请示报告的方式向上级法院请示,上级法院指定专人审查后以书面方式告知下级法院对案件的处理意见。三是由最高人民法院以司法解释的方式作出答复,一般是以"批复"的形式出现的。不难看出,无论是哪种形式的请示,其发生机理都是行政化的,都是下级法院"自觉"服从上级法院的"指示"、"领导"的具体表现。这种行政化的案件处理机制都是与司法活动的运行规律相违背的,其弊端也是多方面的:其一,它与法院独立审判的司法原则相悖,直接违反了宪法关于上下级法院之间"监督"关系之立法定位;其二,它有违两审终审之诉讼制度,使不少案件在事实上变成了一审终审;其三,它与现代司法审判中的直接审理原则也是不符的;其四,它抑制了下级法院法官之法律素质的提高,诱导了请示、汇报现象所折射出的畸形"恋父情结"的恶性循环。

 2. 上级法院"提前介入",主动就案件的审判问题向下级法院发出某种"指示"或"指导"。实践中,某些上级法院以"监督"下级法院的审判工作为由,主动介入下级法院的审判工作,这种行为与上述案件请示现象相比,其行政化倾向更为明显。不难发现,所谓提前介入之"监督"措施,显然是严重干涉下级法院独立审判的违法行为,其所生弊端与"案件请示制度"可以说是同出一辙,但其危害性却更为突出,对司法运行规律的违反也更为严重,因为它是一种自上而下的"刚性"更强、力度更大的主动干涉。

 3. 上级法院的会议精神和政策性指示时常成为下级法院办理案件的依据或者进行司法活动的动力。依法审判是法院的神圣职责,法律一旦颁布并且生效之后,不管是哪个级别的法院,都必须自觉地、严格地遵守和适用,而根本不必等待上级法院的指示、宣传、督促和强调,这一点本是

---

① 赵钢、刘学在:《我国法院行政化、企业化倾向之初步批判——以民事诉讼为切入点》,载陈光中、江伟主编:《诉讼法论丛》(第7卷),法律出版社2002年版,第267—269页。

一个不言自明的道理。然而在我国的司法实践中，法院对法律的适用却有着一种近乎根深蒂固的惰性，也就是说，对于生效法律，法院是否严格地不折不扣地加以适用在很大程度上取决于上级法院是否充分地予以强调和督促，从而使法律的适用呈现出严重的政策化倾向。换言之，当某个方面的审判工作或司法活动受到上级法院的政策性强调时，与此相关的法律就可能得到较为严格的适用；反之则相反。上级法院的政策，特别是最高人民法院的政策出台之后，下级法院就会大张旗鼓地宣传鼓动、开会动员、贯彻落实，轰轰烈烈地一齐去抓所谓的中心工作。但由于政策本身具有短期效应的特点，故政策效应过后，法院及其法官的思想就会松懈下来，特别是当有新的政策出台时，又要动员大家去贯彻执行新的政策，这样一来，法院的注意力和工作重心就会随着新政策的出台而发生转移，原来的政策则渐渐地被人淡忘了。与强调政策化效应相对应，上级法院的工作会议也就特别多，因为需要通过它来反复强调某项司法政策或者出台新的政策。显然，这种政策性司法机制具有严重的行政化色彩，故与依法审判的司法原则是背道而驰的。

在笔者进行的调查中，当问及"您在办案过程中，是否受过上级法院干预？如果有，其干预的方式是？"这一问题时，尽管有高达75.9%的被调查者选择了没有受过上级法院干预，情况似乎比较乐观。但与"让人民群众在每一个司法案件中感受到公平正义"这一目标相比，24.1%的被调查者受到了上级法院干预仍然是一个"令人遗憾"的数字（见表1—3）。同时，在问及"在您的具体司法实践中，上级法院对人民法院影响强弱"这一问题时，回答"很强"和"较强"的被调查者分别占到了42.3%和34.2%，二者合计占76.5%（见表1—4）。由此可见，尽管《人民法院组织法》和三大诉讼法均确定我国实行"两审终审制"的审级制度。人民法院依照法律规定独立行使审判权，上下级法院之间是一种纯粹的监督关系，并不存在任何隶属关系和行政关系。但在实际工作当中，上下级法院之间除了通过审级监督关系以外，还存在着一定的行政监督和行政指导关系。下级人民法院基于事实上的等级关系或者基于某些功利性目的（比如防止案件改判），遇有疑难案件向上级请示已经成为一种"习惯"，上级人民法院亦将此种情况视为理所当然。法院作为司法机关有自己的权力，上级法院对下级法院的监督本应通过上诉等法律规定的正当程序实现，而不能与行政机关一样通过领导来实现。这种做法既违背了审判独立原则，也与两审终审制度相悖。

表1—3　您在办案过程中,是否受过上级法院干预? 如果有,其干预的方式是?①

选项	频数	有效百分比(%)
没有受过上级法院干预	1241	75.9
有。明确指示具体裁判结果	73	4.5
有。暗示具体裁判结果	183	11.2
有。以各种方式要挟更改裁判	35	2.1
其他	103	6.3
合计	1635	100.0

表1—4　在您的具体司法实践中,上级人民法院对人民法院的影响强弱

选项	频数	有效百分比(%)
很强	689	42.3
较强	557	34.2
一般	277	17.0
较差	50	3.1
很差	57	3.5
合计	1630	100.0

(四)审判管理行政化

1. 案件审签制度

在中国各级法院,院庭长审批案件的做法虽然没有任何成文法上的依据,却已经成为长期得到奉行的司法决策方式。案件审签制度亦称裁判文书签发制度,是指人民法院的判决书、裁定书由承办案件的法官拟制后,须报经有关合议庭审判长、审判庭庭长、分管副院长或者院长审查、核准并签发,方能作为法院的正式判决或裁定的制度。一个案件的具体审理,实际上并不是由承办案件的法官或合议庭作出最后决定,而是必须逐级上报或请示业务庭长、主管副院长,乃至院长。这种做法形成了惯例,便具有了制度性因素,在法院内部

---

①　本表格所涉及数据来源于笔者2014年针对河北省关于"司法运行"主题针对法官进行的调研。其中"频数"指选择某一选项的被调查者人数;"有效百分比"指选择某一选项的被调查者占被调查总人数的百分比。本章中所涉及的表格,如无特别说明,均来源于本次调研。

出现了事实上的审级制度。在制度中，行政性领导有时就会且能够直接插手过问案件，并对案件结果产生重大影响，审理制度成了法院行政制度的附属。"现实中，庭长、院长对审判工作的组织、协调、指导、监督的职责往往被浓缩或异化为对案件的把关权和对裁判文书的审核签发权。这种做法，事实上将庭长、院长的管理、监督权变成了不具有正当程序的审批权，变成了个人凌驾于审判组织之上的法外特权。"①按照现行的法院管理体制，院长是法院行政级别最高的官员，负责法院的日常行政管理工作，同时也是对案件的司法裁判拥有最终审批权的法官。在院长之下，法院还设有人数不等的副院长，分别被赋予对刑事审判、民事审判、行政审判、执行等工作拥有行政审批权。对于影响较大或存在分歧争议而又不需要经过审判委员会讨论的案件，主管院长往往会直接提出自己的裁判意见。对此意见，无论是庭长还是合议庭成员，一般都会予以接受和服从。

2. 错案责任追究制度

错案追究制度，试行于 20 世纪 80 年代末 90 年代初。从 1992 年以来，全国各地法院陆续开始实行这一制度，对由于故意或者重大过失而违反实体法、程序法作出错误裁判的案件，追究案件承办人的责任。目前基层法官普遍感到办案越来越难，压力越来越大，要求越来越高。除了新类型案件不断增加，法律关系日益复杂以外，与不少法院仍在实行的错案责任追究制度有很大的关系。目前认定错案的主要依据仍然是上级法院的发回重审和改判，尽管这些案件也许并不一定全部被认定为"错案"，但其中很大一部分是要作为"错案"来对待的，而且发现"错案"的主要线索也就是这些案件，从《人民法院审判人员违法审判责任追究办法（试行）》第 29 条的规定"监察部门应当从二审、审判监督程序中发现审判人员违法审判的线索"就可看出。

"错案"的存在，直接影响到法院的"政绩"（且不说法院谈政绩本身就是一种不正常的现象），因此，不少基层法院严格限制本院的发回重审和改判案件数。采取的主要办法是通过岗位目标责任制限制法官办"错案"。如一些地方规定：法官一年内办理两件错案就要待岗，有"错案"的庭年底不得被评为先进等。所以，如果法官办了"错案"，轻则影响到他当年评选先进，重则影响到他的晋升。错案影响法官的职位和升迁。尽管其有进步意义，但需要明确"司法权本质上是一种判断权"。错案责任追究制度在实践中往往演变成为法官的技巧较量：一是尽量说服当事人进行调解；二是尽量减少上诉案件，发现案

---

① 江必新：《论合议庭职能的强化》，《人民法院报》2002 年 9 月 18 日。

件实体或程序上有问题而可能被上级法院改判的,即动员当事人撤回上诉进入再审;三是淡化法官个人责任,尽量多采用合议制,多提交审判委员会讨论,多向上级法院请示。目前我们基层法院实际存在的错案责任追究,事实上体现了对法官的信任危机。

错案责任追究制度的设计,实际上是基于这样一个理想化的前提:即一个案件只能有一个正确的裁判结论,凡与之不同的裁判均是错误的。实行错案责任追究制度是违背司法权的本质的,因为司法权是一种判断权,既然是判断,就说明正确结论并不是唯一的、绝对的。事实上,"法官绝不是一台适用法律的机器,在这一头输进法律条文另一头产生判决"。即使两个清正廉洁的法官都严格按法律来审核证据、判断思考,并不能保证他们的裁判结果是一致的。"不同的人对同一案件会有不同的认识,这也是法律规定合议庭、审判委员会讨论案件实行少数服从多数原则的道理所在。况且有些案件即使把全国最优秀的专家集中在一起研究,也会有不同意见,这是正常的。"案件被改判和发回重审也是符合人类的认识规律的,两审终审制的目的就是通过上诉制度,加强监督,最大限度地保证司法公正。如果没有"错案",审级制度将毫无意义,当事人也将失去上诉的信心。法官在有限的时空内,并不能保证案件客观真实与法律真实的完全一致,这也是司法不可避免的缺陷。实行错案责任追究有损于法官独立和法官权威,妨碍了法官的独立自由判断。法官的独立不仅包括外部的独立(即独立于其他机关、组织、公民),也包括内部的独立(独立于法院内部的其他审判组织、法官)。错案责任追究制度的存在,妨碍了法官的内部独立,客观上对法官办案的正确性再进行评判,形成了"法官之上的法官"。而法官要保证案件"正确",就会不断向上请示,包括向审判委员会汇报和向上级法院请示。近年来,由于各级法院对错案的判断标准不统一,且有层层加重的倾向,从而给法官造成相当的压力,使得改革以来上审委会讨论案件本来已经减少的趋势发生了某种程度的逆转。而上诉程序的设计并不只是基于上级法院比下级法院水平更高,更重要的是为司法公正增加了一道屏障。没有独立思考、判断能力的法官,只会形成恶性循环,永远也不能成为真正意义上的法官。从基层法院实施错案责任追究的效果看,它既达不到消除司法腐败的目的,也达不到惩治违法审判的目的。因为,"错案"并不必然存在司法腐败,司法腐败也并不必然表现为"错案"。而违法审判是指在审判过程中有违反法律规定的行为,是对法官行为的监督。而错案责任是对结果的追究,二者形同实异。违法审判是从过程到结果的追究,而错案责任则是从结果到行为的追究,方向是相反的。有的法官违法审判,而案件本身并不一定会被改判和发回重审,所以从案件的改判或发回重审来追究法官责任是一种本末倒置的做法。"值得注意的是，由于近年来'错案责任追究'的提法受到许多质疑，因此基层法院现在直接讲'错案'的也不多，而改用其他一些名词，如瑕疵案件、差错案件等，实质并无改变。"①

"在人类历史上，古罗马初期就已经存在了错案追究制度，但是在西方的法律体系中，尤其是英美法系体系中，错案的概念基本上是不存在的。"②其理论源泉，正如美国法学家劳伦斯·弗里德曼所言："我们很难说判决是对还是错，只要判决是依法作出就是对的，即使我们对结果感到很遗憾，也不能说它是错误的。"③"对于判决来说，只要它在法律允许的区域内做出，就是公正的。"④法院错案责任追究制度是人民法院在实行审判方式改革过程中，自发出现的一项旨在加强对法官的监督，确保办案质量的重要措施。建立错案责任追究制度的出发点无疑是好的，制度的推行者希望借此制度规范法官的诉讼行为，保证法官正确行使审判权，实现司法公正，应该说，该制度在一定程度上提高了司法工作人员的责任意识，遏制了司法腐败，为保障诉讼当事人的合法权益，提高审判人员素质，确保案件得到公正的审理无疑具有积极的意义。但错案责任追究制是柄双刃剑。如果因错案界定模糊，使本无过错的司法人员承担错案责任，不仅有失公允，也不利于强化公正执法的理念。司法人员极可能从个人利害角度出发，在其他案件中规避被追究责任的职业风险。这种逆向激励后果，有损法律的严肃性和社会公众利益。因此，对法官责任的追究应建立在维护法官独立的前提下进行，建立法官职业责任追究制度实为必要。

3. 院长引咎辞职制度

2001 年最高人民法院发布《地方各级人民法院及专门人民法院院长、副院长引咎辞职规定（试行）》第四条规定，院长、副院长在其直接管辖范围内，具有下列情形之一的，应当主动提出辞职：（1）本院发生严重枉法裁判案件，致使国家利益、公共利益和人民群众生命财产遭受重大损失或造成恶劣影响的；（2）本院发生其他重大违纪违法案件隐瞒不报或拒不查处，造成严重后果或恶劣影响的；（3）本院在装备、行政管理工作中疏于监管，发生重大事故或造成重大经济损失的；（4）不宜继续担任院长、副院长职务的其他情形。为避免"出错"，这直接导致法院领导的行政监控强化。

诚如苏力所言，"应当首先认定，最高人民法院发布这一规定的动机是好

---

① 李富金：《基层法院的司法管理体制改革》，《华东政法学院学报》2005 年第 1 期。
② 廖永安：《关于错案追究制度的反思》，《江苏社会科学》1999 年第 3 期。
③ ［美］劳伦斯·弗里德曼：《法治、现代化和司法》，《北大法律评论》1998 年第 1 期。
④ 周永坤：《错案追究制与法治国家建设》，《法学》1997 年第 9 期。

的;也许我们还应当认定,就某个或某些具体的法院来说,执行贯彻落实了这一规定会在一段时期内减少严重枉法裁判的案件。但是,法院改革并不是要一时减少枉法裁判,而是一项制度改革,制度是要在一个比较长的时段内起作用的多种制约的组合,并且制度要配套和协调。这一规定——如果贯彻下去——一定会对各级法院的院长、副院长构成一种威胁,因此,绝大多数院长——如果不是所有的话——都会在某种程度上加强对其他法官的司法监督管理。监督管理的手段多种多样,但最主要的却可能是一些目前受到非议最多的措施,例如庭长和院长对案件的审批和层层把关、法官之间的连带责任、审判委员会以及纪检等。所有这些措施即使必要,也会带来某些好处(防止某些重大枉法裁判),但都必然削弱了审判法官独立的审判权和他们的法定地位,从而影响法官的真诚的独立判断。这显然会降低司法的效率,结果却未必比我们将在后面讨论的其他制度更能保证司法的公正或减少错误。在这样的层层和种种监督之下,至少在某些法院,许多法官完全可能重新回到法院制度改革前的那种近乎司法办事员的位置;过去几年来试验并力图推广的强化主审法官责任和权力的努力都可能浪费,一些改革了的或新建立的、旨在强化法官个人责任的制度都会形同虚设,甚或实际废除了。"①

4. 案件指标管理制度

规定法官的办案数、结案率等指标,是基层法院的常见做法,办案指标通常是在年初时由法院以内部文件的形式予以下达。基层法院在确定案件数时主要结合案件类型、上年度结案数、法官的行政职务、年龄等因素综合确定的。但案件本身复杂程度各异,所以同期指标的比较也不能反映一名法官的工作量,更不能代表法官的业务能力。而且法院的收案数是不确定的,收案多少既不取决于法院的主观愿望也不取决于法官的努力程度。在笔者所进行的实证调研中,在问及"您的年终考核与下列哪些因素有关"这一问题时,被调查法官的回答是:调解率(13.8%)、上访率(18.0%)、上诉率(17.2%)、错案率(16.3%)、其他(34.7%)(见表1—5)。从调查问卷已经列明的具体选项来看,被调查者的选择并未体现明显差异,这表明上述因素均为人民法院的考核指标。但实质上,这些考核指标并不能全面展现法官真正意义上的办案能力。调解率高低取决于案件性质以及当事人双方是否自愿;上访率高低可能反映当事人对案件处理结果的不满,但并不意味着法官对案件处理错误;上诉为当事人的法定权利,上诉同样不能表明案件处理不正确;错案率可能在一定程度

① 苏力:《中国司法改革逻辑的研究——评最高法院的〈引咎辞职规定〉》,《战略与管理》2002年第1期。

上反映出法官的办案质量,但"何为错案"本身还是一个尚存争议的问题。

表1—5　您的年终考核与下列哪些因素有关

选项	频数	有效百分比
调解率	478	13.8
上访率	624	18.0
上诉率	598	17.2
错案率	567	16.3
其他	1205	34.7
合计	3472	100.0

案件指标在法律上并无规定,法律上目前只规定了审限制度,并没有规定以年度作为结案的时间界限,规定案件指标类似于计划经济时期工厂管理生产的方法,带有明显的行政化管理色彩。但确定案件指标的做法之所以成为一些基层法院长期以来的通行做法其主要的原因:一是司法权的地方化,地方法院不是设在地方的法院而变成了地方的法院,案件数也因而成为地方"政绩"工程的一部分。法院为地方经济发展"保驾护航"的效果经常主要是看相关的案件数。二是司法权的行政化,法院被当成一个行政机关,一个法官如果能办更多的案件也就可能得到领导的赏识进而有利于他的前途,而一个法院如果能办更多的案件也会被上级法院表彰。三是法官的非职业化从基层司法实践来看,规定办案指标会带来一系列的负效应。首先,容易导致重数量轻质量。特别在接近年终时或法院组织"办案竞赛"时,过于急促的审判难免对案件质量产生负面影响。其次,干预了当事人诉权的行使。有的法院为了追求办案数,仍然要求法官"主动服务",上门揽案。而一些法院在接近年终时拒绝收案,或者将案号编到下一个年度,也影响了当事人诉讼权利的及时实现。最后,影响了法官的素质和形象。"片面强调案件数量,就无异于鼓励法官审理简单案件。有的承办庭和法官为了分得更多的案件,就会主动到立案庭和本庭庭长处'要案'、'挑案',不利于高素质职业法官群体的形成。"[①]

(五)审判内容行政化

能动司法的提出是司法行政化的另一个重要表现。能动司法就是让以不

[①]　李富金:《基层法院的司法管理体制改革》,《华东政法学院学报》2005年第1期。

告不理为原则的被动司法主动出击提供服务,那么对社会矛盾持中立立场的司法之所以能主动,背后必然是党和政府在推动,使司法服务于政策、命令及各种眼前利益。这种能动司法不仅扭曲了司法的消极性和被动性,还破坏了司法的中立性。司法犹如赛场上的裁判,必须站在居中的立场,不能偏袒任何一方,能动司法明显使法院的主动介入纠纷带有一定的立场倾向,难以保证公正。在实践中出现的民事诉讼领域的"上门服务"和刑事诉讼中的"运动式审判"即为例证。①

中国语境下的能动司法是从司法的社会政治功能的角度来谈"能动"的,即强调人民司法的人民性的特质,以及服从党的执政目标,把司法审判工作放在党和国家工作大局中加以谋划和推进,积极主动地为党和国家工作大局服务。能动司法对法院的审判工作提出了新的要求:一是能否把纠纷有效化解在基层、能否彻底消除纠纷隐患是社会评价司法的最高标准;二是司法应当扮演更加积极的角色,更加主动地发现、预防、解决纠纷,而不能满足于被动受理案件;三是法院不能拘泥于"裁判"这个狭隘的职能分工,只要是有助于预防、化解纠纷的工作,法院都要积极去做,包括积极开展调研、建立纠纷预警机制、提供司法建议为党委政府决策献计献策也是司法工作的重要组成部分;法官不能只做单纯适用规则的消极的裁判者,而要充当"社会工程师"角色。在笔者的调查中,当提及"在司法为民的理念指导下,鼓励法官走到田间地头,深入厂矿企业,宣传法律、化解在萌芽状态。您认为这些举措与司法本身的属性是否协调?"这一问题时,55.7%的被调查者认为"协调。司法的重要功能即在于化解矛盾纠纷",15.2%的被调查者认为"与传统意义上的司法权属性不协调,但符合现代司法发展的新趋势",只有25.4%的被调查者认为"不协调。司法作为纠纷化解的最后一道防线,具有消极性和被动性"(见表1—6)。能动司法成为当前司法的社会政治功能的主要面相。

---

① 湖南华容县法院的干警们一贯恪守"案子有了结,服务无止境"的宗旨,不断改进服务方式,在经济审判中既当"包公",又当"红娘"。县造纸厂多年来积累的债权涉及282家单位,总额达到1500万元。资金严重短缺,使生产连年滑坡,变成了特困企业。法院干警"看在眼里,急在心上"。法院主动上门揽案,抽调精干力量一头扎进该厂。干警们连续奋战一百多个日日夜夜,找遍了12个省市的200多个债务人,运用诉讼和非诉讼手段收回债款462万元,使这个厂子恢复了生机。县委书记听了该厂的汇报后激动地说:"这就是服务,这就是效益。"2014年10月22日,湖南华容县公捕公判大会召开,会上,16名犯罪嫌疑人被分别公开拘留或者公开逮捕,8名犯罪分子被公开宣判,5000多人观看了公判活动。

表1—6　在司法为民的理念指导下，鼓励法官走到田间地头，深入厂矿企业，宣传法律、化解在萌芽状态。您认为这些举措与司法本身的属性是否协调？

选项	频数	有效百分比
协调。司法的重要功能即在于化解矛盾纠纷	913	55.7
不协调。司法作为纠纷化解的最后一道防线，具有消极性和被动性	416	25.4
与传统意义上的司法权属性不协调，但符合现代司法发展的新趋势	250	15.2
说不清	61	3.7
合计	1640	100.0

　　能动司法的正确理解，必须对司法权的双重属性有所认识。司法权不仅是一种程序性的权力，不只是被动、中立的权力，司法权还具有实体性属性。实体性属性是相对于程序性属性而言的，程序性属性都是在司法权运作过程所体现出来的，可以说是为了实现司法公正的需要，而设定出来的属性；而实体性属性则可以说是司法权的实质性的追求，是司法权力本质的升华。苏力先生曾言，在法律没有规定的地方，一个理想的法官可能根据习惯的做法以及有关的政策性规定或原则以及多年的司法经验作出实践理性的判断，补充那些空白；在法律不明确的地方，他/她会以实践的智慧加以补充，使之丰富和细致；在法律有冲突的地方，选择他/她认为结果会更好或者更言之有理的法律；在法律的语言具有弹性、涵盖性、意义增生性的情况下（而这是不可避免的），追求一种更为合理的法律解释。能动司法的目的，就是在遵循司法规律的基础上，在客观条件与环境允许的前提下，通过发挥主观能动作用，更好地实现司法公平正义的价值。因而，要在司法规律许可的范围内发挥能动性，既要能动，又不能盲动，把握好司法政策和法律适用的均衡关系，明确能动的界限，遵循法律解释和法律推理的基本要求，真正理解法律的精神实质，找准法与理的一致点，法与情的结合点，法与社会生活的融合点，在具体的审判工作中坚持中立的身份定位，恪守司法自身的理性和谨慎，确保能动司法在法制的轨道上进行。通过自身富有逻辑且合乎法治规律的审判，把"死"的法律条文适用于活生生的社会生活，平稳社会秩序，供给市场正义。

（六）法院职能行政化

　　法院机关是行使国家司法权的国家审判机关，而司法权最集中地体现在审判权上，故而司法机关最主要的职能就是司法审判。司法制度其实是社会纠纷的法律解决机制，相对于行政执法活动，司法具有明显的中立性、被动性、判断性、程序性和终极性。可以说，司法以公正为价值取向，以独立为天职。行政则是典型的法律执行活动，行政以效率为价值取向，以服从为天职。司法机关与行政机关在性质、职能、人员资质、权力属性及其运作规律等方面均有相当大的区别。然而我国法院机关除依法履行司法审判职能外，还承担着大量司法机关内部的行政管理职能，比如后勤供应、财务管理、司法鉴定、司法警察管理、强制执行等非审判职能，而这些职能大部分属于司法行政权的范畴，而非司法权。虽然法院行政管理制度的设置具有其自身的合法性，但是法院的行政管理制度可能侵入、侵蚀审判制度，造成正式审判制度的变形。从本质上讲，行政权的主动性、倾向性、应变性显然和司法机关的中立性、被动性相矛盾，由司法机关行使司法行政权是不合适的，是有违司法审判和司法行政分立的宪法原则的。"实践证明，让司法机关承担大量类似强制执行这样的主动性、倾向性极强的行政职能，很容易把司法机关陷入到错综复杂的社会关系之中，到头来只会影响司法机关的独立性、中立性，而且正是中国法院内部有如此之多的行政性事务，使得该系统从内部就有一种对行政制度的需求，最终使我们不得不把司法机关构建的如行政机关一般。"①

二、法院管理体制的地方化

从法理学的角度讲，"地方化"本为中性词，盖因解释不同，体现出了差异。若认为，司法地方化为司法权的因地制宜，则为正面；若把司法地方化理解为司法地方保护主义，则为负面。此处所谓法院管理体制的地方化，是指人民法院或者其工作人员在司法活动中受到地方党政机关或者地方利益集团的不当控制和干扰，导致司法机关及其工作人员丧失其应有的独立权力和地位，从而出现的一种司法异化现象。

（一）司法权力地方化

"司法地方化亦称司法权地方化，其实质是地方非法截留司法权，是地方保护主义在司法领域内的具体体现。我国是单一制国家，司法权作为一种独立的国家权力，应由司法机关统一行使，各级司法机关只是国家设在地方、代表国家行使司法权的国家机关。而实践中，本属于国家的司法权却往往被视为地方权力加以使用，甚至成为保护和谋取地方利益的工具。地方法院及其

---

① 刘安荣：《我国法院体制的行政化及改革对策》，《陕西师范大学学报（哲学社会科学版）》2004 年第 6 期。

法官异化成'地方的法院'、'地方的法官。'"①在笔者的调查中,当问及"您在办案过程中,是否受过地方领导干预?"这一问题时,虽然有66.3%的被调查者回答"没有受过地方领导干预",但仍然有26.6%的被调查者明确表示"在办案过程中,受到过地方领导干预";而在干预的具体方式上,6.3%的被调查者表示是"地方领导明确指示具体裁判结果",18.1%的被调查者反映是"地方领导暗示具体裁判结果",还有2.2%的被调查者回答是"地方领导以各种方式要挟更改裁判结果"(见表1—7)。

表1—7 您在办案过程中,是否受过地方领导干预? 如果有,其干预的方式是?

选项	频数	有效百分比
没有受过地方领导干预	1085	66.3
有。明确指示具体裁判结果	103	6.3
有。暗示具体裁判结果	296	18.1
有。以各种方式要挟更改裁判结果	36	2.2
其他	116	7.1
合计	1636	100.0

我国法院除了各专门法院及军事法院的设置外,主要分为四级,即基层人民法院、中级人民法院、高级人民法院和最高人民法院。按行政区划设置的地方各级法院,实行的是"块块"领导,司法管辖区域从属于行政管辖区域。虽然宪法明确规定法院独立行使审判权,但这仅是就其业务而言,至于法院的组织关系、人事管理、办案经费、装备等方面,则是地方负责。在法院的人事管理方面,现行的法官管理体制沿用的是地方主管、上级法院协管的传统干部人事制度,法官级别套用行政级别,法院干部由政府人事部门管理,法官的任免完全由地方权力机关控制。在法院的财力和物力方面,将其等同于行政机关,采用地方经费能否保障也取决于地方财政。法院的组织体系、人事体系、财政体系对地方行政权的依附性和附属性,从而形成了司法权力的地方自治化。具体而言:

1. 行政机关对司法权的干预

我国宪法虽然没有用专门条款单独规定人民法院的法律地位,但在第3条中规定:"国家行政机关、审判机关、检察机关都由人民代表大会产生,对它负责,受它监督。"这表明人民法院与检察院、政府的宪法地位是平行的、对等

———————————

① 常明、张昌辉:《司法地方化透析》,《理论观察》2006年第5期。

的,不存在任何的隶属关系。它们都是由权力机关(人民代表大会)产生,对它负责。但"行动中的法律"不同于"书本上的法律",法院常常被视为政府的一个职能部门,被置于同级人民政府之下,形成了"司法从属于行政,审判权从属于行政权"的事实体制。在提及"您认为地方行政领导意志对司法裁判作出影响力如何?"这一问题时,选择"很强"、"较强"的被调查者分别占 35.5%、27.0%,而选择"较差"、"很差"的被调查者只占 5.9% 和 6.6%,另有 25.0% 的被调查者选择了"影响力一般"(见表1—8)。显然,地方行政领导对人民法院具体司法裁判的影响力是"强劲且具有常态化色彩的"。而在问及地方行政机关对人民法院整体的影响力时,被调查者的回答是:很强(26.0%)、较强(23.0%)、一般(35.3%)、较差(9.5%)、很差(6.2%)(见表1—9)。样本数据表明,无论是地方行政领导对整个法院、抑或是对具体案件的司法裁判,其影响力均"不可忽视"。据此亦可见法院独立审判之"艰难"。

表1—8　您认为地方行政领导意志对司法裁判作出影响力如何?

选项	频数	有效百分比
很强	575	35.5
较强	438	27.0
一般	405	25.0
较差	96	5.9
很差	107	6.6
合计	1621	100.0

表1—9　在您的具体司法实践中,地方行政机关对人民法院的影响力如何?

选项	频数	有效百分比
很强	423	26.0
较强	375	23.0
一般	574	35.3
较差	154	9.5
很差	101	6.2
合计	1627	100.0

　　法院与政府事实地位规格的不平等不仅与宪法精神背道而驰,而且也为行政机关干涉法院独立审判创造了理由和条件。司法权对行政权的依附以及司法体制本身的行政化倾向,是我国现行司法制度的特点之一。它为行政权力干预

司法提供了条件。也是导致我国司法机关难以独立行使职权的一个很重要的原因。其具体表现在：其一，司法权同行政权虽然在职能上分离，但在体制上却并未真正分离，而是司法对行政具有强烈的依附关系。一方面，司法机关的财政权不能独立，仍隶属于行政系统，依靠行政拨款；另一方面，行政首长从中央到地方同时是执政党的领导人，而且，在法定级别上，同级行政首长比法院院长、检察院检察长的级别高，这在"官大一级压死人"的传统文化氛围中，使行政干预司法的现象无法得以避免。其二，我国的法院按行政区划设置，完全与行政机关的设置相对应，处在各级人民政府的辖区之内，为行政干预司法提供了可能。

2. 政党对司法权的影响

历史经验表明，执政党在国家民主政治建设上的作用是非常巨大的，甚至可以说，一个国家民主政治建设的成败，很大程度上取决于执政党对于民主政治采取什么样的态度，以什么样具体的措施来加强和培育本国的民主政治建设。共产党作为社会主义国家的缔造者，对于社会主义民主政治建设起着更为直接的关键性作用。社会主义民主政治建设的动员、组织、协调、培育都需要执政党去领导，整个政治社会化的过程，都需要执政党去引导。因此坚持党的领导在任何时候都是不能动摇的政治原则。发展社会主义法治是党的执政理念和价值追求，但党的领导方式要符合社会主义法治的要求。一方面，我们党是依法治国的倡导者，另一方面，实施依法治国是党的领导方式、执政方式走向成熟的标志。

在司法实践中，党委政法委对司法的干预时有发生。显然，这种干预事实上破坏了审判独立原则。

在谈及"您认为地方党委领导意志对司法裁判作出影响力如何？"这一问题时，选择"很强"和"较强"的被调查者合计占比高达63.3%，而选择"较差"和"很差"的被调查者合计仅占12.3%（见表1—10）。而在回答"您所在地区的政法委领导司法机关办案的方式是？"这一问题时，回答"高度关注，经常亲自指挥办案"的被调查者占27.7%，回答"基本不干预，充分发挥司法机关自身职能"的被调查者只占18.4%（见表1—11）。同样，在问及"在您的具体司法实践中，地方党委、政法委对人民法院的影响力如何？"时，被调查者的选择是：很强（35.4%）、较强（31.6%）、一般（22.2%）、较差（6.3%）、很差（4.5%）（见表1—12）。由此可见，地方党委、政法委对司法机关之干预，绝不是"稀有个案"，而是带有"普遍倾向"。更为可怕的是，还有接近30%的政法委领导亲自指挥案件办理，不论是政法委的主动介入还是司法机关基于功利色彩的要求介入，均会影响司法机关的独立性乃至司法机关相互之间的权力监督制约。

表1—10　您认为地方党委领导意志对司法裁判作出影响力如何？

选项	频数	有效百分比
很强	604	37.3
较强	421	26.0
一般	395	24.4
较差	98	6.0
很差	102	6.3
合计	1620	100.0

表1—11　您所在地区的政法委领导司法机关办案的方式是？

选项	频数	有效百分比
高度关注,经常亲自指挥办案	451	27.7
较少干预,重点协调案件办理	809	49.7
基本不干预,充分发挥司法机关自身职能	299	18.4
其他	68	4.2
合计	1627	100.0

表1—12　在您的具体司法实践中,地方党委、政法委对人民法院的影响力如何？

选项	频数	有效百分比
很强	576	35.4
较强	515	31.6
一般	362	22.2
较差	102	6.3
很差	74	4.5
合计	1629	100.0

3. 权力机关对司法权的干预

在我国,国家的各级权力机关是人民代表大会及其常务委员会,人民法院和人民检察院由其产生,法院院长和法官以及检察院检察长和检察官均由其任免,而且我国宪法规定,最高人民法院和最高人民检察院都对全国人民代表大会及其常务委员会负责,地方各级人民法院和地方各级人民检察院都对地方各级人民代表大会及其常务委员会负责,地方各级人民检察院还要对其上级人民检察院负责。正因为如此,我国的国家权力机关有权对司法活动进行监督,人民法院和人民检察院也应当接受其监督。但是,在司法实践中,有些权力机关却将监督理解成了干预,时常利用自己手中的权力干预法院的审判活动和检察院的检察活动。有些甚至直接干预案件的具体处理,要求法院和检察院按照其意见作出判决或者处理决定。实践中,国家权力机关往往采取一种名为"个案监督"的方式,对法院和检察院,特别是法院的案件进行监督,往往是具体指示如何处理某一案件,这种干预是不符合宪法规定的本意的,是对审判独立原则的侵犯。

在谈到"您认为地方人大意志对司法裁判作出影响力如何?"这一问题时,回答"很强"、"较强"的被调查者合计占57.6%,回答"较差"、"很差"的被调查者合计只占13.9%(见表1—13)。同样,在回应"在您的具体司法实践中,地方人大及其常委会对人民法院的影响力如何?"这一问题时,选择"很强"、"较强"的被调查者合计占57.5%,回答"较差"、"很差"的被调查者合计只占11.9%(见表1—14)。权力机关对人民法院拥有强大的影响力实属正常,毕

表1—13　您认为地方人大意志对司法裁判作出影响力如何?

选项	频数	有效百分比
很强	471	29.2
较强	458	28.4
一般	460	28.5
较差	117	7.3
很差	106	6.6
合计	1612	100.0

表1—14　在您的具体司法实践中,地方人大及其常委会对人民法院的影响力如何?

选项	频数	有效百分比
很强	496	30.5
较强	439	27.0
一般	497	30.6
较差	107	6.6
很差	86	5.3
合计	1625	100.0

竟其担负着对司法机关的监督职责。但需要明确的是,权力机关对司法机关的监督,绝不应演化为对具体案件的直接指示,否则,监督可能成为干预。

　　4. 个人对司法权的干预

　　在我国,流传着两句与司法活动有关的民谚,那就是"打官司就是打关系"、"打官司就是打权势"。毫无疑问,个人对司法活动的非法干预,要么是有关系,要么是有权势。也就是说,只有那些与法院院庭长和法官或者检察长和检察官关系密切的人,以及那些有权有势、能够控制法官或者检察官的任免、升迁的人,才有可能对司法活动进行干预;如果一无关系,二无权势,根本就不可能对司法活动施加影响,进行干预。在实践中,这些"个人干预"则主要通过法院领导干预具体司法裁判而得以"间接实现",正如前文所析,法院自身的行政化导致法院领导干预具体案件裁判"易如反掌"。而调查结果证明确实如此,当问及"您认为法院领导意志对司法裁判作出的影响如何?"时,回答"很强"、"较强"的被调查者分别占 33.8% 和 28.1%(见表1—15)。然而,无论是基于密切关系的干预,还是基于权势的干预,都必然是对审判独立原则的非法干预,都必然导致司法机关难以独立行使职权,这是现代法治国家所不能允许的。

表1—15　您认为法院领导意志对司法裁判作出的影响如何?

选项	频数	有效百分比
很强	548	33.8
较强	455	28.1
一般	414	25.6
较差	98	6.0
很差	105	6.5
合计	1620	100.0

(二)司法活动地方化

　　司法活动地方化即指司法地方保护主义,是一些司法机关和司法人员将地方、局部利益置于全国、整体利益之上,偏袒本地当事人、损害外地当事人合法权益的行为。地方保护主义主要存在于双方当事人不在同一地区的案件中。在一起案件中,双方当事人因居住地的不同,可分为三种情况,一是一方当事人为本地人,另一方当事人为外地人;二是双方当事人都是外地人;三是双方当事人都是本地人。其中，只有第一种情况，才有可能发生司法地方保护主义。

司法地方保护主义具体表现为："1. 在案件受理方面，对明知本地当事人会败诉的案件，编造各种理由，拖延立案。歪解关于管辖和主管的法律条文，拒不受理应该立案的案件。对明知无管辖权的案件，只要本地当事人一起诉就立即受理。乱立被告或第三人，扩大选择管辖，与外地法院争管辖权。还有的将诉讼标的额分解或故意降低，受理在级别上不该由自己管辖的案件。2. 在案件审理方面，对不同地方当事人的态度判然有别，对外地当事人及其诉讼代理人在参加开庭、阅卷等方面处处设卡；对本地当事人则提供超越规定的额外方便。对外地当事人诉讼的案件，久拖不审、不判。对外地当事人错用、滥用财产保全和先予执行措施，强迫外地当事人接受不公平调解协议。在证据的收集、运用上，有利于本地当事人的尽量收集、采用，不利于本地当事人的则视而不见。在法律的适用上，滥用自由裁量权，尽力做出倾向于本地当事人的不公平的判决和裁定。在外地当事人申诉时，轻率地予以驳回。3. 在案件执行方面，对外地当事人申请执行案件，拖压不办，而对本地当事人的申请，却可能超范围执行。有的以本地被执行人无履行义务能力为由随意中止执行。强迫外地当事人与本地当事人达成并接受'执行和解协议'。在执行标的的估价上也倾向于本地当事人，把质次价高、积压滞销、过期变质的商品'执行'给外地申请人，将执行标的物压低价格'执行'给本地申请人。对外地法院委托执行的不予理睬，对要求协助执行的，不予配合或横加干预，甚至为当事人出谋划策、通风报信。对于这些司法地方保护主义的种种表现，虽然没有客观的统计数据，但就接触的个案，以及媒体的报道、社会的传言、公众的评价而言，仍能真切地感受到其影响的范围之大、层次之深。"[1]

【实例一】洛阳种子案[2]

2003 年，洛阳市汝阳县种子公司与伊川县种子公司发生合同纠纷，洛阳市中级人民法院对此案进行审理。在审理过程中，伊川公司同意对汝阳公司进行赔偿，但在赔偿损失的计算方法上却与汝阳公司存在差异。汝阳公司认为，玉米种子的销售价格应依照国家《种子法》的相关规定，按市场价执行；伊川公司则认为，应当依据《河南省农作物种子管理条例》确定的政府指导价进行赔偿。承办法官、时年 30 岁、拥有刑法学硕士学位

---

① 刘风景：《司法地方保护主义之病状与诊治》，《北京联合大学学报（人文社会科学版）》2014 年第 3 期。

② 《李慧娟——河南洛阳种子案》，2011 年 5 月 23 日，http://blog.sina.com.cn/s/blog_4b7bfaf70100rruh.html。

的李慧娟在提交审委会讨论后作出判决:"《种子法》实施后,玉米种子的价格已由市场调节,《河南省农作物种子管理条例》作为法律位阶较低的地方性法规,其与《种子法》相冲突的条款自然无效,而河南省物价局、农业厅联合下发的《通知》又是依据该条例制定的一般性规范性文件,其与《种子法》相冲突的条款亦为无效条款。"2003年10月,河南省人大常委会法制室发文称,经省人大主任会议研究认为,《河南省农作物种子管理条例》第36条关于种子经营价格的规定与《种子法》没有抵触,应继续适用。且"洛阳中院在其民事判决书中宣告地方性法规有关内容无效,这种行为的实质是对省人大常委会通过的地方性法规的违法审查,违背了我国的人民代表大会制度,侵犯了权力机关的职权,是严重违法行为",要求洛阳市人大常委会"依法行使监督权,纠正洛阳中院的违法行为,对直接负责人员和主管领导依法作出处理,通报洛阳市有关单位,并将处理结果报告省人大常委会"。11月7日,根据省、市人大常委提出的处理要求,洛阳中院党组拟出一份书面决定,准备撤销相关庭的副庭长职务和李慧娟的审判长职务,免去李慧娟的助理审判员资格。

【实例二】重庆最牛公函案①

重庆农民付强的蛙场被当地政府划入李渡工业园区,在补偿条件没有谈判定局的情况下,遭遇到强行爆破。他的大批美蛙死亡,造成了损失。付强于是将爆破公司告上了法庭,收案的重庆市涪陵区人民法院经过数次开庭审理之后,最终作出了一审驳回起诉的裁决。付强的代理律师在2011年6月代理其二审上诉,去中级法院查阅案卷材料时,却意外地发现了案件一审期间当地李渡工业园区管委会发给法院的一份《公函》,该函明确要求法院驳回原告起诉,并"警告"法院"不得一意孤行",否则"将会造成原告缠访或者上访,并且不利于处理另外三户养殖户的诉讼"。还称:"我们想,这也是一、二审法院都不希望发生的后果!"而法院副院长的答复更富戏剧性:公函是从门缝里捡的。但他却在上面郑重作出批示,下发办案法官。于是这份没有经过双方质证,甚至见都没有见过,既不是证人证言、又不是鉴定结论的塞在门缝里的"警告信",堂而皇之被塞入卷宗当中,成为本案的判决依据,并且还可能成为二审的依据。这被称作"史上最牛公函"。

---

① 《重庆史上"最牛公函案":门缝里塞不进来司法公正》,2011年6月29日,http://news.163.com/10/0629/07/6AB2U7JQ000146BC.html。

【实例三】甘肃乔红霞案①

乔红霞,女,1968 年生人,原系甘肃省秦安县社会福利家电经销部经理(下称秦安家电),秦安家电地处甘肃省贫困县境内,从营业执照上看,该单位仅是一个注册资金 2 万元、依靠残疾人注册的并靠享受国家优惠政策维持的集体企业。从 1997 年起,乔红霞开始以秦安县社会福利家电经销部、兰州宏远经销部(其实此两单位在此前已经注销)、甘肃海欣工贸有限公司的名义与澳柯玛电器销售公司达成销售合作。此期间,澳柯玛销售公司副总经理邹某从事西北业务,在其大力协助下,乔红霞开始商场得意,名下很快发展出甘肃海欣、兰州宏远家电经销部、秦安家电公司三家经济实体,乔本人俨然成为了一位颇有"成就"的"企业家"。在此后跟澳柯玛合作的两年时间内,乔共向澳柯玛共提货折合价值 2600 万元,至 1999 年时累计欠澳柯玛销售公司 600 多万元货款,澳柯玛多次催要欠款,乔红霞一直拒不付款。无奈,澳柯玛销售公司依法向青岛市市南区人民法院提起诉讼。市南法院于 1999 年 10 月 10 日正式立案。在审理过程中,由于对方法律顾问等人出面干预,使案情复杂化,出于对案件审理的慎重,本案件由青岛市南法院移交青岛市中院审理。在庭审过程中,乔提供了《工矿产品购销合同》《协议书》《补充协议书》等共 6 份销售协议。按此协议的规定,澳柯玛应向乔红霞支付高达 79% 返利,事情由此发生了戏剧性的变化,按乔的说法,自己非但不欠澳柯玛的钱,澳柯玛反而倒欠乔红霞 1500 万元。经法院调查发现,该协议与澳柯玛公司存档的协议内容有很大出入,进一步审查发现,这些合同、协议内容明显经过篡改和添加,法院决定交司法鉴定部门进行鉴定,经青岛市司法鉴定中心和全国最权威鉴定机构西南政法大学鉴定中心鉴定,以上合同存在篡改、伪造事实。乔在此后也承认,此协议是由澳柯玛公司原业务员周志向自己提供的,当时是一张只有澳柯玛公司印章的空白便笺,自己觉得有空子可钻,就私自填写了相关内容。乔红霞怕自己的字迹被别人辨认出来,就让其正在上学的外甥女代写协议内容,协议上也无任何双方销售代表的签名,只有公章,且甲方的公章盖在需要乙方盖章的地方,乙方的公章盖在需要甲方盖章的地方。显然该合同有很多漏洞和违背常理之处。事情还远没有到此结束。2000 年 3 月 2 日,乔红霞以澳柯玛销售公司欠其返利为由,在兰州市中级人民法院提起诉讼,将澳柯玛告上法庭。兰州中院违背"一事不再理"的法律原则,基于同一事实重复立案,并向青岛法院发来了中

① 《一波三折媒体关注,澳柯玛与乔红霞案的台前幕后》,2006 年 10 月 26 日,http://www.qingdaonews.com/content/2006‐10/26/content_7685625.htm。

止案件审理通知书。兰州中院于 2001 年 4 月 25 日突然向澳柯玛发来了开庭通知书。此时澳柯玛提出管辖权异议，但对方不予理睬。2001 年 5 月 29 日该院在澳柯玛缺席的情况下进行第一次庭审，全部支持了乔红霞方面的诉讼请求，当天即判决澳柯玛败诉，并判定澳柯玛欠乔红霞 1500 余万元。澳柯玛不服判决，上诉至甘肃省高级人民法院。随后兰州中院又进行了二次审理，仅有刘兴魁独任审判，审判长仲照彦和另一法官均未到庭，最终维持原判。在判决还未下达的 2001 年 1 月 21 日，兰州中院对澳柯玛的财产进行了强制执行，并在没有召开听证会的情况下，随意将澳柯玛集团总公司、澳柯玛股份有限公司（上市公司）追加为被执行人，一次性从上述两公司划走九百三十余万元。澳柯玛集团领导和青岛中级人民法院相关领导均出面交涉，但都无济于事，兰州中院把划走的全部款项发放给了乔红霞。并在上海股票交易市场查封了澳柯玛 196 万股国有股票，并曾两次流拍。青岛中院在伪造协议最终鉴定结果出来之后，发现此案涉嫌刑事犯罪，即以书面形式将案件移送至青岛公安局经济侦察支队。青岛市公安局接到此案后，非常慎重，立即向山东省公安厅经济侦察总队作了汇报。山东省公安厅汇同青岛市公安局一起向国家公安部作了汇报。公安部在充分听取了两级公安汇报后，作了深入细致的研究，认为此案涉及巨额国有财产，因此同意青岛市公安局立案侦查。2002 年 9 月 22 日，青岛市公安局在公安部和省公安厅的指导下经过几个月的艰苦侦查，终于在北京市延庆县将躲藏已久的乔红霞抓获归案。

（三）司法官员职能泛化

司法体制与行政体制的同构导致了我国司法官员往往按照行政官员的管理体制进行任命、升迁和管理，实际上在我国制度观念中，司法官就是行政官员的一种，而司法审判往往是地方行政官员的一项重要的行政职责。以基层法官而言，除了对辖区内的民事、刑事、行政纠纷进行调解与审判之外，还要完成服务经济发展、维护地方治安等一系列职责。在问及"您所在法院是否会参与拆迁、维稳等事务"这一问题时，选择"经常会参与"的被调查者占 41.3%，选择"偶尔会参与"的被调查者占 45.2%，二者合计占比高达 86.5%，而选择"从未参与"的被调查者仅仅占 13.5%（见表 1—16）。由此看来，地方政府将法官视为"全能战士"，这与法官专司审判的本源定位格格不入。

表1—16　您所在法院是否会参与拆迁、维稳等事务?

选项	频数	有效百分比
经常会参与	678	41.3
偶尔会参会	743	45.2
从未参与	222	13.5
合计	1643	100.0

　　关于服务地方发展大局,理论界有诸多解读。张文显教授认为:服务大局是由我国社会主义法律的本质和性质决定的。我国的社会主义法律是工人阶级为领导的全体人民普遍意志和根本利益的体现,人民的普遍意志和根本利益的核心内容是全面建设小康社会,构建社会主义和谐社会,把我国建设成为富强、民主、文明的社会主义现代化国家。这正是党和国家的工作大局。党和国家的工作大局是根据全体人民的普遍意志和根本利益而凝练出来的,是从立党为公、执政为民、以人为本的根本宗旨出发制定和部署的。我国法的本质与党和国家的工作大局是水乳交融的。为大局服务,为全面建设小康社会,构建和谐社会,建设成为富强、民主、文明的社会主义现代化国家,创造良好的法治环境,正是我国社会主义法的本质的体现,是法的核心功能所在,是法治的伟大历史使命。服务大局,前提是树立全面、鲜明而正确的大局意识和观念。政法机关,特别是各级政法机关的党组(党委)成员要有大局意识,有胸怀全局的政治责任观念,善于站在大局和全局的高度,去判断形势,思考法律问题,正确认识和处理法律执行和适用中的重大问题和疑难问题,自觉地将本部门、本单位的工作纳入整个政法工作之中,进而融入党和国家的工作大局和社会主义事业的全局之中。政法战线的同志要认真学习邓小平理论、"三个代表"重要思想、科学发展观,加深对社会主义规律的认识,对国内外形势的判断,不断提高科学把握党和国家工作大局及其对政法工作的要求的能力,不断增强服务大局的自觉性和坚定性,善于结合实际创造性地开展工作,在服务大局中有更大作为。坚持服务大局的社会主义法治理念,在法治实践和政法工作中体现服务大局,应当做到:第一,围绕大局,以大局为中心。第二,保障大局,为大局创造良好的社会环境和法治环境。第三,服从全局,维护全局利益和法制的统一性。第四,立足本职,通过做好执法和司法工作实现大局。第五,着眼大局,以大局作为检验法治和政法工作成效的首要标准。而童之伟教授则认为:从一般意义上说,"顾全大局"是应该的,"大局"本身也应该得到肯定。但很多关于服务大局一般性阐述流于空虚、牵强、无凭据。这些论述大方向上把握不住大局,这些说法给人以不知所云的感觉。关于服务大局,在实践中往往出

现偏移。最为典型的理解是将服务大局中的大局单纯理解为经济建设大局，由此带来的后果则是强制拆迁引发的群体性事件。

人民法院参与地方社会综合治理，有人认为有偏离本身性质与职责之嫌。但人民法院作为社会纠纷解决的重要主体，参与社会治安综合治理显然责无旁贷。重点在于人民法院应在法院工作与社会治安综合治理之间找到契合点。根据最高人民法院《关于进一步加强人民法院参与社会治安综合治理工作的意见》的规定："做好各项审判工作，是搞好社会治安综合治理不可缺少的重要组成部分，各级人民法院要充分发挥审判职能作用。"人民法院的工作是通过各种审判活动的开展，最终达到化解各种矛盾纠纷、维护社会稳定的目的，所以法院参与综合治理的契合点就是审判。诉讼是各种矛盾纠纷的最终解决通道，也就是说人民法院把守着调处各种纠纷、维护社会稳定的最后关口，这更加凸显了法院审判工作在综合治理中的重要性，更加明确了法院参与社会治安综合治理必须立足审判，充分扮演好纠纷裁判者、矛盾平息者的角色。

在我国，职业法官的本分应该不难定位。1995 年通过并于 2001 年修改的《中华人民共和国法官法》明确规定，"法官是依法行使国家审判权的审判人员""法官的职责是依法参加合议庭审判或者独任审判案件以及法律规定的其他职责"。但司法中审判人员的非行政性事务依然较多，不仅职业法官们无法专心办案，甚至法官从事的很多审判外的事务也非法定内容。我们可将之归纳为三部分：一是动手处理审判庭内的行政性事务，如审判员要亲自填写诉讼手续，张贴开庭公告，布置庭审场所，打印诉讼文书甚至于装订卷宗，助审员、书记员协助审判员的法定职能难以充分利用；二是法院内部集体性活动较多，如集中政治学习，与业务联系单位座谈，举办法律知识竞赛，打扫院内卫生甚至于排练文艺节目，法院简直是一个综合性社区；三是必须参加大量的社会公益活动，如上街法制宣传、参加社会信访活动、计划生育、集资捐款、驻村包队、征收提留等，名目繁多。此时的法院彻头彻尾地被沦为社会的"工具"了。公正、及时审判案件才是法院的本职工作，频繁开展社会性法律服务而置大量案件积压于不顾，是舍本逐末，忘其本分。何况这种行为尚有越权之嫌，"当法院主动请缨，为政府的中心工作保驾护航时，法院已不再是法院而变成镖局了；当法院院长大谈特谈法制宣传工作时，法院院长就已不再是院长而变成司法局长了"①。

---

① 刘中华：《审判主体论——兼评我国近期法官制度改革》，硕士学位论文，山东大学法学院 2002 年，第 7—8 页。

三、法官素养的非职业化

法官队伍非职业化，指的是把法官看作党政干部，忽略了法官专业化要求，在法官的选拔配置上不适应司法的需要。法官作为一项专门职业，是随着社会分工的发展和法律在社会生活中的作用的加强而产生的。法官应当是精通法律专门知识并经国家授权而实际操作和运用法律的人的群体，他们以司法工作谋生，同时为公众服务。法官职业化是现代法治的一个重要标志。

中国近现代意义上的法官是清末司法改革的结果。1906 年，清朝颁行了《大理院审判编制法》，1907 年颁行了《各级审判厅试办章程》，1910 年又进一步颁行了《法院编制法》。根据上述三部法律的规定，清末的审判机构共设四级，分别为大理院、高等审判厅、地方审判厅、初级审判厅。大理院为最高审判机构并负责解释法律，监督各级审判。至此，专门的审判机构和审判人员在我国诞生。清末的司法改革使其司法以及法官制度比封建专制的司法制度向前迈进了一大步，虽然而后并没有真正的实行，但却对民国时期的司法以及法官制度具有重要的参考意义。1927 年国民政府成立后，公布了《法院组织法》，确立了最高法院、高等法院和地方法院构成的法院体系，实行三级三审制。法院的司法行政工作由政府的司法行政部门管理，法官由行政长官任命。最高法院、高等法院和地方法院的院长，首先是司法行政长官，同时也是法官。国民政府是将司法官统一列入文官系列，享有与公务员同等的待遇。根据国民政府 1932 年公布、1935 年正式实施的《法院组织法》的规定，法官的资格是：(1)经司法考试及格，并实习期满；(2)曾在有关公立大学教授主要法律科目 2年以上，经审查合格者；(3)曾任推事或检察官 1 年以上，经审查合格者；(4)执行律师职务 3 年以上，经审查合格者；(5)曾在教育部认可之国内外大学毕业而有法学上之专门著作，经审查合格者并实习期满者。具备以上资格，就可以被任用为法官。"从以上的法官任用资格中，我们可以看出民国时期法官的选任方式是多样化的，无论是没有司法从业经验的普通人或毕业生，还是具备司法从业经历的检察官或律师，又或者是具备法学理论知识的大学教授，只要经过审查或实习期满，均可担任法官一职。这种多样化的法官选任方式可谓是不拘一格降人才，可以充分吸纳各类人才进入到法官队伍中，但是同时也带来了一个问题，即法官队伍可能存在良莠不齐的现象。"①

"新中国成立之前，我国审判人员从无到有，在实践中不断地进行队伍建

---

① 刘琦：《当代司法环境下的法官角色重塑》，硕士学位论文，苏州大学法学院 2012年，第 10—11 页。

设及管理机制探索。早在第二次国内革命战争时期,根据 1932 年 2 月《中华苏维埃共和国军事裁判所暂行组织条例》、1932 年 6 月《中华苏维埃共和国裁判部暂行组织及裁判条例》、1933 年 12 月《中华苏维埃共和国地方苏维埃暂行组织法(草案)》、1934 年 2 月《中华苏维埃共和国中央苏维埃组织法》等规定,中华苏维埃共和国形成了由最高法院、省裁判部、县裁判部、区裁判部、市裁判部(科)组成的组织体系,在红军中设立了军事裁判所,并开始实行人民陪审。抗日战争及解放战争时期,中国共产党在边区、根据地以及解放区进行了大量的法制实践。"[1]在特殊时代,由于一切工作均围绕武装斗争而展开,人员不足始终是队伍建设的突出问题。同时,受制于政权建设等因素的影响,新中国成立以前各革命根据地的审判机构设置、队伍建设及相关管理规定基本上都属于地方性的法律制度而不具有全国性的普遍意义。

"新中国成立伊始,根据《中国人民政治协商会议共同纲领》、《中央人民政府组织法》以及《各级人民政府组织通则》的规定,我国逐步建立起各级人民法院。1949 年 10 月 1 日,中央人民政府委员会任命沈钧儒为中央人民政府最高人民法院院长,以华北人民法院的组织机构和工作人员为基础,建立最高人民法院,并于 11 月 1 日正式办公。与此同时,最高人民法院在各大行政区的分院开始着手设立,至 1952 年 4 月,最高人民法院在东北、西北、华东、中南、西南、华北六大行政区的分院建立。地方各级人民法院,一部分在老解放区(东北全部,华北大部,西北、华东一部分)原有的人民法院的基础上发展建立起来,大部分则是随着全国各地陆续解放而先后建立。根据 1949 年 12 月 21 日中央人民政府委员会批准的《最高人民法院试行组织条例》,最高人民法院成立之初从各方面调配干部,主要是从人民解放军中抽调若干老干部并吸收了一部分青年知识分子。在地方各级人民法院,一部分老解放区的司法干部充当了领导骨干,但为数不多,远不能满足工作需要。因此,中共中央和中共各级组织从其他部门(主要是从正在向南方进军部队)中抽调了一批干部充实司法机关,吸收了大量新干部(包括一些学过法律专业的青年知识分子)并按照中共中央'分别不同对象慎重处理'的政策选择留用了一批旧司法人员。这三个方面的干部一般都接受了短期训练,然后分配到各地建立的人民法院。"[2]"总的来看,在当时的三类人员中,旧司法人员占有很大比重。据统计,1953 年全国法院干部共约 28000 人,其中旧司法人员 6000 人,所占比例接近

---

① 朱景文:《中国人民大学中国法律发展报告:中国法律工作者的职业化(2012)》,中国人民大学出版社 2013 年版,第 27—28 页。

② 何兰阶、鲁明健:《当代中国的审判工作》(上),当代中国出版社 1993 年版,第 23—25 页。

22%。由于旧司法人员受到原有思维的影响，在具体的职业角色扮演中并不能符合当时的主流意识形态的要求，甚至出现重大的偏差。于是，1952 年的司法改革运行对旧司法人员进行了清除，取而代之的是：1. 从其他政党部门选派一部分较老的同志（到法院担任领导骨干）；2. 青年知识分子；3. 五反运动中的工人党员、积极分子；4. 土改工作队和农民中的积极分子；5. 专业建设的革命军人，包括一部分适于做司法工作的轻残废军人；6. 各种人民法庭的干部，工会、农会、妇联、青年团等人民团体帮助选拔的适于做司法工作的干部，群众运动中涌现出并经过一些锻炼的群众积极分子。"①总体而言，新中国成立之初，我国在审判队伍建设方面取得了重大进展。但法院也成了非专业人员极容易进入的部门，由于没有严格的法官选任制度，使一些专业素质及能力不是很高的人员也进入法院，法官的非专业化问题严重。同时，在新中国成立初期，法院被视为人民民主专政的工具，而法官则被人们称为"政法干部"。由此，长期以来，作为"政法干部"的法官是当作无产阶级专政的"工具"形象和保驾护航的形象出现的。既然是工具，就很难有自己独立的价值追求，而只能以服从命令为天职。人们很少考虑作为法官职业特征中所必不可少的学识、智慧、判断力、独立性等基本形象要求，而是更多地想到了法官的威严、服从、勇猛、顽强等军警所具备的形象特征，在现实生活中，法官的角色混同于工商、税务、卫生防疫等行政执法部门，与其他职业角色没有多大区别。

"从 1957 年下半年开始，受到'左'倾思想和法律虚无主义的影响，有关法院工作的一系列原则问题的正确观点遭到了错误的批判，导致大批法官被打成右派。随之而来的文化大革命，在'砸烂公检法'运动中，审判人员队伍遭到巨大破坏。据统计，90% 以上的法院工作人员都被下放到农村从事'劳动改造'。在人民法院实行'军管'的五六年时间内，最高人民法院只留下七八个人的办案组。"②我国的法官制度遭受了前所未有的破坏，司法制度停滞不前甚至于倒退。

"十一届三中全会以后，各级人民法院整顿恢复。到 1980 年 8 月，全国各级法院基本建立起来，包括各级人民法院 3100 多个，并建立起 1.8 万多个法庭。"③在法制建设逐渐步入正轨的背景下，审判人员队伍的现状已经无法满足实践的需要。由于"文化大革命"对原有的司法审判队伍和法律人才培养机制的破坏，使得人民法院只能从党政机关、企事业单位，甚至初、高中文化程度的乡村干部以及中小学教师和军队复员转业军人中选调大批的人员来从事法

---

① 董必武：《董必武法学文集》，法律出版社 2001 年版，第 121 页。

② 朱景文：《中国人民大学中国法律发展报告：中国法律工作者的职业化（2012）》，中国人民大学出版社 2013 年版，第 40 页。

③ 周振想、邵景春：《新中国法制建设 40 年要览》，群众出版社 1990 年版，第 495 页。

院司法审判工作。通过这种方式,在短短几年内,人民法院司法审判人员规模迅速扩大,但由于选任条件主要还是"政治素质高"(事实上,政治素质一直是我国法官队伍建设的重要目标,见表1—17),法官的司法业务素质却并没有实质性的提高。正如有的学者所言,20世纪80年代以来,"中国的法官角色已逐步摆脱了五六十年代'服从党的绝对领导、贯彻群众运动式审判模式和审判工作与生产劳动相结合'等'人民政法工作的优良传统'的影响、进而跌跌撞撞的走向了规范化和法制化的轨道。但是,遗留的问题仍然很多。换言之,这一时期所提出的法官角色的'专业化'的改革诉求仍只停留在'口号'的形式层面而未纳入到真正的实践之中"[1]。在特定情境下,我们虽然可以理解法官职业性不强这一现实,但也客观上造就了我国司法大众化之特质。

表1—17　我国法官队伍建设的重要目标[2]

年份	目标
1983	革命化、年轻化、知识化、专业化
1985	实事求是、依法办案、刚正不阿、铁面无私
1992	政治坚定、业务精通、秉公执法、作风过硬、纪律严明、有坚强战斗力
1995	政治坚定、业务精通、作风过硬、廉洁奉公、严肃执法
1996	政治坚定、业务精通、经验丰富、作风优良
1997	政治强、业务精、纪律严、作风正
1998	政治坚强、公正清廉、纪律严明、业务精通、作风优良
1999	政治坚定、公正清廉、纪律严明、业务精通、作风优良
2001	政治坚定、业务精通、作风过硬、清正廉洁、道德高尚
2003	政治坚定、业务精通、作风优良、司法公正
2006	政治坚定、业务精通、作风优良、清正廉洁
2009	政治坚定、业务过硬、一心为民、公正廉洁

　　一种职业之所以被称为职业,首要的表征就是这种职业具有独立性,即这种职业不能依附于其他任何一种社会职业。苏力认为:"从国内外的历史经验来看,随着社会分工、特别是市场经济条件下的高度社会分工的发展,法律机

构会发生一种趋势性的变化，即法律的专门化。法律专门化在此可以有三种并不必然分离的含义。首先是社会中从事法律事务的人员的专门化；其次，伴随着法律事务人员的专门化而有法律机构具体设置的专门化；最后表现为相对独立的法律机构运作。"①夏锦文教授则认为："在司法现代化视野中，法律职业化具有以下四方面的基本表征：法律职业的专门化，即法律职业的分化独立、法律职业领域的专门化、法律职业职能的专门化；法律职业的分层化，包括法律职业的内部分工、法律职业部门的彼此独立和职能独立、法律职业部门之间的相互协作；法律职业的专业化，法律职业需要特殊训练，具有独立的传统与原则，拥有同质的思维方式和推理方式，需要特定的知识技能与执业经验；法律职业家的精英化，即素质要高而数量要精，作为社会精英的法律职业家必须同时具备深厚的专门知识功底和高尚的法律伦理素养。"②

审判独立的核心和根基是法官独立。而法官独立则必须建立在法官个人良好的思想品质、道德操守和法律专业训练的基础上。新中国建立以来，我们始终没有重视建立法官职业制度，除了长期不重视法治、法学教育薄弱、司法机关任务单一等原因外，还有一个重要的原因是始终把法官、检察官作为"政法干部"，强调政治素质但忽视了从事法律工作的专业素质和道德素质。党的十一届三中全会后，国家加强了法制建设，法官队伍从 1978 年不足 7 万人增加到现在的 30 多万人。其中相当多的人没有受过系统的法律专业学习和培训。加上对法官的任职资格没有严格的要求，因而即使在加强法制建设过程中，国家对建立法官职业制度也未引起必要的重视。1994 年制定法官法时，草案中规定担任法官和法院院长、庭长须具备法律大专以上学历，审议中，却引起较大的争议。结果该法规定担任法官须具备大专学历，而对院长、庭长却没有规定。这在一定程度上反映了对建立法官职业制度的漠视。令人欣喜的是，经过法院系统多年的努力以及 2001 年法官法的修订，法官队伍整体素质得以大幅度提高，笔者的调查数据亦证明了这一点。在针对 1600 多名法官的调查中，法学专业毕业的法官占 77.6%（见表 1—18），本科以上学历的法官占 83.4%（见表 1—19），通过司法考试（包括律师资格考试）的法官占 61.1%（见表 1—20）。而在问及"根据您的亲身体会，您认为司法人员对下列哪一项最为看重？"这一问题时，高达 69.2% 的法官选择了"业务能力"，选择"地位声誉"、"工资待遇"、"职位升迁"的法官分别只占 9.1%、17.3%、3.1%（见表 1—21）。但尽管如此，且不说学历是否能够足以代表胜任司法工作，现实中不

---

①　苏力：《法律活动专门化的法律社会学思考》，《中国社会科学》1994 年第 6 期。

②　夏锦文：《法律职业化：一种怎样的法律职业样式——以司法现代化为视角的考查》，《法学家》2006 年第 6 期。

断发生的与法官形象相悖的事件即足以证明:法官自身素质远未达到民众所期待的水准。

表1—18　您的专业是?

选项	频数	有效百分比
法学专业	1271	77.6
非法学专业	367	22.4
合计	1638	100.0

表1—19　您的学历是?

选项	频数	有效百分比
专科	257	15.6
本科	1198	72.8
硕士研究生	167	10.2
博士研究生	7	0.4
其他	16	1
合计	1645	100.0

表1—20　您是否通过国家司法考试(包括以前的律师资格考试)?

选项	频数	有效百分比
是	993	61.1
否	633	38.9
合计	1626	100.0

表1—21　根据您的亲身体会,您认为司法人员对下列哪一项最为看重?

选项	频数	有效百分比
业务能力	1140	69.2
地位声誉	150	9.1
工资待遇	285	17.3
职位升迁	51	3.1
其他	21	1.3
合计	1647	100.0

（一）部分法官专业素质较低

保障法官素质和职业化的一个基本的手段就是严格的法官选任制度。在我国，《法官法》颁布以前，法官来源多种多样，层次也是参差不齐，正是由于法官素质低的状况一定程度上导致了司法不公正和低效率。在《法官法》修改后，法学本科学历和通过国家统一司法考试等规定使法官的职业准入门槛得到了提高。但是这种选任标准和制度依然存在着问题。第一，任职年龄偏低。根据《法官法》的规定，法官的任职年龄为 23 岁，按照有关规定法官的退休年龄不得超过 60 岁。实践中遇到精简人员时，有的 50 多岁就要退休。在我国 23 岁就是大学刚刚毕业，即使未上大学的人也是涉世未深，实际上还没有真正开始人生的历炼，但这时候他们也许就通过了司法考试。但作为司法从业人员，仅仅知悉法律条文或是对社会了解甚微是不够的，他必须熟悉社会，理解生活，感悟法律这门语言和艺术。第二，部分法官职业技能不足。法官履行其审判职责需要分析法律事实、判断证据以及控制庭审。没有接受过正规法学教育和训练的法官固然很难形成这些能力，即使是正规法律院校毕业的学生也未必都具备这些能力。就目前我国的法学教育而言，其不能保证法学毕业生都具备这些能力，而且我国的法官选任制度也无法完全解决这一问题。事实上，基于案件办理的现实需要，法律院校毕业的学生往往会在较短时间的实践后即成为法院的"骨干"。显然，他们很难拥有娴熟的案件驾驭技能。因此，与英美法系和大陆法系的法官选任制度相比，我国的法官选任制度应更注重司法实践经验的考察和培养。在现实中，我国部分法官素质较低是不争的事实。

【实例一】奇葩判决①

河南长垣县法院同 1 天将同 1 个房子判给 2 人。据悉，1 人因债务纠纷要让被告李国峰还钱，1 人买了房子要让李国峰交房。2008 年 8 月 21 日，长垣法院要求李国峰把房子钥匙交给了买房者逯会民。同一天，法院又支持债主王志文的还款诉求，后又将房子拍卖偿还债务；河南三门峡市陕县法院判决一起造成 3 死 2 伤的交通肇事案件，对肇事司机仅判决有期徒刑两年，当事法官称自己"眼睛花判错了"；安徽广德县法院作出数百份"鸳鸯判决书"，为当地金融部门核销不良贷款提供依据。

---

① 林萧：《"乌龙判决"让法律情何以堪？》，2012 年 6 月 15 日，http://blog. ifeng. com/article/18314276. html。

【实例二】低级错误①

　　一份 7 页的判决书上出现了 18 处低级差错。"这真是史上最雷人的判决书了,不知道当时法官的心思都花在哪里了?"张同冰至今仍情绪激动。2010 年 4 月,张同冰因一起图书署名权纠纷诉至天津市和平区人民法院。9 月 1 日,他收到的民事判决书令其大跌眼镜:"阅读理解"被写为"阅读劣迹","北京仲裁委员会"成了"北京仲裁委托员会",诸如这样的文字差错在这份薄薄的判决上多次出现。无独有偶,也是在天津,一个海事案件的判决书先是遗漏了代理人,之后又出现了审判人员名字前后不一致的严重错误。另据新快报报道,还是在天津,天津某法院的判决书把"导致"写成"导治"、"人工流产"写成"工人流产"、"附件炎"写成"附件验"和"附件鉴"、"被上诉人"写成"被上诉们"、"认为"写成"真伪","拒查"写成"据查"、"整理"写成"整体"、"人流史"写成"人流使"等。一份仅 6 页的判决书,光错别字、丢字等低级错误就有 18 处。

(二)部分法官道德素质较低

　　"法官由于行使法律赋予的审判权,因此法官的人品和操守至关重要。这不仅仅关系法官本人的声誉,而且关乎法律和法治的声誉和基础。法官优良的道德品格和人格魅力是取信于民、树立威信的基石。"②台湾学者史尚宽曾指出:"虽有完善的保障审判独立之制度,有彻底的法学之研究,然若受外界之利诱,物欲之蒙蔽,舞文弄墨,徇私枉法,则反而以其法学知识为其作奸犯科之工具,如有为虎添翼,助纣为虐,是以法学修养虽为切要,而品格修养尤为重要。"③我国对于法官职业道德规范已经有不少规定,我国《法官法》第 7 条规定:法官应当"清正廉明,忠于职守,遵守纪律,恪守职业道德";第 9 条规定法官"应当有良好的政治、业务素质和良好的品行"。2001 年对于《法官法》的修改进一步加强了对法官职业道德的要求。此外,最高法院还制定了《中华人民共和国法官职业道德基本准则》(2001 年)、《人民法院法官袍穿着规定》(2002 年)、《最高人民法院、司法部关于规范法官和律师相互关系维护司法公正的若干规定》(2004 年)、《法官行为规范(试行)》(2005 年)等一系列有关法官职业道德和相应的行为规范的规定。"从这些规定出台的频率和内容可以看出,自进入新的世纪以来,最高法院对于法官职业道德建设极为重视。这些规范的

---

①　许戆:《法官的低级错误》,《南方周末》2010 年 11 月 7 日。
②　张志远:《法官职业化的反思与构想》,《辽宁教育行政学院学报》2011 年第 4 期。
③　史尚宽:《宪法论丛》,荣泰印书馆 1973 年版,第 336 页。

出台对于法官职业道德建设也确实起到了积极的效果，那种'大沿帽两头翘，吃了原告吃被告'的现象已被基本刹住，法官对于职业形象更为重视，对于职业道德规范的要求也更为自觉。"①尽管如此，我国法官职业道德建设的任务依然艰巨，问题依然很多，远未达到理想的状态。不断揭露出来的司法腐败案件更表明我国法官职业道德建设任重道远。

【实例一】集体腐败

2002年，武汉中院13名法官和44名律师涉案，被当作司法系统典型的"腐败窝案"而震惊中国司法界。涉案人员中，不仅包括当时的武汉中院常务副院长柯昌信和副院长胡昌尤，而且还包括副庭长3名、审判员7名、书记员1名。他们在审理案件时利用职权受贿，而且利益均沾。案件在2003年至2004年间陆续判结。对于柯昌信和胡昌尤，法院判决认定，柯昌信任常务副院长期间，在诉讼活动中利用职权为他人谋取利益，先后7次收受金马房地产开发公司、三峡证券公司江城营业部等诉讼当事人或代理人贿赂共49.3万元、美元2000元。另据其自己交代，他还先后17次收受案件当事人张某、马某等人贿赂27万多元。而胡昌尤则利用分管民事审判工作的职务之便，先后14次收受武汉晶都娱乐发展有限公司等诉讼当事人或代理人贿赂共计20.8万元。另据交代，他还先后收受高某、李某等人贿赂12万多元。与此同时，司法机关查明，武汉的一些律师行贿成风，仅该案涉及的行贿律师就高达44人。在这起窝案中，涉案人受贿金额最多的高达70多万元，最少的也有7万元，分布于武汉中院民事庭、经济庭、审监庭、执行庭，年龄在40岁至50岁的有6人，50岁至59岁的有6人，40岁以下的有1人。2005年，阜阳中院发生了震惊全国的腐败窝案，中院两名副院长（王建民、朱亚），十余名庭长、副庭长涉嫌受贿，悉数被判刑；2006年，曾经在这里担任过院长职务的尚军、刘家义、张自民，因为涉嫌受贿、巨额财产来源不明先后落马。2006年，深圳中院廖昭辉、蔡晓玲、张庭华、裴洪泉、李慧利5人因司法腐败被捕。2013年，上海市高级人民法院5名法官涉嫌集体招嫖。

【实例二】判完结婚②

湖南永州一对夫妻到法院闹离婚，法官判这对夫妻离婚，并对其共同财产债务进行分割：女方获得房子、地皮等家庭财产；男方则获得女儿的

---

① 王晨光：《法官职业化和法官职业道德建设》，《江苏社会科学》2007年第1期。
② 《法官判女方获得全部财产后与其结婚，女儿债务给男方》，《海峡法治在线》2014年7月25日。

抚养权,以及未还清的贷款等家庭债务和债权。而让男方颇感离奇的是,判决生效后,审理法官随后调任该院执行局,对判决中涉案财产采取强制执行措施,并在数月后与女方登记结婚。

第二节　法院管理体制的宏观对策

"从现代法治意义看,我国实行的是一种与其他国家相比十分独特的法院管理体制。这种体制存在三个方面的弊端:一是司法权地方化;二是法院内部管理行政化;三是法官的非职业化。由于存在这些弊端,造成了人民法院由宪法和法律赋予的地位与实际履行职责的能力严重脱节,使人民法院缺乏必要的公信力和权威,难以从根本上保证司法公正。伴随着世界性的司法改革浪潮,我国法院体制改革已经成为当今时代的强势话题。要有效解决司法不公或司法腐败问题,必须通过司法体制改革,合理配置司法权,对人民法院的领导体制、财政保障体制、机构设置以及工作程序等作新的定位,以落实宪法和法律规定的人民法院独立行使审判权的原则,实现'用制度保证司法公正'。"①

关于司法改革的顶层设计,党的十八届三中全会提出,建设法治中国,必须深化司法体制改革,加快建设公正高效权威的社会主义司法制度,维护人民权益。党的十八届四中全会发布的《中共中央关于全面推进依法治国若干重大问题的决定》指出,公正是法治的生命线。司法公正对社会公正具有重要引领作用,司法不公对社会公正具有致命破坏作用。必须完善司法管理体制和司法权力运行机制,规定司法行为,加强司法活动监督,努力让人民群众在每一个司法案件中感受到公平正义。关于司法改革的具体方案及推进路径,其依据主要为《关于深化司法体制和社会体制改革的意见及其贯彻实施分工方案》、《上海司法改革试点工作方案》以及《人民法院第四个五年改革纲要(2014—2018)》。并据此确定全国六个省市先行进行包括完善司法人员分类管理、完善司法责任制、健全司法人员职业保障、推动省以下地方法院检察院人财物统一管理四项改革。上海先行先试,率先启动推进各项司法改革措施。此番改革,涉及面广泛,既有司法体制方面的宏观巨制,也有司法机制、岗位职责等具体问题,力度可谓前所未有,改革是否顺应司法规律,是否真能推动司法公正,必将对我国法治的未来走向产生深远的影响。

① 刘会生:《人民法院管理体制改革的几点思考》,《法学研究》2002 年第 3 期。

一、理顺法院外部关系:法院独立

(一)司法地方化的危害及原因剖析

司法权地方化,指的是司法权的行使因受到地方政权不同程度的制约而产生的司法分裂现象。司法权本属国家主权范畴,其主体是国家,法院是代表国家行使审判权的职能部门。各级法院在行使司法权时必须高度服从于国家宪法和法律,确保宪法和法律在全国范围内实现一体遵循的效力。这是法治的内在要求,也是市场经济的内在要求。而司法权地方化,本质上是司法分裂,损害了宪法和法律的权威,破坏了法治的统一。"我国存在司法权地方化现象,根源在于我国法院的设置以及法院的人事、财政等始终归属于地方政权。"[1]

司法地方化现象在我国许多地区普遍存在,给我国政治、经济和社会生活带来了一系列严重的危害,特别是阻挠了法制统一和司法机关独立行使职权,破坏了司法公正和法治推进。具体而言:1. 司法地方化影响了法制统一。人民法院作为国家司法机关,理应以法律作为其裁判的唯一准则。而一旦地方法院成为地方利益的保护者,就会自觉或不自觉地偏离这个标准,代之以特定的地方利益和地方领导意志。2. 司法地方化削弱了司法权对行政权的监督和制约。根据我国现行法律的规定,各级法院统一行使司法权,通过行政诉讼的途径对行政行为进行监督和制约。但法院只能审查行政机关作出的行政处罚、行政强制措施、行政许可等具体行政行为的合法性,对于行政机关发布行政命令、制定地方规章等抽象行政行为及具体行政行为的合理性则无权进行司法审查。这已经使法院的监督功能受到很大限制,而严重的司法地方化倾向更是使司法权对行政权的制衡难以落实。3. 司法地方化妨碍了司法公正,助长了腐败之风。地方法院在人事和财政方面都不同程度地依附于地方党政机关,因此当地方党政领导对司法活动进行不当干预和控制时,法院往往采取了被迫屈从的态度,无法独立、公正地行使司法权。地方法院的法官在案件的审理过程中也同样遭遇来自外部的这些压力,受到若干非法律因素的干扰。此种情况下,公正的司法如何可能? 司法机关独立行使职权和司法公正难以实现,势必为司法腐败大开方便之门。

司法权地方化之形成,既有历史原因,亦有现实因素;既有观念层面的深层次原因,也有制度设计中的不合理因素:

---

[1] 刘会生:《人民法院管理体制改革的几点思考》,《法学研究》2002 年第 3 期。

其一,司法机关的管辖区域与立法机关和行政机关的管辖区域完全重合。我国法院分为中央和地方两种,其中地方各级人民法院的数量最多、涉及地域最大、管辖权最广。地方各级法院分为高级、中级和基层三类,其建置完全与地方立法机关和行政机关相对应;高级人民法院设在省级行政区,与省级人大和人民政府相对应;中级人民法院设在地(市)级行政区,与市级人大和人民政府相对应;基层人民法院设在县级行政区,与县级人大和人民政府相对应。中央和地方的司法建置模式本无可厚非,我们也不能说法院设在地方就是司法地方化。但不可否认,司法机关与立法机关和行政机关的管辖区域完全重合的模式使司法机关与其他机关,尤其是行政机关之间形成隶属关系,从而客观上导致前者依附于后者,为司法地方化提供了条件和可能。

其二,司法机关的财政来源由行政机关控制。自1980年以来,我国"分灶吃饭"的财政体制虽然有效地调动了地方政府发展经济的积极性,但是同时也导致地方政府对地方所有国家机关财政权的垄断,这意味着无论是地方法院的业务经费还是法官的工资和福利都由地方决定。两种情况由此产生,一是当人民法院处理的案件与地方利益有冲突的时候,地方行政机关往往利用优势,以各种形式直接或间接干涉法院的审理。二是地方财政的不稳定性、不均衡性和差异性使得地方法院尤其是基层法院的经费无法得到保障,各地方法院"苦乐不均"。法院本身的利益与地方的利益结成了相互依附的锅与碗的关系。地方财政的情况好,法院的经费便能得到保障,地方财政不好则法院经费不能得到落实。当地方法院的经费多少与特定的地方利益息息相关时,地方法院就会为了自身利益积极主动地为地方利益保驾护航。

其三,司法机关的人事任免权由地方行使。为什么地方法院的法官会变成地方的法官?主要原因是法官的任免权由地方行使。根据我国地方各级人大和地方各级政府组织法、法院组织法及法官法的相关规定,地方各级法院院长由地方各级人大选举和罢免,副院长、审判委员会委员、正副庭长和审判员由本级人大常委会任免。同时,宪法还规定,地方各级法院对产生它的权力机关负责。实践中,我国法官管理体制实行党管干部的原则,法官的任命首先要经过地方党委组织部门考察同意,才能提交地方人大任免。一般来说,人大不会违背党委的意见,对于党委的提名原则上都能通过。法官在任免的实际运作中,地方党政领导起着直接决定作用。地方党委中包括行政机关的主要领导,这就为行政机关控制司法权提供了可能。法官在司法活动中往往选择服从地方党政领导的意志而非依据事实和法律,司法地方化由此产生。

其四,司法人员的来源地方化。从我国目前地方法院的组成来看,法官的来源主要是三种渠道,一是地方人事部门的招干调干,二是转业军人,三是大学毕业生。在地方法院尤其是基层法院中,绝大部分的法官是土生土长的本地人。由于我们从来没有规定法官回避本籍,因此中国的绝大多数法官都是在自己家乡所在地的法院工作,甚至担任院长、副院长这样的关键职务。作为本地人的法官在其任职地势必有各种各样的关系与人情,都会成为影响其判断的因素,而法官的职业要求其在司法活动中保持中立,与这种关系与人性"隔离"起来。地方化的关系与人情置法官于两难困境中。实践中,关系、人情只"无形的手"影响司法活动的例子屡见不鲜。

其五,我国传统法律文化、法律意识、法律制度的负面影响。从我国传统法律文化角度看,法律只是统治的工具,司法权源于君主,君主是国家最高司法官,不仅可以过问司法,而且可以直接审判;地方行政长官同时也是地方司法长官。可见司法权严重依附于行政权,甚至可以说司法权就是行政权的附属。从我国传统法律意识角度看,儒家思想深深根植于人们的思想中,在诉讼中表现为"无讼是求,调处息事","无讼"不仅是老百姓的追求,也是司法官和执政者的追求。长期自给自足的小农意识和宗法家族制则容易使人自我封闭,人为地划分区域、分割利益,裙带作风、人情关系难以摆脱。从我国传统法律制度角度看,民刑不分、实体法与程序法不分,至于近代意义上有关人权保障的司法制度,如辩护、回避、陪审、公开审判等更是从未出现过。这都成为司法地方化的传统因素。①

此外,司法活动中的权力情结②难以割舍。司法实践中,某些地方的部分领导干部之所以喜欢将权力的触角伸入到具体案件的审判中来,一个重要的原因在于,这些领导干部往往将插手司法审判视作自身权力的"自然展现";一些法院的院长、副院长、庭长、副庭长也将审批案件当作其"领导权力"的合理延伸。一些领导一旦拥有和运用这种"权力"之后,总希望继续保留它,扩大它,而不愿意失掉它。而且,在权力位置上待的时间越长,所获得的权力越大,就越是依恋权力,越是不愿失去权力,并倾向于寻找各种理由和借口去维护权力、巩固权力和扩大权力。这种权力情结,在相当一部分人的思想中根深蒂

---

① 常明、张昌辉:《司法地方化透析》,《理论观察》2006 年第 5 期。

② 所谓权力情结,是指某些权力者将权力作为一种不可或缺的资源,将控制资源、运用权力、影响他人、接受崇拜作为一种情绪享受,因而恋权、收权、拢权、争权,而不愿意放权、失权的心理倾向。

固,以至于尽管现行法律并未赋予其可以对司法审判行使"权力",但在权力情结的驱使下,他们总希望得到更多的权力,特别是如果其曾经行使过某种权力的话,这种权力情结就更难割舍。而之所以难以割舍,往往是因为权力的拥有和行使可以给掌权者带来更多的法外利益。

(二)司法地方化的宏观对策

对于"司法权"概念的起源,一般认为始于古希腊亚里士多德的《政治学》一书。亚里士多德在其《政治学》一书中提出,政体是由审议、行政、司法三要素构成的,包括议事机能(部分);行政机能部分;审判(司法)机能。虽然亚里士多德的这一理论只限于对政体结构的描述上,并没有对司法权作深入的探讨。但这对于分权理论而言,尤其是对司法权的探讨,都已初见端倪,所以可以说亚氏的政体理论是司法权理论的历史渊源。孟德斯鸠从自由与权力的角度提出了三权分立的理论,法律思想史上完整意义上的三权分立学说由此诞生,司法权理论也作为一个完整的理论形态登上历史的舞台。孟氏认为每个国家都有三种权力:立法权、对有关国际法事务的执行权和对民法有关事务的执行权。根据以上的第一种权力,国王或执政官制定临时的或长久的法律,并且修改或废止原来制定的法律。根据第二种权力,作出讲和或宣战的决定,派遣或接纳使节,维护公共安全,防御侵略。根据第三种权力,惩治犯罪或仲裁民事争端。我们称后者为司法权。汉密尔顿是真正将三权分立理论运用于美国实践的,并进一步地发展这种理论并且将孟德斯鸠的权力制衡的原理发展成为"牵制与平衡"的宪法原则,他的理论主要集中在《联邦党人文集》中,在他的理论架构中处处呈现出制衡。对于司法权,汉密尔顿认为司法权是"三权"中最弱的。他认为,行政部门不仅具有荣誉、地位的分配权,而且执掌社会的武力;立法机关不仅掌握财权,且制定公民权利义务的准则。与其相反,司法部门既无军权,又无财权,不能支配社会的力量和财富,不能采取任何主动的行动。故可断言:"司法部门既无强制、又无意志,而只有判断;而且为实施其判断亦需要借助于行政部门的力量。由以上简略分析可以得出一些重要结论。他无可辩驳地证明:司法机关为分立的三权中最弱的一个,与其他二者不可比拟。由于司法部门的这种软弱,必然会招致其他两方的侵犯和威胁。所以汉密尔顿认为司法权应当独立,实行法官终身制。法官的薪俸由法律规定,保证法官任职的固定。"①

于中国而言,尽管关于司法权的拥有主体存在诸多争议,但倾向性的认识

---

① 陈宝:《司法权的属性及其功能探析》,硕士学位论文,上海大学法学院 2009 年,第5 页。

是，司法权就是审判权，即法院根据不同案件，进行判断裁决的权力。作为国家职能的组成部分，司法的本质在于公正地裁断社会纠纷，消除社会冲突，实现特定的法律秩序。尤其在法治社会中，司法被视为平息社会冲突的最终、最彻底的方式，因而要求司法必须是公正的，公正是司法活动的生命基础和终极目标。不公正的司法，不仅不能维护和建立健康的法律秩序，而且会加重对法律秩序的扭曲和破坏。因而，公正是现代司法理念的核心。基于此，法院司法权的重要目标便是实现司法的公平正义。故而，司法权应具备下列属性：

第一，司法机关行使职权的独立性。司法的任务主要是解决公民之间以及公民与国家之间的法律争执，消除社会冲突和社会紧张关系；而公民权利的保障，也有赖于法院的维持。因此在组织技术上，司法机关只服从法律，不受上级机关、行政机关的干涉。在现代法治国家的理论建构和实践运作中，司法机关独立行使职权是司法公正的前提和保障，直接决定着司法制度的价值取向。由此可见，司法机关独立行使职权是现代司法理念的重要内容。

不论从何种角度探讨司法权的属性，司法机关独立行使职权已经为人们所普遍接受。我国是"议行合一"体制的社会主义国家，司法权虽然也是以一种独立的权力形态存在，但是必须服从立法机关，它是由立法机关产生的，受立法机关监督，对立法机关负责，在某种意义上是从属于立法机关的。总体而言，在我国，司法机关行使职权的独立性应有两个层次的含义：其一，司法权在权力形态上的独立性，即司法权在国家权力结构中具有一定的独立地位。其重要表现是，在司法机关与立法机关、行政机关之间的关系上，一般来说，司法机关依法行使司法权，只向立法机关负责（服从于立法机关制定的宪法和法律，接受立法机关的监督），不受行政机关干预。其二，司法权在行使过程中的独立性。由于司法机关独立行使职权只是一种国家权力的分配机制，将之落到实处才意味着司法机关独立行使职权的真正实现，而法院就成为实现司法机关独立行使职权的载体之一，司法机关独立行使职权转化为法院独立。而法院要实现其审判职能，必须由作为个体的法官来运作，法官才是真正实现司法机关独立行使职权的主体，司法机关独立行使职权最终以法官独立行使职权的形态体现出来。因此，法官独立是法院独立的核心和落脚点，司法机关独立行使职权、法院独立是实现法官独立的重要保障。

第二，司法权的中立性。司法中立是人类对司法职能的本质属性认识、运用过程中形成的重要司法观念，是从司法机构与其他国家机构、社会关系主体之间的关系角度对司法客观规律的描述。它具体是指在各种国家权力之间、各种社会关系主体（通常指相对于国家的其他主体）之间以及国家权力与社会关系主体之间发生的具有法律意义的纠纷中，国家设置一种"居中裁判"的角色依法解决纠纷,而这种角色就是国家的司法职能。美国法学家戈尔丁将司法的中立性概括为三项原则:其一,与自身有关系的人不应该成为该案的法官;其二,案件处理的结果中不应包含纠纷解决者的个人利益;其三,纠纷解决者不应有支持或者反对某一方的偏见。

司法权是居中裁判性权力。司法权主体地位中立,只能居中裁判,不应有意或无意地偏袒一方;司法权应当在官民之间保持中立;司法权和行政权保持中立;司法权在一般当事人之间保持中立是指在司法活动中,法院以及法官的态度不受其他因素,包括政府、政党、媒体等影响,至少在个案的判断过程中不应当受这些非法律因素所左右,并尽可能排除这些不利于进行准确、公正判断的因素,对社会问题的态度只是以法律为准则而保持中立,严格依法办事。司法权是独立性权力,在其之上的只有法律。司法权只服从法的引导,而不接受任何命令;对司法权只能实行监督制约而不能实行领导。司法权只服从理性,而不服从任何权势和情感的压迫。所以司法权的中立性主要表现在:①司法裁判者应当中立于当事人之间,不偏向于任何一方,与自身利益无涉;②司法裁判者应当中立于证据事实本身,只能根据双方提供的证据去判断,自身不是证据的收集者和提供者;③司法裁判者应当中立于社会,司法裁判者常碰到社会大众较为关注的案件,舆论宣传、大众议论都会影响到法官内心对于案件本身的判断,所以裁判者应当做到内心确信,而不能受到社会舆论的影响,必须中立于社会,但这并不是要法官不接受社会监督;④司法裁判者应当中立于司法系统本身,包括上下级系统及同行。司法权的运作是裁判者的内心确信,且司法权本身是一种反等级的权力。司法者应排除等级及同行的干扰,尊重事实和法律本身,公正裁判。现代司法中的回避原则可以说就是司法权中立性的适用。①

第三,司法权的被动性。司法权的被动性指司法权本身是一种消极的权力,其整个运行过程中只能根据当事人的申请包括申请行为和申请内容进行裁判,而不能主动启动司法程序或擅自变更当事人的诉请内容。托克威尔曾指出:"从性质上来说,司法权自身不是主动的。要想使它行动,就得推动它。向它告发一个犯罪案件,它就惩罚犯罪的人;请它纠正一个非法行为,它就加以纠正;让它审查一项法案,它就予以解释。但是,它不能自己去追捕罪犯、调查非法行为和纠察事实。"

司法权的被动性指司法权在行使过程中,只能根据当事人的诉请中立地进行裁判,它包括两个方面的内容:第一,不能主动启动司法程序。其基本要

---

① 陈宝:《司法权的属性及其功能探析》,硕士学位论文,上海大学法学院 2009 年,第7页。

求是,法院的所有司法活动只能在有人提出申请以后才能进行。没有当事者的起诉、上诉或者申诉,法院不会主动受理任何一起案件。换言之,法院不能主动对任何一项争端进行裁判活动,它也不能主动干预社会生活,而只能在有人向其提出诉讼请求以后,才能实施司法裁判行为。司法不是首选的解决方法,而往往扮演是最后的角色,所以有纠纷并不一定就会有司法程序的启动。第二,不能擅自变更当事人的诉请内容。法院一旦受理当事者的控告或者起诉,其裁判范围就必须局限于起诉书所明确载明的被告人和被控告的事实,而决不能超出起诉的范围而去主动审理未经指控的人或者事实。换句话说,法院或法庭的裁判所要解决的问题只能是控诉方起诉的事实和法律评价,即被告人被指控的罪名是否成立;如果认为成立,就按照控方主张的罪名作出有罪裁判;如果不成立,则应作出无罪判决。法院如果超出这一限制,而主动按照控方未曾指控的罪名给被告人定罪,就与司法程序的被动特征和"不告不理原则"直接发生冲突。

第四,司法权的终局性。终局性是司法权的重要特性之一,它是裁断和处理纠纷的最后防线。司法权的终局性最初起源于古代罗马法上的"一事不再理原则",并被随后的大陆法系国家继承,对于司法机关业已生效裁判案件一般不再重新启动审判程序。在大陆法系国家的学者看来"一事不再理原则"的贯彻可以维护法的安定性,防止因为再审的随意开启而破坏法律实施的稳定性和安全性;罗马法的"一事不再理原则"在英美法系国家的法律上被称为"禁止双重追诉原则",即被告人不得因同一犯罪行为受到两个或两个以上的生效裁判的处罚,否则个人权益就会因同一行为反复处于不确定、待审查、被判定的状态。这样的行为本身是非正义和不公正的,是对个人权益甚至人格尊严的蔑视。大陆法系国家的"一事不再理原则"与英美法系国家的"禁止双重追诉原则",尽管在宗旨和指向方面各异其趣,但都强调司法裁判活动一经结束,就不能再逆向运行,重新使业已裁判的案件处于待判定状态。一项纠纷一旦经过司法程序作出裁决,就意味着该纠纷从法律上已经得到解决。

司法权的终局性是指对于司法机关作出的生效裁决,除经司法机关依法改判外,其他任何机关、组织或个人均不得变更或撤销。司法终局权包括两方面的含义:一是司法权的行使过程代表着社会正义的过程,即裁判的事实应视为法律真实;二是非经合法程序不得推翻现有的司法裁判。在法治社会中,终局性使司法权成为一切纷争解决的最后手段,是国家诸权力中的最后权力和民主社会的最后堡垒。司法权的终局性体现在司法过程中,即为司法最终解决原则。所谓司法最终解决原则,是指社会生活中所产生的矛盾与纠纷,用道德、调解和仲裁等方法无法解决时,通过诉讼的途径,用具有强制力的国家公诉、裁判的方式来加以解决，是国家"为当事人双方提供不用武力解决纠纷的方法"。主要包括两个方面的内容：一是任何非司法组织解决不了的案件，最后都可以通过审判方式解决；二是当一个纠纷涉及几个法律关系，其中既有属于法院主管的，又有属于其他机关主管的，则一并由法院主管。法院通过审判方式解决纠纷，是解决纠纷的最后手段，具有最高的权威性，任何单位和个人不得对此提出异议，再寻找其他方式解决纠纷。这是由法院的法律地位、职能及特点确定的。在处理民事纠纷方面，法院作为审判机关，是私权最强有力的保护者，司法最终解决意味着，只要当事人愿意，他们都有可能利用国家的强制力，利用公正的诉讼程序来实现自己的合法权益，国家也应当切实将司法程序作为"实现社会正义的最后一道防线"。

司法权地方化是滋生地方保护主义的温床，破坏了国家法制的统一。在此情境下，地方政府自觉不自觉地将司法机关纳入自己的管理之下，进而使得法院异化为"地方的法院"。因而，必须理顺人民法院与相关机构及个人之间的关系，进而实现人民法院独立。

1. 理顺人民法院与行政机关之间的关系

研究表明，司法的行政化倾向，是导致行政权力非法干预司法的主要因素。因此，要排除行政权力对司法的非法干预，就必须有针对性地采取有关措施，实现司法的非行政化。

（1）改革法院财政保障体制，彻底实行收支两条线。

我国目前实行"分灶吃饭"的财政体制，地方各级法院的经费由同级政府的财政部门负责。这种体制存在的问题，一是使司法权受制于各级地方行政权，对人民法院独立审判构成很大的制约，助长了地方保护主义；二是许多地方财政困难，使法院连起码的办案经费都得不到保障，影响司法权的有效行使；三是一些地方把法院作为创收单位，规定法院每年要向财政上缴一定数量的费用。一些法院受利益驱动而乱收费、乱罚款，损害了法治的形象。在现代法治国家中，基本都实行对法院经费由国家财政保障的体制。就我国而言，法院经费可在国家财政预算中单列，经全国人大审议通过后，由法院逐级下拨，真正实行司法机关"吃皇粮"。与此同时，各级法院诉讼费收入应统一上交国库，纳入国家财政收入。这样的改革，不会造成国家财政太大的负担，亦符合法治的内在要求，不仅从经费保障体制上使司法权与地方行政权彻底分离，克服地方保护主义的影响，维护审判独立原则和法治的统一，而且从根本上实现收支两条线，能够促进法院廉政建设。作为第二批司法体制改革试点省份，2015 年 3 月 17 日，中央政法委批准《江苏省司法体制改革试点方案》，4 月初，江苏省正式启动司法体制改革试点工作，财物统一管理方面，江苏省的具体做法是：各市、县（市、区）法院、检察院及各专业法院、检察院作为省一级预算单位，由财政厅按规范程序审核批复预算，采取国库集中支付方式拨付资金。这无疑有利于法院摆脱地方控制。

（2）改革法院设置体系，实行司法辖区和行政区划的分离。

从依法治国的长远要求看，只要司法辖区与行政辖区重合，司法权地方化的弊端就难免或多或少存在。作为单一制国家，我国的法院系统应是一个自上而下的独立、封闭的体系，在法院的设置上应体现其与立法机关和行政机关的不同性质。为了表明法院与地方立法、行政机关无涉，不应有中央法院和地方法院之分，只应有上级法院和下级法院之别。法院的纵向设置在地域上可以与行政区划基本一致，也可以与行政区划不一致，一切以实际需要为原则，根据人口及纠纷的数量、交通和通讯状况等来划分司法辖区，形成跨省、市、县的司法体系。法院在层级上以审级而不是行政层级划分，表明司法辖区与行政区划没有必然联系。从一些国家的实践看，这种司法体系具有较强的抗干扰能力，对维护法治统一和国家稳定有重要的作用。如泰国法院共设三级，即大理院（最高法院）、上诉法院和地方法院。其中地方法院设在行政二级政权的府一级（相当于我国的省），而上诉法院则完全脱离行政区划，处于中央政权与府政权之间。美国联邦法院是按司法区划设置的，有的联邦巡回法院的辖区跨越几个州，而有的州如加利福尼亚州则有多个联邦巡回法院。我国司法体制改革从长远计，宜考虑借鉴这种做法。

当前，北京市第四中级人民法院和上海市第三中级人民法院设立并开始运行，为我国跨行政区域法院设置改革迈进了重要一步。① 其试点运行必将为跨行政区域法院的广泛设立奠定坚实基础。同时，法官级别应当按照法官法的规定实行等级制，而不应当按照行政级别评定什么部级、厅局级、处级、科级法官。这样就可以摆脱行政机关对法院干部编制的控制，使行政权力失去又一块干预司法的基石，有利于法院独立的实现。

2. 理顺人民法院与权力机关之间的关系

在西方国家，法官的任免权集中由中央统一行使。这种中央统一任命的做法突出地体现了司法权的中央性。例如，法国是单一制国家，设立全国性法官委员会，成员由司法部长、宪法委员会主席、最高法院院长以及一些资深法官组成。该委员会的职责之一就是选拔配置法官。全国各级法院的法官一律

---

① 事实上，在此改革之前，我国海事法院、军事法院均是跨行政区域设置的。但因其所涉及的案件范围有限，无法从总体上改变我国法院受地方干预的现状。

由该委员会研究决定,由司法部长任命。德国作为联邦制国家,设有最高法院、州法院和地区法院,三级法院的法官一律由联邦司法部长任命。新加坡设最高法院(上诉庭、高庭)和初级法院,无论大法官、最高法院法官,还是初级法院的法官,推事、验尸官等,均由总统任命。美国实行"双轨制",各州的法官由各州产生,但联邦系统的三级法院的法官,全部由总统提名,经参议院通过后由总统任命。美国联邦法院系统之所以成为对地方保护主义的强有力的制约杠杆,与联邦法院的法官由中央政权任命是不可分的。我国目前的司法体制中,地方各级法院的法官是由同级人大常委会任命,这实际上是把法官作为"地方官员"看待。显然,在法官"乌纱帽"掌握在地方政权的情况下,单纯要求法官要有敢于抵制地方保护主义、维护法治统一的勇气是既不现实,又不公平的。有效的措施是从法律制度上提升法官的地位,使其履行职务时有可靠的制度保障。从理论上说,我国作为单一制中央集权国家,法官应由中央政权的某个职能部门如全国人大常委会任命,使其成为"国家官员"。但由于我国法官人数太多,全部由全国人大常委会任命缺少现实可操作性。解决这个问题,一方面要改革法官制度,大幅度减少法官人数;另一方面,作为过渡,可考虑以省、自治区、直辖市为单位,对地方三级法院的法官实行由省、市、自治区人大常委会统一任命。这种地方三级法院法官任免权上收省级人大常委会的做法,不仅不违背"党管干部"的方针和人民代表大会政体的要求,相反会有利于加强党对司法工作的领导和人大及其常委会对司法工作的监督,更重要的是对克服司法权地方化和由此产生的地方保护主义会有大的效果。

　　根据我国现行宪法规定,各级国家权力机关依法对各级法院的司法工作进行监督。但如果对司法体制进行改革,不再按行政区划设定司法机关,则权力机关的监督体制也得进行相应的改革。只有最高司法机关由最高国家权力机关产生,地方各级司法机关不再由地方各级权力机关产生,而由统一的权力机关产生。改革之后,只有最高司法机关对最高权力机关负责,而地方各级司法机关只对其上级司法机关负责,不再对地方各级权力机关负责。这样,由于地方各级权力机关对地方各级司法机关不再具有管辖权,从而就可以避免地方各级权力机关对地方各级司法机关施加影响,进而对地方司法机关的具体司法活动进行干预。显然,这有利于司法机关独立行使职权原则贯彻实施。当然,最高权力机关应当有权对各级司法机关的司法活动实施监督。但这种监督也只能是对各级司法机关是否严格遵守宪法和正确适用法律实行监督,而不应是对具体的个案提出具体处理意见,命令各级司法机关遵照执行。只有如此,才能真正体现司法机关的独立性,才能保证司法机关独立行使职权。

3. 理顺人民法院与同级党委之间的关系

中国共产党是我国的执政党,司法机关接受中国共产党的领导和监督是当然的,也是必须的。我国司法机关内部均成立了党的基层组织或者党组,各级地方党委也都设有政法委员会,负责领导地方公、检、法机关。然而,根据党管干部的原则,地方各级党委实际上拥有对地方法院主要领导干部的推荐权和罢免建议权,在具体的干部考核和人事管理上,法院系统也都受同级党政机关的领导。"由于法院机关在人事、物资、财政等方面都要依赖于同级党委和政府,使法院在审判中不得不考虑和顾及地方利益,形成了'吃哪家饭,为哪家干'的思维定式。"①

司法审判的独立不仅与党的领导不矛盾,而且是对党领导司法工作方式的一种改进。不矛盾是因为法官据以审判的全部法律、法规都是党领导人民制定的,在立法环节上党已经将自己的政策、主张变成了代表国家意志的法律,司法的过程是贯彻法律的过程,因此司法机关严格、独立地贯彻法律的过程,也就是贯彻党的主张和意志的过程,二者是统一的。相反,放任各种权力对司法进行干预,使司法机关和法官不能公正地做出判决,才真正地损害了党的威信、动摇了党的领导基础和地位。司法审判的独立只是将党的领导放在司法流程的顶端,而不是将党的领导贯彻到每一个具体案件,这恰恰是以更符合司法规律的方式坚持党的领导。

因此,不能否认,执政党即中国共产党对司法工作的领导是必不可少的,我们绝不能否定其对司法工作的领导权。问题在于如何领导司法工作,以什么方式领导司法工作。中国共产党虽然是执政党,但它同样必须在宪法和法律的范围内进行活动,它对司法工作的领导主要是政治、思想领导。对于具体案件的处理,执政党不应当以任何借口进行干涉。也就是说,执政党及其领导人和下属机构都不得指示、命令法院和检察院对某一具体案件作出如何处理,更不能强制法院或检察院完全按照其批示或意见处理某一具体案件。严格地讲,在依法治国的今天,执政党更应当依法加强对司法工作的领导,采取措施支持和保证审判独立原则的贯彻实施,而不应对司法工作进行非法干预。

4. 理顺人民法院与领导干部个人之间的关系

个人对司法工作的非法干预,主要是基于关系或权势,而人民法院则因为

---

① 周群:《论构建具有中国特色的司法制度》,《行政与法》2004 年第 6 期。

自身地位之弱势,无法有效抵挡来自相关部门领导干部之干预。因此,人民法院之独立,首先应建立防范领导干部干预司法的相关制度规范。党的十八届四中全会作出的《中共中央关于全面推进依法治国若干重大问题的决定》指出,建立领导干部干预司法活动、查收具体案件处理的记录。2015年2月最高人民法院发布《关于全面深化人民法院改革的意见》(以下简称《意见》),即人民法院第四个五年改革纲要(2014—2018年)。《意见》第55条规定:"建立防止干预司法活动的工作机制。配合中央有关部门,推动建立领导干部干预审判执行活动、插手具体案件处理的记录、通报和责任追究制度。按照案件全程留痕要求,明确审判组织的记录义务和责任,对于领导干部干预司法活动、插手具体案件的批示、函文、记录等信息,建立依法提取、介质存储、专库录入、入卷存查机制,相关信息均应当存入案件正卷,供当事人及其代理人查询。"2015年3月,中共中央办公厅、国务院办公厅印发了《领导干部干预司法活动、插手具体案件处理的记录、通报和责任追究规定》(以下简称《规定》),《规定》从以下方面对领导干部与司法之间的关系进行了规范:(1)明确了领导干部的范围。《规定》第十二条指出:"本规定所称领导干部,是指在各级党的机关、人大机关、行政机关、政协机关、审判机关、检察机关、军事机关以及公司、企业、事业单位、社会团体中具有国家工作人员身份的领导干部。"(2)明确了领导干部的职责权限。《规定》第三条指出,"对司法工作负有领导职责的机关,因履行职责需要,可以依照工作程序了解案件情况,组织研究司法政策,统筹协调依法处理工作,督促司法机关依法履行职责,为司法机关创造公正司法的环境,但不得对案件的证据采信、事实认定、司法裁判等作出具体决定。"(3)明确了领导干部干预司法的具体情形。《规定》第八条指明:"领导干部有下列行为之一的,属于违法干预司法活动,党委政法委按程序报经批准后予以通报,必要时可以向社会公开:在线索核查、立案、侦查、审查起诉、审判、执行等环节为案件当事人请托说情的;要求办案人员或办案单位负责人私下会见案件当事人或其辩护人、诉讼代理人、近亲属以及其他与案件有利害关系的人的;授意、纵容身边工作人员或者亲属为案件当事人请托说情的;为了地方利益或者部门利益,以听取汇报、开协调会、发文件等形式,超越职权对案件处理提出倾向性意见或者具体要求的;其他违法干预司法活动、妨碍司法公正的行为。"(4)明确了领导干部干预司法的证据采集。《规定》第五条指出:"对领导干部干预司法活动、插手具体案件处理的情况,司法人员应当全面、如实记录,做到全程留痕,有据可查。以组织名义向司法机关发文发函对案件处理提出要求的,或者领导干部身边工作人员、亲属干预司法活动、插手具体案件处理的,司法人员均应当如实记录并留存相关材料。"(5)明确了对领导干部干预司法的追责措施。《规定》第九条规定："领导干部有本规定第八条所列行为之一，造成后果或者恶劣影响的，依照《中国共产党纪律处分条例》《行政机关公务员处分条例》《检察人员纪律处分条例（试行）》《人民法院工作人员处分条例》《中国人民解放军纪律条令》等规定给予纪律处分，造成冤假错案或者其他严重后果，构成犯罪的，依法追究刑事责任。领导干部对司法人员进行打击报复的，依照《中国共产党纪律处分条例》《行政机关公务员处分条例》《检察人员纪律处分条例（试行）》《人民法院工作人员处分条例》《中国人民解放军纪律条令》等规定给予纪律处分；构成犯罪的，依法追究刑事责任。"

在加强和改进党对全面推进依法治国的领导的目标要求之下，建立领导干部干预司法活动、插手具体案件处理的记录、通报和责任追究制度，将有利于实质改进党对司法工作的领导，有利于营造司法机关依法独立公正行使职权的社会条件和氛围，将大大减少司法活动中的权力寻租与司法腐败，重拳削减民众痛恶的人情案、关系案，真正做到"官"与"民"在法律面前平等。毋庸置疑，这也是向社会各界表明党的各级领导干部对司法权的克制与敬畏，对司法活动专业性、独立性与技术性特点的尊重，从而在最大程度上使司法工作取信于民，同时也增强民众对党全面推进依法治国的信心。

当然，能否抵挡住领导干部个人的非法干预，亦与司法人员的各方面的素质密切相关。如果他们具有严格依法办案，秉公执法，不畏权势，大公无私等品质，则可以在办案的过程中不受有关个人的非法干涉。问题是，现在的法官素质并未达到人们预期，受各种私利的影响，根本就无法抵挡、也不愿抵挡来自有关个人的非法干预。他们往往在关系和权势面前舍弃法律原则，为关系户或有权有势者所利用，从而失去了自我，不能独立地依法处理与这些人有关或者有这些人打了招呼的案件。解决这一问题，必须加强法官的素质教育，提高他们的各个方面的素质。使他们明确依法、公正、独立办案是他们应尽的基本义务。

5. 重构司法机关与信访机关之间的关系

"信访制度是诞生在新中国政法传统下的一项独具特色的制度发明。一般在党政文件中所讲的'信访'，是指群众向党、政、司法、人大、政协、人民团体、新闻媒体等机构以各种方式反映情况，提出建议、批评或提出要求的活动，属于广义上的'大信访'；而在国务院《信访条例》中所讲的'信访'，则专指群众向各级政府机关及其工作部门提出建议、批评、要求等，属于狭义上的'小信

访',即行政信访。"①按照应星教授的观点,"新中国的信访工作可划分为三个
阶段:一是 1951 年至 1979 年的大众动员型信访。这一时期的信访受政治运
动影响,主要以揭发问题和要求落实政策为主。二是 1979 年至 1982 年的拨
乱反正型信访。这一时期,信访迅速从国家政治生活中的边缘走到了中心,信
访规模史无前例,主要内容是要求解决历史遗留问题,平反冤假错案。三是
1982 年至今的安定团结型信访。信访制度最主要的功能转变为化解纠纷、实
现救济"②。据此分析,新中国的信访制度成功实现了由传统的民主参与方式
向现代纠纷化解辅助功能的转型,此种转型与新中国的社会变革高度契合,具
有确证之正当性。但是,囿于我国现行纠纷解决机制渠道不畅,导致信访制度
承载着社会变革及社会稳定的重任,严重的功能错位致使信访制度承受了太
多社会责任。诸多纠纷或者在司法程序中转了一圈后又回到信访中,或者直
接汇入信访大潮。"信访救济的特点决定了它无力应付大量复杂的纠纷,导致
该救济途径的壅塞,并陷入困境。而一小部分通过信访偶然得到解决的纠纷
又会产生示范效应,并不时地将信访救济的功能无限放大,使人们更加迷恋和
寄希望于信访救济"③,而怠于寻求其他纠纷解决手段,由此使得信访制度与
其他纠纷解决机制之间的关系陷入了恶性循环的困局。

"不可否认,信访制度作为一种畅通民意的灵活装置,在民意收集、民怨
发泄和政治动员层面曾发挥着巨大作用。正如全国人大一位信访干部所
言:它上能通天,下能触地,群众可随时向各级领导机关直至党中央、国务院
写信或上访,它不需要经过中间环节,也无需提供各种社会关系,不受时间、
地域等客观条件限制,是群众乐于运用的一种简便易行的民主形式。"④但在
新的历史条件下,面对法制现代化的困境,信访之门的开启未能解开法治之困
局,相反,却使自身成为"法庭之外另一个仍不具有最终权威的裁判机构"。析
言之:

(1)信访制度维稳功能的片面强调导致其功能异化。

"鉴于我国的政法传统,在信访制度中,党、政、法三种权力得以共存共栖,
信访活动成为渗透在法律运行和政策贯彻全过程中的一种伴随现象。"⑤在中
国,信访制度作为一种矛盾化解机制,或多或少都会受到政治和权力的影响和

① 李宏勃:《法制现代化进程中的人民信访》,清华大学出版社 2007 年版,第 20 页。
② 赵凌:《国内首份信访报告获高层重视》,《南方周末》2004 年 11 月 4 日。
③ 伊文嘉、刘颖:《信访制度与司法救济途径的张力关系剖析》,《辽宁行政学院学报》2008 年第 10 期。
④ 狄济洪:《加强信访工作,疏通信访渠道》,《人民日报》1998 年 8 月 31 日。
⑤ 李宏勃:《法制现代化进程中的人民信访》,清华大学出版社 2007 年版,第 8—9 页。

制约，因此信访的政治属性是不可忽略的考量，但是，过于单纯强调其维稳功能则与现实需求相去甚远。事实上，就 20 世纪 80 年代之后信访人反映的问题及其提出的请求来看，政策性、政治性的问题越来越少，而法律类、权益类的问题则越来越多。民众对信访之求助在于寻求权益救济，而非提出某种政治诉求。单纯的政治推动方式极易导致运动化和形式化的表象。

部分基层部门或实务界对信访的积极回应是出于对上级决策的服从而非认同，缺乏对信访价值和功能的全面理解，容易在实践中出现盲目性和失误，并将其引向对自身利益有利，而未必是对民众有利的方向。现有信访案件的考核机制使得各级政府承受着巨大压力，如果地方政府把和谐社会与综合治理的效果作为一种政绩而急功近利地追求，有时可能会产生掩盖矛盾的动机，甚至导致对基层群众纠纷解决选择权及诉权的压制。

（2）信访制度解纷功能的不足导致其作用有限。

"严格地说，信访制度并不是一种特定的纠纷解决程序。从政治学的角度讲，信访是公民进行政治参与的一种形式，但就实际作用而言，信访是中国式的替代性纠纷解决机制。一方面，信访解决问题的效果与司法程序解决的效果相比较，更为高效、灵活，其成本也更为低廉，而且信访的范围也十分广泛。因此，这种非正式但高效的解纷机制深得人民群众的信赖。另一方面，信访的功能是综合性的，是一个多种功能的聚合体，不论是对于国家，还是对于公民，信访制度都是一个难得的，可以实现复杂要求和多种愿望的制度。"①事实果真如此吗？

理想照进现实之际，我们发现："信访制度自身之特性决定了其无力应付大量复杂的纠纷，因为这一制度本身从逻辑上来讲不应成为解决问题的'重头戏'，或者说从我国的国家权力分工、配合与制约的体系来讲，信访制度不应成为装纳各种问题的'大箩筐'。"②从权力运用的功利角度看，信访制度有助于压制而不是解决个人间的纠纷，而至少在某种程度上而言，纠纷被认为是不受欢迎的，扰乱建设强大的社会主义中国的社会冲突。信访的问题在一定程度上反映出我国纠纷解决机制的不畅和社会治理的失调，但其中部分原因则是直接与行政机关和基层政府解纷能力下降有关。信访制度在解决纠纷方面的无能使得群众对国家的信任大大降低（见表 1—22、表 1—23）。在对 5000 多名普通民众的社会调查中，一半左右的人认为上访在纠纷解决中的作用一般或者没用，而有超过一半的民众对上访解决纠纷感觉一般或者不满意，由此观

---

① 田文利、马立民：《民主与法治之间：信访的多维解读与多重建构》，《南都学坛》2008 年第 4 期。

② 辛玲、杨岚：《信访制度功能分解与复归》，《科学论坛》2007 年第 2 期。

之,信访制度很难在纠纷解决中发挥主导作用。

表1—22　您对上访在解决纠纷中的作用怎么看①

公众评价	参与调查人数	百分比(%)
非常有用	827	15.1
比较有用	1779	32.5
一般	1916	35.0
没用	418	7.6
根本没用	177	3.2
不清楚	365	6.7

表1—23　您对上访方式解决纠纷的满意度如何

公众评价	参与调查人数	百分比(%)
非常满意	668	12.2
比较满意	1765	32.3
感觉一般	2361	43.2
不满意	513	9.4
非常不满意	161	2.9

（3）信访制度纠纷终结者角色扮演导致其角色错位。

众所周知,现代法治的一个重要命题是,司法是权利的最终救济方式和法律争议的最终解决方式。然而我们遗憾地看到:很多时候,在老百姓的心目中——信访而不是诉讼——才扮演着"纠纷终结者"的角色。司法机关在上访浪潮中扮演的是日益边缘化的角色:一方面许多矛盾纠纷的解决根本无法进入司法途径,另一方面司法机关的最终裁判屡屡在外部权力迫使下而被推翻。前者使得纠纷不能在正当程序中得以充分而理性地张扬与解决,而后者又使纠纷永无宁日,简而言之,司法终极性的缺位是我国上访不断产生的一个非常重要的因素。同时,司法信任危机必然导致大量应该由司法救济手段解决的纠纷直接汇入信访大潮,或者在司法程序中转了一圈又回到信访中。信访制度的本质应当是收集和传达老百姓民意的一种制度设计,相当于一个秘书的角色。但现在却成了老百姓的最后一种救济方式,而且被视为优于其他行政

---

① 表1—22、表1—23 的统计数据为笔者2008 年参与的最高人民法院重大司法改革项目:《多元纠纷解决机制项目问卷调查研究报告》所调研统计的数据。

救济甚至国家司法救济的救命稻草。"信访制度这种功能上的错位直接导致两种后果:一是信访机构承受了太大的社会责任;另一个严重后果是国家的司法权威遭到消解。"①

终局性是一切社会纠纷得以最终解决的必要条件,司法裁决的权威性就来自于其终局性,这是司法裁决区别于其他解纷手段最突出、最重要的特征之一。信访制度的最大特点是工作程序的非规范化,一事一议、特事特办成为常态,具有很强的随意性。信访人通过过激的情绪和行为很容易以信访这种方式来启动本应终结的司法程序,已终结的司法一旦重启必将浪费国家大量的司法资源,并会导致法院审判活动的扭曲。此外信访人还有一个共同点就是,相信权力,相信大官,而不相信法律,不相信制度。鉴于此,信访制度是与人治相匹配的制度,与我国倡导的建设法治型国家格格不入。这种"强信访弱法院"的工作思路只能是形成恶性循环:强化信访→信访者获得更大利益→司法权威下降→更多的信访→更强的信访,因此必须摒弃。

二、理顺法院内部关系:法官独立

在纷繁复杂的法官角色立论和研究中,我们几乎就要确信并接受这样一个事实:法官角色本就是多元的,而实践亦证明事实却是如此(见表1—24)。但正如有的学者所言:"对于法官的多种身份予以同情的理解,表面上有其合理性,但是,这从来就不正当。"②如果我们认同法官的政治权力人角色,那么法官就会在某些情况下屈从于行政机构的意志而作出裁判,这与司法中立性要求相悖;如果我们接受法官的社会文化人角色,要么我们会在情与法的选择中陷入两难境地,要么当公众舆论的要求与裁判案件有关的法律规定不符时,选择放弃对法律规范的遵守,而获取社会公众舆论的支持;如果我们接受法官作为调解者,那么我们无法防止法官在调解率的追逐中,违背当事人意志之自治而强行调解。现实情境是,人们对法官多重角色的理解和认同,主要源于对现实的妥协,而正是这种妥协和屈从,导致法官角色混同而定位不清,并进而影响司法改革的进程和法治国家的最终实现。法官亦在这种纠结中无法找寻自身在案件处理中的真正定位。

---

① 宋娟:《回归信访制度在纠纷解决机制中的地位》,《法制与社会》2008 年第 9 期。
② 陆而启:《法官角色论——从社会、组织和诉讼场域的审视》,法律出版社 2009 年版,第 50 页。

表1—24　在中国,您认为法官扮演的角色是?

选项	频数	有效百分比
是非裁判者	632	10.7
纠纷解决者	321	5.5
正义守护者	440	7.5
社会治理者	945	16.1
稳定维护者	595	10.1
法治传承者	705	12.0
为民做主者	843	14.3
其他	1401	23.8
合计	5882	100.0

(一)司法行政化的危害及原因剖析

法院体制的行政化为行政干预司法打开了方便之门,严重威胁审级监督关系,影响法官独立审判,进而最终影响司法公正。

"长期以来,对于《宪法》第126条和《人民法院组织法》第4条所规定的独立审判原则,主流观点认为,它是指人民法院作为一个整体独立行使审判权,而不是指合议庭独立行使审判,更不是指独任审判员独立审判,并且还认为这是我国审判制度区别于并优越于西方国家的法官独立审判制度的一个特点。这种解释事实上是在为院长、庭长等领导人行政干预合议庭、独任审判员的审判工作,以及上级法院行政干预下级法院的审判工作提供'绝好的辩解理由',似乎他们的干预并不违背法律的规定。"①

由于司法活动在本质上要求其必须有别于行政活动,因而在制度设计上也就应当区别对待,并且为了避免司法活动在事实上异变为行政活动,还应当设计一系列的保障措施和制度与之相配套。对于这一点,我国现行立法虽然也作出了一些努力,但在某些方面的缺陷仍是显而易见的,从而在有意或无意之中为法院的行政化倾向提供了制度支持。例如,审判委员会制度的设置即为明证。慎言之,不管审判委员会制度的设置理由如何,然就这一制度的实际运作后果来看,必定会造成其与合议庭、独任审判员之间在审判案件时的行政

---

① 刘学在:《我国法院行政化倾向成因探析》,《中南民族大学学报(人文社会科学版)》2003年第1期。

性领导与服从的关系,而且依照法律的规定,审判委员会还可以对已经生效的裁判主动决定进行再审(和院长相结合),这种再审制度也必然会加重合议庭和独任审判员主动服从审判委员会意见的行政化倾向。又例如,"审判独立是法院非行政化的客观要求,同时也是非行政化的重要表现,然而关于审判独立问题,现行《宪法》和《人民法院组织法》只是规定:'人民法院依照法律规定独立行使审判权,不受行政机关、社会团体和个人的干涉。'这一规定与1954年《宪法》《人民法院组织法》以及1983年修订之前的1979年《人民法院组织法》所作的规定:'人民法院独立进行审判,只服从法律'之规定相比,实际上是立法的一个退步,因为后者无论从立法技术上来说还是从内容上来说,都较之现行规定更为合理"①。

"制度变迁中的'路径依赖'理论是指,制度演进中存在着一种自我强化的机制(主要源于制度变迁过程中的规模效应、学习效应、协调效应以及适应性预期)。这种机制使制度的演进一旦走上某一路径,就会在以后的发展中得到自我强化。而人们通常是不愿意以巨大的成本和不确定的收益而改行一种全新的制度的。"②就我国的政治体制来说,无论是在古代社会,还是在近现代社会,司法职能与国家的其他职能的分离都是极其有限的。在这种体制下,司法独立于行政的程序机制是不可能出现的,司法活动与行政活动并没有什么实质性区别,这一历史传统在人们的心目中形成了行政高于司法,以及运用行政性方式处理司法问题的心理定势。清末前的古代司法体制,司法的行政化是中华法系的一大特质:从组织结构上看,虽然历代王朝在中央都设有主管司法审判的部门,但它们都是中央政府的组成部分,同时也不具有垄断性的专属司法权,上级行政部门可以干涉司法机关的审判。而且,各级司法机关所作出的判决也不具有终局性质,作为国家最高统治者的皇帝可以任意地推翻已有的裁判或是指定某些职能机关组成临时性的司法机关对特定案件进行审理。在清末及国民党统治时期的法院体制,司法与行政应当分离,由专门机关行使且独立活动,不受行政干预的观念已为当时统治者所接受,并力图制度化。但囿于当时的特殊环境,符合现代精神的法院体制设计实际是有名无实,战争时期及建国后的中国共产党领导下的法院体制,在中共苏区时期,与当时的战争环境相适应,审判制度从属于军事制度,是军队审判的一个组成部分。临时中央人民政府成立了裁判部,作为政府的一个职能部门,它担负着"肃反"和审理有关战争中犯罪行为、普通刑事犯以及民事纠纷的责任。抗日战争时期有的

---

① 刘学在:《我国法院行政化倾向成因探析》,《中南民族大学学报(人文社会科学版)》2003年第1期。

② 王跃进:《没有规矩不能成方圆》,三联书店2000年版,第35页。

解放区设立了人民法院,有的设立了司法所,但仍属于边区人民政府的组成部分,不可避免地打上了战争环境的烙印。1949 年 9 月 21 日通过的《中华人民共和国中央人民政府组织法》第一次以法律的形式肯定了中央省(市)县级人民法院为同级人民政府的组成部分。1954 年宪法确定把人民法院从同级人民政府中分离出来,但人、财、物的管理权仍隶属于政府。"文革"中法院被砸烂。1972 年恢复法院直至党的十一届三中全会后,特别是 1982 年宪法确定了法院体制的基本模式,才逐渐形成了现行法院体制,即是党委领导、人大和上级法院监督指导、政府管理人财物的格局。"不难发现,我国历史上的法院体制改革的思路基本上是一致的,也就是说这一制度变迁的路径特征呈现趋同性。法院始终没有摆脱行政化的色彩,分离性和对外独立性没有发生实质性的变化。"①

(二)司法行政化的宏观对策

1. 实行分类管理制度

(1)建立法官、法警、书记员、行政人员四层单独管理序列。对法官、法院内部非法官工作人员及院内从事其他行政事务的人员实行分类管理,为法官独立办案创造良好的内部环境。(2)规范法官选拔任用制度。明确法官的职、权、责,并逐步放权到位,同时要完善法官的考核、晋升、奖惩制度,建立法官的上下交流、易岗交流、易地交流及定期培训制度,走法官的专业化道路。(3)合理确定职级待遇。取消法官的行政级别,按法官等级确定其政治经济待遇;法官的工资自成体系,平均工资高于行政机关工作人员;对在法院工作的非法官工作人员和行政人员分别按其工作性质确定相应的职级待遇。(4)强化审判组织职责。推行审判长和独任审判员选任制度,审判长和独任审判员依审判职责对案件作出裁判,依法签发法律文书。对被选任为审判长和独任审判员的审判人员,在晋升法官等级时,应从优于其他条件相同的法官。目前各地正在推行的审判长和独任审判员选任制度是一项有益尝试,可认真总结经验,由点到面,逐步推广。充分发挥审判委员会作为法院内部最高审判组织的作用,逐步做到审判委员会只讨论合议庭提请院长提交的少数重大、疑难、复杂案件的法律适用问题,案件事实的认定由合议庭负责。院、庭长应通过参加合议庭担任审判长、每年审理一定数量案件的做法,真正履行法官的职责,同时,通过主持案件的研讨,抽查生效裁判,对新情况、新问题调查研究,总结审判经验,

---

① 张烁:《中国法院体制行政化的历史轨迹》,《广西政法管理干部学院学报》2003 年第 3 期。

指导审判工作。

当前，《江苏省司法体制改革试点方案》将司法机关工作人员分为法官检察官、司法辅助人员、司法行政人员三大类。对不同人员实行不同的管理制度，让每一类人员都有各自的晋升渠道和职业发展空间。其中，法官检察官实行有别于普通公务员的管理制度，按照单独职务序列管理。司法辅助人员中的法官助理、检察官助理、书记员按单独职务序列管理，执行员参照行政执法类公务员管理，司法技术人员按专业技术类公务员管理，司法警察按执法勤务机构警员职务序列管理。司法行政人员按照综合管理类公务员管理。根据法官检察官精英化、职业化、专业化改革方向和司法人力资源配置规律，综合考虑经济社会发展、实有人口数量、法院检察院层级、案件数量和编制总数，以及实际在办案岗位上的法官、检察官人数等因素，5 年过渡期内，按照法官检察官、司法辅助人员、司法行政人员分别占中央政法专项编制的 39%、46%、15% 配置员额。"严格控制法官检察官员额、提高司法辅助人员比例，使法官检察官从大量程序性、事务性工作中解脱出来，把精力主要放在审判检察业务上，提高办案质量和效率。"省委政法委有关负责人说。为了提高法官检察官选拔工作的科学性，在省一级设立法官、检察官遴选委员会，负责从专业角度提出法官、检察官人选。为体现遴选委员会的广泛代表性，其组成人员中审判（检察）业务专家、人大代表、政协委员、律师代表、法学学者代表等社会各界代表不低于 50%。建立法官、检察官逐级遴选制度，上级法院法官、检察院检察官一般从下一级法院、检察院择优遴选，既为优秀的基层法官、检察官提供晋升通道，又保证上级法院、检察院的法官、检察官具有较丰富的司法经验和较强的司法能力。这必将大大提升法官独立地位和办案水平。

2. 革新案件审理体制，保障法官独立行使职权

法官除了法律外，就没有别的上司。然而，由于我国现今法院体制的行政化以及法官职业被职级化，使得法官在案件审理过程中却要始终听命于上级领导或者由领导组成的审判委员会，事实上造成法官向上级、向领导负责的现状。司法机关应在内部机构改革的基础上全面革新案件审理机制，废除"案件审批制度"。"案件审批制度"和现代审判的直接审理原则是背道而驰的，直接审理原则要求作出审理判决的法官必须直接审理案件，在直接参与案件审理的过程中去感受案件，体会案件当事人对案件的认识，这样作出的裁判才会是最接近案件真实的裁判，而且是一种为当事人所信服的裁判。应当说在现有体制下法官独立且直接审理案件是很难达到的。因此，今后法官在案件审理过程中应全程独立，不应再将案件提交庭长或院长审批，庭长或院长也无权

对其他法官审理的案件进行干涉,做到真正的透明和公正。同时应在立法上保障法官的独立,由于我国一直强调法院的独立而非法官的独立,所以在法律上并未明确法官独立,所以应将法官独立原则写入《宪法》《人民法院组织法》《法官法》等相关法律,并建立法官终身任职的制度、提高法官的福利待遇和政治待遇,为法官独立提供身份保障。从目前我国法院的实际运行看,法院内部存在着审判管理和行政管理两种性质的管理。其中,审判管理是法院管理的最核心部分,而行政管理也是法院管理不可或缺的组成部分。"从这一视角来讲,法院是一种二元异合体性质的组织。高效率的法院行政管理是对审判管理的支持和促进,但现实中,法院行政管理也可能会对法院审判活动进行不合理的干预,从而影响法院的司法独立或审判独立。"①

3. 完善法官的考评机制

我国《法官法》第八章对法官的考核作了专门规定,规定法官的考核实行领导和群众相结合,重点考核审判工作实绩。由于第八章仅有五条,且基本上都是原则性的内容,缺乏可操作性,因而造成了各地法院考核的内容五花八门。一季度一次,甚至一月一次的审判指标考核,也使得法官的大量精力被牵制在如何应付考核上,根本无暇对所办理的案件进行深入的研究。因此应大幅度减少考核的频次,减轻法官的考核压力,两到三年考核一次足矣,或者仅在法官需要晋级的时候进行考核。为使法官能将全部精力投入到审判工作中,应逐步减少直至取消那些与审判工作无关的考核项目,只保留工作实绩一项。现阶段考核项目的确定只要院党组开会即可决定,带有很大的随意性。如法院有时将工作日考勤、会议出勤情况、参加院里组织的文体活动情况、办公室的卫生整洁情况等都纳入到考核项目中,占用了法官大量的时间和精力。关于考核更为重要的是,虽然各级法院的考核各有千秋,但仔细对比之后不难发现其中的相通之处,那就是法院的领导班子成员在考核中打分的权重很大,基本上对考核的结果起着决定性的作用,这就使法官在日常案件审判中不自觉地向领导妥协,以换取在考核时领导对其的支持。领导的这项考核权,在法官们竞职、晋升时表现得更为突出。因此,"根据我国现行体制,应建立专门的法官事务委员会负责法官的考核,由该委员会决定法官提名、任命、奖惩、晋升及考核。该委员会由法院、检察院、组织部门、社会团体及人大机关中的内务司法委员会的代表组成。这样可以极大减少法院领导对法官的不当控制,使得法官在办案时面对领导的不当干预有足够的底气来坚持独

---

① 郝红鹰:《我国法院审判管理的去行政化研究》,《理论与现代化》2011 年第 6 期。

立行使审判权。"①

此外,应当摒弃上下级法院之间的案件请示、指示制度,让各级司法机关在自己的职权范围内,能够完全独立地行使职权,在处理具体案件时,不再受上级司法机关的支配。上级司法机关也应当自觉地避免对下级司法机关如何处理具体案件发号施令,并要求下级司法机关按其意见作出判决或者决定。只有如此,才能真正地在司法机关内部实现司法机关独立行使职权,才能使法官独立原则在司法机关内部落到实处。

三、提升法官自身素养:法官纯化

法官职业化指的是人们一旦成为法官,便应与政治事务、经济行为和繁芜感性的社会思潮长期稳定地保持相对疏离,中立地、恪尽职守地从事审判工作,而不应在担任法官职务的同时从事其他社会经营以获取利益,国家则应为法官的职业行为提供成熟有效的保障和约束规范作为制度基础。具体而言,就是要严格法官的职业准入,强化法官的职业意识,培养法官的职业道德,提高法官的职业技能,树立法官的职业形象,加强法官的职业保障和完善法官的职业监督。"法官职业化是观念、知识、技能与制度相互支持、相互作用的有机整体,它意味着以专门解决社会纠纷和独立行使国家审判权为其工作的法官形成独特的专门知识、技能、工作方法、行为方式以及专门思维模式的趋势。"②

从法官职业化的定义可知,法官职业化的特征主要包括以下几个方面:③

一是专业化。专业化一方面是指法官职业群体内部成员所共同具有的经过学习训练而获得的法律理论知识、法律思维方式、审判实务能力和司法经验方面的一致性趋势;另一方面指法官职业的权力来源是国家的审判权,法官从事专门的工作,即以定纷止争、解决表现为诉讼案件的社会纠纷为职业。法官职业的产品是体现社会公平正义的裁判。专业化是法官职业化的一个基本性要件。

二是独立性。独立性是指法官审判案件具有真正的审理和裁判权,不受外部势力和内部运行机制的干涉的内在属性。法官独立是司法机关

---

① 刘练军:《法官考核,兹事体大》,《东方早报》2013 年 1 月 15 日。

② 王晓:《法官职业化背离民主之倾向及其合理调整》,《重庆师范大学学报(哲学社会科学版)》2010 年第 3 期。

③ 戴全寿:《法官职业化几个问题的思考——试论法官职业化的意义、保障和路径》,硕士学位论文,中国政法大学 2004 年,第 3—4 页。

独立行使职权的核心和实质，是司法机关独立行使职权的根本所在。法官具有独立的地位，独立行使国家审判权，只服从法律，站在法律的立场，超脱于各种权力和利益之上秉公裁判。法官职业的独立性包括外部独立和内部独立。外部独立是指法官与法院从人事、财政等各方面独立于行政机关、立法机关、政党以及其他组织。内部独立即法官独立审判，法官独立于法院系统内部上、下级，同级行政领导和其他法官，以内心对法律的真诚信念和敏锐判断力独立进行审判。

三是中立性。中立性是指法官在司法活动中相对于诉辩双方的活动没有倾向性，不偏不倚，始终处于中立的裁判者地位的属性。法官中立由司法权的性质所决定，也是法官独立性所要求的法官角色定位。法官"不仅要主持正义，而且要人们明确无误地、毫不怀疑地看到是在主持正义，这一点不仅是重要的，而且是极为重要的"。

四是消极性。消极性是指法官应具有适当的被动性，竭力避免法律活动世俗化的倾向，以保持自身相对独立的空间。法官的消极性是由司法权的判断性所决定的。英国著名法官丹宁勋爵说过："一名法官要想得到公正，他最好让争诉双方保持平衡而不介入争议。假如他超越此限，就等于是自卸法官责任，改演律师角色。"消极性主要表现为：一是严守不告不理的立场。二是法庭上耐心听审的能力。三是法官不得担任任何可能影响法官中立的其他职务。四是法官应尽力避免参与行政活动和公益活动。

五是精英化。精英化是法官职业化的应有之义，也是其必然要求。法官作为社会正义的化身，他必须凭借自己对法律的娴熟的理解，依据自己的良心和经验，对纠纷作出独立的判断并作出裁判，以恢复社会的正义。这就要求法官具有极其严格的任职条件和资格，才能承担起社会赋予他的神圣使命。法官职业不是一个大众化的职业，法官不是社会公众人物。法官应当是社会中的精英，已是全世界的共识。

六是同质化。法官同质化是指法官职业群体在价值理念、行为模式和职业道德等方面共同和一致的特性。法官的同质化主要表现在以下几个方面：统一教育背景和知识结构（正规法律教育培养的以法律为业的职业者）；统一的素质要求（通过国家统一司法考试并符合法律规定的各项要求）；统一的适用标准（以国家法律、法律原则和原理为解决纠纷和处理案件的唯一标准）；统一的法律信仰和法律思维（法律至上的法律观，查证事实并适用法律的思维模式）和统一的职责和工作程序（依法独立行使国家审判权的职责，遵守法律规定的刑事和民事等诉讼程序）。同质化是法官职业精神的体现和保障。

法官的职业化改革尽管引起了一些微词，但在法律越来越健全、越来越精密、繁杂，以及案件越来越复杂而且新型案件不断涌现的现代社会背景下，无论人们喜欢不喜欢，法官活动已朝着职业化和专业化方向发展，成了一种不可逆转的趋势。韦伯曾说，"个人唯有通过严格的专业化，才能在学术研究的世界里，获得那种确实感达到某种真正完美成果的意识"。专业能力必然是对法官和审判工作的基本要求，也只有专业化的训练才能让执掌司法权柄者的思维和行为受到特殊的知识的约束和指导。

法官职业化有利于树立司法权威。伯尔曼曾说："法律只有被信仰，才能得到切实地遵守。"法律的权威性来自于职业法官公正地适用法律程序和公正的裁判结果以及民众对法律的信仰。具体来说，司法权本质上是一种裁判权，法官中立地、理性地裁决原、被告之间的纠纷。而双方之所以对法律的判决结果信服，正是基于对程序公正和法官本身渊博法学知识、丰富的社会阅历、缜密的逻辑推理的认同。另外，司法公正是社会公正的最后一道防线，因为最终的救济方式就是诉诸司法程序，故法官的职责显得尤为重要。培根曾说："一次不公的判断比多次不平的举动为祸尤烈。因为这些不平的举动不过弄脏了水流，而不公的判断则把水源败坏了。"因此，法官如果不正当履行审判职责，司法公正性、权威性会被动摇。可见，高素质的职业化法官队伍有利于司法权威的树立。法官职业化是建设法治国家的必由之路。在法治社会中，法律在社会管理中具有至高无上的地位，符合时代潮流的法律无疑对社会发展以及经济建设具有促进作用。但是如果没有高素质和职业道德的职业法律群体，那么即使再精妙的法律也将是一纸空文，再优良的制度也都是空想。法律职业群体，尤其是职业化的法官对法律的运用，是法律生命力之所在。职业化的法官对于司法的公正与效率具有重要作用，中国要想发展成为现代法治国家，使法律在社会生活管理中占据主导地位，必须进行法官职业化建设。

司法改革的方方面面，各项制度措施，都要落在司法裁判权的主体——法官这一核心问题、根本问题上，而法官这一主体的理想标准和科学概括莫过于法官职业化。具体而言：

(一)实行法官"精英"政策

目前法院队伍中，被称为"法官"的有几十万人。这样一支在任何国家的法官听来无疑是天文数字的庞大队伍，要在短期内迅速提高整体素质是不可能的。但如果设想，我们所说的"法官"只包括目前各级法院审判委员会委员，即各级法院院长、副院长、庭长和少数资深法官，则法官队伍素质立即就会有很大的提升。目前法院系统之所以需要这样庞大的队伍，客观上是由于案件数量不断增加和审判体制中环节过多和效率不高的客观需要。我国法官人均审理案件远远低于大多数国家法官的人均审理数量，1979 年我国拥有法官59000 人，每 10 万人口法官数量为 6.10 人，每名法官年均一审结案 8.8 件。2011 年我国法官为 195000 人，每 10 万人口法官数量为 14.50 人，每名法官年均一审结案 38.6 件（见表 1—25）。由此可见，改革开放以来，我国法官数量虽然增加了 2.31 倍，但是每 10 万人口法官数量只增加了 1.38 倍。另一方面，一审结案量增加了 13.52 倍，远远超过法官增长率，每名法官一审结案量增加了3.39 倍。但与发达国家相比，我们仍有较大差距（见表 1—26）。相当一部分人不胜任法官工作也是事实。有人估计，现有法官三分之一属优秀，三分之一基本胜任，三分之一则完全不胜任。这个估计大体符合实际。如果下决心大幅度精减法官编制，只保留现有法官人数的三分之一，同时把法院管理体制改革的其他措施，包括法官任免权上收，合议庭和独任法官独立审判等结合起来，相信是能适应审理案件需要的。对精减后未被任命为法官但又基本胜任审判工作的，可以作为法官助理，对法官负责，协助法官办理核实证据、准备法律文书、查阅有关法律资料等法律事务。在现阶段这部分人仍是审判工作宝贵的人力资源，同时这样改革不致引起法院队伍的动荡。大幅度精减法官编制的意义在于，一是保证担任法官的确属"精英"型人才；二是有利于法官培训教育；三是有利于吸收优秀人才。

表 1—25　中国法官数量、一审结案量、每名法官年均结案量(1979/2011)①

选项	法官数量（人）	每 10 万人口法官数量(人)	一审结案量（件）	每名法官年均结案量(件)
1979 年	59000	6.10	518842	8.8
2011 年	195000	14.50	7534955	38.6
增长率(倍)	2.31	1.38	13.52	3.39
年均增长率	7.2%	4.3%	42.3%	10.6%

①　朱景文：《中国人民大学中国法律发展报告：中国法律工作者的职业化(2012)》，中国人民大学出版社 2013 年版，第 4 页。

表1—26　六国法官数量及工作量对比（1997年）①

国家	美国	英国	德国	法国	日本	中国
法官数量（人）	30888	3170	20999	4900	2899	170000
每10万人口拥有法官数（人）	11.6	6.1	25.6	8.4	2.3	13.8
一审收案数	29795102	2429255	2938971	1539502	512342	5288379
每名法官对应的一审收案量（件）	965	766	140	314	177	31

（二）建立严格的法官选拔制度

"无论是学历要求还是司法考试要求,基本上只是体现了对一般法律专业知识和基本法律原理的考察,都只是一种纸面知识的反映,性质上说只是纸上谈兵,难以由此考察出实际法律经验、技能乃至职业前景。"②实际法律技能从来都是来自于经验而非书本,非经实际专业锻炼是无从获得的,性质上与书本知识有着根本的不同。特别是只要付出一定的辛劳,法律专业知识和法律原理一般来说是迟早能够掌握的,但实际法律技能却受个人先天条件的制约而存在局限性,尤其是那种法官职位所要求的高超技艺更不是谁都能达到的。这也就决定了法官只应当从那些法律技艺高超者中进行选拔,直接任命那些已能胜任法官职位的人为法官,而不是把具有大学学历或通过基本知识入门考试的一般人先引入法官之门,然后再进行锻炼和培养。特别是在如今一般人大都能够获得大学学历而且很多人都是进入法院后才通过各种形式获得相关学历的情况下,加上司法考试对于参加次数又没有限制,势必使得这样的资格要求变得没有意义。法谚云"法官老的好,律师少的俏",法官越老,他的阅历、经验就越丰富,对社会关系、法律关系的处理就越熟稔,在当事人面前也越有威望。但现实却是,我国的法官队伍中,青年法官是审判工作的绝对主力军。在笔者的实证调研中,在问及"您的年龄是"这一问题时,35岁以下的法官占46.2%,40岁以下的法官占62.1%,而40岁以上的法官只占37.9%（见表1—27）。

---

　　①　朱景文:《中国人民大学中国法律发展报告:中国法律工作者的职业化（2012）》,中国人民大学出版社2013年版,第87页。

　　②　吴元中:《法官职业化之路探析》,《山东行政学院学报》2011年第6期。

表 1—27 您的年龄是

选项	频数	有效百分比
30 岁以下	401	24.4
31—35 岁	358	21.8
36—40 岁	262	15.9
41—45 岁	328	20.0
46 岁以上	295	17.9
合计	1644	100.0

法治发达国家,法官群体被认为是法律职业界中的佼佼者、是社会的精英,但实现法官的高度职业化是需要一定的前提条件的,即严格的法官职业准入制度。纵观全世界,产生职业法官的模式大体可被划分为以下三种:第一,大陆法系国家选任模式。它以严格的法律专业学习和考试为特点,其中以德国为代表。在德国要想成为法官,首先必须要接受正规大学法学教育,通过毕业获得法学学位,然后再先后参加两次司法考试。通过第一次司法考试取得见习法官资格,然后进行为期两年的见习,在见习结束后,参加更为严格的第二次司法考试,通过者将获得候补法官资格。但若想成为法官,还必须向州司法部提出申请,经过面试推荐后由州司法部长任命为初级法官,经过三年试用期,才能够被任命为终身法官。由此可见,大陆法系国家法官的选任是通过多次的标准化考试来完成的,考试是大陆法系国家选任法官的首要特征。第二,普通法系国家选任法官模式。它以注重选任对象的法律实践经验为特点,其中以英国为代表。在英国要想成为法官,首先要成为一名优秀的律师,但成为律师的这个过程也是荆棘重重。一个学生必须经过三年大学法学教育并且获得法学学位,然后通过考试进入英国律师会承认的法学院学习一年,再通过考试,获得律师学位,再经过一年的见习期,才能够成为律师。但是除了治安法院的法官外,至少要有十年的出庭律师经历才能够被提名担任地方法院法官,如果要想成为高等法院的法官则至少要具有十年以上的出庭律师经历。综上所述,英美法系国家在选任法官的过程中严格贯彻"年长、经验、精英"这一原则,法律实践经验是普通法系国家选任法官的首要特征。第三,混合选任法官模式。它是日本所特有的,其特点是考试与法律实践经验并重的原则。在日本要成为法官,首先是通过正规大学本科教育获得法学学位,然后参加国家统一的司法考试,通过者继续参加由司法考试审查委员会主持的第二次考试,合格者将取得司法研习员的资格,接着在司法研修所里进行两年的实习,然后再参加第三次考试,只有通过者才能获得见习法官资格。但是要从见习法官到

成为一名正式法官，至少要经历十年，在这期间要通过从事候补法官、检察官、律师，或者法律教学工作等职业来积累丰富的司法实践经验。从上述三种选任法官的模式来看，虽说各国的选任模式迥异，但都是从保障本国法官队伍的高素质、精英化这一宗旨出发的。通过对上述三种模式进行比较我们得出它们的共同点：其一，法官必须具备较高的专业知识，即学历背景；其二，法官必须具备丰富的职业经验；其三，初任法官必须具备较高的品质；其四，初任法官必须经过严格的职前培训。所以要确保我国法官队伍的高度职业化也不能偏离上述四个基本点。因为只有经过严格的筛选，才能够使法官职业同其他法律职业相区别，成为一种专门的、独立的职业，所以我国在选任法官时也必须从提高法官专业知识水平和司法实践经验等方面着手。

担任法官必须具备三个基本条件：一是有良好的政治思想素质和良好的品行操守；二是有良好的法律专业知识和较强的法律工作经验；三是有良好的思维方式和分析判断能力。这就要求对法官的选拔、晋升和管理必须有严格的符合审判工作特点的制度。这包括：（1）司法考试和培训制度。担任法官除必须具备法定的学历资格外，还必须经过严格的司法考试；必须经过上岗前的培训或具有一定年限的法律工作经验。（2）法官逐级遴选制度。担任法官须从基层法院开始，上级法院的法官须从下级法院的优秀法官中遴选，以保证上级法院法官的水平在一般情况下高于下级法院法官的水平。（3）法官定期交流制度。实行法官"异地任期制"，在一个地方任职达到一定期限后必须交流到其他地方任职。这是许多国家广泛采用的，目的是保证"法官不能有太多朋友"，减少影响司法公正的可能性。但这必须在法官任免权上收后才有可操作性。（4）法官惩戒制度。对法官贪污受贿、故意违法办案，品行不端或不符合法官身份的行为，要给予严厉惩处。

2014年2月21日通过的《深圳市法院工作人员分类管理和法官职业化改革方案》，其中关于"法官选任"的相关规定值得借鉴：第一，担任法官必须经过国家统一司法考试取得法律职业资格；第二，担任法官必须经过相应的职业技能培训；第三，担任法官必须具有一定年限的法律工作经历。由此观之，担任法官不仅应考察其"基本资格的准入"，同时更应关注其"技能性"和"经验性"。

（三）建立法官保障制度

法官的身份保障是指法官除法定原因以外，不得以任何理由被免职或调离。这一方面是为了保证法官队伍稳定，另一方面是免除法官独立审判的后顾之忧，不受外来威胁和干涉。许多法治国家在这方面有许多很好的做法，应予以借鉴。法官的经济保障主要是给法官必要的高于一般公务员的薪水待遇。现在一谈"高薪"就往往与廉政建设联系起来，使"高薪能否养廉"的问题长期争论不休。这种争论没有太大意义。高薪只是养廉的必要条件，是保证廉洁的各种因素之一。如果廉政问题可以高薪就能解决，则廉政问题就是一件再简单不过的事情。对法官给予必要的高薪待遇，其意义不仅为了养廉，还在于凸显法官地位的崇高，有利于吸收优秀人才和稳定法官队伍，同时也使法官的"责、权、利"一致起来。同时，建立法官职业安全保障制度，实行法官职业安全保险。近年来，随着市场经济的发展和全民法律意识、权利意识的日益增强，法院已成为社会各种矛盾的显示屏，同时，作为社会各种纷争最终裁决者的法官已处在社会各种纷争的焦点和矛盾旋涡之中，法官的职业风险也越来越大。一些地方当事人报复、围攻、故意伤害，甚至杀害法官的事件屡有发生。因此，法官在依法履行职务、认真细致做好案件当事人思想疏导工作，加强自身安全防范措施的同时，建立法官职业安全保障制度，把《法官法》关于法官享受保险待遇的规定落到实处，显得尤为重要和迫切。当前，"法官离职潮"之出现，虽不能单一归因于物质报酬低，但一定是重要原因之一。如何保障优秀法官留守已成人民法院当前的重要课题之一。上海"精英法官"可能加薪40%左右，这无疑是改革迈进的一大步。

第二章 法院管理体制改革的沧州经验

第一节 主审法官制

一、主审法官制的含义界定

　　主审法官办案责任制的提出由来已久,但因故一直难以付诸实践。在新一轮司法体制改革中,主审法官办案责任制重新被绘入改革蓝图,标志着审判权力运行机制改革迈出实质性步伐。党的十八届四中全会通过的《中共中央关于全面推进依法治国若干重大问题的决定》指出,完善主审法官办案责任制,落实谁办案谁负责。《人民法院第四个五年改革纲要(2014—2018)》亦明确要求,人民法院要"建立更加科学的审判权力运行机制,确保让审理者裁判、由裁判者负责"。

　　有学者认为,"主审法官制是指由人民法院选任的具有审判职称的德才兼备的审判人员为主审法官,在打破审判庭建制、不设庭长的情况下,由主审法官独任或主审法官组成合议庭对其所承办的刑事、民事、经济等各类案件全面负责审理,并直接享有对除必须提交审判委员会的案件以外的绝大多数案件的裁判权的一种审判运作机制与审判人员管理机制相结合的法院管理制度。其基本框架是:1. 由法院选任德才兼备的具有审判职称的人员为主审法官;2. 在独任审判的案件中,由主审法官直接决定案件的审判结果;3. 在由主办主审法官和其他主审法官组成合议庭审理的案件中,由合议庭直接决定案件的审判结果;4. 对于必须提交审判委员会的案件,由主审法官组成合议庭先行审理,再提交到由该案合议庭主审法官参与的审判委员会讨论决定;5. 取消审判庭建制,不设庭长职务;6. 对主审法官配备助理法官和书记员,从事与审判相关的辅助性工作。"[1]

亦有学者认为,"主审法官责任制,是指由人民法院审判委员会指定的思想、业务素质高的审判员、代理审判员为主审法官,或由主审法官与审判员、代理审判员、人民陪审员组成的合议庭对承办的案件全面负责审理,并直接享有对除涉外案件、重大复杂疑难案件、需适用类推定罪案件外的大多数案件的裁判权或处置权的一种工作制度。其基本内涵是:1. 在独任审判的案件中,由独任主审法官直接决定一般案件的审判结果;2. 在组成合议庭审理的案件中,根据合议庭多数意见对一般案件直接予以裁判或处置,无需经庭、院长、审判委员会讨论或报请庭、院长、审判委员会审批;3. 严格限制审判委员会讨论案件的范围和程序,即对涉外案件、重大复杂或者疑难案件、需适用类推定罪案件、依照特别程序审理的案件也应当经由合议庭审理后,才能提交审判委员会讨论决定,以防止'先定后审';4. 由现在的院长、庭长指定审判长主持开庭模式过渡到案件承办人即为主审法官。"[2]

尽管学者表述因主审法官责任制在实践中的贯彻差异而有所不同,但核心思想均是在现行法官整体素质未达预期的情境下,为摆脱"案件审批制度"所造成的法官不独立之状况,而由选任或指定的部分业务素质较高的法官对其所主审的案件独立把关,进而实现法官独立。主审法官责任制是各级人民法院缓解"领导审批"压力的一种有效措施,也是最终实现所有法官独立办案的一种过渡性措施。

二、主审法官制的确立理据

(一)主审法官制确立的必要性

1. 法官独立

法官独立是司法机关独立行使职权原则的核心,这一理论观点自 18 世纪法国启蒙思想家孟德斯鸠在其代表作《论法的精神》一书中提出,至今已为很多法治国家所接受,1919 年的德国基本法及 1949 年联邦德国基本法都规定:"法官独立,只服从法律。"1946 年日本国宪法规定,"法官依良心独立行使职权,只受宪法与法律的约束"。1947 年意大利宪法和 1988 年意大利刑事诉讼

---

① 张东明、孙洪坤:《主审法官制与审判公正》,《开封大学学报》2003 年第 1 期。

② 叶青:《主审法官责任制析》,《法学》1995 年第 7 期。

法、1976 年葡萄牙宪法也作了类似的规定,英美法系国家更是实行法官自由心证的审判方式,法官完全凭藉个人的理性、良心和经验对案件独立自由地处断。可以说,法官独立原则已经成为国际公认的重要司法原则之一。

何谓法官独立? 一般认为,法官独立至少包含以下三层含义:"(1)法官对案件处理的审判意志依法独立,不受非法干涉,即法官在审理案件过程中,依法享有全权审理和裁判案件的权力,在行使审判权的过程中,只对法律负责,凭借自己对法律的理解、对社会正义和公平的把握,结合案件事实,表达出自己真实的审判意志,从而作出客观、公正的裁决。(2)法官对案件的审理过程依法不受干涉。法官在审理案件的过程中,任何组织和个人都无权加以非法干预,即使是上级法院或本级法院的行政领导也不例外。在此过程中,新闻媒体的监督也得适当,只能对法院业已生效的裁判进行评论,且该评论不得有损法官形象和不致对公众造成误导。而对法院尚未生效的裁判或正在审理的案件,则只能作客观的案件事实报道和法院审理进程的报道,而不能发表任何带有一定倾向性或暗示性的评论。只有这样才能确保法官在审理案件的过程中,不会面临社会舆论的重压,独立作出裁判,维护法律的尊严和法官的权威,避免媒体的'事先判决'带来负面的影响。(3)法官对案件审判结果享有正当的免责权。法官非因法定事由、非经法定程序,不被免职、降职、辞退或者处分;法官非违反法律,不受追究,即使审判结果有误,只要法官行为正当,就应推定其已经尽职而免除责任,除非有证据证明该错误的造成是其故意行为。法官独立审判,在诉讼中具有重大意义:它为法官抵御外来干涉设置了一道坚固的防线,为法官正确适用法律、实现公正审判提供了重要保障。"①

毋庸否认,我国与西方国家在审判独立问题上的理解是不同的。在西方国家,审判独立的核心是法官独立。在我国则是实行院长、庭长领导下的民主集中制度,强调审判委员会的集体作用。因此,我国是法院组织系统的集体独立。正是这种过分强调集体性的长期存在于我国人民法院内部的审判独立体制,吞噬和削弱了审判的独立性,造成了已成定势的"先定后审"局面。其实我们不难想象,法院独立审判权若离开了审判人员这一法院的主体能实现吗? 法院的独立审判权最终还是通过合议庭法官或独立制法官的形式对外实现的。我国的司法审判实践从来没有出现过以"审判委员会"名义,或者是以法院院长、庭长的个人名义对外公布裁决结果的现象。法院是审判人员组成的,法院与审判人员之间的关系是密不可分的,没有审判人员的独立审判也就无所谓法院的独立审判,反之亦然。同样,把审判人员的独立审判与在审理重大

---

① 胡铁民:《浅论法官独立》,2003 年 8 月 14 日,http://www.chinacourt.org/article/detail/2003/08/id/75864.shtml。

疑难案件时向院长、庭长请示汇报或院长、庭长主动过问案件对立起来也是错误的。关于独立审判的正确理解应该是：人民法院行使审判权不受任何行政机关、社会团体和个人的干涉，具体诉讼案件的处理只能由人民法院依法作出裁决。至于人民法院如何对办案实行科学有效的管理，是法院内部审判领导方式的问题，与独立审判不悖。现今我们提出的"主审法官制"正是法院内部改变审判领导方式的一个新的举措。这一制度的建立，将会更好地理顺合议庭法官与院长、庭长及审判委员会之间的关系，杜绝院长、庭长可以径自改变合议庭决定的做法，防止审判业务的行政集权化。

2. 权责一致

"目前，我国的案件审理往往由独任庭或合议庭审理'事实'，而由庭长、院长或审判委员会来'定性'，法官相对独立的司法地位在民主集中制的审判体制下一直难以得到实现。这种审与判、权与责相分离的状况，不仅使得审判权的行使受到众多阻滞，最终也会阻碍司法公正与司法权威的实现。"[1]

主审法官责任制是按照"让审理者裁判、由裁判者负责"的要求，对审判权的运行方式进行的改革，目的是建立"权、责、利、能"相统一的审判责任制。曾经的人民法院案件审理的集体负责在实践中往往演变成"集体不负责"。主审法官责任制是通过让主审法官成为案件的责任主体，从而保证审判质量、提升审判效率。主审法官责任制是法院系统内部去司法行政化的改革，是对审判权运行的重新审视，首要的是要让"能者掌其权"，赋予主审法官独立的审判权。有权必有责，主审法官对所受理的案件行使司法裁判权，那么其就要对承办案件的质量、效率、效果负全部责任。审判权是国家的基本权力之一，审判权具有与行政权相类似的属性，审判权的行使也可能侵犯公民的人身权益，甚至比行政权的侵犯还要严重。为了保证案件审理的公平、公正，主审法官责任制必须明确法官的办案责任，严格责任认证和惩戒机制。主审法官在审理案件的过程中应当严格依照法律规定的条件和程序来审理案件，遵守职业道德、遵守审判纪律、具备过硬的工作作风。主审法官在办理案件的过程中，应当主动接受来自社会各方面的监督。主审法官在审理案件的过程中，有违反法律、职业道德和职业纪律的行为，就应承担相应的责任。

---

① 　张红：《主审法官责任制的法理分析》，《中共杭州市委党校学报》2015 年第 1 期。

084 法院改革的理论探索与地方实践：基于河北法院的考察

（二）主审法官制确立的可行性

1. 高素质的法官人员保障

"主审法官以丰富的工作经验和相当的综合分析能力，面对错综复杂的案情和诉讼当事人的各种证据时，对案情进行合乎实际的判断，从而正确地认定证据和事实，并以法律为根据解决各种案件，承担案件处理正确与否的责任，因此从主审法官所担负的责任看，在业务素质上应具有高明的法律学识和娴熟的司法技能是其担当重任的基本条件。"①从 2003 年起，律师考试改称为司法考试，担任法官必须通过国家司法考试，并取得相应的资格证书。法官通过司法考试进入法院后，经过一年的实践，熟悉法院的基本业务和工作，任命法官前，还需经过一年的岗前培训，该岗前培训采取理论授课与模拟实践相结合的方式进行。通过司法考试和任前培训，法官基本具备了审理案件的业务素质。同时，各法院也十分注重法官业务素质的培养，在日常的工作中要求法官加强理论学习，并通过建立案件集中讨论制度，设立法官论坛等多个平台，提升法官素质。可以说，目前我国绝大多数的法官具备独立办理案件的能力，这给主审法官责任制改革提供了人员保障。

2. 严格的主审法官选任程序

从各级人民法院主审法官责任制改革的状况来看②，虽然各地各级人民法院的改革模式都不尽相同，但是对主审法官选任思路大体相同，即在原来的法官队伍中选任有丰富办案经验，功底过硬的法官固定担任审判长，组织固定的合议庭成员开展庭审活动，大部分案件的裁判结果审批权由合议庭和审判长独立行使，只有少部分案件须由庭长、院长把关。主审法官的选任打破了原有的行政科层模式，打破了庭室界限，由具有审判资格的人进行竞争，先是自荐，然后经过笔试、面试等考核程序，最后由法院院长任命，从原有的法官队伍中挑选出最优秀的法官担任审判长，作为审判团队的领导者。这种去行政化的主审法官选任程序，有利于"正规化、专业化、职业化"法官队伍的建设，有利于增强法官自身的职业认同感、使命感和责任感。为主审法官责任制改革提供

---

① 陈太红：《主审法官负责制的实现条件及当前应解决的问题》，《西昌师范高等专科学校学报》2003 年第 1 期。

② 如北京市石景山区人民法院主审法官的选任条件是：主审法官的产生需要通过部门推荐、工作业绩考核及竞争上岗，实行任期制，定期改选，可连选连任；深圳盐田人民法院主审法官的选任程序是：由法院党组成员、法官、学者、人大代表、政协委员等组成的遴选委员会，从盐田法院现任法官中，按照办案经验、审判业绩等标准遴选主审法官。

了实践经验。

3. 渐进优化的司法体制改革环境

"自1999年到2015年,最高人民法院相继颁布了一系列的文件,设立了法官职业化改革的方向和相关制度措施,并按'整体部署、分步推进、试点探索'的步骤,经历了改革法官遴选制度,实行法官员额制度,实行书记员单独系列管理制度,推行法官助理制度等各个互相联系的环节。"[①]当前,司法机关改进工作的目标是"努力让人民群众在每一个司法案件中都感受到公平正义",为了实现这一目标,司法机关的改革势在必行,根据十八届三中全会、四中全会的精神,法院、检察院的人财物收归省级统管。这将在相当程度上解决市(地)、县级存在的影响独立审判的外部问题。而建立符合法官职业特点的法官管理制度将给法官的培养机制、分类管理、辅助人员配置、官等职级、薪酬待遇等带来重大变化。司法改革的外部大环境为主审法官责任制改革提供了成长的空间,有利于主审法官责任制改革的成功推进。

三、主审法官制的现实困扰

主审法官制之建立,虽然对实现法官独立的进步意义不言而喻,但在当前面临的问题同样不容忽视:

(一)主审法官办案机制亟须细化规范

主审法官责任办案机制主要包括主审法官的选拔、业绩考评、权力与责任。《人民法院第四个五年改革纲要(2014—2018)》概括性提出了与此相关的内容,但"粗线条"勾勒有待进一步细化和规范。主审法官的选拔是推行主审法官办案责任制的第一步,也是决定主审法官办案责任制能否顺利推行的基础。虽然较之以前主审法官的裁判权和责任追究有所规范,主审法官的素质也有相应提高,但各地选拔的主审法官条件把握不一。在业绩考评方面,现行法院考评指标繁多且不尽合理,如调解率的设置引导法官以欺骗、推脱、压制的手段促成调解,最终调解结案量多而质劣。在权力与责任配置方面,不能很好地保障正常裁判工作的开展,干涉主审法官独立办案时有发生。

---

① 李立新、刘方勇:《我国法官职业化改革进程回顾与展望》,《法学杂志》2010年第6期。

（二）主审法官裁判案件范围亟待明确

主审法官独任或合议裁判案件的范围受到现有法律规定的影响。根据《人民法院组织法》的规定，审判委员会具有讨论并决定重大、疑难案件的权力。但是，关于"重大、疑难"案件认定标准的缺隐，导致在实践操作上做法不一。一方面，主审法官为了应对来自各方的压力，极有可能会作出逃避责任的选择，以"重大、疑难"为借口，直接将案件提交审判委员会讨论决定；另一方面，干预案件的庭长、院长想方设法以"重大、疑难"为借口，将案件交由审判委员会讨论决定。"这都会导致将主审法官办案责任转嫁为集体责任，既为主审法官推卸责任提供便利，又为'人情案、关系案、金钱案'的存在留下缺口。"①

（三）主审法官办案责任的监督和惩戒缺失

主审法官办案责任的落实自然离不开内部监督，内部监督是发现法官违法或违纪责任的主要途径。目前法院内部监督包括纪检组、主管庭长、主管副院长、审判监督庭等。虽然监督力度较大，但成效与预期相差甚远，主要原因并非是分工不明确，而是监督手段操作性不强，以及院长或庭长担任审判长（除院长和庭长不办案的法院外）难以监督，反映出法院内部监督的行政化倾向及监督手段的落后。就惩戒而言，尚未建立专门的法官责任惩戒机构，与惩戒相关的规定较多且散乱，实践中法官因办案责任受到惩戒情况较少，与违法违纪受到惩处的现象不成比例。

（四）主审法官办案责任的保障机制有待健全

"主审法官办案责任制的推行势必会在裁判者之间作出划分，即区分主审法官与辅助人员。随之而来，主审法官的工作负担加重，并承担其主审案件的终身责任。因主审法官改革的薪酬浮动较小，且原来作为法官的审判人员若成为辅助人员，薪酬有下调的可能，法官辞职做律师现象正在悄然发生。这意味着司法职业的逆向流动，与'从律师到法官'的正常流动相背反，将加剧'隐性代理'的发生。"②其实，符合司法运行规律的应当是优秀律师选拔为法官，在法治发达国家已是不争的事实。中国这种反常现象的出现，根源在于责任强化与尊荣感、待遇之间的落差失当。另外，主审法官要求具备较高的专业水平，否则难以契合裁判权力与责任之间的平衡。就现有的审判人员而言，基层

---

① 孙伟峰：《主审法官办案责任制的现实困扰与治理——基于基层法庭视角的考察》，《湖南农业大学学报（社会科学版）》2014 年第 6 期。

② 周顺昌：《试论"主审法官"责任制》，《政法论坛》1995 年第 3 期。

法庭的法官在案件裁判过程中,逐渐积累和形成了适应当地的"地方性知识",无疑是有利因素。不过,受制于社会地位和工作条件,优秀的法官主观上不大愿意到基层人民法庭工作。基层法庭的审判人员是否具备合格的主审法官所需要的专业水平,是否具备独立审判、自主裁决、自负审判责任能力,令人担忧。

四、主审法官制的因应策略

实行主审法官负责制,是建立高效的审判运作机制的内在要求,它必然要求人民法院在改革审判方式的同时,对其现行的审判工作管理制度进行有实质意义的突破性改造。以快节奏的审判活动服务于快节奏的市场经济活动,是摆在人民法院面前的一项突出任务。为了大大提高办案效率,全面改善执法活动,各地法院普遍进行了审判方式改革,"直接到庭"、"当庭宣判"等新的办案模式,以其得天独厚的优越性为重塑法院形象、充分发挥人民法院为改革、发展、稳定服务的审判职能开辟了新的途径,同时也给法院审判工作的业务管理提出了新的问题和新的要求。在此情况下,如果我们仍囿于传统的观念和传统的做法,在审判实践中继续套用行政机关行政管理的那套方法模式,依然忽视审判工作的规律性和审判业务管理的特殊性,一味坚持和固守层层审批、人人把关、责权不明、高度集权、活力不高、效率低下的传统的审判工作管理制度,那就非但不能进一步推动和有效保障审判方式改革的深入进行,而且还会在新的条件下,继续加重审与判的权力分离,形成新的更为突出的"先定后审""审者不判,判者不审"等不正常现象,基于这种认识,可以认为,如果不改革传统的、陈旧的与审判工作的内在规律性和特殊性仍不相容的审判工作管理制度,不在确立落实合议庭、独任庭权责的基础上,赋予法官独立裁断案件的权利,承认法官独立审判的主体资格,就很难有完全意义上的审判方式改革。

(一)明确主审法官裁判案件的范围

审判委员会讨论案件的范围和责任历来看法不一,但其直接决定主审法官裁判案件的范围及相应的责任承担。对于审判委员会讨论重大疑难案件的界限,法律尚无明确的规定。因此,首先应明确"重大、疑难"案件的范围,根据程序法的相关规定,一般认为,"重大、疑难"案件应当限制为三种情形:其一,在当地有重大影响的案件;其二,法律规定较为原则的新类型案件;其三,合议庭成员无法形成多数意见的案件,且主审法官案件评议委员会评议中争议较大的案件,由主审法官报请院长召集审判委员会讨论。为规范司法权力运行,应转变审判委员会讨论案件范围和责任:一是讨论案件的范围。审判委员会对符合上述标准的重大疑难案件有权进行讨论并决定,但是按照直接原则与自由心证原理,不得对案件事实进行讨论,讨论的范围仅限于法律适用问题。二是讨论案件的责任。主审法官对案情的陈述客观及全面负责,审判委员会成员及主审法官对讨论中发表的意见各自负责。

(二)理顺主审法官与对应各方关系

主审法官负责制,是与审判组织的独任制、合议制和审判委员会决定制既有密切联系又相对独立的新的审判责任制形式,同时也涉及庭长、院长等对审判工作进行的一些必要的业务上和行政上的组织管理,在主审法官负责制条件下,必须正确解决主审法官与对应各方的权责关系。根据宪法和法律赋予人民法院及其审判人员的权责,结合主审法官负责制的特点,可对主审法官与合议庭、所在业务庭、主管院长、院长以及审判委员会的关系作以下处理:1. 与合议庭的关系:主持合议庭的工作并与合议庭组成人员共担审判权责,在审判原则上贯彻少数服从多数原则。但较之于其他审判人员所不同的是,被任用为主审法官的审判人员,对其合议庭所办案件,在其有权独立裁断案件的范围内,享有案件的审批权和签发权,如在合议庭对案件处理形成多数意见时直接签发裁判文书,在自己的意见不能在合议庭形成多数时,有权要求院长提请审判委员会讨论决定等,而其他审判人员包括合议庭的其他组成人员以及未被任用为主审法官的其他审判人员均无此项权利;2. 与所在业务庭的关系:一般性管理如收结案统计、结案后的案件评查、统一组织的政治理论和业务理论学习等服从所在业务庭的组织管理,在具体案件的处理上,则不受其他人员的干涉。在具体操作上,可将过去那种庭长对审判人员的领导与被领导的关系,转化为以宏观控制为主要特征的监督、指导与被监督、指导的关系;3. 与主管院长的关系:被监督、指导与监督、指导的关系。在这种监督、指导关系的制约下,主管院长即使发现主审法官或其主持的合议庭处理的案件有程序上或者实体上的偏差,也无权直接行使否决权,而是应当通过与主审法官共同讨论分析案情、共同研讨法律和法学理论等讨论式的方式进行监督、指导,同时为了避免主审法官滥用权利,形成难以补救的重大审判差错,主管院长如果认为确有必要,有权在主审法官或其主持的合议庭不采纳其监督、指导意见时,提请审判委员会讨论决定,直至建议取消主审法官或其合议庭对某一具体案件的审判权;4. 与审判委员会的关系:被监督、指导与监督、指导的关系。审判委员会讨论决定的案件其决定意见,主审法官及其合议庭成员无权反对并应无条

件执行;5. 与院长的关系:被监督、指导与监督、指导的关系,院长可在主审法
官或其合议庭不采纳审委会、主管院长意见的情况下,调案自审,取消主审法
官或其合议庭对某一具体案件的审判权,但其行使调审权,应拟定一定的条件
进行严格限制,以防止由于滥用调审权而导致主审法官负责制徒有虚名。明
确主审法官与上述各方的关系,目的并非仅仅囿于确定他们之间各自应享有
的权责,而是要在实行主审法官负责制的条件下,对主审法官独立裁断案件的
审判活动进行有效的监督,以防止权利滥用,维护司法公正。

(三)建立健全主审法官制的配套制度

主审法官责任制的落实,还需要做好以下几个方面的工作:①

1. 建立主审法官选拔机制与考评机制。

为保证客观性和公正性,建议设立相应的专家委员会负责主审法官
的选拔与考核,专家委员会应当由审判理论和实践两方面均熟悉的专家
组成。关于选拔机制,主审法官必须具备过硬的政治素质、独立审判与裁
决能力,具备丰富的审判工作经验,承办案件的数量较多,并能保证审判
质量,改判率、投诉率、再审率较低。庭长及审判委员会委员应担任主审
法官。在此基础上,择优选拔并任命其为实习主审法官,任命后规定一年
左右的试用期,只有试用期考核合格的才能成为正式的主审法官。另外,
主审法官占审判工作人员的具体比例,应当考虑审判案件的不同类型以
及所处法院的具体情况。应科学合理考评主审法官的业绩,以激发其办
案热情,真正改进工作方式,提高审判质效。考核措施的核心,应当是主
审法官办理案件的质量。根据考核结果区分具体的等级进行对应的奖励
和处罚。不过,案件的改判、发回重审等不得作为认定错案的标准。另
外,主审法官并非实行终身制,考核不合格应降为普通审判人员。

2. 提高主审法官的薪酬待遇及法官等级。

主审法官办案责任制实行以后,主审法官必将成为法院办案的"主力
军",这与法治发达国家的法官"精英化"基本相同。另外,主审法官也将
是改善法院形象和重塑司法公信力的"招牌"。因此,应当改善主审法官
薪酬待遇及法官等级,符合其物质与精神需求。在薪酬待遇方面,相比普
通法官与司法辅助人员,主审法官的基本工资应高出一个级别并给予相
应的主审法官津贴。以充分调动担任主审法官的积极性,使更多的法官

---

① 孙伟峰:《主审法官办案责任制的现实困扰与治理——基于基层法庭视角的考
察》,《湖南农业大学学报(社会科学版)》2014年第6期。

争取进入主审法官的行列，保持权责利三者之间的平衡。在法官等级方面，首先应区分法官与法院内部行政工作人员不同的等级序列，保持身份认同上的区别。其次，有必要根据审判工作自身的特点，制定符合主审法官特色的等级。再次，主审法官的等级经考核合格的，其晋升应按照年限的标准，不受庭长、院长的干预。从而，提升主审法官的职业尊荣感和司法使命感。

3. 建立主审法官培训制度。

主审法官是运用裁判权力体现法院功能的直接主体。为了保证其职业素质的不断提高，以便适应法律、经济、社会的变化，作出及时的修正。除了日常工作过程中的业务学习和经验总结外，还有必要建立正式的主审法官培训制度。这种培训可以分为定期和不定期两种。定期培训可以按季度进行，固定培训的时间，根据就近一致的原则，按区域或最高人民法院组织远程培训。主要包括主审法官的审判经验交流、疑难案件分享及分析、职业道德等方面的内容。不定期的培训则在发生某些和审判有关的重大事件时进行，主要是掌握法律、法规和司法解释制定或修改，集中学习党中央或最高人民法院关于司法改革的纲领性文件，并商讨其所涉法律和精神的具体落实措施。

(四)强化主审法官办案责任的内部监督

1. 建立专门的主审法官监督机制

一是合议庭外部的监督与管理。院长和庭长应加强主审法官办案的管理监督，但不得对每个案件的具体裁判进行干涉；审判监督庭加强对案件的实体和程序的监督；纪检组监督主审法官是否遵守办案的纪律。在信息保存介质电子化的当今，应充分发挥案件管理系统监督的效用，监督过程全程记录/留痕并输入案件管理系统。二是合议庭内部的监督与制约。合议庭成员负有对主审法官的监督责任，在案件合议过程中应发表自己的见解，合议庭笔录应全面记载案件合议过程中每个合议庭成员的意见，在事后责任追究上，免除发表正确意见的合议庭成员的责任。

2. 建立主审法官惩戒机制

完善的主审法官惩戒机制能够有效抑制其违法乱纪，有助于培养主审法官的责任意识、形成责任追究的长效机制。在责任认定方面，中国目前错案追究制度过于注重案件的结果，不利于主审法官独立办案。应从主客观两个方面进行追责。追责的主体不应仅限于法院内部人员,应由法官代表、知名学者、优秀律师和民间代表共同组成法官惩戒委员会。机构设置在法院内部,不受法院行政的干预。程序的启动方面,直接受理对法官的投诉、检举等。程序的进行,采用准司法的程序,同时,赋予主审法官申辩的权利。

第二节　动态式主审法官制

一、动态式主审法官制的现状描述

2010 年底,沧州市中级法院针对民事案件积压严重、案件质量低、信访问题长期得不到解决的实际,打破传统审判管理格局,从民事审判入手,取消主管院长的裁判文书签批权,逐步探索推出"动态式主审法官责任制"。对主审法官所办理的案件,取消庭长的裁判文书签批权,并通过案件评查部门对主审法官和普通法官业绩进行动态考核,逐步扩大主审法官的范围。在实践基础上,制定了《沧州市中级人民法院关于动态式主审法官负责制管理办法》(以下简称《办法》)。《办法》明确指出:动态式主审法官负责制是指根据法官办案质效、信访、廉政等情况,对法官的工作权限进行动态管理,其目的是确立权责一致的法官职责,减少和消除司法权的行政化,排除各种对法官裁判行为的干扰,更好地实现公平正义。实行动态式负责制的主审法官主办的案件,由主审法官本人担任审判长,案件经合议庭评议后自行签批裁判文书。主审法官签字后,完成电子签章、网络打印、申请结案等案件流程后向当事人送达。主审法官对所办案件质量终身负责。造成错案的,依法依纪追究责任。

(一)动态式主审法官的遴选

司法活动具有特殊的性质和规律,司法权是对案件事实的法律判断权和裁决权,要求司法人员具有相应的实践经历和社会阅历。沧州市中级人民法院综合考虑民事案件审理需要及审判队伍现状,推出了主审法官遴选的标准:1. 年度内判前评查被确定三类案件(瑕疵)低于 3 件;2. 年度内判前评查被确定四类案件(错误或裁判不当)低于 2 件;3. 年度内经再审虽出现被改判案件,但被改判原因不属于原办案法官在认定事实或适用法律方面错误或明显不当的;4. 年度内所办案件没有出现责任性信访;5. 无违法违纪行为。

动态式主审法官的遴选,一般每年进行一次。由法官申请,庭长推荐,经审管办、立案二庭、审监庭、监察室根据本部门职责复核,向政治部提出意见,由政治部提交院党组研究决定。中院党组领导动态式主审法官的遴选和免除工作，由政治部统一负责工作落实，各业务庭、审管办、立案二庭、审监庭、监察室具体负责本部门所涉事项。

对非主审法官所办案件，在庭长签批后，要将全部案卷交评查小组进行评查。经评查没有异议，向当事人送达裁判文书。通过案件评查确定需要提请审委会研究的案件，为审委会起到辅助作用。评查小组的职能和作用主要体现在通过沟通机制和提请审委会研究机制，纠正瑕疵案件、"过滤"裁判不当案件、提供业务咨询指导和开展类型案件法律研究四个方面。同时，对于评查小组制定了严格的工作规范。评查员评查案件以阅卷、重大问题讨论为主要方式，评查中严禁同案件当事人或代理人接触，不得向当事人开展询问、调查等活动。在确保评查质量的原则下，及时提出评查意见，不能因评查影响案件审限。非主审法官办理的案件合议后，经过出具判决书→全部卷宗报评→评查员阅卷→出具评查意见，而后才能申请电子印章、申报结案。对评查的案件划分案件等级：按照优秀、合格、瑕疵、裁判不当四个标准。对于评定为合格、瑕疵案件，由案件评查员直接填报评查表确定。对于拟定优秀、裁判不当案件的，须经评查小组讨论。对于拟定四类案件的，即对初步评定为裁判不当或错误案件的，确定了严格的纠错程序：评查小组讨论初步确定评查意见，小组负责人同庭长和合议庭就发现的问题沟通意见，合议庭对评查意见没有异议的，重新合议；合议庭与评查意见出现较大分歧的，由评查小组报院长提交审委会研究决定。按照这一工作机制，确立了对非主审法官所办案件的合议庭→评查监督→审委会的案件运行模式。依据对于案件的评查及年终考核，发现符合主审法官标准的法官。按照这样的标准和程序，沧州市中级人民法院首先遴选 5 名优秀法官，作为主审法官，实行办案责任制。这些主审法官在 2013 年审理案件均超百件，调解案件超百件，是"双百法官"。第二批根据以上遴选标准推出 10 名优秀法官任主审法官。

（二）动态式主审法官的职责

一般意义上的主审法官负责制，是指案件由主审法官查阅卷宗后与其他法官组成合议庭开庭审理案件并作出裁决，签发法律文书，直到助理法官和书记员完成其他诉讼事务，对案件质量、当事人和法律负责的审判制度。审判活动具有其内在的不同于一般社会管理的客观性、规律性，依法独立、公正、中立对复杂的争议作出评判是其基本的内容，这就决定了法官思维上的独立判断。因此，要落实法官的权力和职责。审判的直接性是司法权的本质属性之一。沧州市中级人民法院改革目的之一就是还权于合议庭，保证主审法官的审判权。规定主审法官的职责为：主审法官主办的案件，由本人担任审判长。案件经合议庭评议后自行签批。如果涉及类型化案件的裁判标准，或主审法官意见为少数、不能形成多数、合议庭意见重大分歧等情形，主审法官有权提请评查小组组织研究。不能形成统一意见的，特别是主审法官坚持本人意见的，主审法官有权直接报院长提请审判委员会研究决定。

主管院长不再签批法律文书，调整主管院长的职责，强化院领导抓大事，加强主管院长对法院全面工作的管理。《人民法院组织法》规定，副院长除履行审判职责外，还应当履行与其职务相适应的职责。一是主管院长要负责队伍建设，纪律、作风管理，把握队伍的思想状态，带好队伍。二是重大、复杂案件的协调、调度，研究法律共性问题，做好业务指导。三是通过信访监督，发现问题。从 2012 年开始，该院实行院领导周接访制度，每周由同一名院领导连续接访，通过接访发现的问题，采取措施，加强审判管理。四是监管案件审限，督促分管部门的办案进度，同时监管分管部门和法官的审判绩效情况。改革庭长职能，把庭长的职能向协助主管院长进行宏观管理、调研、协调，解决法律适用的共性问题等方面转变。庭长管理权力限定在庭务管理、队伍管理、共性问题研究总结，负责涉及本庭正在审理案件的信访处理工作。对于主审法官办理的案件，庭长不得改变合议庭意见。对于非主审法官办理的案件，仍由庭长签发裁判文书。

加强合议庭职责。主审法官均为所办理案件议庭的审判长，其职权为程序、实体性事务的合议组织权，法律文书制作、签发、送达、案件归档等日常事务处分权，合议庭意见重大分歧时报请审委会研究的报请权。合议庭参审法官的职权包括阅卷的职责、程序、实体重大事项合议庭评议权，协助组织庭审活动权。规范合议庭评议案件的发言顺序。为防止主审法官的意见影响合议庭其他法官的意见，合议时首先由承办案件法官介绍案情，发表合议意见时由承办法官先发言，主审法官承办的案件则先由合议庭资历较浅的年轻法官先发言，合议庭其他法官与主审法官有平等的发表案件处理意见的权力，合议庭表决按照民主原则，少数服从多数决定意见。

（三）动态式主审法官的监管

动态式主审法官的监管主要由评查小组负责。评查小组成员在全院遴选产生，由政治觉悟高、业务能力强、群众公认的法官组成，由院长直接领导，向院长负责。评查小组的法官不在业务庭办案，均是由从业务庭提拔在综合部门的法官担任，评查小组共有评查员 8 名，其中 4 名专职，4 名兼职，其中审委会委员 5 名。评查小组对案件没有裁判权，其职责之一是对主审法官办理终结的案件每季度抽查,抽查比例不低于本人判决案件的20%,检查有无程序瑕疵及处理不当,作为业绩考核的一项。根据抽查结果、信访申诉、再审结果,结合纪检监察部门掌握的本人工作作风、廉政等情况视情决定是否取消主审法官资格,恢复判前评查,实行裁判权授予的动态管理。其职责之二是为主审法官提供业务咨询的参考意见。在主审法官或合议庭对于某一案件因能力有限,确实难以认定,无法决断,可以听取评查小组专业建议,但评查小组的意见对合议庭不具有强制性,评查小组类似咨询顾问角色,这样既保证合议庭的审判能力,为其提供智力的补充,又可以避免产生审裁分离的问题。

动态式负责制主审法官审理的下列案件,仍需按案件评查的工作程序进行判前评查:1.涉及当地拆迁、土地征用补偿、重大建设项目的案件;2.一方人数众多、有信访隐患的案件;3.涉及类型化裁判标准的案件;4.二审发回重审案件;5.其他对当地和社会有重大影响的案件。

根据《沧州市中级人民法院关于实行案件质量评查的工作意见(试行)》之规定,案件质量评查实行案件质量等级评定制度。经评查的案件,按照优秀、合格、瑕疵、错误分别确定为一类案件、二类案件、三类案件、四类案件。评查案件的分类标准为:

1.一类案件:裁判文书的准确性——裁判文书准确无误,格式符合要求,无错、漏、别、多字等笔误;审判程序的规范性:按照诉讼法和司法解释规定的各个环节的要求,从立案、送达、诉讼保全、告知合议庭组成人员、开庭公告、开庭或询问过程、宣判等程序规范、完整,符合法律规定;实体处理的正确性:适用法律正确,论理充分,判决说理性强,有一定的示范指导作用,判决结果正确。

2.二类案件:裁判文书的准确性——裁判文书格式符合要求,出现三次以下个别错、漏、别、多字等笔误,但不影响裁判文书表达的;审判程序的规范性:按照诉讼法和司法解释规定的各个环节的要求,从立案、送达、诉讼保全、告知合议庭组成人员、开庭公告、开庭或询问过程、宣判等程序规范、完整,符合法律规定;实体处理的正确性:适用法律正确,论理充分,判决说理性较强,判决结果正确。

3.三类案件:裁判文书的准确性:(1)法院名称、案号、案由、时间、数字、计量单位、诉讼费用等书写错误的;(2)漏列诉讼参与人的;(3)文书关键部位有其他明显差错,需要裁定补正的;(4)其他严重瑕疵的情形。审判程序的规范性:(1)诉讼文书送达不符合送达规定,尚未造成后果的;(2)采取诉讼保全措施不当或担保手续不全,尚未造成严重后果的;(3)当事人提交的证据材料,未出具收据或收据内容不明确的;(4)庭审笔录改动之处相关人员未签字或按手印确认的;(5)案件庭审笔录中审判员、书记员未签字的;(6)合议庭评议笔录或审委会讨论笔录签名不全的;(7)应当开庭审理而未进行法庭询问的;(8)超过法定期限审结的案件,或未经批准进行延长审限或扣除审限的;(9)错引、漏引法律条文或者引用不准确的;(10)其他违反程序法规范要求的。实体处理的正确性:(1)判决结果正确,但裁判文书说理性不强、论证不清,不能据以得出判决结论的;(2)判决主文不明确、具体,存在不能履行、不便履行的情况;(3)裁判文书未明确刑期起止日期或未明确缓刑考验期的;(4)裁判文书遗漏判项的;(5)其他实体处理瑕疵的。

　　4.四类案件:审判程序的规范性:(1)无管辖权的案件予以立案受理的;(2)采取诉讼保全措施不当或担保手续不全,造成严重后果的;(3)普通程序的案件合议庭没有全部参加开庭审理的;(4)审判组织组成不合法或者应当回避而没有回避的,或判决书合议庭署名错误的;(5)调查、询问一人进行的;(6)依法应当作出法律文书的事项而没有作出的;(7)鉴定结论存在明显问题而予以采信的,或者不符合重新鉴定条件而予以重新鉴定的,或申请重新鉴定符合规定而不予重新鉴定的;(8)其他严重违反程序法规定的。实体处理的正确性:(1)裁判理由与裁判结果明显矛盾的;(2)违反举证责任分配规则,导致认定事实或裁判结果错误的;(3)对未经质证的证据作为认定案件事实的依据,或经认证、质证无异议而不作为认定案件事实依据的;(4)漏判本诉或反诉诉讼请求,或超出诉讼请求范围裁判的;(5)超出法定刑范围,量刑畸轻畸重的;(6)向合议庭或审判委员会汇报案情时遗漏主要证据、重要情节,导致裁判错误的;(7)裁判文书主文与合议庭或审委会决定不相符的;(8)其他裁判错误的情形。

　　动态式主审法官有下列情形之一的,取消主审法官免检资格,对其所主办案件恢复判前评查:1.年度所办案件中有3件以上被抽查评为三类案件(瑕疵)的;2.年内所办案件有2件以上被抽查评为四类案件(错误或裁判不当)的;3.年度所办案件低于本部门平均数,出现违反规定超审限案件;4.民事法官所办案件低于结案平均数且调解率低于30%的;5.授予免检资格后所办案件中年度被提起且再审改判超过2件的,但因法律规定不明确、裁判标准难以掌握等非主审法官的原因除外。6.因工作作风或案件处理错误引起责任性信访的;7.出现违法违纪行为的。

二、动态式主审法官制的审视观察

　　主审法官责任制的进步意义显而易见:首先,案件由法官负责到底,不再经领导审批，案件审理和裁判合二为一；其次，由承办法官负责改为主审法官负责，将法官队伍中最优秀的力量充分动员起来，保证骨干精英坚守审案一线，最大限度地保证了案件质量；再次，主审法官责任制将法院的司法行政管理权与司法裁判权彻底剥离开来，使得司法定分止争的功能更加纯粹而独立；最后，有利于实现法官责权利的统一，减少司法腐败。沧州市中级人民法院通过"动态式负责制"明确责权，建立法官办案终身责任制，取得了明显的成效，也遇到了一些困难，尚需进一步解决。

（一）动态式主审法官制取得的成效①

1. 合议庭的作用得到加强

（1）合议庭的组成规范。固定式合议庭为主，在抽查的 100 件案件中占比为 86%，随机式的合议庭为辅，占比为 14%；随机式的合议庭，其成员不是由庭长、院长指定，而是本庭内法官从方便开庭等因素考虑，自发组成。

（2）合议庭直接定案率显著提高。民事案件庭长把关案件减少近 1/2。主审法官办理的案件全部由合议庭直接定案，截至 2014 年 6 月，实行主审法官负责制以来直接定案率占全部民事案件总数的 46.78%。

（3）合议庭成员全部出庭率达到案件的近 1/3，2014 年 5 月之后，要求合议庭开庭全部录音、录像，促进了合议庭成员的庭前准备工作。

（4）合议庭评议案件程序逐步规范。经过评查合议庭笔录，记载主办人陈述意见，其他合议庭成员同意的情况占比大幅下降。经调研抽查的 100 件案件中只发现了 5 件此类案件。案件承办人与其他合议庭成员能共同评议研究、合议庭成员缺席评议、合议庭笔录不签字的情况出现极少。

2. 合议庭与审委会的关系初步理顺

合议庭对审判委员会讨论案件的直接提交权取代了过去院长、庭长的提交权，主要是合议庭评议案件没有形成多数意见时，主审法官直接报请院长决定提交审委会讨论。原来报请审委会讨论案件的原因有的是"合议庭（主办人）拿不准"、"庭长（主管院长）与合议庭意见不一致"，现在这些不再是提请审委会讨论案件的理由，过去因合议庭"拿不准"导致审委会讨论代替合议庭评议现象不见了，庭长、主管院长的意见不再出现在报请审委会讨论的审理报

---

① 苗笑臣、张凤梅：《某省 C 市法院"动态式主审法官负责制"实证研究——以去除行政化及审判权制约监督为视角》，2014 年 7 月 3 日，http://czzy. hebeicourt. gov. cn/public/detail. php？id=524。

告中。

3. 审判工作质效提升

（1）审判效率提升，办案周期缩短。民事二审案件中，主审法官办理案件由于取消了庭长、主管院长的审批环节，评查小组也不进行评查，所办理案件平均结案周期大幅缩短，平均办案周期减少 14 天以上。

（2）在办案节奏加快的情况下，案件质量提升。2013 年该院民事法官人均结案件 108 件，比 2010 年增加 39 件；民事案件调撤率达到 46.49%，比 2010 年增加 28.09 个百分点。一审案件被省法院发回重审和改判案件在全省名列前茅。二审对下改判和发回重审率为 13.69%，达到新低。

（3）申诉、再审、信访形势明显改观。来访数量稳步下降，由 2010 年上半年的月均 300 人次逐步下降到 2013 年月均百人次以下，老访积案解决完毕，新访不断减少。申诉、信访压力持续缓解，信访秩序步入良性循环轨道。

4. 法官自我管理意识、司法能力提升

查看该院的来访记录，2011 年之前不满审理、执行中工作作风问题的来访占总量的 80%，2011 年之后逐步降低，来访中更多的诉求变成了要求院领导关注案件处理，咨询法律问题等，此类案件占比在 70% 左右。司法不廉、违纪举报明显下降。工作报告连续两年获得人代会全票通过，法院形象、司法公信力得到社会进一步认可。2013 年，该院全年有 20 名法官结案超百件，最高结案 178 件；有 19 名法官结案超 100 件且民事调撤率达到 40% 以上。最高的法官一年调解案件 129 件，调解率达到 82.17%。通过审判权运行机制的改革，形成了学习、研讨之风，提高了法官的政治、业务素质。

（二）动态式主审法官制的现实困境[①]

1. 法官队伍及司法能力还不能适应主审法官负责制的要求

（1）从人员状况看，该院共有在编审判人员 213 人，实际在岗 190 人，一线办案人员 125 人，法官队伍中有三分之一是部队转业、行政机关调入人员，法律功底、办案能力较弱，新进法官绝大多数是"三门"法官，社会阅历简单，显然不能适应办案责任制的要求。其中，民事审判庭办案人员 34 人中，经过在职

---

① 苗笑臣、张凤梅：《某省 C 市法院"动态式主审法官负责制"实证研究——以去除行政化及审判权制约监督为视角》，2014 年 7 月 3 日，http://czzy. hebeicourt. gov. cn/public/detail. php? id＝524。

培训获得硕士学位人员 3 名，18 名具有法律本科专业背景，其余 13 名审判人员未经过法律专业的系统学习，或从部队转业，或从其他单位调入。法律专业人员占比不高，专业能力参差不齐。法官断档，年龄结构失衡。该院干警中 25 岁以下和 50—55 岁人员为零，年龄集中在 36—49 岁，其中年富力强的 36—45 岁干警 70 名，占全体人员的 36.84%。

（2）法官司法能力不高、有依赖性。主审法官队伍应当不仅能够独立承担裁判案件重任而且还应当是具有长期审判实践、有群众工作经验的专家型、知识型队伍。但是，司法能力的培养不是一朝一夕能够完成的，由于受司法能力的局限，一些主审法官表示虽然自己主审案件，但在遇到难办案件时，还会咨询院内业务方面的"高手"或庭长、审委会委员、评查小组成员等人，大部分主审法官表示愿意在遇到疑难案件提交审判委员会讨论，以"减轻压力"、"自我保护"。

2. 主审法官任命没有"实至名归"，影响了积极性的发挥

主审法官负责制是本院的一种实践探索，由于没有相关法律依据，主审法官都是本院内的文件规定的，并没有经过人大任命，认为自己"名不正、言不顺"。下一届党组是否还会继续这种任命是个未知数。由于缺乏高层面的制度设计，没有相关任职保障，主审法官积极性只是来源于职业的荣誉感和工作热情，不具备可持续性。通过我们向主审法官发放的调查显示，在回答"你愿意做主审法官是出于什么考虑"的问题上，主审法官回答是这样的：1 人回答不愿做主审法官，原因是工资不比其他法官高，责任反而更大、怕自己做不好；回答愿意做主审法官和觉得做主审法官"还行"的人中，有 9 人回答是因为党组的信任，3 人回答是因对业务能力的认可，2 人回答是因有荣誉感。实际上，主审法官比其他人付出更多，没有与职级待遇挂钩，津贴并不比其他法官多，因此不可能不影响主审法官工作的积极性。

3. 合议庭的职能尚未充分发挥

合议庭裁判案件仍未能完全摆脱"陪而不审"、"合而不议"、"议而不决"、"决而不负责任"的等违背合议制立法精神的做法。

（1）合议庭开庭前准备工作还不完全规范。按照要求，合议庭案件承办人查阅案卷，熟悉案情，应将其交与合议庭其他人员阅卷；案件承办人单独或与其他合议庭成员共同研究，提出调查、询问提纲。但是由于案情难易程度不同以及案多人少等因素的影响，一些合议庭的参审成员不能及时、充分阅卷，一般只是利用开庭之前较短的时间熟悉案情。因此，庭审提纲等一般仍由主审

法官自己拟定。

(2)合议庭的审理中参审法官的作用仍未充分发挥。开庭中以主审法官询问为主,其他参审法官由于庭前阅卷不充分,有针对性的发言少,有的参审法官在开庭中一言不发,未能有效形成对于事实和证据的确定性意见。

(3)合议庭的表决机制还不完善。合议庭评议案件还存在流于形式的情况:从合议庭笔录的签名看,有的5人组成合议庭的合议庭只有3人签字,有的将裁判文书的意见在合议庭笔录中分段切割,"分配"给各个合议庭成员,作为各个合议庭成员的意见。有的合议庭笔录虽然说明理由,但是合议庭成员的理由表述完全一致,有的合议庭成员因为案件不是自己主办而迎合主审法官的意见,不认真负责。

(4)合议庭意见与裁判文书意见不匹配。有的裁判文书中的争议焦点问题合议庭并没有讨论,有的合议庭讨论的主要意见没有体现在裁判文书中。以上种种表明合议庭未能真正坐下来认真评议案件,甚至有的主审法官以口头沟通形成合议庭意见,之后再补合议庭笔录入卷。

(5)合议庭成员没有严格执行裁判文书审核制度。《最高人民法院关于人民法院合议庭工作的若干规定》第15条规定:对制作的裁判文书,合议庭成员应当共同审核,确认无误后签名。但经过调研发现根本没有得到落实,合议庭成员均不审核判决书。主审法官自己制作、自己签发文书,其他合议庭成员不审核,不仅使得判决缺少了必要的监督纠错机制,更有悖于法官平等行使审判权的原理,可能导致侵蚀合议庭内部其他法官的审判权。

4. 评查小组的职能无法律规定,出现了是否以新的行政化取代原有的行政化的疑问

由于队伍能力等各方因素的制约,沧州市中级人民法院的"动态式主审法官负责制"改革是循序渐进式的,目前主审法官制还没有在全部审判庭推开:对于非主审法官所办理的案件经过庭长把关后,还要经过评查小组的判前评查才能作出判决。有人认为评查组织不是法定的审判组织,其存在使法官的独立性受到一定程度的干扰。评查是以新的行政化取代了院长把关的行政化,质疑之声不断。

(三)动态式主审法官制的理论困境

"主审法官制度虽然在提高审判效率,保证司法公正等方面取得了一些积极的效果,但作为一项改革措施,其在设立的合理性、合法性以及解决问题的

有效性等方面存在着先天不足,极有可能导致一系列的负面效应。"①

1.可能导致法官地位不平等

不利于从整体上提高审判员的办案水平,主审法官制度主张根据院长、庭长"对法官的知识与人品的信任"程度不同而"赐予"不同法官不同的审判权力并将信任程度高的法官提升为主审法官,"赐予"主审法官较之一般法官更大的权力。这很可能导致法官地位不平等,不利于从整体上提高审判员的办案水平。

(1)主审法官制度剥夺了大部分审判员审判案件的资格。法律所赋予法官的权力是平等的,法官有权平等地行使审判权。根据我国《法官法》的规定,法官有依法参加合议庭审判或者独任审判案件的职责,以及法律规定的其他职责,法官依法履行职责受法律保护。而主审法官制度主张由法院选任一部分"精英"法官作为主审法官,"放权"于主审法官。主审法官具有一般法官所没有的权力,如决定庭审安排、签发法律文书、决定采取强制措施、对案件作出裁判等。由此不难得知,主审法官制度实际上是一种"双轨"的法官制度,即把审判人员区分为两类:一类是主审法官;另一类是非主审法官,即普通法官。主审法官被认为是"精英"法官,是既审又判的法官,主张对其"放权",使其享有完整的审理权与判决权;普通法官是只有审理权而无判决权的法官,主张"扣留"其权力。而能够成为主审法官、"精英"法官,能够被院长、庭长"充分信任"的法官必然是少数法官,这显然有悖于现行立法规定和法官平等行使审判权的原理,进而直接导致了法官之间审判地位的不平等,实际上也就剥夺了绝大部分审判员的审判资格。换言之,主审法官制度是对法官审判权的侵害和歧视。

(2)主审法官制度赋予少数法官较多的权力,可能使主审法官变为专权法官。法官是一项非常特殊的职业,就其权力而言,具有均等性与终局性两大特性。均等性是指法官之间不存在权力高低、大小之分;终局性则是指"法官除了法律没有别的上司",即法官之上不允许再有别的法官凌驾。这两个特性原则使得法官之间相互制约,公正、平等地行使审判权,从而保证司法公正。主审法官制度"赐予"了主审法官很多普通法官所不具备的权力。这些特有的权力包括:首先,减少了法官向领导汇报案件的程度;其次,增加了主审法官独任审判案件的几率;再次,提高了主审法官组成合议庭直接决断案件的比例。此外,给予主审法官大量非主审法官不能享有的政治、经济上的优厚待遇。不可

---

① 孙洪坤:《论主审法官制度的负效应及其防止》,《广西政法管理干部学院学报》2003年第3期。

否认的是,这种赋予主审法官特权的做法在一定程度上提高了办案效率,有一定的正面作用。但是这种人为的毫无理由、毫无根据地赋予主审法官特权、待遇的做法,从实质上看,极具官僚主义、行政化的色彩,不可避免地会导致法官专权。因为"由一个法官(或小团体),不论其道德品质如何、个性怎样,就长期拥有权力决定一个人的命运的做法实际上是不公正的,因而常常导致许多荒唐的结果。审判权力同样也需要制约,否则同样会带来腐败。法官个人或法官小团体拥有完全裁决权的规定是在走钢丝,稍有不慎,体现的就不是国家权力,而是小团体甚至个人的权力,从而给法治带来损害"。主审法官制度正是将审判权完全"赐予"了主审法官,从而使其丧失了权力制约机制,为滋生专权法官提供了温床。

(3)可能会使部分审判员被奴化。主审法官是基于院长、庭长的审判行政管理权而产生的,实质上是法院管理法官"人治"化的表现。院长、庭长完全掌握着主审法官的命运。因为主审法官制度认为"对主审法官资格进行授予、考评和取消、进行奖惩是院长、庭长的行政权"。更有学者主张"主审法官经年度考核合格的,在晋升、表彰、奖励上优先考虑,在经济上享有较丰厚的待遇"。也就是说正是这些非常高的政治荣誉、经济待遇和受人尊敬的地位,使得没有哪个法官不希望自己成为主审法官,从而享受丰厚的待遇与特权。于是,院长、庭长对于审判员的信任和赏识程度也就变得异常重要了。因此,可能会出现法官们为了取悦院长、庭长而使尽浑身解数的情况,可能会出现部分主审法官完全服从、听命于院长、庭长的情况。这样,就很难保证法官审理案件时不受外界因素的干扰,其恶果必然是部分主审法官成为行使行政权的行政官员(院长、庭长)所摆布的奴隶,而导致部分审判员被奴化。增强了法官对周围环境的依赖,使得案件得到公正审理的可能性变小。

(4)不利于从整体上提高审判员的办案水平。随着当今社会关系的日益复杂化,纠纷也随之日益增多,因此从整体上提高审判员的办案水平,从而提高办案效率已成为必要。但是主审法官制度不利于从整体上提高审判员的办案水平。在主审法官制度中,审理普通案件时,由主审法官组成合议庭审理;对于必须提交审判委员会的案件,由主审法官组成合议庭先行审理,再提交到有该案合议庭主审法官参与的审判委员会讨论决定。几乎全部案件都是由主审法官或单独审判或组成合议庭审判的,这样,从主审法官的角度来看,必将会产生骄傲的情绪,会使其怠于进步,不利于提高自身审判水平;从普通法官角度来看,占法官人数大多数的非主审法官只能做一些辅助审判工作或只审不判,被置于闲置之地,长此以往,必将会打消其积极性,挫伤其自尊心,促使其产生依赖主审法官、推卸责任的思想。因此,主审法官制度无论是对于主审法官还是普通法官来说，均不利于培养其办案敬业意识和负责精神，不利于从整体上提高审判员的办案水平。

2. 可能影响审判权的独立行使

主审法官制度中，只有主审法官才具有判决权，但是其判决权却不是来源于法律，而是来源于法院院长、庭长等行政官员的"赐予"，存在着任意性与依赖性，缺少有效的制度保障。在许多国家，法官的任期都是终身制的，不是可以随意任免的，这是保证法官独立行使审判权的一项有效措施。主审法官仅是在法院改革中，法院内部设置的享有更大权力法官的一种称谓，其享有的最大权力只不过是院长、庭长基于对法官知识水平与人品的信任而"赐予"的。是否"赐予"，"赐予"多少，"赐予"多久均是由行政官员（院长、庭长）决定的。主审法官没有独立生存的环境。因此，其缺少有效的保障机制来确保独立行使审判权。没有保障的权利是很脆弱的，难以抗拒外来的干预。由于主审法官具有浓厚的行政色彩，其在审案时不可避免地受到外界干扰，不可能完全独立、公正地行使审判权，很难成为一个真正的中立者。

3. 可能影响现有的法律、制度的实行

主审法官制度作为一种改革制度与措施，只能算是一种"大胆"的探索，它不是法律规定的制度，因而缺少法律理论依据，而且与我国现行的法律规定相矛盾、相冲突。首先，《人民法院组织法》、《刑事诉讼法》中规定的合议庭审判案件的运行机制，法院无权废除。合议庭制度是法院审理案件的基本制度，也是现代民主精神在审判制度上的体现。主审法官制度与其相对立，它的存在使合议庭制度失去了意义。合议庭制度要求合议庭成员平等地、充分地表明自己对案件的看法，评议案件时，遵从少数服从多数的原则，充分体现出民主与公正。但是由主审法官组成合议庭审理案件时，当合议庭中有一位主审法官，其他审判人员是普通法官时，就算普通法官的意见是多数人的意志、较合理的意见，也没有可能改变主审法官的决定，因为只有他才是"德才兼备"的法官，只有他才有判决权，其他法官的地位形同虚设，只不过是陪衬而已。主审法官制度实际上破坏了《人民法院组织法》《刑事诉讼法》中的合议庭制度。其次，主审法官制度与《法官法》中的规定相冲突。第一，《法官法》规定法官享有"依法审判案件不受行政机关、社会团体和个人的干涉"的权力。主审法官制度来源于院长、庭长选拔的"精英"法官并"赐予"其审判权力，这实际上是对法官审判权力的干涉。第二，《法官法》规定对通过年度考核、被评为不称职的法官，本院院长应当提请本级人大常委会免除其职务，即提请免除不称

职、不合格法官的职务不仅是院长的权力,同时也是其职责。院长不依法履行此项职责,而另外创设主审法官制度,通过二次筛选来"淘汰"低水平的法官,不仅多此一举,而且有悖于现行的法律规定。第三,《法官法》规定各级法院审判员的考察与任免由各级人大常务委员会行使。但是主审法官制度剥夺了绝大多数审判员的审判案件的资格,事实上取消了各级人大常务委员会对各级法院审判员的考察权、任免权。

4. 可能会因程序上的不合法而导致实体上的不公正

公正是法院赖以生存的基础,是法官的生命。公正不仅包括执行实体法的公正,也包括执行程序法公正。实体公正是根本,程序公正是保障,法院在审理案件时,不仅要遵从实体法的公正,还要遵从程序法的公正,二者缺一不可。根据我国《刑事诉讼法》和《人民法院组织法》的规定,人民法院审判刑事案件的组织形式有独任制、合议制和审判委员会三种。独任制,是指由审判员一人独任审判案件的制度,仅限于基层人民法院适用简易程序审判的案件,这类案件一般案情比较简单、情节比较轻微。合议制即案件的审判由审判人员数人组成合议庭进行,除基层人民法院使用简易程序审判案件可以采用独任制外,人民法院审判案件均须采用合议庭的组织形式。实行合议庭制度有利于发挥集体的智慧,集思广益,防止主观片面、个人专断和徇私舞弊。在主审法官制度中,由主审法官一人独任审判普通案件,显而易见地违反了《刑事诉讼法》中规定的程序,而且会丧失人民群众对于案件合理性与公正性的信任。一个人审判案件,没有制约监督机制,也不能充分发挥集体的智慧,必然会导致司法腐败,阻碍司法公正。没有了合法、公正的程序保障,必然难以实现实体上的公正。

三、动态式主审法官制的完善进路

动态式主审法官制改革十分强调审判的亲历性和法官的独立性,基本符合司法的运作的一般规律,改革的整体方向是正确的。同时,这是对我国当下司法严重行政化的变革,但同时也是对既有制度的妥协,体现的是一种相对合理主义的价值观,面对我国司法体制改革的诸多障碍,把法官区分为主审法官和普通法官,让主审法官承担更重的责任,这种小修小补式的"内部重新洗牌"也是无奈之举。此外,从根本上讲,主审法官责任制只是目前的一项权宜之计,司法改革的未来必须要保证每位法官依法独立行使审判权,法官除了法律和事实之外没有别的上司。沧州市中级人民法院一系列改革措施,仅仅是法院内部自身的改革和不断完善，一些制度性、机制性的问题单单依靠法院自身难以解决。即使内部的一些改革措施，也还需要法律依据的支撑，并予以规范。

（一）完善主审法官的职业保障

1. 完善法官任命程序

职业保障不力是阻碍主审法官能力提升的重要原因。为突出直接审判案件的主审法官的地位，应当有严格的任命程序。审判权对于法官而言，既是权力，也意味着责任。囿于法官待遇改善有限，不仅不能吸引优秀人才进入法官队伍，更造成法官队伍流失。以沧州市中级人民法院为例，近年委托培养的硕士研究生有 3 名调到发达城市，2 名辞职从事律师行业。占委托培养研究生总数的 18.51％。我国法官管理沿袭党政机关的行政化管理模式，"法院在编的工作人员不论是从事后勤工作，还是从事人事或审判工作，每一个人都纳入统一的行政等级体系之中，审判员有副科级、科级、副处级、处级、副厅级、厅级、副部级、部级之分"。一些优秀法官由于在这样的管理体制之内，提拔之后到法院的综合部门任职，从事与审判业务无关的工作，造成法官不再办理案件，造成司法资源的闲置，也不利于法官审判经验的积累和精英化成长。因此有必要取消法官与行政机关公务员分级制相挂钩，主审法官交由本级法院提名，本级人大任命。由于院长、庭长一般都是具有多年审判经验的精英法官，自然可以任命为主审法官，以保障主审法官无身份之忧。

2. 实行主审法官薪酬制度

法官精英是案件质量的保障。英国大法官爱德华·柯克所说"法律是一门艺术，它需要长期的学习和实践才能掌握，在未到这一水平前，任何人都不能从事案件的审判工作"。一个人的薪酬的高低，在某种意义上说，不仅体现了他的劳动价值，而且还能反映他的社会地位和社会价值。主审法官所承担的职责，即根据其岗位在薪酬待遇上与助理法官体现一定的差别。这样来维持主审法官相当的生活水平，让其更能排除利益的诱惑，保持独立地位。使主审法官在审判中不愿枉法和不敢枉法，愿意接受监督。

（二）规范合议庭运作机制

合议庭审判职能的全面实现可以用一句话来概括，那就是"对外独立，对内民主"。要真正实现合议庭独立审判，必须排除各种形式的司法依附。

1. 实行合议庭成员签署判决制

马克斯·韦伯认为:"从历史上看,合议有过两重意义:(1)同一个职务由多人担任,或者若干职务处于相互间直接权限的竞争之中,相互间有否决权;(2)合议的意志形成:只有通过若干人的合作,使一项命令合法产生,或者采取多数表决的原则"①。我国合议制下,合议庭成员应当属于上述第(2)项,即合议意见属于集思广益的民主决策机制,合议庭成员相互之间没有否定对方意见的权力,合议庭成员应当共同对当事人争议焦点、证据的认定、处理发表意见,并论述该意见的心证过程。在共同评议时,必须就合议庭成员间的分歧进行评议和讨论。目前主审法官多负责调查事实,适用法律尤其是疑难、复杂案件的法律适用。合议庭成员的裁判权是平等的,对于事实、证据认定、法律适用、程序性事项负有责任。合议庭成员在裁判文书上的签名多以资历深浅为序,三个(或五个)法官的签名缺一不可。合议庭成员顺序签名或修改裁判文书意味着均对裁判发表了自己的独立意见,同时也起到了合议庭的制衡作用。我国《刑事诉讼法》第一百九十七条规定"判决书应当由审判人员和书记员署名"。民事诉讼和行政诉讼中有相同表述。最高人民法院司法文件也要求合议庭成员共同审核裁判文书并签字。

2. 规范考评机制

传统的考核管理机制主要是针对法官自己主办案件进行业绩考核,但是对于法官参加合议庭及其表现未予以考核,就是说考核针对的是法官,而不是针对合议庭。因此,这样的考核片面性是显而易见的,笔者建议增加裁判文书与合议庭笔录是否匹配作为考核指标,如果不匹配,说明合议庭成员未认真审核判决,未认真履行合议庭成员的职责。还要对法官参审案件业绩的考核,考核参审法官参加庭审、发表评议意见情况,作为参审法官今后晋升主审法官的考核依据之一。

3. 完善合议庭责任的追究机制

在将审判权给予合议庭的同时,必须配置完善的监督、考核机制,以确定合议庭及其成员的工作业绩。主审法官负责制的目的是通过监督保障裁判权的正当行使。因此制度本身有利于归责,但由于合议庭是裁判案件的基本单元,因此在追责时,还应坚持合议庭的集体责任,否则不利于合议庭成员各自

---

① [德]马克斯·韦伯:《经济与社会》(上卷),林荣远译,商务印书馆1998年版,第310页。

职能的发挥，也有悖于合议庭审理案件的设计初衷。原来追责时一般追究承办人的责任，合议庭其他成员对待合议案件有"事不关己"的态度，实行主审法官负责制之后，为加强合议庭的内部监督，追责时应坚持集体责任原则的同时，明晰合议庭成员的责任，对于合议庭成员个人在案件审理过程中的不规范行为应当自己承担责任。比如提出错误意见的成员要承担责任，签发裁判文书的行为促成了差错裁判结果，应当追究签发人的责任。

（三）规范审判管理机制

主审法官责任制下，一个法院分为多个甚至多达几十个合议庭的情况下，不可避免地会遇到统一法律适用尺度问题。同时，为避免合议庭少数意见是法官群体多数人意见，或合议庭少数人意见是法官群体多数人意见而导致的合议庭意见的偏差，及其某些特别系列案、类型化案件的法律适用问题需要由更大范围的法官参与决策，才能更好地体现民主司法。沧州市中级人民法院建立的案件评查小组，实际上参与了案件裁判形成的过程，其沟通机制可以说不单纯属于审判管理的内容。但鉴于目前法官队伍的现状，这也是不得已的过渡性的行为，在法官整体队伍达到主审法官要求之际，其必然丧失存在的基础。但在目前，作为一个职业群体，通过听取其他法官的意见，作为裁判参考也是合情合理的。一些国家和地区采取了一些办法来满足这些需求。司法实践中，人民法院内部除去独任制、合议庭、审判委员会法定组织之外，一些法院内部还有庭务会、审判长联席会议等组织，对于疑难复杂案件起到"会诊"作用，可以开拓思路、集思广益，在更大范围内研究思考，提高裁判水平。但这种组织的意见案件不应当具有约束法官审判权的效力，只是提供一种咨询参考。据此，我们可以成立类似法官会议，实现法官自我监督、自我约束、自我管理的内部自治。

第三章　司法公开的一般理论与河北实践

　　"没有公开就没有正义……公开是正义的灵魂。它是对努力工作的最有力的鞭策,是对不当行为最有效的抵制。它使得法官在审判时保持法官的形象。"①司法公开作为对抗专制社会秘密审判的利器,自启蒙运动以来就得到宣扬,至现代民主自由的法治社会,已成为不言自明的法治国家的基本原理。现代法治国家对于司法公开予以高度重视,并将其作为一项基本的宪法原则。

　　"正义不仅要实现,而且要以人们看得见的方式被实现。"党的十八大明确提出,"推进权力运行公开化、规范化,完善党务公开、政务公开、司法公开和各领域办事公开制度,让人民监督权力,让权力在阳光下运行"。习近平就全面推进依法治国进行第四次集体学习时指出,"要努力让人民群众在每一个司法案件中都感受到公平正义,所有司法机关都要紧紧围绕这个目标来改进工作,重点解决影响司法公正和制约司法能力的深层次问题"。中共中央政治局委员、中央政法委书记孟建柱在全国法院司法公开工作推进会上强调,十八届三中全会对深化司法体制改革提出明确要求,强调要加快建设公正高效权威的社会主义司法制度,健全司法权力运行机制,推进审判公开,推动公开法院生效裁判文书,为人民法院推进司法改革提供了重大历史机遇。最高人民法院院长周强表示,党的十八大和十八届三中全会强调推进权力运行公开化、规范化,并明确提出推进审判公开、推动公开法院生效裁判文书、确保权力在阳光下运行等要求,各级人民法院要深入学习贯彻党的十八届三中全会精神,统一思想认识,明确目标任务,推进司法公开三大平台建设,全面深化司法公开,努力实现阳光司法,不断提升司法公信力,让人民群众在每一个司法案件中都感

---

　　①　宋冰:《程序、正义与现代化》,中国政法大学出版社1998年版,第288页。

受到公平正义。

从现代法治理念的角度来看,确立司法公开原则,通过消除司法信息不对称,对于保障公民的知情权和规制司法权的正当行使均具有积极的现实意义和实践意义。众所周知,知情权是一个国家的公民应当享有的一项重要权利,这不仅体现在与公民日常生活密切相关的部门法中,而且是公民充分地行使宪法所规定的政治权利的必要前提。按照近代以来形成的国家主权观念和我国宪法的规定,人民是国家的主人,是一切国家权力的来源,因此,人民对于国家权力的运行情况——无论是好的一面还是不好的一面——均享有知情权。从另一个层面来看,信息的占有主体则有义务通过一定的途径、程序和方式,向全体或特定的公民披露相关信息,并为他们提供获取信息的必要便利。对于行使国家公权力的国家机关而言,公开信息的正当性和必要性是显而易见的。因为,公民如果不掌握一定的或者足够的信息,就无法了解国家政治机制的运行状况,无法确定公民的政治意愿是否实现,更无法知悉自己的权利受到侵害的事实。如果不具备这些基本的前提条件,所谓"为权利而斗争"也将是无稽之谈。

从法的价值角度来看,确立和实行司法公开制度,对于实现司法公正具有十分重要的意义。近几年来,随着人们法制观念、权利意识的空前增强,群众在与人民法院打交道的过程中,拒绝"暗箱操作"的诉求强烈,他们急切要求知悉人民法院的运作机制以及自己享有的权利。也就是说,当人们通过司法机制维护自己的合法权益时,无论将会涉及何种追责方式,包括民事的、行政的甚至刑事责任,在当事人的权利与法院司法权力相互交织的格局中,传统的法院"单方性"任意决断的空间,因"当事人主体性"的确立而受到了极大限制。纠纷的解决、社会秩序的修复,均需要"权力"与"权利"展开适时的、正当的、充分的对话,这是程序正义之使然,也是保障公民知情权的一大举措。基于此,建立司法公开制度,是顺应时代潮流的。法院主动公开立案、分案、证据交换、质证、鉴定、审理、判决到执行的真实情况,这样,公众能够获得更多的司法信息,掌握与人民法院有关的法律法规及程序性规定,明白人民法院的工作职能,知晓与各个人民法院打交道的方法和途径,一旦遇到相关法律问题就能主动、及时地寻求有效的司法救济手段,维护自身合法权益。司法公开使公众获得了法院的大量信息,"告状有门"、"维权有法"了,真正实现"为民司法"。

自2004年开始,中国启动了第一轮司法改革;2008年,又启动了第二轮司法改革;第三轮司法改革则从中共十八届三中全会开启。第一轮和第二轮司法改革都是由最高人民法院发动的,而只有这一轮真正的是由中央做一个整盘的计划去启动的。前两轮司法改革措施的推行,都是在既有的司法体制框架下的工作机制改革,由于体制上的问题,改革力度虽然不可谓不大,但实际成效并不尽如人意。新一轮司法改革的深化具有明显的强制性制度变迁的特征,涉及体制。重点在于两个方面:一是去地方化,二是去行政化。司法体制改革如何推进以及效果如何,尚需观望,但当前可以笃定的是:阳光是最好的防腐剂,公开是最佳的消毒液。通过司法公开,可以让当事人和社会公众看到、听到、感受到司法的过程和结果,使公正得到公众认可;可以倒逼法官提升司法能力、规范司法行为、优化司法作风。

当前,法院系统正在掀起司法公开改革热潮,各级法院在司法公开推进层面付出了巨大努力:其一,司法公开工作正成为各级法院的"一把手工程",公开透明作为衡量司法公正指标中一个"不加修饰"的客观标准,受到法院前所未有的重视,此为司法公开的组织保障;其二,裁判文书公开、审判流程公开、执行信息公开、庭审直播、申诉信访、司法拍卖等司法公开平台普遍建立并有效运行,此为司法公开的坚实基础;其三,司法公开考核评估机制逐步制定施行,这为人民法院检视自身工作提供了制度约束;其四,微博等新媒体在司法公开推进进程中地位日渐重要,这为司法信息传播插上了科技的翅膀。在此情境下,相较于几年前法院的"神秘莫测",当前法院的开放性令人颇为震撼,法官亦感慨司法公开推进力度"前所未有"。在浓烈的司法公开氛围中,广大民众几乎可以嗅到通过公开达成公正的法治气息。但冰冷的现实表明:时下的司法公开更多的是法院主唱的"独角戏",整体呈现出一种"法院忙忙碌碌,民众应者寥寥"的景象。在现实的中国,建立一个更加公开、透明和开放的公共司法服务体系,增强对社会舆论的敏感的回应能力以及卓越的解决问题的能力,毫无疑问,正成为当前司法机关提高司法公信力,舒解社会不信任压力的最好的良方。因此,深入了解民众对司法公开的期待并作出回应,事关民众福祉和社会稳定,任务紧迫而繁重,意义重大而深远!

第一节 司法公开的一般理论

一、司法公开的含义考察

司法公开,是指在当事人和其他诉讼参与人以及社会公众知悉下,以非秘密的方式进行司法活动。包括实体与程序两方面公开的司法公开是现代司法理念以及现代法律文明发展的产物。司法公开的基本法理在于司法权是一种直接关涉社会正义和公民权益的公共权力,任何一种公权力都应该在阳光下运行,正如英国著名法官 G. 休厄特所言"正义不仅应当得到实现,而且要以人们看得见的方式得到实现"。因此崇尚公正的司法权更应该拥抱阳光,以公开促进公正。最高人民法院司法公开的六项规定指出,司法公开包括:

(一)立案公开

立案阶段的相关信息应当通过便捷、有效的方式向当事人公开。各类案件的立案条件、立案流程、法律文书样式、诉讼费用标准、缓减免交诉讼费程序、当事人重要权利义务、诉讼和执行风险提示以及可选择的诉讼外纠纷解决方式等内容,应当通过适当的形式向社会和当事人公开。人民法院应当及时将案件受理情况通知当事人。对于不予受理的,应当将不予受理裁定书、不予受理再审申请通知书、驳回再审申请裁定书等相关法律文件依法及时送达当事人,并说明理由,告知当事人诉讼权利。

(二)庭审公开

建立健全有序开放、有效管理的旁听和报道庭审的规则,消除公众和媒体知情监督的障碍。依法公开审理的案件,旁听人员应当经过安全检查进入法庭旁听。因审判场所等客观因素所限,人民法院可以发放旁听证或者通过庭审视频、直播录播等方式满足公众和媒体了解庭审实况的需要。所有证据应当在法庭上公开,能够当庭认证的,应当当庭认证。除法律、司法解释规定可以不出庭的情形外,人民法院应当通知证人、鉴定人出庭作证。独任审判员、合议庭成员、审判委员会委员的基本情况应当公开,当事人依法有权申请回避。案件延长审限的情况应当告知当事人。人民法院对公开审理或者不公开审理的案件,一律在法庭内或者通过其他公开的方式公开宣告判决。

(三)执行公开

执行的依据、标准、规范、程序以及执行全过程应当向社会和当事人公开,但涉及国家秘密、商业秘密、个人隐私等法律禁止公开的信息除外。进一步健全和完善执行信息查询系统,扩大查询范围,为当事人查询执行案件信息提供方便。人民法院采取查封、扣押、冻结、划拨等执行措施后,应及时告知双方当事人。人民法院选择鉴定、评估、拍卖等机构的过程和结果向当事人公开。执行款项的收取发放、执行标的物的保管、评估、拍卖、变卖的程序和结果等重点环节和重点事项应当及时告知当事人。执行中的重大进展应当通知当事人和利害关系人。

（四）听证公开

人民法院对开庭审理程序之外的涉及当事人或者案外人重大权益的案件实行听证的,应当公开进行。人民法院对申请再审案件、涉法涉诉信访疑难案件、司法赔偿案件、执行异议案件以及对职务犯罪案件和有重大影响案件,被告人的减刑、假释案件等,按照有关规定实行公开听证的,应当向社会发布听证公告。听证公开的范围、方式、程序等参照庭审公开的有关规定。

（五）文书公开

裁判文书应当充分表述当事人的诉辩意见、证据的采信理由、事实的认定、适用法律的推理与解释过程,做到说理公开。人民法院可以根据法制宣传、法学研究、案例指导、统一裁判标准的需要,集中编印、刊登各类裁判文书。除涉及国家秘密、未成年人犯罪、个人隐私以及其他不适宜公开的案件和调解结案的案件外,人民法院的裁判文书可以在互联网上公开发布。当事人对于在互联网上公开裁判文书提出异议并有正当理由的,人民法院可以决定不在互联网上发布。为保护裁判文书所涉及的公民、法人和其他组织的正当权利,可以对拟公开发布的裁判文书中的相关信息进行必要的技术处理。人民法院应当注意收集社会各界对裁判文书的意见和建议,作为改进工作的参考。

（六）审务公开

人民法院的审判管理工作以及与审判工作有关的其他管理活动应当向社会公开。各级人民法院应当逐步建立和完善互联网站和其他信息公开平台。探索建立各类案件运转流程的网络查询系统,方便当事人及时查询案件进展情况。通过便捷、有效的方式及时向社会公开关于法院工作的方针政策、各种规范性文件和审判指导意见以及非涉密司法统计数据及分析报告,公开重大案件的审判情况、重要研究成果、活动部署等。建立健全过问案件登记、说情干扰警示、监督情况通报等制度,向社会和当事人公开违反规定程序过问案件的情况和人民法院接受监督的情况,切实保护公众的知情监督权和当事人的诉讼权利。

同时,从司法公开的对象而言,司法公开既包括对当事人的公开,亦包括对新闻媒体和社会公众的公开。

二、司法公开的理论依据

(一)知情权、表达权、监督权理论

任何一项制度的完善和其内在潜力的发挥,取决于其理论基础的深度和广度。因为,无论是对既有制度的改革,还是关于新制度的创设,往往都要以其理论基础为出发点。就司法公开的制度建设而言,当前最需要的是对一系列基本理论问题的冷静分析,需要对一些司法改革举措的理性反思。如果没有经过缜密的理论分析和实际论证,尤其是如果没有较为成熟的理论作支撑,那么有关司法公开的推进将很难抓住问题的要害,一切围绕司法公开的对策性研究将没有了根基,任何围绕司法公开的创新都将失去方向。因此,研究司法公开问题,必须重视其理论基础的研究。"如果说人民主权是司法公开的宪法依据,信息公开及其制度建设是司法公开的社会基础和现实需求,那么,知情权、表达权、监督权则是司法公开的基本理论依据。其中,知情权是基础,表达权是关键,监督权是根本。"[①]

1. 知情权理论

知情权是指知悉、获取信息的自由与权利。知情权的概念有广义与狭义之分。广义知情权是指知悉、获取信息的自由与权利,包括从官方或非官方知悉、获取相关信息。狭义知情权仅指知悉、获取官方信息的自由与权利。随着知情权外延的不断扩展,知情权既有公法权利的属性,也有民事权利的属性,特别是对个人信息的知情权,是公民作为民事主体所必须享有的人格权的一部分。而狭义的知情权仅指公法领域内的一项政治权利,故现在的知情权概念一般是指广义的知情权。

知情权这一概念首先在美国提出。"二战"前,知情权只是新闻记者的主张和口号,"二战"后,美国联邦最高法院通过判例确认了知情权,国会则于1966年制定了《情报自由法》,该法规定每个人都有得到其应知道的信息资料的平等权利,1976年国会又制定了《阳光下的政府法》。随着社会的进步,信息的作用越发变得重要,其价值亦日渐提升,每个人的生活中时时刻刻都离不开各种各样林林总总的信息。人民需要不断地获取各种信息来充实自己的生活,作出自己的选择。社会中80%以上的信息是由政府机关掌握的,而政府机关则往往从有利于自身管理的角度隐匿所掌握的信息,并妨碍公民对政府信

---

①　倪寿明:《司法公开问题研究》,博士学位论文,中国政法大学2011年,第35页。

息的获取与利用。为了打破政府机关的秘密主义,知情权这一概念便应运而生并逐渐受到人们的重视。

知情权首先是一种个人权。对知情权的保障,使公民有机会充分获取对个人而言至关重要的各种信息,使得个人发展自身人格以及实现自身价值成为了可能,在一定程度上也可以说是公民其他的基本权利得以实现的基础,无论信息与思想的社会价值多么低下,对于自由的社会而言,获取信息的权利都是最基本的。1969年联邦德国宪法法院在一项判决中曾指出信息的自由即意味着个人权利,它指出:尽可能从多个来源接受信息、拓宽自己的知识、发展人格乃属人类根本性需求;并且,现代工业社会里拥有信息对个人的社会性地位尤为重要,信息自由的基本权利与表现自由的基本权利一样,是自由民主制度最为重要的前提之一。另外,知情权也是公民的生存权、发展权的题中之意。个人需要尽可能够的信息来增长知识,形成和发展个人的人格,这些都是作为人所必须所具有的最本质的要求。尤其在现代社会中,信息已成为每个人活动的基础和动力,每个人都需要大量的信息来判断自身的处境并作出各种选择,信息是决定每个人发展与进步的重要因素,离开了信息每个人必将落后于时代而无从发展。同时,现实生活中存在着大量与个人生活息息相关的信息,诸如自然环境、社会治安、政府决策等的许多信息,直接影响甚至威胁着个人的生存与发展。只有充分了解这方面的信息,公民个人才能采取各种手段予以应对,趋利避害。

在中国,国家的一切权力属于人民,人民依法通过各种途径和形式管理国家事务、经济文化事务、社会事务,同时一切国家机关工作人员必须倾听人民的意见和建议,接受人民的监督,努力为人民服务,而广大公民还拥有批评、建议,申诉、控告、检举的权利。同时,中国公民还享有言论、出版、集会、结社、游行、示威的自由。所以迄今为止,中国尚未明确对知情权作出规定,但从宪法的已有规定中足以认定该项权利在中国是有宪法基础的。特别是,中国还是《国际人权宣言》《公民权利和政治权利国际公约》等的缔约国之一,知情权在中国理应得到承认和保护。加强对公民知情权的保障是必要的。知情权是社会文明程度的一个重要标志,是实现公民参与权、选择权、监督权的前提和基础。政府信息公开和满足公民知情权,是一种现代社会的必然,是政治文明的重要和必要的组成部分。

在现代社会,信息是一种越来越强大的生产力,一种越来越关键的社会政治资源,公民只有充分享有司法知情权,才能真正把握自己的生活,并对社会承担责任。如果没有知情权,公民对足以影响自身生活的司法信息茫然无知,即便有机会行使参与权、表达权、监督权,也只会是被动的、片面的、没有效率和力量的。如果剥夺了一个人的司法知情权，其实也就相当于剥夺他的对于司法活动的参与权、表达权、监督权。因此，知情权理论是司法公开最重要的理论依据之一。

2. 表达权理论

表达权是指公民在法律规定的限度内，使用各种方式表明、显示或传播思想、情感、意见、观点、主张，而不受他人干涉、约束的权利。表达权包括表达方法和表达内容两方面的自由。只要在法律规定的限度之内，权利主体具有包括使用媒体等各种方式表示自己的主张，对参与的公共事务进行表态、表决和提出新的相关请求的权利。知情与参与是实现表达的前提，表达则是实质意义上的知情与参与。质言之，人民没有表达权，就没有人民对政府的制约；人民对政府的制约一定是通过表态、表决等自由表达主体意志来实现的。

表达权是一个国家人权概念。联合国大会 1966 年 12 月 16 日通过的《公民权利和政治权利国际公约》第 19 条明文规定："一、人人有权持有主张，不受干涉。二、人人有自由发表意见的权利；此项权利包括寻求、接受和传递各种消息和思想的自由，而不论国界，也不论口头的、书写的、印刷的、采取艺术形式的、或通过他所选择的任何其他媒介。三、本条第二款所规定的权利的行使带有特殊的义务和责任，因此得受某些限制，但这些限制只应由法律规定并为下列条件所必需：（甲）尊重他人的权利或名誉；（乙）保障国家安全或公共秩序，或公共卫生或道德。"通俗地说，在法律规定的范围内，每个人可以有自己的主张，可以寻找、接受、传递各种消息和思想，可以发表自己的意见。法律之所以作出限制，是因为表达权并不意味着可以"想怎么说、就怎么说"，任何人的表达必须限制在不危害国家安全、公共秩序、公共卫生、公共道德和他人权利、名誉的范围内。表达自由是一种信息沟通的自由，它意味着公民具有通过口头、书写、进入互联网、印刷以及其他手段传递信息和交流信息的自由。在法律意义上，当国家对公民的某项具体自由以法定的形式加以确认，该项自由就成为了权利。凡是权利都是由国家提供实施保障的。当权利的实现受到来自法律之外的约束时，都可以通过法定程序申请权利的救济。

表达自由既是个人自我价值实现的途径，也是实现人民自治的民主政治的重要手段。人的一切权利正是从表达权开始的。保障公民表达权就对个人而言，可以促进个人才能的发展，也可以给表达者个人带来快乐；就对社会而言，言论自由是一个社会安全阀，缓释社会的不稳定因素。因为表达是保证社会成员参与社会的包括政治的决策过程的一种方式，可以维持社会稳定与变化之间的平衡。从法治的角度说，表达权是民主制度的根本标志。表达权不但是人类交流思想、推动社会进步和探索真理的重要载体,也是现代民主政治有效运作的基础,是现代民主政治的重要组成部分。表达权可以促进社会不同群体之间和政府与公民之间政治上的相互信任关系。

表达权不仅受到他人的尊重,也受到宪法和法律的保障。我国宪法第35条规定,"中华人民共和国公民有言论、出版、游行、示威和结社的权利"。与此有关的还有第41条规定的公民对国家机关和国家工作人员批评、建议、申诉、控告、检举的权利,以及第47条规定的公民进行科学研究、文艺创作和其他文化活动的自由。宪法第36条和第41条还规定了与表达自由密切相关的权利,即公民所享有的通信自由和通讯秘密的权利。通信虽然不是直接的表达,但是表达的内容往往要通过通信来传输,因此,保护通信自由和通信秘密,对于公民行使表达权有十分重要的意义。此外,刑法、民法、行政法规定了表达自由权利行使的边界,刑事、民事、行政诉讼法规定了表达权行使的基本程序。最高人民法院发布的司法解释中,也有许多规定涉及宪法第35条规定的具体权利和自由。从这些规定来看,中国已经初步确立了比较完备的承认、保护表达自由和防止该权利滥用的法律体系。

同知情权一样,表达权也是人民民主权利的核心。人民没有表达权,就没有人民对权力的制约;人民对权力的制约一定是通过表态、表决等自由表达主体意志来实现的。表达权的根本在于允许公众发表不同意见、反对意见,甚至错误意见。这是宪法赋予公民的基本权利。但是,表达权的行使显然会受到信息公开的制约,没有必要的信息公开就没有观点与态度的表达;公开得越彻底,获得的信息才能越完整,对事情的理解才能越准确,意见的表达才能越充分、越符合实际。所以,公开是为了便于人民群众更好地表达。面对充分公开的司法信息,人民群众站在各自的立场陈述观点,尽管其中有一些值得商榷,甚至是完全基于本阶层、本行业利益的"一家之言",但正所谓"真理越辩越明",经过激烈的碰撞,不仅方方面面的诉求得到了更加充分的表达,而且对于司法机关收集民意、公正司法无疑也具有重要意义。所以,在司法活动中,让人民群众能够直言、敢于直言,并且"知无不言、言无不尽",不仅是司法文明的必然结果,也是公正司法的现实需要。正是从这个意义上来讲,表达权也是司法公开的重要理论依据之一。

3. 监督权理论

监督权,是指公民有监督国家机关及其工作人员的公务活动的权利。它是公民参政权中的一项不可缺少的内容,是国家权力监督体系中的一种最具活力的监督。它包括公民直接行使的监督权和公民通过自己选举的国家代表机关代表行使的监督权，另外，公民的许多权利具有监督国家权力的性质。这里，作为参政权的一项内容的监督权，是一种直接的政治监督权。它主要包括四项内容，即批评权、建议权、控告权、检举权。

监督权是人民主权原则的重要体现。本质上，所有监督权都可以看作是公民监督的一种形式，所有监督体系都是建立在公民监督权之上的，是公民监督权派生出来的，是建立在社会主义民主的基础之上的，目的是保证人民赋予的权力不被滥用，保护人民群众的利益不受侵害。总体而言，监督权可以分为两大类型，一是权力型监督权，即国家监督；二是权利型监督权，即社会监督。权利型监督既是社会主义民主政治的必然要求，也是法治国家公民政治参与的有效形式，其特点主要表现是，一是监督主体广泛，凡是中华人民共和国公民皆有监督之权利；二是监督内容全面，既包括对权力机关的工作监督，又包括对权力机关工作人员行为的监督和品质监督；三是监督形式多样，可以通过多种渠道，采用不同形式，如发表评论、写信、面谈、打电话、批评、建议、申诉、控告、检举等；四是监督目的多样，无论是出于主人公责任感，还是为维护个人权利，均可行使监督权利。权利型监督是人大监督、行政监督、司法监督乃至整个政治监督体系的基础，在监督体系中具有不可替代的重要作用。

监督权是知情权和表达权的自然延伸。就监督权而言，保障知情权是顺利开展监督的前提，公民不知情，监督就成为一句空话。但仅有知情又是远远不够的，监督之所以能够发挥作用，是因为自由表达而生成的舆论是一种无形的社会力量。因此就几项权利的内在逻辑关系而言，知情权是前提，表达权是保障，监督权是关键。就司法公开而言，公开是公正的前提，监督是公正的保障。公开一方面是为了约束司法机关慎用司法权，另一方面就是为了便于人民群众监督。公开越充分，监督越到位；公开越彻底，监督越有力。从这个意义上说，监督权理论也是司法公开的一个重要理论依据。

(二) 司法公正

司法公正是司法永恒的主题，是诉讼法追求的根本目标，它反映的是司法活动固有的维护公平、主持正义的价值准则。因此，司法公正价值目标的确立及实现在当代中国法制现代化进程中具有十分重要的意义。可见，司法公正应该成为司法改革的首要价值目标。当前，我国司法公正最大的障碍就是司法腐败，包括诸如"审"者不"判"、"判"者不"审"、单方面接触当事人的程序腐败和重罪轻判、违法假释、违法缓刑的实体腐败。要遏制腐败，就要将司法活动向当事人公开，向社会公开，置于群众雪亮的眼睛监督之下。可以说，司法公开是司法腐败最有效的防腐剂。

对当事人和其他诉讼参与人来说,司法公开使他们在众目睽睽的法庭之上不敢作虚伪供述;对控辩双方来说,司法公开要求他们有事实提在法庭,证据摆在法庭,意见辩在法庭;对法官来说,司法公开要求他对据以定案的每一个证据都进行公开质证,他据以裁判的每一个活动都处于群众的监督之下,他必须认真听取控辩双方的辩驳,公平地对待控辩双方提出的事实和证据,分清是非,公正裁判。可见,司法公开有助于查明案件事实,提出确实、充分的证据,实现实体公正。司法公开本身作为一项程序制度,它在整个诉讼制度和原则体系中处于核心地位。司法公开的贯彻实施,为辩论原则、合议原则、直接言辞原则和回避制度作用的发挥提供了条件。从而,司法公开切断了法官和当事人之间不正当的接触,减少了司法腐败的条件和机会,使整个庭审活动都严格按照法定程序进行,对实现程序公正有不可替代的作用。如何判断形式公平呢?那就要将程序公开。只有公开,公民才可以对程序是否公正进行判断。总之,通过司法公开,将司法活动置于人民群众和当事人以及其他诉讼参与人的监督之下,既可以增强司法人员的工作责任心,提高办案质量,避免人情案、关系案、金钱案和司法人员枉法裁判等司法腐败现象的发生,促进司法公正的实现,又可以使当事人和其他诉讼参与人以及人民群众了解司法活动进行的内容和结果,使司法公正以人们看得见的方式得到实现。

(三)司法效率

司法公正固然是司法最基本的价值,但如果这种公正是没有效率的,那么这种公正是一种打折扣的公正,不是人们所追求的公正,迟来的正义也是非正义。因此,在司法资源有限的世界中,效率是一个公认的价值,表明一种行为比另一种行为更有效,当然是制定公共政策的一个主要因素。所以,司法效率也是司法改革所追求的目标。

司法公开至少可以从以下几个方面增强司法效率。第一,司法公开使当事人参与了诉讼活动的进行,诉讼进程的每一个阶段,每一个裁判的作出都是在当事人的监督之下进行的,即便是出现了结果的不公平,但他们对裁判结果还是比较信任的,他们会心甘情愿地接受判决,从而减少了上诉审程序和再审程序的启动,缩短了诉讼期限;同时,他们会心悦诚服地执行判决,在一定程度上投入少量司法资源获得了较大的社会效益,节省了司法资源,提高了司法效率。第二,司法公开由于在公众的监督下进行,法官不仅要有较高的政治业务素质,而且要有很强的审判经验和驾驭法庭的能力,这就促使素质高的法官精益求精,使素质低的法官要么努力进取从而成为一名称职的法官,要么退出法官队伍。这在一定程度上减少了国家司法资源的内部消耗,而且随着法官素质的提高,可以对他们进行有机的调整,以适应加入 WTO 后我国设立诸如关税法院、少年法院的需要。这样,法官在单位时间内审结案件的效率就会增加。第三,司法活动通过向公民和新闻媒体公开,满足了公民的知情权,使旁听群众受到了教育,不仅起到了法制宣传的作用,而且预防了纠纷的发生,减少了讼争。可以说,司法公开在旁听群众身上收到了一种潜在的司法效益。总之,司法公开由于实现了司法公正,使当事人从胜诉的判决中获得了实体财产上的利益或伦理上的效益,如名誉恢复、精神赔偿,也使国家从冲突的解决中获得了经济效益,避免了不公正的裁判给社会造成的经济资源的浪费,减少了波斯纳所说的"错误消耗"或德沃金所说的"道德消耗",提高了司法效益。

(四)司法公信

司法公信力是一个具有双重维度的概念。从权力运行角度看,司法公信力是司法权在其自在运行的过程中以其主体、制度、组织、结构、功能、程序、公正结果承载的获得公众信任的资格和能力;从受众心理角度看,司法公信力是社会组织、民众对司法行为的一种主观评价或价值判断,它是司法行为所产生的信誉和形象在社会组织和民众中所形成的一种心理反应。综合而言,司法公信力是司法与公众之间的动态、均衡的信任交往与相互评价。司法公开制度在以下三个方面对司法公信力起到了提升作用:

第一,通过庭审公开、执行公开和听证公开,使得当事人和社会公众非常深刻地体会到了法庭的庄严和神圣,感受到了人民法院通过行使司法权在打击违法犯罪,维护社会秩序,促进经济发展,构建和谐社会等方面所作出的努力。

第二,通过文书公开使得法官加大了判决书中的说理力度,为当事人把握审判方向,抓住攻击与防御机会,充分行使自己的诉讼权利提供了有利条件,为当事人接受判决结果打下了坚实的心理基础,有利于社会公众形成法律信仰。

第三,司法公开制度保障了当事人和社会公众充分行使参与权,通过扩大这种参与权来提升司法公信力。司法公开从制度和程序两个方面加强了司法机关与当事人和社会公众之间的沟通和联系,推动了双方的理解和交流,进而使得他们对司法机关的裁判过程和裁判结果产生信赖感和满意感,增强了对司法公正的强烈信念,从而提升了司法机关的公信力。

第二节　司法公开的河北实践

一、当事人对司法公开的需求状况

　　"以问卷为工具来收集资料的调查方法,是当前最常用的有效的社会调查方法之一,尤其是问卷方法在调查者试图了解受访者的意识、价值取向等含有主观性的因素时,可以成为非常有用的工具"①,但在运用过程中也存在一些问题。我们在设计问卷、发放问卷、统计问卷的过程中也采用了其他的一些辅助手段。首先,任何一种形式和规模的问卷调查,都离不开明确的理论框架或理性分析的指引,正是理论及由理论导出的各种假设,引导着问卷调查走向特定的事实,而"如果没有假设的指引,我们就不知道观察什么,寻找什么,也不知道做什么样的试验来发现日常生活中的秩序"②。问卷调查同样如此,我们为了更好地达到期望的目标,对相关的理论进行了充分的研究,在司法公开的理论框架下设计问卷,并多次修改调查问卷内容,虽然已经注意避免抽象的设问及选择答案,并尽量使用具体形象的问答方式,但仍有些想了解的信息很难设计成为不致引起多重理解的问题。其次,从社会调查方法的运用上来讲,任何一种研究方法的效度都是需要考虑的一个重要的问题。而问卷调查法在工具及程序上的高度标准化要求,常常使得原本很复杂的问题流于表面化,即形式的要求导致了内容的肤浅。尤其是问卷这种特定形式的人工化痕迹明显,难以在问卷的形式中恰如其分,且又深入细致、周到全面地去探测和度量多变的社会现实。针对上述问题,我们在设计问卷的时候,注重对问卷调查选项的操作化工作,即把这个抽象、笼统、高度概括的研究课题,分解成若干个可验证的具体假设,尽量避免抽象概念的出现,而且,广泛搜集参考各种相关实证研究文献,如各地的有关调研报告、研究成果。以提高问卷调查法的效度。最后,我们从事调查的主要目标是了解司法公开的民众需求状况,这样比较客观的实际情形恐怕很难通过对受访者的询问和必须经过他们主观认识"过滤"的回答来达到准确地把握。尤其是,在对法院法官的调查中,问卷的回答者总是在有意无意地存在着提供"模范答案"的潜在倾向。因此,我们在调查中将精力放在了认识比较中立的一般民众。

　　由于调查涉及的地域广阔,作为调查对象在年龄、性别、职业和文化程度

---

　　①　王亚新等:《法律程序运作的实证分析》,法律出版社 2005 年版,第 4 页。

　　②　Peter H. Mann, *Methods of Social Investigation*, Basil Blackwell Inc, 1985, p. 46.

上各不相同，而且不同的人们有着不同的社会背景和生活方式、不同的价值观念和不同的社会阅历，在对同一问题时往往会有着不同的反应。因此，考虑到他们对问卷调查的态度和认识会直接影响到问卷调查的效果，我们在设计问卷的时候多以选择选项的形式出现，尽量少设计提问，如果必须设计提问，则在具体选项后增加其他选项，并画横线要求被调查者予以补充。同时，对进行调查的人员进行了专门的培训，在发放问卷的过程中要求调查人员，对被调查人作适当的客观说明，并尽量当面发放问卷并请受访者当场填写后即予收回。当然，调查问卷回收之后还涉及具体的数据统计问题，虽然数据统计是通过相关数据统计软件进行，不存在外界的干扰性，但是调查问卷的基础信息必须依赖于人工录入，录入工作因涉及工作量大且较为琐碎，难免出现"一时看错"之情况发生。为规避此种情况之发生，在数据统计中，一方面尽量增加人力，减少具体录入人员的工作量；另一方面，则通过抽查方式，以检验录入的准确性。

综上所述，本调研以问卷调查为主要的方法，为了弥补调查问卷由于主客观原因所造成的偏差，我们通过个别访谈和实地观察等形式与被调查对象进行交流，实际听取被调查对象对当前我国司法公开状况的整体认识和具体感知，并实地考察各级人民法院在司法公开中的具体做法并与人民法院工作人员展开交流，听取专门机关人员的相关意见。此外，我们还广泛搜集参考各种相关实证研究文献，如各地的有关调研报告、研究成果、具体案件的事迹报道等，以对调研的情况作出对应性的印证。调研报告尽量排除先入为主的偏见和思维定势，恪守客观中立的态度和立场，根据调研资料及各种信息对我国纠纷解决机制所涉及的方式的运行情况进行客观的描述，并在其基础上对问题进行分析。

（一）被调查者的基本情况

本次调查共发放问卷 1800 份，问卷收回 1565 份。本课题调研的地域范围涉及石家庄、张家口、承德、秦皇岛、唐山、保定、廊坊、沧州、衡水、邢台、邯郸11 个河北省管辖的地级市。

从样本数据来看，被调查者中男性占 58.5%，女性占 41.5%（见表 3—1）。根据 2010 年第六次全国人口普查数据来看，截至 2010 年 11 月 1 日，全国总人口为 1370536875 人，男性人口为 686852572 人，占 51.27%；女性人口为652872280 人，占 48.73%。由此可见，本次对河北省的调查，在被调查者的性别选择中，基本能够代表全国的一般状况。

表3—1　您的性别①

	选项	频数	有效百分比
有效	男	912	58.5
	女	646	41.5
	合计	1558	100.0
缺失		7	
合计		1565	

在对被调查者的年龄划分中,2013年联合国世界卫生组织提出新的年龄分段:44岁以下为青年人,45—59岁为中年人,60—74岁为年轻老年人,75—89岁为老年人,90岁以上为长寿老人。同时为考察未成年人的司法需求状况,结合我国关于未成年人的具体界定,将年龄划分为六个阶段。即:18周岁以下;19—44周岁;45—59周岁;60—74周岁;75—89周岁;90周岁以上。从统计结果来看,18周岁以下的被调查者占2.0%;19—44周岁的被调查者占68.1%;45—59周岁的被调查者占25.4%;60—74周岁的被调查者占4.1%;75—89周岁的被调查者占0.3%;90周岁以上的被调查者占0.1%(见表3—2)。根据2010年第六次全国人口普查数据来看,大陆31个省、自治区、直辖市和现役军人的人口中,0—14岁人口为222459737人,占16.60%;15—59岁人口为939616410人,占70.14%;60岁及以上人口为177648705人,占13.26%,其中65岁及以上人口为118831709人,占8.87%。全国人口的主体主要为15—59岁区间,而本次被调查的人群中,19—59岁年龄段的占据了绝大多数,这与全国人口年龄的分布是吻合的。同时,从具体的司法实践来看,19—59岁年龄段的人群也是关注诉讼、运用诉讼的主体。显然,从本次被调查者的年龄架构来看,具有典型的代表性。

---

① 本次样本数据分析采用世界上使用范围最为广泛的专业SPSS(Statistics Package for Social Science)统计分析软件。SPSS是目前世界使用范围最广泛的专业社会科学统计软件,也是世界上最为流行的三大统计软件之一,其功能强大,可以直接在Windows界面下操作,所得结果科学可靠。首先采用SPSS统计分析软件自带的数据录入程序录入数据,经过仔细清理数据后,再采用SPSS统计分析软件进行数据分析。本研究报告所涉及的表格中,如无特别说明,"有效"是指被调查者对调查问卷的作答符合要求;"缺失"指被调查者未对该题作出选择或者选择不符合问卷的作答要求;"选项"指调查问卷所设计的被选项;"频数"指选择某一选项的被调查者人数;"有效百分比"指选择某一选项的被调查者占被调查总人数的百分比。本章中涉及的表格数据,除"律师对庭审公开的认知状况"部分外,如无特别说明,均来自于笔者参与的"司法公开"专题调研。

表 3—2　您的年龄

	选项	频数	有效百分比
有效	18 周岁以下	31	2.0
	19—44 周岁	1062	68.1
	45—59 周岁	396	25.4
	60—74 周岁	64	4.1
	75—89 周岁	5	0.3
	90 周岁以上	1	0.1
	合计	1559	100.0
缺失		6	
合计		1565	

　　关于被调查者身份之确定，一般按照职业进行分类。《中华人民共和国职业分类大典》把我国职业划分为 8 个大类：第一大类：国家机关、党群组织、企业、事业单位负责人；第二大类：专业技术人员；第三大类：办事人员和有关人员；第四大类：商业、服务业人员；第五大类：农、林、牧、渔、水利业生产人员；第六大类：生产、运输设备操作人员及有关人员；第七大类：军人；第八大类：不便分类的其他从业人员。囿于这种分类较为抽象且难以展现不同利益群体的司法需求，故本次调查采用中国关于阶层的划分，以职业分类为基础、以组织资源、经济资源和文化资源的占有状况为标准划分当代中国社会阶层结构的基本形态，它由十个社会阶层组成：国家与社会管理者阶层、经理人员阶层、私营企业主阶层、专业技术人员阶层、办事人员阶层、个体工商户阶层、商业服务业员工阶层、产业工人阶层、农业劳动者阶层和城乡无业失业半失业者阶层。从统计结果来看，国家与社会管理者阶层（11.3%）、经理人员阶层（4.2%）、私营企业主阶层（9.1%）、专业技术人员阶层（5.9%）、办事人员阶层（17.3%）、个体工商户阶层（16.8%）、商业服务业员工阶层（4.6%）、产业工人阶层（4.8%）、农业劳动者阶层（17.5%）和城乡无业失业半失业者阶层（8.6%）（见表 3—3）。在中国社会科学院的社会分层调查结果中：国家与社会管理阶层（2.1%）、经理阶层（1.6%）、私营企业主阶层（1.0%）、专业技术人员阶层（4.6%）、办事人员阶层（7.2%）、个体工商户阶层（7.1%）、商业服务人员阶层（11.2%）、产业工人阶层（17.5%）、农业劳动者阶层（42.9%）和城市无业、失业和半失业阶层（4.8%）。这是一个类似"金字塔"的社会结构。位居塔尖的"顶部阶层"人数最少；塔身的"中间阶层"人数居中；塔基的"底部阶层"人

数最为庞大。表象上看,本次调查虽然具备广泛的代表性但却与中国社会科学院调查数据不相吻合,被调查者中,"中间阶层"人数最多,"底部阶层"人数居中。但理性分析我们可以发现,虽然"底部阶层"人数最为庞大,但在对司法的需求中,因受制于知识、物质条件等原因,在对司法的需求中不及"中间阶层"积极和果敢。可以肯定地说,本次被调查者的身份状况,其回应能够真实反映出不同阶层对司法需求的差异。

表3—3　您的身份

	选项	频数	有效百分比
有效	国家与社会管理者	175	11.3
	经理人员	65	4.2
	私营企业主	141	9.1
	专业技术人员	91	5.9
	办事人员	268	17.3
	个体工商商户	260	16.8
	商业服务业员工	71	4.6
	产业工人	74	4.8
	农业劳动者	271	17.5
	城乡无业、失业、半失业者	134	8.6
	合计	1550	100.0
缺失		15	
合计		1565	

就被调查者受教育程度分布而言,小学及以下(6.7%)、初中(15.8%)、高中(16.7%)、中专(7.6%)、大专(18.6%)、本科(32.1%)、硕士(2.4%)、博士(0.1%)(见表3—4)。高中以上学历占77.5%,大专以上学历占54.1%,初中以下学历的仅占22.5%。总体而言,被调查的当事人文化程度较高,其回答能够相对理性且能反映出当事人对司法公开需求的全貌。

在被调查者所居住的区域特征的调查中,城市人口占63%,农村人口占37%(见表3—5)。2013年,全国城镇化率为53.73%,河北省城镇化率为48%。被调查者的居住区域状况似乎既不能反映全国的总体状况,亦不能反映河北省的实际状况。但需要说明的是,民众的居住区域特征并不能反映出诉讼的真实分布情况。而实践情况是,城市民众提起诉讼的意愿远远高于农村。因而,被调查者中城市人口居多,恰恰是诉讼的真实生态。

表3—4　您的文化程度

	选项	频数	有效百分比
有效	小学及以下	105	6.7
	初中	246	15.8
	高中	261	16.7
	中专	118	7.6
	大专	290	18.6
	本科	500	32.1
	硕士	38	2.4
	博士	2	0.1
	合计	1560	100.0
缺失		5	
合计		1565	

表3—5　您所居住的区域的特征

	选项	频数	有效百分比
有效	城市	975	63.0
	农村	572	37.0
	合计	1547	100.0
缺失		18	
合计		1565	

　　针对当事人所经历的案件类型,48.5%的被调查者选择了民事案件,45.1%的被调查者选择了刑事案件,只有6.4%的被调查者选择了行政案件(见表3—6)。在我国案件的受理总量中,民事案件占据大多数,其次是刑事案件,行政案件一直数量较少。因此,当事人更多的选择了经历民事案件和刑事案件,而经历行政案件的偏少,符合我国各类案件的数量特征,具有很强的代表性。

　　关于被调查者的诉讼经历,第一次参加诉讼的被调查者占70%,第二次参加诉讼的被调查者占11.7%,多次参加诉讼的被调查者占18.3%(见表3—7)。尽管依法治国的方略已经在我国提出多年,且当前我们正为建设法治国家而努力,民众的法律意识显著提高已经是不争的事实。但是,"厌讼"、"耻讼"、"贱讼"、"惧讼"心理仍然普遍存在。故而,虽然第二次参加诉讼以及多次参加诉讼的被调查者可能对司法公开的需求有更为深入的认识,但是,第一次参加诉讼的被调查者的言论更具代表性。无疑,第一次参加诉讼的被调查者占据绝大多数,其回答可能更有利于法院改进工作。

表 3—6　您所经历的案件类型

选项		频数	有效百分比
具体内容	民事案件	1389	48.5
	刑事案件	1293	45.1
	行政案件	182	6.4
合计		2864	100.0

表 3—7　您的诉讼经历

选项		频数	有效百分比
有效	第一次参加诉讼	1083	70.0
	第二次参加诉讼	181	11.7
	多次参加诉讼	283	18.3
	合计	1547	100.0
缺失		18	
合计		1565	

总体而言,本次调查虽然只涉及河北省 11 个地级市,但从河北省整体的社会经济发展状况来看,2013 年河北省 GDP 总量居全国第 6 位,但人均 GDP 在 31 个省份中位列第 16 位,属于中等水平。由此说明,河北省关于当事人对司法公开的需求认知状况于全国而言,具有普适性意义。

(二)当事人对司法公开内容的需求状况

2009 年,为进一步落实公开审判的宪法原则,扩大司法公开范围,拓宽司法公开渠道,保障人民群众对人民法院工作的知情权、参与权、表达权和监督权,维护当事人的合法权益,提高司法民主水平,规范司法行为,促进司法公正,按照依法公开、及时公开、全面公开的原则,最高人民法院制定了《司法公开的六项规定》,即立案公开、审判公开、执行公开、听证公开、文书公开和审务公开。本次问卷调查则是以此为据,了解当事人在不同阶段对司法公开内容的不同具体需求,以期为人民法院的司法公开工作提供内容导向。

立案公开是司法公开的起点。立案作为诉讼程序的第一道门槛,是法院审理案件的第一环节。没有立案公开就没有司法公正，自然不会有司法权威。
当问及"您认为法院在立案阶段应公开哪些内容"时，被调查者的回答情况是：
立案条件(5.9％)、立案流程(7.0％)、法律文书样式(10.1％)、诉讼费用标准
(6.4％)、缓减免交诉讼费用程序(8.6％)、当事人重要权利义务(6.9％)、诉
讼和执行风险提示(8.4％)、可选择的诉讼外其他纠纷解决方式(11.1％)、不
立案的救济方式(11.1％)、其他(24.5％)(见表3—8)。从统计数据结果可以
看出，在明确列举的法院在立案阶段应当公开的内容中，当事人的选择结果差
距不大，这表明在当事人的需求中，上述内容均应予以公开，并无轻重差别。

表3—8　您认为法院在立案阶段应公开哪些内容

选项		频数	有效百分比
具体内容	立案条件	311	5.9
	立案流程	371	7.0
	法律文书样式	533	10.1
	诉讼费用标准	341	6.4
	缓减免交诉讼费用程序	458	8.6
	当事人重要权利义务	366	6.9
	诉讼和执行风险提示	444	8.4
	可选择的诉讼外其他纠纷解决方式	587	11.1
	不立案的救济方式	586	11.1
	其他	1299	24.5
合计		5296	100.0

　　审判公开是司法公开的核心。司法公正是社会正义的一个重要组成部
分，而司法透明是实现司法公正和社会正义的重要保证和基本标准，也是司法
活动接受社会公众与当事人监督的有效途径。司法透明的核心内容和主要表
现就是审判公开。从国家来看，审判公开表明的是司法机关依法办案的信心
与诚意；从公众来看，审判公开意味着能看到裁判究竟是如何作出的，正义是
怎样实现的，裁判是否是建立在理性推演的基础上或是考虑了非理性的因素。
审判公开其实给公众某种期待：裁判的作出是符合法律和理性的，而不是突如
其来的。因此，人们判断某一个案件的审判是不是公开并不只在于眼观耳听
的形式本身，更重要的在于他从公开的形式里对法官掌握法律的尺度有了真
正的了解，真正从实质上深入到了法官的灵魂深处。在问及"您认为庭前准备
阶段要公开哪些内容"时，6.8％的人选择了举证时限，11.0％的人选择证据交

换时间,5.6%的人选择开庭日期,10.3%的人选择合议庭成员,16.7%的人选择代理人身份审查,17.2%的人选择诉讼程序的选择,32.5%的人选择其他(见表3—9)。而在提及"您认为庭审过程应当公开哪些内容"时具体情况是:当事人的基本情况(7.0%)、其他诉讼参与人的基本情况(9.7%)、审判人员(包括人民陪审员)的基本情况(7.3%)、庭审开庭和举证质证等具体进展情况(6.7%)、证据内容(7.9%)、当事人诉辩理由(8.8%)、判决结果(10.7%)、特殊事项处理(延期审理、审委会讨论等)(17.4%)、其他(24.3%)(见表3—10)。上述数据显示,当事人对庭审开始前以及庭审过程中的司法公开内容需求,要求范围广,但对具体公开内容事项并无特殊偏好。针对庭审中一些特殊问题的处理,当事人亦作出了自己的选择,在回答"在审理阶段,您认为评估鉴定问题需公开哪些内容"这一问题时,选择机构确定的占9.8%,选择费用标准的占10.7%,选择鉴定结论告知时限的占14.9%,选择相关权利义务告知的占17.0%,选择其他的占47.6%(见表3—11)。而在回答"在审理阶段,您认为延长审理期限需要告知哪些内容"时,6.2%的人选择延长审限理由,16.2%的人选择中止事由,17.1%的人选择诉讼程序转换的理由及内容,20.5%的人选择不计入审限事由的告知,40.0%的人选择其他(见表3—12)。不难看出,当事人针对庭审过程中遇到的特殊问题,同样对列举的相关公开内容给予了同等关注,期待人民法院能够公开更多有关采取特殊措施的理由。

表3—9　您认为庭前准备阶段要公开哪些内容

选项		频数	有效百分比
具体内容	举证时限	283	6.8
	证据交换时间	460	11.0
	开庭日期	233	5.6
	合议庭成员	430	10.3
	代理人身份审查	700	16.7
	诉讼程序的选择	723	17.2
	其他	1363	32.5
合计		4192	100.0

表3—10   您认为庭审过程应当公开哪些内容

	选项	频数	有效百分比
具体内容	当事人的基本情况	396	7.0
	其他诉讼参与人的基本情况	548	9.7
	审判人员（包括人民陪审员）的基本情况	412	7.3
	庭审开庭、举证质证等具体进展情况	379	6.7
	证据内容	444	7.9
	当事人诉辩理由	497	8.8
	判决结果	605	10.7
	特殊事项处理（延期审理、审委会讨论等）	981	17.4
	其他	1369	24.3
合计		5631	100.0

表3—11   在审理阶段，您认为评估鉴定问题需公开哪些内容

	选项	频数	有效百分比
具体内容	机构确定	282	9.8
	费用标准	307	10.7
	鉴定结论告知时限	429	14.9
	相关权利义务的告知	489	17.0
	其他	1368	47.6
合计		2875	100.0

表3—12   在审理阶段，您认为延长审理期限需要告知哪些内容

	选项	频数	有效百分比
具体内容	延长审限理由	209	6.2
	中止事由	549	16.2
	诉讼程序转换的理由及内容	579	17.1
	不计入审限事由的告知	692	20.5
	其他	1351	40.0
合计		3380	100.0

裁判文书是记载审判活动的载体之一。它不仅记载着法官对于当事人实体权利义务关系审理后的认定,而且记载有诉讼过程。裁判文书公开内容的充实度决定着审判公开的公开度。但在是否公布合议庭评审意见(包括少数人意见)这一问题上,理论界和实务界是有颇多争议的,赞成者认为:判决书中公开写明少数法官所持见解的结果与理由,符合民主的要求,让公众追踪法院评议过程并参与事后讨论,使"司法参与"成为可能。从而控制未来的司法活动,避免法院不当判决。但反对者却害怕公布不同意见会导致当事人滥诉,进而影响社会秩序。当事人对"您认为法院是否应当将合议庭评审意见(包括少数人的意见)予以公开"这一问题的回答,印证了这种争议亦存在于当事人中,尽管有52.8%的当事人选择应当公开,但也有32.8%的当事人选择不应当公开,另外14.4%的当事人则选择了无所谓(见表3—13)。因此,人民法院在推进司法公开的过程中,若试图公开合议庭评审意见,必须审慎为之,绝不可贸然行事。

表3—13　您认为法院是否应当将合议庭评审意见(包括少数人的意见)予以公开

	选项	频数	有效百分比
有效	应当公开	816	52.8
	不应当公开	507	32.8
	无所谓	222	14.4
	合计	1545	100.0
缺失		20	
合计		1565	

执行公开是司法公开的重要环节,是我国宪法和法律规定的司法公开原则的重要内容,也是实现程序正义的重要保障。当下,由于执行措施有限、当事人对执行过程不了解、执行法官和当事人沟通不足以及执行权过于集中等因素,导致不少案件得不到有效执行,引发民众对司法的不信任,执行投诉高已成为困扰各级法院的突出问题。如何防止并解决这一难题,已成为目前法院面临的一项重大课题。因此,构建一个公开透明、易于操作的执行公开机制,是削减执行工作的神秘性,保障当事人对司法的知情权、参与权与监督权的重要路径。从实践情况看,当前人民法院的执行公开情况总体令人欣喜。在问及当事人"在您的了解中,您所在的当地法院是否建立了执行信息查询系统"这一问题时,63.2%的当事人选择了"是",只有36.8%的当事人选择了"否"(见表3—14)。而在回答"在您的了解中,您所在当地法院是否及时告知

了当事人重大执行措施"时,高达81.7%的当事人选择"是",选择"否"的当事人仅占18.3%(见表3—15)。

表3—14　在您的了解中,您所在的当地法院是否建立了执行信息查询系统

	选项	频数	有效百分比
有效	是	971	63.2
	否	565	36.8
	合计	1536	100.0
缺失		29	
合计		1565	

表3—15　在您的了解中,您所在的当地法院是否及时告知了当事人重大执行措施

	选项	频数	有效百分比
有效	是	1256	81.7
	否	282	18.3
	合计	1538	100.0
缺失		27	
合计		1565	

　　听证公开是司法公开的创新内容。听证(hearing of witness)这个由西方引进来的词,近年来不断出现在公众的视野中。总的来说,听证制度是现代民主政治和现代行政程序的重要支柱性制度,它对于保障公民参与国家管理,保障国家管理的民主性、科学性、合法性和合理性,保护公民个人和组织的合法权益有着极为重要和不可为其他制度所替代的作用。在舆论的广泛宣传和司法改革冲动的催生下,我国有许多法院在司法程序中进行了适用听证程序的尝试。听证公开有助于法院裁决的公正和科学,有利于保障当事人的诉讼权利,也有助于防止司法腐败,因而深受最高人民法院青睐并极力推广。在当事人的期许中,希望听证程序公开各项内容:听证范围(11.7%)、听证过程(12.0%)、处理结果(10.6%)、听证主持人(25.8%)、其他(39.9%)(见表3—16);同时,希望听证程序广泛适用于各类案件:社会高度关注的案件(7.8%)、涉及当事人重大权利的案件(13.1%)、涉法涉诉信访疑难案件(13.4%)、当事人申请再审的案件(18.2%)、执行异议案件(18.5%)、其他案件(29.0%)(见表3—17);此外,当事人亦渴求听证程序能够适用于案件处理的各个阶段:立案阶段(15.2%)、庭审阶段(11.7%)、宣判阶段(15.6%)、执

行阶段(12.6%)、信访阶段(17.8%)、其他(27.1%)(见表3—18)。

表3—16　您认为听证公开应当公开哪些内容

选项		频数	有效百分比
具体内容	听证范围	405	11.7
	听证过程	418	12.0
	处理结果	367	10.6
	听证主持人	898	25.8
	其他	1387	39.9
合计		3475	100.0

表3—17　您认为以下哪些案件应该纳入法院听证的范围

选项		频数	有效百分比
具体内容	社会高度关注的案件	366	7.8
	涉及当事人重大权利的案件	620	13.1
	涉法涉诉信访疑难案件	631	13.4
	当事人申请再审案件	861	18.2
	执行异议案件	873	18.5
	其他案件	1369	29.0
合计		4720	100.0

表3—18　您认为听证公开应适用于哪些阶段

选项		频数	有效百分比
具体内容	立案阶段	753	15.2
	庭审阶段	577	11.7
	宣判阶段	772	15.6
	执行阶段	622	12.6
	信访阶段	880	17.8
	其他	1341	27.1
合计		4945	100.0

"审务公开是人民法院司法公开的主要内容之一,亦是推进司法公开由结果向过程转向,由平面向垂直纵深推进的重要举措。审务公开在人民法院司

法公开的布局中占有特殊的地位,是人民法院推进司法公开的重要利器。审务公开具有形式上公开、内容上公开与实质上公开三重价值,因此审务公开意味着人民法院的司法公开由形式向内容铺开,最终走向实质性的意义操作。"①从选择结果来看,对于人民法院的诸多情况及工作内容,当事人均保持了高度的知悉热情:法院基本情况(6.2%)、工作流程(5.8%)、管理制度(7.9%)、重要活动部署(11.3%)、法院工作报告(9.5%)、规范性文件(9.2%)、审判指导意见(10.3%)、司法统计数据(10.8%)、法院公告(7.4%)、执行信息(8.9%)、重要研究成果(12.6%)(见表3—19)。与此同时,当事人对于人民法院的相关活动,参与意愿较高:巡回审判(24.2%)、公众开放日(21.1%)、法律咨询(12.8%)、旁听庭审(13.8%)、其他法院活动(28.2%)(见表3—20)。

表3—19 您认为人民法院审务公开应包含哪些内容

选项		频数	有效百分比
具体内容	法院基本情况	532	6.2
	工作流程	496	5.8
	管理制度	678	7.9
	重要活动部署	969	11.3
	法院工作报告	817	9.5
	规范性文件	794	9.2
	审判指导意见	884	10.3
	司法统计数据	931	10.8
	法院公告	636	7.4
	执行信息	765	8.9
	重要研究成果	1082	12.6
合计		8584	100.0

---

① 邓俊明:《审务公开的三重价值与使命》,2012年2月23日,http://court.gmw.cn/html/article/201202/23/85361.shtml。

表 3—20　请选择您亲身经历过的法院活动

选项		频数	有效百分比
具体内容	巡回审判	1121	24.2
	公众开放日	978	21.1
	法律咨询	596	12.8
	旁听庭审	638	13.8
	其他法院活动	1307	28.2
合计		4640	100.0

纵观当事人对司法公开内容的需求数据,其中一个明显的倾向是:当事人对立案公开、庭审公开、执行公开、听证公开、文书公开和审务公开事项均保持了高度的了解热情和期许。由此证明,当事人对人民法院能够公开事项的知悉,是多多益善的,这也符合信息社会的特征。因此,人民法院回应当事人的司法公开期待,任务艰巨且责任重大。

(三)当事人对司法公开方式的期许状况

2013 年 11 月 21 日,最高人民法院印发《关于推进司法公开三大平台建设的若干意见》的通知,最高人民法院提出建立完善审判流程公开、裁判文书公开、执行信息公开三大平台,并选择部分法院开展试点工作。2013 年 11 月 27 日,全国法院司法公开工作推进会在深圳举行,最高人民法院院长周强指出:1. 建设审判流程公开平台。人民法院对案件的立案、庭审、调解、宣判等诉讼过程,都应当依法向当事人和社会公开。各级法院要以政务网站为基础平台,通过手机短信、电话语音系统、电子触摸屏、微博、微信等技术手段,为公众和当事人提供全方位、多元化的司法服务。要开发完善统一的审判流程查询系统,方便当事人查询案件进展情况,增加审判工作透明度。要充分发挥审判流程公开平台在远程立案、公告、送达、庭审、听证方面的辅助功能,大力推进诉讼档案电子化工程,切实提升工作效率,减轻当事人讼累。要积极创新庭审公开方式,以视频、音频、图文、微博等方式及时公开庭审过程。要加强科技法庭建设,对庭审活动全程进行同步录音录像,逐步实现"每庭必录",并方便当事人依法查阅。2. 建设裁判文书公开平台。裁判文书是人民法院审判工作的最终"产品",是承载全部诉讼活动的重要载体。各级人民法院要克服畏难情绪,打破本位思维,积极推动裁判文书上网工作,逐步实现四级人民法院依法能够公开的裁判文书全部上网公开。在互联网公布裁判文书要以公开为原则,不公开为例外,不得人为设置任何障碍。要完善中国裁判文书网的检索查询系统,方便公众按照不同关键词检索,确保裁判文书及其关联文书能够被有效获取。要通过推动裁判文书上网,形成倒逼机制,提高文书质量,加强裁判说理,进一步提升法官的司法技能和业务素养,确保法律的正确统一适用,增进公众对裁判文书的理解,维护司法裁判的权威。同时,加强对司法裁判的社会监督,促进公正司法。3. 建设执行信息公开平台。执行信息是人民法院在执行案件过程中产生的各类信息,体现了人民法院执行裁决权和执行实施权的运行状况。人民法院应当建立统一的执行信息公开平台,通过公开执行信息,让公众和当事人及时了解人民法院为实现当事人的胜诉权益所采取的执行措施,争取群众对法院执行工作的理解。要将执行实施权的运行过程作为执行公开的核心内容,最大程度挤压利用执行权寻租的空间,充分发挥执行公开的防腐功能。要完善执行信息查询系统,开发执行信息短信发送平台,方便当事人随时查询、了解执行案件进展情况。要为各类征信系统提供科学、准确、全面的信息,积极推进执行信息公开平台与社会诚信体系对接,促进社会诚信建设。

在信息化条件下,人民法院推进司法公开的努力有目共睹。本次调查的侧重点则在于探知当事人对人民法院各种公开方式的青睐程度,从而指引人民法院在公开渠道选择上的着力点。

在问及"您最喜欢人民法院采用哪种方式公开立案信息"这一问题时,当事人的回答情况如下:内墙展示(19.2%)、纸质诉讼指南(16.0%)、电子显示屏(9.8%)、电子触摸屏展示与查询(7.6%)、法院网站(9.3%)、报纸(2.6%)、广播电视(1.8%)、手机短信(5.6%)、电话语音系统(1.3%)、导诉人员告知(7.1%)、窗口答疑(17.3%)、其他(2.3%)(见表3—21)。从样本数据可以看出,尽管在信息高速发展的今天,人们获取信息的途径日趋多元化,但在获取立案信息等重要信息的途径上面,人们更倾向于内墙展示、纸质诉讼指南、窗口答疑等传统信息获取方式。因此,人民法院在推广新的立案公开渠道时,且不可忽略对传统立案公开方式的建设。而在提及"您最喜欢人民法院采用哪种方式进行庭审公开"时,当事人的回答情况是:公审大会(32.3%)、电视直播(15.9%)、电视录播(7.9%)、网络直播(7.9%)、微博直播(3.4%)、自由旁听(25.5%)、网络录播(2.3%)、录像查阅(3.9%)、其他(1.0%)(见表3—22)。依统计结果分析,民众能够直接参与其中的庭审公开方式最容易为当事人接受,其中选择公审大会的占32.3%,选择自由旁听的占25.5%。此外,民众最容易接触的媒体也是喜欢庭审公开的渠道,如选择电视直播的占15.9%。

表3—21 您最喜欢人民法院采用哪种方式公开立案信息

	选项	频数	有效百分比
有效	内墙展示	278	19.2
	纸质诉讼指南	232	16.0
	电子显示屏	141	9.8
	电子触摸屏展示与查询	110	7.6
	法院网站	135	9.3
	报纸	38	2.6
	广播电视	26	1.8
	手机短信	81	5.6
	电话语音系统	19	1.3
	导诉人员告知	103	7.1
	窗口答疑	250	17.3
	其他	33	2.3
	合计	1446	100.0
缺失		119	
合计		1565	

表3—22 您最喜欢人民法院采用哪种方式进行庭审公开

	选项	频数	有效百分比
有效	公审大会	500	32.3
	电视直播	246	15.9
	电视录播	122	7.9
	网络直播	123	7.9
	微博直播	52	3.4
	自由旁听	394	25.5
	网络录播	35	2.3
	录像查阅	60	3.9
	其他	16	1.0
	合计	1548	100.0
缺失		17	
合计		1565	

　　需要警醒的是，公审大会这种盛行于 20 世纪 80 年代的案件宣判方式，因涉及隐私权和人权保障等问题而广受批评，在司法文明不断推进的今天，公审大会这种宣判方式已经被禁止。但不可否认的现实是，基于"震慑犯罪、警示群众"之目的，公审大会在各地仍在不断上演，根据《法治周末》记者不完全统计，仅 2010 年以来，经媒体披露的各地公捕公判大会至少有 20 次。当事人将公审大会作为最喜欢的庭审公开方式的选项，似乎在印证地方某些做法的合理性。对此，谢晖教授指出，"公众对公捕公判的围观并拍手称快，正是对社会不公的真正原因模糊不清时的一种替代性发泄方式，同时也反映了一些公民对犯罪现象的深恶痛绝。最重要且不容回避的问题是：这也是一些地方党委和政府巧妙地借以释放民怨、营造'恶有恶报'这一公平假象的'修辞'策略和行动方式。公捕公判大会的不断上演，是'和谐地反法治'的表现。"《法治周末》评论员郭国松也指出，建设法治国家早已被写进了我们的根本大法，于是，依法治国成了一个极其响亮、极为诱人的口号。如果我们作一个设问：依法治国最大的障碍是什么？或许每个人都能列出一长串的问题，而每一个问题都有深刻的道理。相比之下，一切反法治的行为显然是对法治的最大破坏，被学界人士视为法治社会毒瘤的公捕公判，就是一种典型的反法治的行为。哈佛大学法学博士、政治大学（台北）兼任教授陈长文曾语重心长地告诫："所有有志的法律人，我们不但不能容许自己成为败坏法律人名声的那片'枯叶'，也绝不能容许自己成为默许枯叶萎黄的'隐匿允诺者'。"将反法治的行为视为"好东西"，其结果必然带来整个社会的非理性，摧毁法治社会的根基，倒退到街头公审的蒙昧时代。故而，公审大会尽管广受当事人"欢迎"，但人民法院切不能回应此种需求。

　　针对"您最喜欢人民法院采用如下哪一种审务公开的方式"这一问题，当事人的回答情况是：新闻发布会（9.3%）、公众开放日（7.8%）、法院门户网站（6.6%）、短信平台（11.1%）、电子触摸屏和显示屏（8.4%）、广播电视（10.6%）、报纸（10.0%）、座谈会（10.9%）、研讨会（12.3%）、其他（13.0%）（见表3—23）。相较于立案公开和庭审公开当事人在选择时有明显的倾向性不同，对于审务公开，当事人并无明显的公开方式上的倾向性，这或许源于法院审务公开与当事人直接利益联系松散。

　　随着微博这一崭新公共舆论平台的迅速发展，"微博问政"已经成为公共机构与民互动、倾听民声、汇集民智的重要阵地。在司法领域，人民法院也已充分意识到在以微博为代表的网络媒体语境下进行民意沟通和司法公开的重要意义。最高人民法院在"三五改革纲要"中提出要建立网络民意表达和民意调查制度，方便群众通过网络提出意见和建议；新近出台的《关于进一步加强

表 3—23　您最喜欢人民法院采用如下哪一种审务公开的方式

	选项	频数	有效百分比
具体内容	新闻发布会	978	9.3
	公众开放日	815	7.8
	法院门户网站	689	6.6
	短信平台	1164	11.1
	电子触摸屏、显示屏	885	8.4
	广播电视	1109	10.6
	报纸	1051	10.0
	座谈会	1148	10.9
	研讨会	1287	12.3
	其他	1364	13.0
合计		10490	100.0

民意沟通工作的意见》也将"改进完善网络民意沟通机制"作为法院倾听民意、了解民情、关注民生的重要途径。在此背景下,全国多地法院自发试水微博,尝试在这一全新的技术平台收集舆情和沟通民意。法院微博的功能主要有:"一是传递价值与沟通民意。在开放、透明、信息化的条件下,法院通过微博与公众分享对法律问题的观点和见解,传递公正、廉洁、为民等司法理念,同时也在网络交流中更好地了解和把握社情民意,也能更好地维护人民群众的知情权、参与权、表达权和监督权等合法权益。二是展示形象与司法公开。法院把自己正在'做什么、怎么做、为何做'等群众关切的信息通过微博适当公开,能有效弥补传统沟通渠道不及时、不通畅和信息面窄等不足。另一方面,开设微博也是法院积极接受外部监督的重要途径,有助于树立公正、高效、为民、廉洁的司法形象。三是危机公关与舆情引导。"①人民网舆情监测室联合新浪网发布《2013 年新浪政法微博报告》(以下简称《报告》)称,截至 2013 年 10 月底,新浪微博中,政务微博约 10 万个,较 2012 年同期增 4 万余个,增幅达到 67%。其中,各类政法微博总数已达 2.4 万个。《报告》指出,2013 年 11 月 21 日,最高人民法院微博开通,这是中央政法机关中首个开通的官方微博,成为 2013 年政法微博的一大亮点。当前,法院的网络话语权频显疲弱,在一些公共舆论事件上常处于被围观和围攻的尴尬境地。人民法院通过占据微博这

---

① 刘新慧:《法院微博促进司法公开问题研究》,《人民法院报》2011 年 12 月 30 日。

一网舆制高点，做到在重大问题上不缺位，在关键时刻不失语，实现舆情发现、评估和回应的全过程，能有效避免因信息不对称而带来的损害司法权威等不良影响。针对"推广法院微博是当前拓宽民意沟通的重要渠道，您是否会关注、参与法院微博互动"这一问题的回答，69.3%的被调查者选择了"会"，而只有30.7%的被调查者选择"不会"（见表3—24）。可见，当事人对参与法院微博热情较高。微博不微，在互联网交织的虚拟空间中，微博涌动着民意，折射着民情。而据调查发现，微博上网友对热点涉法话题的讨论热情高于其他议题。民意生长到哪里，法院的目光就应关注到哪里；群众的诉求表达到哪里，法院的责任就应体现在哪里。

表3—24　推广法院微博是当前拓宽民意沟通的重要渠道，
您是否会关注、参与法院微博互动

	选项	频数	有效百分比
有效	会	1071	69.3
	不会	474	30.7
	合计	1545	100.0
缺失		20	
合计		1565	

（四）当事人对司法公开对象的认知情况

就司法公开的对象而言，目前理论界和实务界的区分标准亦存在差异。有的学者主张，司法公开包括对群众公开和对社会公开，还有一些学者主张，司法公开包括对当事人的公开、对群众的公开和对社会公开。笔者认为，司法公开的对象应根据司法公开这一概念的不同含义加以区分。同时，鉴于对群众公开和对社会公开并无明确界限，应将这两个方面统一为对社会公开。广义的司法公开，其对象包括四个层次：上下级法院的公开，法院信息对内部干警的公开，对当事人的公开，以及对社会的公开。狭义的司法公开，则分为两个层次：一是对当事人的公开，一是对社会的公开。从目前学界的主流观点来看，司法公开主要以狭义为主。从实证调查结果来看，被调查者认为司法公开的对象应当是广泛的，既应包括当事人以及当事人亲属，亦应包括其他诉讼参与人，同时，人大代表、政协委员、新闻媒体等特殊主体也是司法公开的对象，此外，司法还应向普通社会民众公开（见表3—25、表3—26）。

表3—25　您认为法院庭审过程应当向如下哪些主体公开

	选项	频数	有效百分比
具体内容	当事人	170	3.6
	当事人亲属	760	16.0
	其他诉讼参与人（证人、鉴定人等）	654	13.8
	新闻媒体	1081	22.8
	人大代表、政协委员、社会组织代表等特殊主体	1079	22.8
	社会公众	993	21.0
合计		4737	100.0

表3—26　您认为听证应当向谁公开？

	选项	频数	有效百分比
具体内容	当事人	196	3.4
	当事人亲属	816	14.4
	利益相关者	461	8.1
	新闻媒体	988	17.4
	人大代表、政协委员、社会组织代表	988	17.4
	社会公众	853	15.0
	其他	1384	24.3
合计		5686	100.0

首先，就对当事人公开而言，由于裁判结果与其切身利益的密切联系，当事人往往对案件审理依据、裁判标准的关注度非常强烈，必须在这些影响案件实体审理结果的环节做到尽可能的公开。因此，在确定对这一对象人群的公开内容时，首先必须采取一系列措施来推进审理过程的公开，使当事人明确知晓案件裁判结果的推理过程。要做到这一点，关键是让那些当事人"看不见"而又对案件结果有重要影响的环节尽可能的公开。其次，就对社会进行公开而言，一个不争的事实是，除当事人以外，大部分普通人因具体个案与自己切身利益无关，不会对法院的每一项公开内容、每一个公开措施予以关注。因此，对社会公开要想取得成效，必须对当事人以外的重点人群进行细分，首先满足他们的公开需求。从这一角度考虑，对于当事人以外的社会其他人员来说，根据其对法院的关注度，首先必须重点抓好对三种公开对象的公开，即对网民的网络公开，对人大代表、政协委员的公开和对新闻媒体的公开。（1）对

网民公开方面,首先应当明确的是,网民的一个突出特征为具有普遍猎奇的心理,同时网民对于信息的传播具有放大效应。2014 年 1 月 16 日,中国互联网络信息中心(CNNIC)在京发布第 33 次《中国互联网络发展状况统计报告》(以下简称《报告》)。《报告》显示,截至 2013 年 12 月,中国网民规模达 6.18 亿,互联网普及率为 45.8%。其中,手机网民规模达 5 亿,继续保持稳定增长。手机网民规模的持续增长促进了手机端各类应用的发展,成为 2013 年中国互联网发展的一大亮点。面对如此大规模的网民,对于网民传播的放大效应,必须通过真正的司法公开加以引导。(2)在对人大代表、政协委员公开方面,人大代表、政协委员作为人民群众代表,具有一定的素质基础和监督角色,因此可以通过其深入接触法院工作,近距离体验司法过程,来增强司法公开的效果。(3)在对新闻媒体公开方面,鉴于媒体对新闻素材的敏感性,以及媒体报道的权威性,应当建立起与媒体的即时沟通平台,在第一时间通过媒体发布法院信息,并利用好媒体消除公众对法院工作的误解。

一个值得注意的现象是,在选择司法公开的对象时,当事人更倾向于司法向新闻媒体、社会公众等其他主体公开,而非倾向于对自身的公开。当问及"您认为法院庭审过程应当向如下哪些主体公开"时,选择向新闻媒体、人大代表等特殊主体、社会公众公开的分别占 22.8%、22.8%、21.0%,而选择向当事人自身公开的仅占 3.6%(见表 3—25)。同样,当问及"您认为听证应当向谁公开"这一问题时,选择向新闻媒体、人大代表等特殊主体、社会公众公开的分别占 17.4%、17.4%、15.0%,而选择向当事人自身公开的仅占 3.4%(见表 3—26)。显然,当事人在进行诉讼的过程中,认为自己是处于弱势地位的,司法公开的对象导向有一定影响力的主体,通过其他主体的"外在力量",客观上可以加强自身在诉讼中的地位。因此,56.1% 的被调查者认为,新闻发言人制度对促进司法公开"作用很大"(见表 3—27),而认为为加强与人大代表、政协委员沟通,"会"或者"一定程度上会"促进司法公开的被调查者则分别占 45.7%、36.2%(见表 3—28)。

表 3—27　您认为新闻发言人制度对促进司法公开的作用如何

	选项	频数	有效百分比
有效	作用很大	859	56.1
	作用有限	590	38.5
	没有作用	83	5.4
	合计	1532	100.0
缺失		33	
合计		1565	

表3—28　您认为加强与人大代表、政协委员沟通，是否会促进司法公开

	选项	频数	有效百分比
有效	会	706	45.7
	一定程度上会	559	36.2
	不会	121	7.8
	不清楚	160	10.3
	合计	1546	100.0
缺失		19	
合计		1565	

如此看来，司法公开的广度应是人民法院特别关注的一个问题。

（五）年龄、身份等因素对当事人司法公开需求的影响状况

司法公信力是当前中国法治进程中的一个热门话题。毋庸讳言，司法公信力的不足已经成为严重影响司法效力的重要因素，使得某些本应在司法领域解决的法律纠纷溢出正常的制度渠道和程序，成为社会的"公共事件"，影响了社会的安定有序。在通过司法公开促进司法公信业已确证的情况下，司法公信力的不足实质体现为司法公开无法满足民众之司法需求。因此，司法改革的设计应以满足民众的司法需求为目标。但需要注意的是：其一，社会群体是多层次性的。任何社会都由不同的社会阶层组成。毋庸置疑，在中国社会已经出现了不同的社会分层。其二，司法需求是多层次性的。不同层次的社会群体之间所拥有的社会资源、知识财富不同，使得他们对司法的感知、期望和需求不同，也决定了他们表达诉求和参与诉讼能力的不同。所处的阶层越低，其占有的社会资源和知识财富越少，其参与诉讼和表达诉求的能力越差，对司法的理解越浅薄朴素，对司法所抱有的期望值也就越高。当其利益遭受侵害时，诉诸司法的愿望越强烈，也更希望法院能大包大揽还其事情的本来面目，同时，当其诉讼达不到预期目标时，其对司法产生的对立和不满情绪越严重，矛盾越不容易调和，甚至会将当事人之间的矛盾转移至对法官、司法，甚至是国家的不满。而越处于上层，则对司法权有着更客观理性的认识，对司法有着合理的预期，同时也会积极利用个人占有的资源和财富，趋利避害，即使在诉讼中达不到预期目标也不会产生更加深刻的矛盾。

司法需求的多层次性与司法制度的单一性之间的紧张和张力，在一定程度上造成了司法的形式正义导致的实质非正义。社会群体的复杂性也决定了司法需求是多元、多层次性的，这与整齐划一的司法制度之间存在着一种紧张关系，

也就是说现行司法制度的单一性无法满足司法需求的多层次性。因此，在考察当事人的司法公开需求时，必须考虑诸种因素对需求差异的影响，由此才能决定司法供给中的多层次性。为考察方便，本报告选取年龄、身份、文化程度、居住区域特征、诉讼经历作为考察因子，剖析诸因素对当事人立案信息公开方式、庭审公开方式方面是否存在影响，并同时考证这些因素对当事人司法公开满意度的影响。样本数据表明：当事人对司法公开的需求差异确实存在。

1. 年龄、身份因素对立案公开方式需求的影响状况

样本数据显示：年龄因素对当事人立案信息公开的偏好并无直接影响（见表3—29）。但身份因素却直接影响当事人对立案公开方式的选择偏向，国家

表3—29　您最喜欢人民法院采用哪种方式公开立案信息？[①]

年龄	内墙展示	纸质诉讼指南	电子显示屏	电子触摸屏展示与查询	法院网站	报纸	广播电视	手机短信	电话语音系统	导诉人员告知	窗口答疑	其他	总计
30岁以下	5	1	1	3	3	1	1	1	0	0	13	1	30
	16.7%	3.3%	3.3%	10.0%	10.0%	3.3%	3.3%	3.3%	0.0%	0.0%	43.3%	3.3%	100.0%
31—35岁	179	158	97	78	87	22	19	54	12	62	174	22	974
	18.4%	16.2%	10.0%	8.0%	8.9%	2.3%	2.0%	5.5%	1.2%	6.4%	17.9%	2.3%	100.0%
36—40岁	68	66	37	28	39	12	5	22	6	27	51	9	372
	18.3%	17.7%	9.9%	7.5%	10.5%	3.2%	1.3%	5.9%	1.6%	7.3%	13.7%	2.4%	100.0%
41—45岁	9	7	6	1	6	3	1	3	1	12	11	1	61
	14.8%	11.5%	9.8%	1.6%	9.8%	4.9%	1.6%	4.9%	1.6%	19.7%	18.0%	1.6%	100.0%
46岁以上	3	0	0	0	0	0	0	1	0	1	0	0	5
	60.0%	0.0%	0.0%	0.0%	0.0%	0.0%	0.0%	20.0%	0.0%	20.0%	0.0%	0.0%	100.0%
总计	264	232	141	110	135	38	26	81	19	102	249	33	1442
	18.3%	16.1%	9.8%	7.6%	9.4%	2.6%	1.8%	5.6%	1.3%	7.1%	17.3%	2.3%	100.0%

注：P = 0.133。

---

① 表3—29至表3—43为依据年龄、身份、文化程度、居住区域特征和诉讼经历考察当事人对司法公开具体影响状况。其中表格下面的P = ……表示相关性，P值保留四位小数，P > 0.05表示两个变量之间不具有相关性，P < 0.05表示两个变量之间具有显著相关性。

与社会管理者、经理人员、个体工商户、城乡无业失业半失业者偏好窗口答疑方式公开立案信息,而私营企业主和办事人员则喜欢内墙展示方式,商业服务业员工、农业劳动者偏向选择纸质诉讼指南,产业工人对窗口答疑和内墙展示表现出了同样的喜好,专业技术人员则对法院网站公开立案信息情有独钟(见表3—30)。就文化程度而言,具有小学及以下、大专、硕士文化程度的被调查者,偏向选择窗口答疑,具有初中、大专文化程度的被调查者倾向于选择纸质诉讼指南,具有高中和本科学历的被调查者则选择了内墙展示,而具有博士文化程度的被调查者对窗口答疑和电子触摸屏表现出了同样的关注(见表3—31)。根据居住区域分析,居住在城市的当事人喜好通过窗口答疑方式公开立案信息,而居住在农村的当事人则偏向于选择内墙展示了解立案信息(见表3—32)。依据诉讼经历分析,第一次参加诉讼的当事人了解立案信息的途径偏向于窗口答疑,第二次参加诉讼的当事人热衷选择内墙展示了解相关立案信息,而多次参加诉讼的当事人则更信任纸质诉讼指南(见表3—33)。因此,法院应根据当事人的不同情况选择最为适当的立案公开方式十分必要。

表3—30　您最喜欢人民法院采用哪种方式公开立案信息?

身份	内墙展示	纸质诉讼指南	电子显示屏	电子触摸屏展示与查询	法院网站	报纸	广播电视	手机短信	电话语音系统	导诉人员告知	窗口答疑	其他	总计
国家与社会管理者	28	24	13	9	19	5	3	8	2	12	36	3	164
	17.1%	14.6%	7.9%	5.5%	11.6%	3.0%	1.8%	4.9%	1.2%	7.3%	22.0%	1.8%	100.0%
经理人员	6	11	4	5	4	1	3	8	2	4	13	3	64
	9.4%	17.2%	6.3%	7.8%	6.3%	1.6%	4.7%	12.5%	3.1%	6.3%	20.3%	4.7%	100.0%
私营企业主	28	18	12	16	11	4	1	4	3	6	15	5	125
	22.4%	14.4%	9.6%	12.8%	8.8%	3.2%	0.8%	3.2%	2.4%	4.8%	12.0%	4.0%	100.0%
专业技术人员	15	8	10	11	16	1	0	6	1	3	13	2	87
	17.2%	9.2%	11.5%	12.6%	18.4%	1.1%	0.0%	6.9%	1.1%	3.4%	14.9%	2.3%	100.0%

身份	内墙展示	纸质诉讼指南	电子显示屏	电子触摸屏展示与查询	法院网站	报纸	广播电视	手机短信	电话语音系统	导诉人员告知	窗口答疑	其他	总计
办事人员	50	40	26	18	36	8	0	14	3	12	43	0	251
	19.9%	15.9%	10.4%	7.2%	14.3%	3.2%	0.0%	5.6%	1.2%	4.8%	17.1%	0.0%	100.0%
个体工商商户	40	35	27	19	15	7	8	13	1	18	41	4	230
	17.4%	15.2%	11.7%	8.3%	6.5%	3.0%	3.5%	5.7%	0.4%	7.8%	17.8%	1.7%	100.0%
商业服务业员工	10	12	6	5	8	0	4	5	2	8	6	1	67
	14.9%	17.9%	9.0%	7.5%	11.9%	0.0%	6.0%	7.5%	3.0%	11.9%	9.0%	1.5%	100.0%
产业工人	14	9	6	6	5	4	1	2	1	5	14	1	69
	20.3%	13.0%	8.7%	8.7%	7.2%	5.8%	1.4%	2.9%	1.4%	7.2%	20.3%	1.4%	100.0%
农业劳动者	50	64	29	14	5	3	3	11	2	25	36	10	253
	19.8%	25.3%	11.5%	5.5%	2.0%	1.2%	1.2%	4.3%	0.8%	9.9%	14.2%	4.0%	100.0%
城乡无业、失业、半失业者	22	10	8	7	12	5	3	8	2	10	33	3	125
	17.6%	8.0%	6.4%	5.6%	9.6%	4.0%	2.4%	6.4%	1.6%	8.0%	26.4%	2.4%	100.0%
总计	263	231	141	110	131	38	26	79	19	103	250	32	1435
	18.3%	16.1%	9.8%	7.7%	9.1%	2.6%	1.8%	5.5%	1.3%	7.2%	17.4%	2.2%	100.0%

注：$P = 0.000$。

表3—31　您最喜欢人民法院采用哪种方式公开立案信息？

文化程度	内墙展示	纸质诉讼指南	电子显示屏	电子触摸屏展示与查询	法院网站	报纸	广播电视	手机短信	电话语音系统	导诉人员告知	窗口答疑	其他	总计
小学及以下	20	16	9	0	2	2	0	4	1	10	31	3	99
	20.2%	16.2%	9.1%	0.0%	2.0%	2.0%	0.0%	4.0%	1.0%	10.1%	31.3%	3.0%	100.0%
初中	41	45	26	12	9	4	2	13	3	18	41	10	226
	18.1%	19.9%	11.5%	5.3%	4.0%	1.8%	0.9%	5.8%	1.3%	8.0%	18.1%	4.4%	100.0%
高中	52	42	27	19	17	2	10	8	4	26	28	6	245
	21.2%	17.1%	11.0%	7.8%	6.9%	0.8%	4.1%	3.3%	1.6%	10.6%	11.4%	2.4%	100.0%
中专	19	22	7	7	9	6	2	8	1	7	19	2	110
	17.3%	20.0%	6.4%	6.4%	8.2%	5.5%	1.8%	7.3%	0.9%	6.4%	17.3%	1.8%	100.0%
大专	48	28	21	25	30	10	3	17	2	16	50	6	258
	18.6%	10.9%	8.1%	9.7%	11.6%	3.9%	1.2%	6.6%	0.8%	6.2%	19.4%	2.3%	100.0%
本科	83	75	46	41	66	13	8	28	5	26	69	6	468
	17.7%	16.0%	9.8%	8.8%	14.1%	2.8%	1.7%	6.0%	1.1%	5.6%	14.7%	1.3%	100.0%
硕士	3	4	4	5	2	1	1	3	3	0	10	0	36
	8.3%	11.1%	11.1%	13.9%	5.6%	2.8%	2.8%	8.3%	8.3%	0.0%	27.8%	0.0%	100.0%
博士	0	0	0	1	0	0	0	0	0	0	1	0	2
	0.0%	0.0%	0.0%	50.0%	0.0%	0.0%	0.0%	0.0%	0.0%	0.0%	50.0%	0.0%	100.0%
总计	266	232	140	110	135	38	26	81	19	103	249	33	1444
	18.4%	16.1%	9.7%	7.6%	9.3%	2.6%	1.8%	5.6%	1.3%	7.1%	17.2%	2.3%	100.0%

注：P=0.000。

表3—32   您最喜欢人民法院采用哪种方式公开立案信息？

居住区域特征	内墙展示	纸质诉讼指南	电子显示屏	电子触摸屏展示与查询	法院网站	报纸	广播电视	手机短信	电话语音系统	导诉人员告知	窗口答疑	其他	总计
城市	149	130	79	79	103	30	18	60	14	56	162	16	902
	16.5%	14.4%	8.8%	8.8%	11.4%	3.3%	2.0%	6.7%	1.6%	6.2%	18.0%	1.8%	100.0%
农村	114	101	61	29	30	8	8	19	5	46	85	17	529
	21.6%	19.1%	11.5%	5.5%	5.7%	1.5%	1.5%	3.6%	0.9%	8.7%	16.1%	3.2%	100.0%
总计	263	231	140	108	133	38	26	79	19	102	247	33	1431
	18.4%	16.1%	9.8%	7.5%	9.3%	2.7%	1.8%	5.5%	1.3%	7.1%	17.3%	2.3%	100.0%

注：$P = 0.000$。

表3—33   您最喜欢人民法院采用哪种方式公开立案信息？

诉讼经历	内墙展示	纸质诉讼指南	电子显示屏	电子触摸屏展示与查询	法院网站	报纸	广播电视	手机短信	电话语音系统	导诉人员告知	窗口答疑	其他	总计
第一次参加诉讼	185	164	102	82	81	19	18	47	12	77	187	23	1006
	18.4%	16.3%	10.1%	8.2%	8.1%	1.9%	1.8%	4.7%	1.2%	7.7%	18.6%	2.3%	100.0%
第二次参加诉讼	32	19	11	12	20	13	6	8	4	13	19	8	165
	19.4%	11.5%	6.7%	7.3%	12.1%	7.9%	3.6%	4.8%	2.4%	7.9%	11.5%	4.8%	100.0%
多次参加诉讼	41	49	27	15	32	4	2	26	3	13	43	2	260
	15.8%	18.8%	10.4%	5.8%	12.3%	1.5%	0.8%	10.0%	1.2%	5.0%	16.5%	0.8%	100.0%
总计	258	232	140	109	133	36	26	81	19	103	249	33	1431
	18.0%	16.2%	9.8%	7.6%	9.3%	2.5%	1.8%	5.7%	1.3%	7.2%	17.4%	2.3%	100.0%

注：$P = 0.000$。

2. 年龄、身份等因素对庭审公开方式需求的影响状况

从数据分析结果来看,年龄因素对庭审公开方式需求影响直接,40 岁以下的被调查者偏好公审大会,41—45 岁的被调查者则喜欢自由旁听方式,而 46 岁以上的被调查者则选择了电视直播作为需求中的最爱(见表3—34)。从身份因素分析,大部分被调查者均选择了公审大会作为自身最为偏爱的庭审公开方式,只有个体工商户和商业服务业员工则选择了自由旁听(见表3—35)。就文化程度而言,具有小学及以下、初中、高中、大专文化程度的当事人将公审大会作为自身最为青睐的庭审公开方式,而具有中专和博士文化程度的当事人则对公审大会展现出了同样的兴趣,具有本科学历的当事人偏向于自由旁听,而具有硕士文化程度的当事人则喜好公审大会和电视直播(见表3—36)。具体到居住区域特征,农村和城市的被调查者均倾向于公审大会这种庭审公开方式(见表3—37)。就当事人的诉讼经历来看,第一次参加诉讼的当事人,选择了公审大会作为自己最为偏爱的庭审公开方式,第二次参加诉讼的当事人则对公审大会和自由旁听给予了同等关注,多次参加诉讼的当事人则最为喜欢自由旁听(见表3—38)。

表3—34　您最喜欢人民法院采用哪种方式进行庭审公开?

年龄	公审大会	电视直播	电视录播	网络直播	微博直播	自由旁听	网络录像	录像查阅	其他	总计
30 岁以下	21	0	2	2	3	3	0	0	0	31
	67.7%	0.0%	6.5%	6.5%	9.7%	9.7%	0.0%	0.0%	0.0%	100.0%
31—35 岁	328	155	75	94	40	275	28	46	13	1054
	31.1%	14.7%	7.1%	8.9%	3.8%	26.1%	2.7%	4.4%	1.2%	100.0%
36—40 岁	134	79	35	25	9	86	6	13	3	390
	34.4%	20.3%	9.0%	6.4%	2.3%	22.1%	1.5%	3.3%	0.8%	100.0%
41—45 岁	15	10	8	2	0	27	1	1	0	64
	23.4%	15.6%	12.5%	3.1%	0.0%	42.2%	1.6%	1.6%	0.0%	100.0%
46 岁以上	0	2	1	0	0	2	0	0	0	5
	0.0%	40.0%	20.0%	0.0%	0.0%	40.0%	0.0%	0.0%	0.0%	100.0%
总计	498	246	122	123	52	393	35	60	16	1545
	32.2%	15.9%	7.9%	8.0%	3.4%	25.4%	2.3%	3.9%	1.0%	100.0%

注:P = 0.000。

表3—35 您最喜欢人民法院采用哪种方式进行庭审公开?

身份	公审大会	电视直播	电视录播	网络直播	微博直播	自由旁听	网络录像	录像查阅	其他	总计
国家与社会管理者	60	26	14	13	9	39	7	5	1	174
	34.5%	14.9%	8.0%	7.5%	5.2%	22.4%	4.0%	2.9%	0.6%	100.0%
经理人员	21	10	8	8	4	10	3	0	0	64
	32.8%	15.6%	12.5%	12.5%	6.3%	15.6%	4.7%	0.0%	0.0%	100.0%
私营企业主	50	26	15	5	3	32	4	3	0	138
	36.2%	18.8%	10.9%	3.6%	2.2%	23.2%	2.9%	2.2%	0.0%	100.0%
专业技术人员	25	17	1	11	6	19	3	7	1	90
	27.8%	18.9%	1.1%	12.2%	6.7%	21.1%	3.3%	7.8%	1.1%	100.0%
办事人员	78	38	35	34	10	59	2	8	1	265
	29.4%	14.3%	13.2%	12.8%	3.8%	22.3%	0.8%	3.0%	0.4%	100.0%
个体工商商户	73	47	17	18	5	79	5	10	2	256
	28.5%	18.4%	6.6%	7.0%	2.0%	30.9%	2.0%	3.9%	0.8%	100.0%
商业服务业员工	18	5	5	9	2	27	0	5	0	71
	25.4%	7.0%	7.0%	12.7%	2.8%	38.0%	0.0%	7.0%	0.0%	100.0%
产业工人	27	14	6	9	4	8	3	3	0	74
	36.5%	18.9%	8.1%	12.2%	5.4%	10.8%	4.1%	4.1%	0.0%	100.0%
农业劳动者	97	37	13	9	3	80	6	17	8	270
	35.9%	13.7%	4.8%	3.3%	1.1%	29.6%	2.2%	6.3%	3.0%	100.0%
城乡无业、失业、半失业者	47	22	8	7	6	39	2	1	2	134
	35.1%	16.4%	6.0%	5.2%	4.5%	29.1%	1.5%	0.7%	1.5%	100.0%
总计	496	242	122	123	52	392	35	59	15	1536
	32.3%	15.8%	7.9%	8.0%	3.4%	25.5%	2.3%	3.8%	1.0%	100.0%

注:P = 0.000。

表3—36　您最喜欢人民法院采用哪种方式进行庭审公开？

文化程度	公审大会	电视直播	电视录播	网络直播	微博直播	自由旁听	网络录像	录像查阅	其他	总计
小学及以下	53	9	5	5	0	25	3	5	0	105
	50.5%	8.6%	4.8%	4.8%	0.0%	23.8%	2.9%	4.8%	0.0%	100.0%
初中	99	39	11	8	9	60	3	6	10	245
	40.4%	15.9%	4.5%	3.3%	3.7%	24.5%	1.2%	2.4%	4.1%	100.0%
高中	86	56	26	9	9	58	6	8	1	259
	33.2%	21.6%	10.0%	3.5%	3.5%	22.4%	2.3%	3.1%	0.4%	100.0%
中专	32	21	14	10	4	32	0	4	0	117
	27.4%	17.9%	12.0%	8.5%	3.4%	27.4%	0.0%	3.4%	0.0%	100.0%
大专	100	38	31	19	9	69	6	12	4	288
	34.7%	13.2%	10.8%	6.6%	3.1%	24.0%	2.1%	4.2%	1.4%	100.0%
本科	119	73	31	71	17	144	13	23	1	492
	24.2%	14.8%	6.3%	14.4%	3.5%	29.3%	2.6%	4.7%	0.2%	100.0%
硕士	9	9	4	1	4	6	3	2	0	38
	23.7%	23.7%	10.5%	2.6%	10.5%	15.8%	7.9%	5.3%	0.0%	100.0%
博士	1	0	0	0	0	0	1	0	0	2
	50.0%	0.0%	0.0%	0.0%	0.0%	0.0%	50.0%	0.0%	0.0%	100.0%
总计	499	245	122	123	52	394	35	60	16	1546
	32.3%	15.8%	7.9%	8.0%	3.4%	25.5%	2.3%	3.9%	1.0%	100.0%

注：P＝0.000。

表3—37　您最喜欢人民法院采用哪种方式进行庭审公开？

居住区域特征	公审大会	电视直播	电视录播	网络直播	微博直播	自由旁听	网络录像	录像查阅	其他	总计
城市	287	149	85	95	38	244	25	34	6	963
	29.8%	15.5%	8.8%	9.9%	3.9%	25.3%	2.6%	3.5%	0.6%	100.0%
农村	208	96	35	27	12	149	10	23	10	570
	36.5%	16.8%	6.1%	4.7%	2.1%	26.1%	1.8%	4.0%	1.8%	100.0%
总计	495	245	120	122	50	393	35	57	16	1533
	32.3%	16.0%	7.8%	8.0%	3.3%	25.6%	2.3%	3.7%	1.0%	100.0%

注：P＝0.000。

表3—38 您最喜欢人民法院采用哪种方式进行庭审公开?

诉讼经历	公审大会	电视直播	电视录播	网络直播	微博直播	自由旁听	网络录像	录像查阅	其他	总计
第一次参加诉讼	379	168	70	83	30	263	21	47	15	1076
	35.2%	15.6%	6.5%	7.7%	2.8%	24.4%	2.0%	4.4%	1.4%	100.0%
第二次参加诉讼	46	27	27	7	10	46	5	5	1	174
	26.4%	15.5%	15.5%	4.0%	5.7%	26.4%	2.9%	2.9%	0.6%	100.0%
多次参加诉讼	69	50	22	33	12	80	9	8	0	283
	24.4%	17.7%	7.8%	11.7%	4.2%	28.3%	3.2%	2.8%	0.0%	100.0%
总计	494	245	119	123	52	389	35	60	16	1533
	32.2%	16.0%	7.8%	8.0%	3.4%	25.4%	2.3%	3.9%	1.0%	100.0%

注:$P = 0.000$。

3. 年龄、身份等因素对司法公开满意度的影响状况

在司法公开各个方面的满意度方面:年龄越小的当事人对立案公开的满意度越高(见表3—39);顶部阶层对庭审公开的满意度最高,中间阶层对庭审公开的满意度相对较低,而底部阶层对庭审公开的满意度适中(见表3—40);就听证公开而言,本科以下文化程度的被调查者表示了总体满意,具有硕士文化程度的被调查者则认为人民法院在听证公开方面做得一般,而具有博士文化程度的被调查者则表现出了两个极端,表示"非常满意"和"非常不满意"的被调查者势均力敌(见表3—41)[1];当事人的居住区域特征对执行公开的满意度影响并不显著,城市人口和农村人口对执行公开表现出了基本相当的满意度(见表3—42);同样,当事人的诉讼经历对审务公开的满意度也几乎没有明显影响(见表3—43)。

---

① 当然,这里有被调查的当事人中博士相对较少这一直接因素。

表3—39　您对我国司法公开各方面的情况满意度如何:立案公开

年龄	非常满意	满意	一般	不满意	非常不满意	总计
30 岁以下	25	5	1	0	0	31
	80.6%	16.1%	3.2%	0.0%	0.0%	100.0%
31—35 岁	437	399	195	15	3	1049
	41.7%	38.0%	18.6%	1.4%	0.3%	100.0%
36—40 岁	135	165	85	5	1	391
	34.5%	42.2%	21.7%	1.3%	0.3%	100.0%
41—45 岁	24	24	15	1	0	64
	37.5%	37.5%	23.4%	1.6%	0.0%	100.0%
46 岁以上	2	3	0	0	0	5
	40.0%	60.0%	0.0%	0.0%	0.0%	100.0%
总计	623	596	296	21	4	1540
	40.5%	38.7%	19.2%	1.4%	0.3%	100.0%

注:P = 0.016。

表3—40　您对我国司法公开各方面的情况满意度如何:庭审公开

身份	非常满意	满意	一般	不满意	非常不满意	总计
国家与社会管理者	82	59	28	2	1	172
	47.7%	34.3%	16.3%	1.2%	0.6%	100.0%
经理人员	15	23	25	1	0	64
	23.4%	35.9%	39.1%	1.6%	0.0%	100.0%
私营企业主	43	63	30	2	0	138
	31.2%	45.7%	21.7%	1.4%	0.0%	100.0%
专业技术人员	33	35	19	3	1	91
	36.3%	38.5%	20.9%	3.3%	1.1%	100.0%
办事人员	83	114	63	6	0	266
	31.2%	42.9%	23.7%	2.3%	0.0%	100.0%
个体工商商户	78	105	69	3	1	256
	30.5%	41.0%	27.0%	1.2%	0.4%	100.0%
商业服务业员工	25	29	15	1	1	71
	35.2%	40.8%	21.1%	1.4%	1.4%	100.0%

续表

身份	非常满意	满意	一般	不满意	非常不满意	总计
产业工人	22	34	16	2	0	74
	29.7%	45.9%	21.6%	2.7%	0.0%	100.0%
农业劳动者	102	99	64	1	0	266
	38.3%	37.2%	24.1%	0.4%	0.0%	100.0%
城乡无业、失业、半失业者	56	58	17	3	0	134
	41.8%	43.3%	12.7%	2.2%	0.0%	100.0%
总计	539	619	346	24	4	1532
	35.2%	40.4%	22.6%	1.6%	0.3%	100.0%

注：$P = 0.016$。

表3—41　您对我国司法公开各方面的情况满意度如何：听证公开

文化程度	非常满意	满意	一般	不满意	非常不满意	总计
小学及以下	41	37	21	5	0	104
	39.4%	35.6%	20.2%	4.8%	0.0%	100.0%
初中	79	80	74	7	1	241
	32.8%	33.2%	30.7%	2.9%	0.4%	100.0%
高中	85	88	81	4	0	258
	32.9%	34.1%	31.4%	1.6%	0.0%	100.0%
中专	31	39	39	4	1	114
	27.2%	34.2%	34.2%	3.5%	0.9%	100.0%
大专	80	100	86	17	1	284
	28.2%	35.2%	30.3%	6.0%	0.4%	100.0%
本科	145	174	146	21	4	490
	29.6%	35.5%	29.8%	4.3%	0.8%	100.0%
硕士	6	11	17	3	1	38
	15.8%	28.9%	44.7%	7.9%	2.6%	100.0%
博士	1	0	0	0	1	2
	50.0%	0.0%	0.0%	0.0%	50.0%	100.0%
总计	468	529	464	61	9	1531
	30.6%	34.6%	30.3%	4.0%	0.6%	100.0%

注：$P = 0.000$。

表3—42　您对我国司法公开各方面的情况满意度如何:执行公开

居住区域特征	非常满意	满意	一般	不满意	非常不满意	总计
城市	281	308	314	43	10	956
	29.4%	32.2%	32.8%	4.5%	1.0%	100.0%
农村	179	195	161	22	5	562
	31.9%	34.7%	28.6%	3.9%	0.9%	100.0%
总计	460	503	475	65	15	1518
	30.3%	33.1%	31.3%	4.3%	1.0%	100.0%

注:P = 0.445。

表3—43　您对我国司法公开各方面的情况满意度如何:审务公开

诉讼经历	非常满意	满意	一般	不满意	非常不满意	总计
第一次参加诉讼	337	348	343	38	2	1068
	31.6%	32.6%	32.1%	3.6%	0.2%	100.0%
第二次参加诉讼	57	64	49	1	1	172
	33.1%	37.2%	28.5%	0.6%	0.6%	100.0%
多次参加诉讼	84	90	86	17	2	279
	30.1%	32.3%	30.8%	6.1%	0.7%	100.0%
总计	478	502	478	56	5	1519
	31.5%	33.0%	31.5%	3.7%	0.3%	100.0%

注:P = 0.105。

综上分析可以看出,尽管从总体上来看,年龄、身份、文化程度等诸因素对当事人司法公开的需求影响并不十分显著,但某些差异存在是不争的事实,而正是这些差异是否能为人民法院所察觉,决定了人民法院满足社会公众司法公开需求的程度。因此,关注司法公开的微观体征,是司法为民的重要体现。

(六)当事人对司法公开重大问题的认知状况

司法公开制度改革是中央司法改革项目中的重要内容之一。不断深化司法公开制度改革,推进司法公开工作,是人民法院提高工作能力与效率、树立法院和干警自身良好司法形象、保障和提升司法公信力的有效途径,也是提高人民群众满意度、获取更多社会认同与支持的有效方式。当前,随着司法改革步伐的快速迈进,人民法院司法服务步入了一个前所未有的高速发展期。人民群众对法院司法服务知情权的需求日趋旺盛,对法院司法公开的呼声也日渐强烈。因此,尽最大努力回应人民群众司法公开的需求与期待,已然成为人民法院的工作重点。因此,从当事人视角审视人民法院司法公开工作推进中的相关重大问题,无疑可以为人民法院提供新的工作思路和方法。

1. 司法公开的性质界定问题

司法公开的性质,是司法公开研究的基础性问题之一。司法公开的性质界定实质上需要解决司法公开是权力抑或权利的问题。如果认为司法公开是一项权力,此种定位意味着人民法院完全可以自主选择是否公开以及公开什么。而如果认为司法公开是一项权利,则意味着当事人以及社会公众可以要求人民法院公开某些信息,如果要求得不到满足,则相关主体拥有救济手段。

从司法公开产生的历史沿革看,司法公开是当事人的程序性权利。18世纪中期,资产阶级启蒙思想家贝卡利亚首先提出了公开审判原则,以反对封建司法中的秘密审判、私设法庭、专横擅断。在贝卡利亚倡导的公开审判思想问世以后,为保障当事人获得公正的裁判,公开审判原则在各国不断确立。1948年,联合国大会通过的《世界人权宣言》第10条规定:"人人完全平等地有权由一个独立而无偏倚的法庭进行公正和公开的审讯,以确定他的权利和义务并判定对他提出的任何刑事指控。"这首次确立了公开审判权。1966年,联合国大会决议通过的《公民权利和政治权利国际公约》第14条第1款再次确认和明确了公开审判原则,即"所有的人在法庭上和裁判面前一律平等。在判定时对提出的任何刑事指控或他在一件诉讼案中的权利和义务时,人人有资格由一个依法设立的合格的、独立的和无偏倚的法庭进行公正的和公开的审讯"。因此对于案件当事人来说,司法公开是其应该享有的一项程序性权利,是为国际公约所确立的一项基本人权。从司法公开的功能看,司法公开是社会公众的基本权利,同时也是法院的一项职责。现代民主社会要求国家权力运作必须接受人民监督,司法权作为国家权力的一种,其行使过程与结果理所当然应受到公众的监督与批判,这是社会公众的一项基本权利。监督的方式包括旁听、参与诉讼、评议法官和法院工作绩效、利用舆论监督等,这些正是司法公开的重要表现形式。通过司法公开满足公众知情权,进而实现其对司法权运作的监督,也是法院必须承担的一项职责。

在司法公开深入推进的今天,从"权利本位"范式下理解司法公开至关重要。令人感到欣慰的是,在回答"您认为司法公开是您的一项基本权利吗"这一问题时,84.1%的当事人选择了"是",仅有6.7%的当事人选择"否",另有

9.1%的当事人选择不清楚(见表3—44)。由此,人民法院进行司法公开并不具备选择的任意性,而是一项应当履行的义务。

表3—44　您认为司法公开是您的一项基本权利吗

	选项	频数	有效百分比
有效	是	1298	84.1
	否	104	6.7
	不清楚	141	9.1
	合计	1543	100.0
缺失		22	
合计		1565	

2. 司法公开的边界厘定问题

在司法公开的正面功能得以宣扬的同时,一种要求司法的绝对公开和司法的绝对透明的观点是需要警醒的。借助各类公开方式,包括法庭的公开宣判、传媒的传播、法院案卷材料的公布等,被公开了的司法案件或深或浅地暴露在民众面前。当民众在充分享受其社会知情权的同时,被搁置不顾的个人的隐私权正在被回避。可以这样认为:司法信息面向社会的公开正在一定程度上给当事人的隐私权造成很大程度的伤害。因此,向社会公开司法信息必须以个人利益的保障为其限度,这个个人利益最主要的当然就是隐私权。尽管司法公开原则被现代各国的宪法或法律所确立,并具有重要的价值意义,但是司法公开并不是毫无限制而越公开越好,在当今这个利益多元化的社会,诉讼中还存在着其他一些价值准则需要维护。此外,在特殊情形下,司法公开反而不利于司法公正效率价值的实现,甚至不利于纠纷的圆满解决。

根据法律规定,涉及国家秘密、个人隐私、商业秘密等案件,是不能公开审理的,这是原则,不能逾越。同时,最高人民法院《关于人民法院在互联网公布裁判文书的规定》指出,司法公开应把握如下限度:第一,人民法院的生效裁判文书应当在互联网公布,但有下列情形之一的除外:涉及国家秘密、个人隐私的;涉及未成年人违法犯罪的;以调解方式结案的;其他不宜在互联网公布的。第二,人民法院在互联网公布裁判文书时,应当保留当事人的姓名或者名称等真实信息,但必须采取符号替代方式对下列当事人及诉讼参与人的姓名进行匿名处理:婚姻家庭、继承纠纷案件中的当事人及其法定代理人;刑事案件中被害人及其法定代理人、证人、鉴定人;被判处三年有期徒刑以下刑罚以及免予刑事处罚，且不属于累犯或者惯犯的被告人。第三，人民法院在互联网公布裁判文书时，应当删除下列信息：自然人的家庭住址、通讯方式、身份证号码、银行账号、健康状况等个人信息；未成年人的相关信息；法人以及其他组织的银行账号；商业秘密；其他不宜公开的内容。

　　司法作为终局裁决程序，不宜被拖入密室成为法官的独舞，但亦需要控制公开的边界，把握公开的"度"。法律规定不公开的，一律不公开；法律规定公开的，亦应考虑公共秩序和当事人的隐私等因素，决定哪些环节公开以及采用何种形式公开。

　　从样本数据来看，当事人对司法公开的边界是有理性认识的。当问及"您认为除法律规定不公开审理的案件（国家秘密、个人隐私、商业秘密案件）外，其他案件的公开是否会侵犯当事人的隐私权"时，44.8%的当事人选择了"会"，28.9%的当事人选择"不好说"，真正选择"不会"的当事人只占26.2%（见表3—45）。而在回答"对于裁判文书网上公开制度，您的态度是"这一问题时，选择"支持，除依法需要保密的内容外，裁判文书应当全部上网"和"裁判文书是否应当网上公开，应当征求当事人的意见"的当事人分别占50.4%和27.3%（见表3—46）。可见，当事人虽然支持裁判文书上网，但同时也考虑了法律规定和当事人意见。与之相应，当被问及"对于网上公开的裁判文书，您认为是否应当隐藏当事人的个人信息"时，高达81.6%的被调查者认为应当隐藏当事人的个人信息，另有6.5%的被调查者认为无所谓，而直接回答不应当隐藏当事人的个人信息的被调查者仅占12.0%（见表3—47）。

表3—45　您认为除法律规定不公开审理的案件（国家秘密、个人隐私、商业秘密案件）外，
其他案件的公开是否会侵犯当事人的隐私权

	选项	频数	有效百分比
有效	会	697	44.8
	不会	408	26.2
	不好说	450	28.9
	合计	1555	100.0
缺失		10	
合计		1565	

表3—46　对于裁判文书网上公开制度,您的态度是

	选项	频数	有效百分比
有效	支持,除依法需要保密的内容外,裁判文书应当全部上网	777	50.4
	裁判文书是否应当网上公开,应当征求当事人的意见	422	27.3
	应当严格筛选出典型的案例进行网上公开	277	18.0
	裁判文书网上公开制度是弊大于利,应当废止这种做法	67	4.3
	合计	1543	100.0
缺失		22	
合计		1565	

表3—47　对于网上公开的裁判文书,您认为是否应当隐藏当事人的个人信息

	选项	频数	有效百分比
有效	应当	1261	81.6
	不应当	185	12.0
	无所谓	100	6.5
	合计	1546	100.0
缺失		19	
合计		1565	

3. 庭审直播问题

关于庭审直播,在国外是一个充满争议的话题。英国在1925年就立法禁止电视录播法院的诉讼过程,否则就会招致藐视法庭罪的指控。这是一项在司法实践中一直严格遵守的禁令,对于任何案件都不例外。只有在案件审判后,传媒才可以通过“重新改编的戏剧”的形式重现庭审过程。破冰出现在1992年,苏格兰法院率先确立了庭审录音录像的“基本指导规则”。首先,庭审录音录像仅适用于上诉法院中,一审程序中不允许录音录像。在英美法国家,上诉法院一般只对法律争议进行审理,第一审法院因为要审查事实问题,更担心陪审团受到庭外因素的影响。其次,庭审录音录像必须经过严格的审查程序,只有在不会对司法正常的管理秩序产生不利影响时方可被采用。二十多年过去,对庭审录音录像的限制仍十分严格。2012年4月,在苏格兰爱丁堡高等法院审理的大卫·戈洛伊(David Gilroy)案件中,法官允许摄像并在电

视节目中播出，但拍摄的阶段仅限于宣判过程，镜头只能面对法官、书记员和法庭司务，该段摄像在播出之前还经过了法院的严格审查。在英格兰和威尔士，呼吁庭审录音录像的呼声也很高，许多法官、律师、媒体、学者都积极呼吁进一步开放法庭。

美国对庭审直播的收与放，经历了往往复复的曲折历史。法庭上各种媒介的使用，美国人总是走在前面：1925 年，第一个收音机直播案件；1953 年，第一个电视录播案件；1955 年，第一个电视"现场直播"案件。但在很长的时间里，美国的法律规定媒体只能对法庭审判活动进行文字描述，禁止拍照、录像和庭审直播。不过时代在变。美国也曾发布"司法缄口令"预先限制媒体的合法性（1966 年"内布拉斯州新闻协会案"），但在 10 年后即废止（1976 年的"谢泼德诉马克思威尔案"）。从历史来看，新闻自由与独立审判两大价值之间的冲突，最终都是前者胜出。目前，在美国，联邦和州两大法院系统，对庭审录播和直播的态度截然不同。绝大多数州法院已允许摄像机进入法庭，主审法官可决定是否允许直播。对今天的格局产生深远影响的是在 1978 年，全美各州首席大法官会议通过了一项决议，公布了州法庭上电子报道范围的标准。1981 年，联邦最高法院在钱德勒（Chandler）诉佛罗里达州一案中判决，州可以采纳在法庭上允许使用摄像机和录音设备的规定，更激励了各个州法院纷纷向摄影机敞开大门。由此，人们才能够在 1995 年通过电视直播，全程观看了历时 134 天的辛普森杀妻案庭审。联邦法院对法庭录音录像则一直持抗拒态度。1965 年，最高法院在埃斯特（Estes）诉得克萨斯州案中，认为电视播报使该案充斥着滑稽气氛，判决原审判无效，因为被告的正当法律程序被剥夺。那些备受尊敬的大法官更曾留下"审案又不是演艺事业！有什么好播的？""除非跨过我的尸体，否则，摄像机休想进入我们的法庭！"之类的狠话。对于强烈的民意，联邦法院也不是无动于衷。1990 年 9 月，在已有 45 个州允许摄影机进入所属法庭的时候，美国司法会议许可在联邦法院实施一项限制宽松、只适用于民事程序、为期三年的实验计划。结论显示，电子媒体在场通常不会干扰法院程序，这也成为许多支持法庭摄录人士的论理依据。从 2011 年 7 月 18 日起，十四个联邦地区法院又参与了持续三年的新一轮实验，2014 年三年期满后将评估庭审直播的效果。

在法国，对于是否允许电视录播法庭审判同样经历了一个富有争议的过程。1958 年法国刑事诉讼法明确禁止对庭审活动进行录像。但是，立法界和理论界对该条规定一直争论不休。这一争论因 1985 年 7 月 11 日旨在设立法律视听档案的法律告终结。这一法律规定的一般原则是，在审判法庭庭审辩论过程中，不允许使用电视，但上诉法庭第一院长在听取视听档案委员会的意见后,可以批准在庭审辩论中使用电视。

　　相较外国的纠结,从法律规范来看,中国法院倡导庭审直播。1993年的《中华人民共和国人民法院法庭规则》就规定,经过法院批准,媒体可以进行庭审直播。此后,最高法院关于公开审判的文件,对庭审直播的支持态度一以贯之。2010年11月21日,最高人民法院发布《关于人民法院直播录播庭审活动的规定》,第一次专门对庭审直播的范围和程序进行了详细规范,并与时俱进地将"网络庭审直播、录播"纳入了庭审直播的范围。中国法院网专门开通了庭审网络直播频道,各法院网及各级法院可以直接与中国法院网联系进行相关直播。

　　中国的法院更是以最大的热情迎接微博时代,包括直播庭审,当然也限于发布图文。严格来说,这种"直播"其实是错时的"转播",对于庭内秩序的影响最小,风险更可控——可以避免泄露不应发布的信息。这或许还跟中国的政治家强调重视网络民意有关。与英美最大的不同是,中国的庭审直播,往往由法庭而不是媒体主持。这样做的好处是,避免了媒体在直播中可能干扰庭审的问题,同时还可以使文字记录发布准确、全面、权威。最近,公众在观看一场庭审直播时就惊叹"法院的速录员好牛",即使极个别错别字也让他们感到"这是真实的"。缺点也很明显:法庭直播的案件,公众未必关注,公众关注的案件,尤其是中国人最爱看的贪腐大案,可能不会直播。而现有的司法公开系统和媒体很可能无法满足他们的需求。

　　无论从制度还是实践,中国的庭审直播可以说走在世界前头。从当事人对庭审直播的态度来看,回应是理性且诚恳的。在问及"您是怎样看待网络或者电视直播庭审这种做法的"这一问题时,53.3%的被调查者选择了"很好,增强了审判的透明性,而且具有普法效果",31.3%的被调查者选择"应当加以限制和规范,可以选择典型案件进行直播",选择"不好,影响了法官审判案件的自然性和独立性"的被调查者占10.1%,另有5.2%的被调查者选择"直播应当当庭宣判,否则意义不大"(见表3—48)。但是,就司法公开整体而言,仍处于起步阶段。在法治较为成熟的国家,庭审直播即便有所收缩,也不会严重影响民众对司法的知情权。现实是,自媒体通过个人微博、个人日志、个人主页等方式不断对外发布或直播着各种新闻资讯。自媒体发布者身份私人化、准入资格平民化、发布对象普泛化、发布内容自主化的特点,使其明显有别于传统媒体机构主导的信息传播,这种由普通大众主导的信息传播方式,由传统的由点到面传播,转化为点到点的一种对等传播。自媒体不再有传者和受者的界限,每个人都能发布、传播新闻,形成了"人人皆媒体"的局面,并在科技时代发挥着巨大的影响力。可以期许并预见的是,微博所积蓄的巨大能量,将会促使中国司法公开的推进。

　　由于庭审直播是通过传媒系统将法院对案件当事人的审判同步对不特定的公众公开播放，因此，从主体角度来看，庭审直播涉及司法机关的独立审判权，关乎当事人合法权益的保护，有的案件还涉及国家利益和社会公共利益的维护；在社会层面上来讲，又事关公众的知情权以及公众和媒体对司法机关公正司法的监督权。各种利益的碰撞和多维的社会需求，要求法院在决定对相关案件进行庭审直播时，既要考虑国家公权力和个人私权利的平衡保护，又要考虑社会知情权和个人隐私权的协调，同时还要考虑法律效果和社会效果的统一。因此，在制度设计方面，要在司法公开原则的基础上，明确庭审直播案件的范围、审核程序及技术规范，使庭审直播工作在公开、有度、有序的状态下进行。

表3—48　您是怎样看待网络或者电视直播庭审这种做法的

	选项	频数	有效百分比
有效	很好，增强了审判的透明性，而且具有普法效果	827	53.3
	不好，影响了法官审判案件的自然性和独立性	157	10.1
	应当加以限制和规范，可以选择典型案件进行直播	486	31.3
	直播应当当庭宣判，否则意义不大	81	5.2
	合计	1551	100.0
缺失		14	
合计		1565	

4. 执行公开与执行难的关系问题

　　"执行乃法律终局及果实"。执行效果关乎法律权威，具有极其重要之意义。然而，自1991年春，最高人民法院要求开展一次全国范围的"执行大会战"活动开始，全国法院的"执行难"问题由此浮出水面。1999年，党中央批转了最高法院《关于解决"执行难"问题的报告》，以中央文件下发全党，切实有效地抵制了地方和部门保护主义。但是，社会各界对执行工作的评价并没有提高，仍普遍地抱怨"执行难"，指责人民法院执行不力，司法不公，打法律白条。执行法院、执行法官不得不在一片指责声中，超负荷工作、粗放式执行，采取"零点行动"、"执行大会战"等方式，以求最大限度地实现执行依据确定的债权，缓解"执行难"的重压。

　　进入21世纪以来，"执行难"问题依然没有从根本上得到缓解，其已成为困扰司法机关和债权人的突出问题,引起了全社会的广泛关注。在某种程度上影响了人们对整个法律制度的信心,这一问题已到了非解决不可的时候。

传统的执行,强调更多的是国家干预和法官职权,违反了"主体平等、私权自治"原则,这种强职权主义忽视了司法的被动性,使得执行程序的运作缺乏应有的公开性及透明度,当事人的知情权、参与权也没有得到应有的保护,暗箱操作严重,这样做的后果就是只要法官执行不到生效法律文书确定的债权,当事人就对执行法院产生怀疑,怀疑法官是否穷尽了执行措施? 怀疑法官是否善尽了职责? 于是,法院就成为被指责的对象,被迫承担起本应是债务人的责任,原本就存在的债权人的风险全部转嫁给人民法院,执行法院成为众矢之的,代天下债务人受过。因此,我们在执行改革中,应强化当事人主义,赋予当事人更多的程序权利以及程序义务,增强执行程序的透明度、参与度,使当事人能够理解执行工作,正视债权作为请求权其与生俱有的风险。只要我们的法官按照法律规定公开、透明地走完执行程序的每一步,穷尽正当程序,即使债权不能实现或者不能全部实现,权利人也能因法官充分运用了法定的公力救济手段,而接受中止、终结的裁定,承担应当由其承担的执行风险。因此,执行程序公开是解决"执行难"的有效途径之一。

从样本数据来看,在回应"您认为执行公开是否能够缓解执行难"这一问题时,74.9%的被调查者选择了"是",只有25.1%的被调查者选择了"否"(见表3—49)。由此观之,当事人对通过执行公开这一"阳光操作"化解执行难题是持积极肯定态度的,人民法院应在执行公开的推进上有所作为。

表3—49　您认为执行公开是否能够缓解执行难

	选项	频数	有效百分比
有效	是	1152	74.9
	否	387	25.1
	合计	1539	100.0
缺失		26	
合计		1565	

5. 媒体与司法的关系问题

正如美国联邦最高法院布莱克大法官所言:"言论自由与公平审判是我们文明中两种最为珍贵的权利,实在难以取舍。"考察两者之间的关系,则既有一致性,又有矛盾冲突,"甚至可以恰当地视为一币之两面,一车之二轮"。舆论监督增加了司法活动的公开性和透明度,有利于促进司法公正、遏制司法腐败。目前我国的舆论监督没有明确的法律约束，"舆论干扰司法"，有违司法机关独立行使职权的法治追求，导致公众对司法的不信任，损害司法的权威，最终使人们丧失对法律的信任。但如果媒体的自由受到严格的控制，又会侵犯公众的知情权和监督权，容易滋生司法权力的滥用与腐败。

在中国特殊的国情下，"舆论监督司法"的提出有其合理性和必要性，主要原因在于：第一，司法功能的缺失。古代的中国实行人治，案件秘密审判；昨日的中国又奉行"彻底砸碎公检法"的法律虚无主义，法治精神和法律知识极为薄弱。尽管今日的中国法制正在不断重塑和完善，但是司法机关的功能未得到充分的实现。一方面由于党政机关有时不当甚至非法干预，不同程度上影响了司法活动的正常运转；另一方面由于法院的组织和管理模式与行政机关无异，财政上更是受制于行政机关，司法机关常常受到地方领导的干预，地方保护主义盛行。司法制度本身设计不合理、执行力上漏洞百出，人们对司法公正产生了极大的怀疑，认为找法院不如找媒体。在这样的情况下，个人要想迅速解决问题，只能求助于媒体，通过曝光引起高层领导的高度重视及社会公众的支持。第二，体制内监督无力导致媒体错位。我国法律规定，各级人大及其常委会、各级检察机关、上级法院对司法行为都有法律监督权。但是目前情况下，人大监督弹性与缺失较大，对司法的监督难以落实；检察机关的抗诉和上级法院的再审程序的欠缺使得其对司法的监督备受批评。"社会各方面对司法现状的批评，也蕴含了对司法体制内部监督资源不足的抱怨，表明体制内的监督未能取得广泛的信任，因而体系外监督资源便成为司法改革中的制度创新的重要关注点。传媒监督被普遍认为是司法体系外监督的常规的、基本的形式。"由于司法体制内监督的不尽如人意及中国媒体的官方性质，使得人们对媒体监督司法寄予了厚望。第三，权利监督权力的客观要求。对于约束权力的监督与制约机制，存在以权力制约权力、以道德制约权力、以权利制约权力等模式。对于我国舆论监督的性质，存在两种观点：刘武俊先生认为舆论监督的权力性质，江平先生则认为舆论监督的权利性质。前一种观点多少受了"第四权理论"的影响，以外设一种权力来监督审判；后一种观点属于舶来品，认为媒体可以监督政府，但是不允许媒体越俎代庖，成为法定的监督力量，即新闻的归媒体，司法的归法院，双方各司其职，各自发挥其应有的职能，形成一种良性的互动。而以权利制约权力这一机制的实质是使公民成为监督政府的主体力量。当政府逾越权力的界限，侵犯了公民的合法权利时，舆论监督能够发挥积极的制约作用。第四，实现公众知情权，保障宪法权利的落实。所谓知情权，是指公民有权了解和知悉有关社会公共领域信息以及与本人相关信息的权利。知情权作为民主社会中的一项基本权利，不仅在党的报告中扩展范围,而且在司法领域中也受到了高度关注。而新闻媒体则是政府信息公开的重要途径,也是公众了解各种社会事务的主要源泉之一。我国《宪法》第2条规定:"中华人民共和国的一切权力属于人民。""人民依照法律规定,通过各种途径和形式,管理国家事务,管理经济文化事业,管理社会事务。"《宪法》第35条规定:中华人民共和国公民有言论自由、出版、集会、结社、游行、示威的自由。《宪法》第41条亦规定:"中华人民共和国公民对于任何国家机关和国家工作人员,有提出批评和建议的权利;对于任何国家机关和国家工作人员的违法失职行为,有向国家机关提出申诉、控告或者检举的权利。"宪法赋予了人民当家做主的权利、言论自由的权利及批评建议权,如何来保障这些基本权利的实现呢?舆论监督作为一项快捷有效的方式,人们通过媒体表达自己的心声来实现自己管理国家、发表言论、行使批评建议的权利,保障了个人基本权利的落实。

改革以前,新闻媒体被政府严格控制,被认为是政党领导人民、控制信息的"阶级斗争的工具,党的喉舌"。这一时期,司法与传媒的关系较为融洽。随着司法改革的进行和新闻媒体的发展壮大,司法与媒体的各自追求理念(司法独立与媒体监督)逐渐凸显出来,两者的冲突与矛盾在所难免。托克维尔所言:"报刊是把善与恶混在一起的一种奇特的力量,没有它自由就不能存在,而有了它秩序才得以维持……为了能够享受出版自由提供的莫大好处,必须忍受它所造成的不可避免的痛苦。"近年来,我国新闻记者"无冕之王"的影响力日益凸显,新闻媒体在社会中的影响也逐渐扩大,社会中流传着这样的话:"法院不如电视台管用","不怕上告,就怕见报","十年上访不如一朝采访",某些具有重大影响力的新闻媒体,比如中央电视台的"焦点访谈"节目更是许多民众心中实现公平正义的法庭,"只要一进焦点访谈,就可以解决问题"。中国媒体对法官的影响力和约束力远大于西方国家的媒体,媒体对法官的批评往往可以起到相当的震慑作用,法官迎合媒体的情况屡见不鲜。在问及"您认为当前媒体对审判的监督如何"这一话题时,选择监督过头,存在"媒体杀人"的现象的被调查者占39.9%,选择被人利用,利用媒体干涉审判占19.9%,认为监督不力,需要进一步加强占17.6%,认为应当事后监督,不能对正在审判的案件指手画脚占19.3%,还有3.2%的被调查者选择了名存实亡(见表3—50)。由此可见,虽然媒体之监督为某些案件的公正解决起到了促进作用,但媒体在监督过程中的负面作用亦不能忽视。媒体之于司法是一柄双刃剑。

表 3—50　您认为当前媒体对审判的监督如何

选项		频数	有效百分比
有效	监督过头,存在"媒体杀人"的现象	613	39.9
	被人利用,利用媒体干涉审判	306	19.9
	监督不力,需要进一步加强	271	17.6
	应当事后监督,不能对正在审判的案件指手画脚	297	19.3
	名存实亡	49	3.2
	合计	1536	100.0
缺失		29	
合计		1565	

　　在舆论监督司法下,传媒与司法的矛盾和冲突不可避免。要想实现传媒与司法的良性互动关系,只能走新闻法治之路:第一,司法要容忍媒体监督。《中华人民共和国法官法》第 7 条第 7 项明确规定了"法官有接受法律监督和民众监督的义务。司法机关要重视舆论监督的积极作用,对待舆论监督要持宽容的合作态度"。媒体监督司法,是公民言论自由、知情权等基本权利在司法领域中的体现,增加了司法的公开性和透明度,有利于司法公正的实现。正如西方古老的法律格言:"正义不仅应当得到实现,而且应该以人们能够看得见的方式得到实现。"第二,司法要对传媒进行适当的规制。任何权利自由,缺乏一定的规制或制约,难免会产生消极影响。若不对新闻自由加以规制,极有可能侵犯司法公正。当传媒对司法的报道和评论影响了司法机关独立行使职权、严重干扰了公正审判,应依法追究媒体的责任。《关于人民法院接受新闻媒体舆论监督的若干规定》对严重损害司法权威、影响司法公正的行为给出了两种处置办法,一是"向新闻主管部门、新闻记者自律组织或者新闻单位等通报情况并提出建议",二是"违反法律规定的,依法追究相应责任"。同时,为了避免法官在审判前受媒体倾向性报道的影响,确保被告人公平审判权的实现,可以采用以下措施排除潜在的不利影响。首先,对案件作出延期审理的决定,直到有偏见的舆论压力消除后再启动审判程序;其次,由上级法院通过指定管辖变更审判地点,将案件的管辖权转移到尚未受到舆论压力的其他同级法院;再次,从严适用审判人员回避制度,确保由没有受舆论影响的法官审理案件;最后,在审判期间隔离法官,避免其接受有偏见的评论性新闻消息。第三,新闻媒体应加强自律。《马德里准则》在"附录·实施的策略"中指出:"司法权力与言论自由、特殊人群(特别是未成年人和其他需要提供特殊保护的

人)的权利之间的平衡,是非常难以取得的。所以对于与此相关的个人或者群体,必然采用下列的一种或者多种方法加以应对:立法解决,媒体协商,媒体联合会,还可以由媒体行业内部制定媒体职业道德准则。"媒体内部的自我约束是构建司法与传媒互动关系的重要方式之一。"新闻自由是新闻舆论监督对权利的要求;自律作为新闻媒介的内在要求,是对义务的承诺,它们都是舆论监督必要的前提条件。没有新闻自由,舆论监督就无从谈起;没有新闻自律,舆论监督可能偏离正确的轨道。"从辩证角度来看,新闻自由与新闻自律不可或缺,互相补充。缺乏自律,只能走向混乱无序,只有"自律的媒介最自由"。

(七)当事人对司法公开认知的总体情况

理论探索表明,司法公开,是现代法治的基本要素,也是衡量一国法治文明程度的重要标准。公开是公正的前提。司法公正,同样需要以"公开"作为保证。司法过程只有真正做到依法全面公开与透明,才能促进司法的公正,确立司法的公信。回归司法公开的具体实践,在司法公开信息的诸多需求主体中,当事人因与案件有直接的利害关系,其对司法公开重要的认识直接影响着司法公开到底能在多大程度上发挥作用。因此,了解当事人对司法公开的总体认识几乎决定了司法公开这一制度的"生死存亡"。

统计数据表明,在回答"您对司法公开重要性的认识是"这一重大问题时,67.8%的被调查者认为"非常重要,直接影响司法公正",认为"重要,关系到当事人的诉讼权利"的被调查者占23.0%,选择"重要,关系到社会公众的知情权"的被调查者占6.0%,而只有3.2%的被调查者认为"不重要,除当事人之外与其他人无关"(见表3—51)。可见,超过九成的当事人均认为司法公开重要或者非常重要,司法公开事关司法公正、当事人的诉讼权利和社会公众的知

表3—51　您对司法公开重要性的认识是

	选项	频数	有效百分比
有效	非常重要,直接影响司法公正	1052	67.8
	重要,关系到当事人的诉讼权利	357	23.0
	重要,关系到社会公众的知情权	93	6.0
	不重要,除当事人之外与其他人无关	50	3.2
	合计	1552	100.0
缺失		13	
合计		1565	

情权。当前，在司法行政化和司法地方化这两大制约司法公正的顽症一时难以解决的情况下，通过司法公开促进司法公正是当事人最大的期冀。可以说，司法公开是解决当前诸多司法难题的一种重要而有效的手段。

二、律师对庭审公开的认知状况

"律师既是民主政治的产物，也是社会经济的产物，而律师制度是现代国家法律制度的重要组成部分，律师权利的实现对一个国家的法治建设有着非常重要的影响。律师制度的健康发展，律师权利的充分实现对保障司法公正、保障人权方面都有无可替代的作用，而律师对一个国家实现法治的控权功能也有着非常重要的作用。所以，律师业的发展往往是一个国家依法治国、法治健全的重要标志。"[1]"从 1949 年各大解放区开始对旧政权的法律从业人员的处置与改造算起，迄今我国的律师行业已经走过了 60 多年的历程。在这 60 多年中，我国律师制度经历了初建、消亡、恢复、改革、发展、壮大的不同时期。而这一历程，也是我国法治进程的一个缩影，是我国社会治乱反复的一个侧面。"[2]司法部 2015 年 4 月 8 日发布数据显示，"截至 2014 年底，全国共有执业律师 27.1 万多人，其中，专职律师 24.4 万多人，兼职律师 1 万多人，公职律师 6800 多人，公司律师 2300 多人，法律援助律师 5900 多人。河北、上海、江苏、浙江、山东、河南、湖南、广东和四川等省市的律师人数均已超过万人。目前，全国律师担任各级人大代表 1445 人，担任各级政协委员 4033 人，律师党员 7.4 万多人。截至 2014 年底，全国律师办理各类诉讼案件 283 万多件，担任法律顾问 50 万多家，其中政府法律顾问 3.9 万多家，企业法律顾问 37 万多家，事业单位法律顾问 3.5 万多家，社团法律顾问 1.8 万多家，公民法律顾问 1.4 万多人，其他机构 2.9 万家承办法律援助案件 36 万多件"[3]。由此显见，律师在我国依法治国的推进进程中，正发挥着愈来愈重要的作用。律师作为专业的法律工作者，同时也是各类案件的充分参与者，对中国司法的切身体会远非一般社会公众所能及。因此，律师对中国司法中的诸种问题之认识，应当是深刻且对未来改革有导向意义的。

基于上述思路，笔者以司法公开的核心"庭审公开"作为调研课题，针对河

---

① 张海琼：《中国律师的现状与问题及其对法治建设的影响研究》，硕士学位论文，西南政法大学 2010 年，第 1 页。

② 朱景文：《中国人民大学中国法律发展报告：中国法律工作者的职业化（2012）》，中国人民大学出版社 2013 年版，第 188 页。

③ 2015 年 4 月 9 日。http://www.acla.org.cn/html/xinwen/20150409/20547.htm。

北省范围内的律师共发放调查问卷 1500 份,收回 1419 份。本次调研涉及河北省管辖的 11 个地级市。

(一)被调查律师的基本情况

从样本数据来看,被调查者中男性律师占 57.3%,女性律师占 42.7%(见表 3—52),符合全国男性律师多于女性律师且女性律师逐年快速增长这一总体趋势。"自 2000 年以来,全国女律师的数量持续、快速增长。从 2000 年的 15610 人增至 2011 年的 52262 人,增长了 2.3 倍,平均增长率达到 11.6%,超过了同期律师工作人员数量 5.7% 的平均年增长率。女律师的比例从 2000 年的 13.3%,增长到 2011 年的 24.3%。"[1]被调查律师的年龄分布为:30 岁以下(13.5%)、31—35 岁(30.2%)、36—40 岁(26.0%)、41—45 岁(19.1%)、46 岁以上(11.2%)(见表 3—53);被调查律师的工作年限分布为:5 年以下(19.1%)、6—10 年(38.0%)、11—15 年(22.8%)、16—20 年(10.5%)、21 年以上(9.6%)(见表 3—54)。大部分律师的年龄均在 40 岁以下,工作年限在 15 年以下。在人们一般的理解中,律师职业是极为需要经验积累的,但考虑到我国律师职业的发展和律师职业本身的辛苦度,青年律师占据律师行业的主体是一种必然。律师是专门的法律工作者,需要法律方面的专业知识和技能,因此,律师的教育背景对于律师群体的整体素养具有重要的意义。在样本数据中,81.8% 的被调查律师是法学专业毕业,只有 18.2% 的被调查律师是非法学专业毕业(见表 3—55)。而被调查律师的具体学历分布为:专科(8.6%)、本科(84.1%)、硕士研究生(6.3%)、博士研究生(0.2%)、其他(0.7%)(见表 3—56)。不难看出,法学专业本科的律师占据了律师的绝大多数,这同样与全国律师学历层次发展趋势一致。"在 2001—2011 年间,法律专业本科的绝对数量呈快速、持续增长的趋势。法律专业本科人数从 2001 年的 36349 人,年增长到 2011 年的 143153 人,增长了近 3 倍,年平均增长率达到 14.7%。法律专业本科学历的律师从 2001 年 29.7% 增加到 2011 年的 66.6%。"[2]同时,被调查律师中 89.0% 通过了司法考试(包括以前的律师资格考试),仅有 11.0% 的被调查律师未通过(见表 3—57)。

总体而言,尽管本次调查仅涉及河北省范围内的律师,但律师各个层面状况均与全国整体情况相当。被调查律师对庭审公开的认知状况应具有普适性。

---

[1]　朱景文:《中国人民大学中国法律发展报告:中国法律工作者的职业化(2012)》,中国人民大学出版社 2013 年版,第 215 页。

[2]　朱景文:《中国人民大学中国法律发展报告:中国法律工作者的职业化(2012)》,中国人民大学出版社 2013 年版,第 218—219 页。

表3—52　您的性别是

	选项	频率	有效百分比
有效	男	741	57.3
	女	552	42.7
	合计	1293	100.0
缺失	系统	126	
	合计	1419	

表3—53　您的年龄是

	选项	频率	有效百分比
有效	30 岁以下	174	13.5
	31—35 岁	390	30.2
	36—40 岁	336	26.0
	41—45 岁	246	19.1
	46 岁以上	144	11.2
	合计	1290	100.0
缺失	系统	129	
	合计	1419	

表3—54　您的工作年限是

	选项	频率	有效百分比
有效	5 年以下	246	19.1
	6—10 年	489	38.0
	11—15 年	294	22.8
	16—20 年	135	10.5
	21 年以上	123	9.6
	合计	1287	100.0
缺失	系统	132	
	合计	1419	

表3—55　您的专业是

	选项	频率	有效百分比
有效	法学专业	1050	81.8
	非法学专业	234	18.2
	合计	1284	100.0
缺失	系统	135	
	合计	1419	

表3—56　您的学历是

	选项	频率	有效百分比
有效	专科	111	8.6
	本科	1080	84.1
	硕士研究生	81	6.3
	博士研究生	3	0.2
	其他	9	0.7
	合计	1284	100.0
缺失	系统	135	
	合计	1419	

表3—57　您是否通过国家司法考试(包括以前的律师资格考试)?

	选项	频率	有效百分比
有效	是	1143	89.0
	否	141	11.0
	合计	1284	100.0
缺失	系统	135	
	合计	1419	

(二)被调查律师对庭审公开细节的认知状况

1. 庭审公开不彻底

完整意义上的庭审公开,其理解应至少包含如下层面:(1)庭审公开的对象既包括当事人,还包含新闻媒体以及社会公众;(2)庭审公开所适用的类型,涵盖刑事案件、民事案件和行政案件；（3）庭审公开的适用阶段，不仅适用于第一审、第二审程序和审判监督程序，具有行政色彩的死刑复核程序亦应适用，甚至包括减刑假释程序。

样本数据显示，在问及"在您的经历中，对于公开审理的案件，法院庭审活动向以下哪些主体进行了公开？"这一问题时，比例最高的"当事人"不过31.1%，而比例最低的"新闻媒体"仅占11.0%（见表3—58）。由此可见，原本应该充分向当事人、新闻媒体、社会公众公开的庭审过程，其公开状况极不理想，这势必造成外在力量对庭审过程的约束不足。而在提及"在您的经历中，对于公开审理的案件，法院重点针对哪些案件进行公开？"这一问题时，选择"刑事案件"的被调查者占51.9%，选择"民事案件"的被调查者占47.2%，选择"行政案件"的被调查者仅占0.9%（见表3—59）。尽管刑事案件和民事案件公开庭审的比例相对较高，但占比均不到六成，这与审判公开的普遍化尚有较大距离。更为令人忧心的是，行政案件的庭审公开占比不足百分之一，致使行政相对人寄望外在因素倒逼司法公正的想法落空，诉讼救济的道路阻塞潜藏着"非理性救济方式"之风险。同时，在回答"根据您的了解和实践，庭审公开主要体现在如下哪一程序中？"这一问题时，选择"第一审程序"的被调查者高达89.7%，而选择"第二审程序"、"死刑复核程序"、"减刑假释程序"的被调查者分别只占6.1%、1.9%、2.3%（见表3—60）。此种选择虽然符合司法实践的真实，但并不代表这种实务做法即为合理，恰恰相反，庭审公开应贯彻在所有"审理程序"中，而不能仅以第一审程序之公开代表所有程序，更不能单纯以第一审程序公开的高比例佐证庭审公开之成效。综观之，我国司法实践中的庭审公开与应然角度的庭审公开相比，庭审公开的实践运行很不彻底。

表3—58　在您的经历中，对于公开审理的案件，法院庭审活动向
以下哪些主体进行了公开？

	选项	频率	有效百分比
有效	当事人	1161	31.1
	当事人亲属	1059	28.3
	新闻媒体	411	11.0
	人大代表、政协委员、社会组织代表等特殊主体	426	11.4
	社会公众	681	18.2
	合计	3738	100.0
缺失	系统	138	
合计		3876	

表3—59 在您的经历中,对于公开审理的案件,法院重点针对哪些案件进行公开?

	选项	频率	有效百分比
有效	刑事案件	666	51.9
	民事案件	606	47.2
	行政案件	12	0.9
	合计	1284	100.0
缺失	系统	135	
合计		1419	

表3—60 根据您的了解和实践,庭审公开主要体现在如下哪一程序中?

	选项	频率	有效百分比
有效	第一审程序	1155	89.7
	第二审程序	78	6.1
	死刑复核程序	24	1.9
	减刑假释程序	30	2.3
	合计	1287	100.0
缺失	系统	132	
合计		1419	

2. 庭审公开规范不足

根据三大诉讼法的规定,对于公开审理的案件,人民法院应在开庭三日以前公布案由、被告人姓名、开庭时间和地点等信息。因为相关主体参与庭审过程,知情是重要前提,否则,只能是空有参与热情而无知悉案情之径。现实情况是,囿于法律规范对违反告知义务制裁措施有限,且对法官个人制裁措施缺失,导致庭审公开的告知程序在操作中的随意性。被调查律师的回应证明事实确实如此。在问及"在您的印象中,对于公开审理的案件,法院是否会在开庭三日以前公布案由、被告人姓名、开庭时间和地点等信息?"这一问题时,选择"一律会公布"的被调查者为49.8%,占比不到一半,选择"偶尔会公布""经常会公布""从来不公布"的被调查者则分别占22.9%、23.4%、4.0%(见表3—61)。显然,庭审公开在法律规范上的不足已经成为其实践运作不畅的原因之一。

表3—61   在您的印象中,对于公开审理的案件,法院是否会在开庭三日以前公布案由、
被告人姓名、开庭时间和地点等信息?

	选项	频率	有效百分比
有效	一律会公布	639	49.8
	偶尔会公布	294	22.9
	经常会公布	300	23.4
	从来不公布	51	4.0
	合计	1284	100.0
缺失	系统	135	
	合计	1419	

3. 庭审公开多样化

在传统模式下,受制于技术条件的限制,加之"侯门深似海"的观念影响。对于庭审公开之运作,人民法院告知手段单一(张贴布告),普通民众参与方式有限(旁听庭审),客观上影响了庭审公开之推广。人民法院的"神秘莫测"往往引发民众对案件审理进程的"无限遐想",屡屡出现的冤假错案不断为这种"遐想"的正确性提供证据支持。司法公信力不足正日益消解司法机关的权威。法院以多元方式"敞开大门"是回应民众疑虑的最佳途径。

观念改变和技术进步为庭审公开提供了有利条件。人民法院针对公开审理的案件,告知途径是多样的,既有传统的张贴纸质公告、报纸等告知方式,亦有法院网站、手机短信等新兴告知方式(见表3—62)。人民法院庭审过程的公开方式也是多元的,包括电视直播、微博直播、自由旁听、网络直播、网络录播等(见表3—63)。值得注意的是,虽然庭审公开的方式多样,但受制于传统思维的惯性,公审大会(已被明令禁止)、自由旁听仍然是人们最为青睐的参与庭审的方式。当然,电视普及和信息技术的快速发展,也使民众对电视直播和网络直播庭审抱有极大期待(见表3—64)。同时,庭审过程的真正公开,由此使得庭审公开的内容不断扩张(见表3—65),这无疑有利于案件真相之查明。

表 3—62　在您的印象中,对于公开审理的案件,法院在开庭三日以前公布案由、被告人姓名、开庭时间和地点等信息的方式有?

	选项	频率	有效百分比
有效	张贴纸质公告	954	29.5
	电子显示屏	672	20.8
	电子触摸屏	282	8.7
	法院网站	483	14.9
	广播电视	195	6.0
	报纸	342	10.6
	电话语音系统	114	3.5
	手机短信	156	4.8
	其他	36	1.1
	合计	3234	100.0
缺失	系统	112	
	合计	3346	

表 3—63　在您的印象中,对于公开审理的案件,法院在开庭三日以前公布案由、被告人姓名、开庭时间和地点等信息的方式有?

	选项	频率	有效百分比
有效	公审大会	498	15.4
	电视直播	294	9.1
	电视录播	330	10.2
	网络直播	375	11.6
	微博直播	219	6.8
	自由旁听	927	28.7
	网络录播	267	8.3
	录像查阅	246	7.6
	其他	72	2.2
	合计	3228	100.0
缺失	系统	101	
	合计	3329	

表 3—64　您最喜欢法院采用哪种方式进行庭审公开?

	选项	频率	有效百分比
有效	公审大会	306	23.4
	电视直播	165	12.6
	电视录播	114	8.7
	网络直播	207	15.8
	微博直播	54	4.1
	自由旁听	387	29.6
	网络录播	24	1.8
	录像查阅	36	2.8
	其他	15	1.1
	合计	1308	100.0
缺失	系统	111	
	合计	1419	

表 3—65　在您的印象中,法院在庭审阶段公开了哪些内容?

	选项	频率	有效百分比
有效	当事人的基本情况	1065	16.5
	其他诉讼参与人的基本情况	825	12.8
	审判人员(包括人民陪审员)的基本情况	972	15.1
	庭审开庭、举证质证等具体进展情况	924	14.4
	证据内容	867	13.5
	当事人诉辩理由	855	13.3
	判决结果	675	10.5
	特殊事项处理(延期审理、审委会讨论等)	201	3.1
	其他	54	0.8
	合计	6438	100.0
缺失	系统	100	
	合计	6538	

(三)被调查律师对庭审公开重要问题的认知状况

1. 庭审公开的性质

庭审公开性质的准确界定,事关民众理念之矫正以及庭审公开推进的广度和深度,其意义不可小觑。若认为庭审公开是人民法院的一项权力,则意味着"是否公开"以及"如何公开"等问题由法院自身判定,外在因素无法干涉;倘若认为庭审过程公开是社会公众的一项权利,则意味着人民法院庭审公开是其义务,当其针对应当公开审理的案件不予公开时,社会公众有理由要求其必须公开审理。令人颇感欣慰的是,在问及"您如何看待庭审公开的性质?"这一问题时,61.3%的被调查律师认为"庭审公开是一项权利,律师可以要求人民法院公开庭审",31.7%的被调查律师认为"庭审公开是一项权力,人民法院可以自主选择是否公开",另有 7.0% 的被调查律师表示"不清楚"(见表3—66)。据此观察,大部分律师均已经意识到人民法院庭审公开是司法机关之义务,律师有权要求其对应当公开审理的案件进行公开。但仍有百分之三十多的律师表示,庭审公开是一项权力或者对庭审公开性质认识不清,这不能不说是一种遗憾。当然由此也表明庭审公开之强力推进尚需理念变革。

表3—66　您如何看待庭审公开的性质?

	选项	频率	有效 百分比
有效	庭审公开是一项权力,人民法院可以自主选择是否公开	405	31.7
	庭审公开是一项权利,律师可以要求人民法院公开庭审	783	61.3
	不清楚	90	7.0
	合计	1278	100.0
缺失	系统	141	
	合计	1419	

2. 庭审公开的尺度

司法的隐秘化所带来的危害不言而喻,且诸多当事人均有切肤之痛。在司法公开被高调重提且大力倡导的现实情境下,庭审过程完整而彻底的公开即成为相当一部分人的呼声。诚然,有时候矫枉过正是必要的,因为非此不能修正某些顽疾,但更多时候,矫枉过正带来的负面影响可能更多。于庭审公开而言,最大限度推进审判程序的公开是必要的,但考虑中国的客观现实情况具体分析公开的限度同样不可忽略。

其一，尽管按照法律规定，除去少数案件不能公开审理外，其他所有案件均应公开审理。但不可否认的现实是，部分案件因其"过于普通"，影响力有限，公开审理可能等同于开庭审理。某些案件因其"敏感性"较强，公开审理则可能影响社会秩序。由此看来，虽然有76.5%的被调查律师在回答"您认为除法律规定不公开审理的案件以外，其他案件一律公开审理是否有必要？"这一问题时，表示"有必要"（见表3—67），但当回应"您认为除法律规定不公开审理的案件外，其他案件是否公开审理还应考虑哪些因素？"这一问题时，被调查者表示应当考虑"当事人的隐私权、社会公共秩序、社会关注度、案件的性质和影响"（见表3—68）。即便是可以公开的司法裁判文书，当事人的基本信息同样需要采取技术性手段予以隐藏（见表3—69）。因此，案件是否公开审理，法律规定是刚性要求，但现实因素同样应予以综合考量。片面追求"大尺度"庭审公开可能并非理性。

表3—67 您认为除法律规定不公开审理的案件以外，
其他案件一律公开审理是否有必要？

	选项	频率	有效百分比
有效	有	984	76.5
	没有	303	23.5
	合计	1287	100.0
缺失	系统	132	
合计		1419	

表3—68 您认为除法律规定不公开审理的案件外，
其他案件是否公开审理还应考虑哪些因素？

	选项	频率	有效百分比
有效	当事人的隐私权	999	31.2
	社会公共秩序	693	21.6
	社会关注度	675	21.1
	案件的性质和影响	834	26.1
	合计	3201	100.0
缺失	系统	120	
合计		3321	

表3—69 对于网上公开的裁判文书,您认为是否应当隐藏当事人的个人信息?

	选项	频率	有效百分比
有效	应当	1059	81.7
	不应当	156	12.0
	无所谓	81	6.3
	合计	1296	100.0
缺失	系统	123	
	合计	1419	

其二,关于"合议庭少数人的意见"以及"审判委员会讨论案件的意见"是否应予公开,在我国争议颇多。支持者认为,庭审的全方位公开更有利于民众监督司法,进而实现司法公正;反对者则认为,在民众法律意识尚未达到预期的条件下,贸然公开"合议庭少数人意见"和"审判委员会讨论意见",极有可能导致当事人"滥诉"。样本数据表明,律师对上述问题的表态是谨慎的。在问及"您认为法院是否应当将合议庭中少数人的意见予以公开?"这一问题时,坚定回答"应当全部公开"的被调查律师只占36.0%,回答"视具体情况而定"和"不应当公开"的被调查律师则占60.4%(见表3—70)。而在提及"您认为法院是否应当将审判委员会的讨论意见予以公开?"这一问题时,回答"应当全部公开"的被调查律师同样只占33.1%,回答"视具体情况而定"和"不应当公开"的被调查律师则占62.8%(见表3—71)。因而,"合议庭少数人意见"和"审委会讨论意见"之公开,在我国当前显然不宜全面推行。

表3—70 您认为法院是否应当将合议庭中少数人的意见予以公开?

	选项	频率	有效百分比
有效	应当全部公开	465	36.0
	视具体情况而定	465	36.0
	不应当公开	315	24.4
	无所谓	48	3.7
	合计	1293	100.0
缺失	系统	126	
	合计	1419	

表3—71　您认为法院是否应当将审判委员会的讨论意见予以公开?

	选项	频率	有效百分比
有效	应当全部公开	429	33.1
	视具体情况而定	483	37.3
	不应当公开	330	25.5
	无所谓	54	4.2
	合计	1296	100.0
缺失	系统	123	
合计		1419	

其三,网络直播庭审抑或电视直播庭审,虽然在国外引起过诸多争议,但我国却将其视为庭审公开方式的自然选择,实践推行似乎并未遭遇障碍。这可能与我国曾经直播案件较少以及民众关注度有限相关。但在庭审直播成为普遍现象的情况下,关注庭审直播的某些负面因素实为必要。一方面,庭审直播可能影响法官行为的自然性,进而影响审判质量;另一方面,庭审直播的技术操作缺乏统一规范,亦有可能影响直播效果。样本数据中,当问及"您是怎样看待网络或者电视直播庭审这种做法的?"这一问题时,虽然有60.6%的被调查律师认为"很好,增强了审判的透明性,而且具有普法效果",但仍有11.6%的被调查律师谨慎地认为"不好,影响了法官审判案件的自然性和独立性",另有24.8%的被调查律师中立而理性地表示"应当加以限制和规范,可以选择典型案件进行直播"(见表3—72)。对任何问题一分为二地看待必然有利于问题的完善。

表3—72　您是怎样看待网络或者电视直播庭审这种做法的?

	选项	频率	有效百分比
有效	很好,增强了审判的透明性,而且具有普法效果	786	60.6
	不好,影响了法官审判案件的自然性和独立性	150	11.6
	应当加以限制和规范,可以选择典型案件进行直播	321	24.8
	直播应当当庭宣判,否则意义不大	39	3.0
	合计	1296	100.0
缺失	系统	123	
合计		1419	

3. 庭审公开的保障

庭审公开设计目标在于"通过审判公开,实现司法公正,进而提升司法公信"。上述目标之达成并非人民法院"开庭到闭庭"公开即能轻易实现的,而是需要相关措施之辅助和保障,才有可能达成所想。具体而言:(1)通过多种救济手段,确保民众能够知悉公开审理案件的基本情况(见表3—73);(2)消除民众旁听庭审的相关障碍,实现自由旁听(见表3—74);(3)制定法官违反公开审理规定的制裁措施,避免司法公开运作中的随意性(见表3—75);(4)制定《公开庭审规则》,保证庭审公开规范运行(见表3—76、表3—77);(5)提升法官素质,确保司法权威(见表3—78);(6)规范新闻媒体参与庭审过程,防止舆论干预审判(见表3—79);(7)法庭宣判以当庭宣判为主,以定期宣判为例外,避免外在干涉(见表3—80);(8)公开裁判文书、庭审笔录,倒逼法官办案责任(见表3—81、表3—82);(9)法官同步网上办案,办案全程置于监督之下,保证透明、公正办案(见表3—83)。

表3—73　您认为,确保知情权的救济途径有哪些方式?

	选项	频率	有效百分比
有效	完善不公开审理的复议制度	717	21.8
	加强人民检察院的监督职能	681	20.7
	建立专门司法公开委员会审查制度	735	22.3
	建立人大常委会对司法公开的监督制度	561	17.0
	建立新闻舆论监督制度	561	17.0
	其他	39	1.2
	合计	3294	100.0
缺失	系统	101	
	合计	3395	

表3—74　在您的印象中,针对某些特殊案件,法院是否会对旁听人员进行选择?

	选项	频率	有效百分比
有效	会	912	70.4
	不会	384	29.6
	合计	1296	100.0
缺失	系统	123	
	合计	1419	

表 3—75 据您了解,对于公开审理的案件,
法官如果违反公开审理相关规定,法院对法官是否有制裁机制?

	选项	频率	有效百分比
有效	有	816	63.6
	无	468	36.4
	合计	1284	100.0
缺失	系统	135	
合计		1419	

表 3—76 对于公开审理的案件,法庭规则禁止录音、录像和摄影,您认为是否合理?

	选项	频率	有效百分比
有效	不合理,与庭审公开理念不相吻合	330	25.6
	合理,有利于维持法庭审理秩序	957	74.4
	合计	1287	100.0
缺失	系统	132	
合计		1419	

表 3—77 您认为是否有必要制定《庭审公开规则》?

	选项	频率	有效百分比
有效	有必要	1104	85.4
	没有必要	132	10.2
	无所谓	57	4.4
	合计	1293	100.0
缺失	系统	126	
合计		1419	

表 3—78 在您看来,在法官素质尚未达到期待的现实情况下,
公开审理是否会影响司法权威?

	选项	频率	有效百分比
有效	会	537	42.1
	不会	738	57.9
	合计	1275	100.0
缺失	系统	144	
合计		1419	

表3—79　新闻媒体参与案件公开审理,您的看法是?

	选项	频率	有效百分比
有效	监督过头,存在"媒体杀人"的现象	318	24.7
	被人利用,利用媒体干涉审判	180	14.0
	监督不力,需要进一步加强	246	19.1
	应当事后监督,不能对正在审判的案件指手画脚	480	37.2
	名存实亡,新闻媒体均属于法院邀请	66	5.1
	合计	1290	100.0
缺失	系统	129	
	合计	1419	

表3—80　在您的印象中,对于公开审理的案件,法院宣判的方式是?

	选项	频率	有效百分比
有效	一律当庭宣判	207	15.9
	一律定期宣判	210	16.2
	当庭宣判为主,定期宣判为辅	192	14.8
	定期宣判为主,当庭宣判为辅	690	53.1
	合计	1299	100.0
缺失	系统	120	
	合计	1419	

表3—81　对于裁判文书网上公开制度,您的态度是?

	选项	频率	有效百分比
有效	支持,除依法需要保密的内容外,裁判文书应当全部上网	978	75.3
	裁判文书是否应当网上公开,应当征求当事人的意见	189	14.5
	应当严格筛选出典型的案例进行网上公开	99	7.6
	裁判文书网上公开制度是弊大于利,应当废止这种做法	33	2.5
	合计	1299	100.0
缺失	系统	120	
	合计	1419	

表3—82　法官是否向您公开庭审笔录？

	选项	频率	有效百分比
有效	经常公开	408	31.6
	偶尔公开	768	59.5
	特殊情况下公开	102	7.9
	从来不公开	12	0.9
	合计	1290	100.0
缺失	系统	129	
	合计	1419	

表3—83　您如何看待网上同步办案？

	选项	频率	有效百分比
有效	可以避免人为干预，有利于实现司法公正	834	31.5
	可以保证有效监督，有利于实现司法公正	906	34.2
	审判过程透明公开，有利于保障当事人知情权	873	33.0
	其他	36	1.4
	合计	2649	100.0
缺失	系统	76	
	合计	2725	

（四）被调查律师对庭审公开的总体认知状况

样本数据中，总体显示当前人民法院在庭审公开的形式贯彻上是令人满意的。在问及"除法律规定不公开审理的案件以外，您所代理的其他案件法院是否都进行了公开审理？"这一问题时，93.2%的被调查律师回答"是"，只有6.8%的被调查律师选择"否"（见表3—84）。但人民法院在庭审公开的实质推进上却是差强人意。在回答"您认为目前法院在庭审公开方面做得如何？"这一问题时，选择"很好，满足群众需求"的被调查律师只有36.5%，选择"一般"、"不好，很多信息均没有及时披露"、"不好，报喜不报忧"的被调查律师合计占到了63.5%（见表3—85）；同样，在问及"您对法院庭审公开的现状满意度如何？"这一问题时，选择"非常满意"、"满意"的被调查律师虽然占51.8%，但选择"一般"、"不满意"、"非常不满意"的被调查律师亦高达48.2%（见表3—86）。由此看来，庭审公开在我国之推进，注重形式大于实质，这可能是当前影响我国审判公开充分发挥作用的最大障碍,也是改革进程中必须要克服的困难。

表3—84　除法律规定不公开审理的案件以外,
您所代理的其他案件法院是否都进行了公开审理?

	选项	频率	有效百分比
有效	是	1194	93.2
	否	87	6.8
	合计	1281	100.0
缺失	系统	138	
	合计	1419	

表3—85　您认为目前法院在庭审公开方面做得如何?

	选项	频率	有效百分比
有效	很好,满足群众需求	474	36.5
	一般	687	52.9
	不好,很多信息均没有及时披露	114	8.8
	不好,报喜不报忧	24	1.8
	合计	1299	100.0
缺失	系统	120	
	合计	1419	

表3—86　您对法院庭审公开的现状满意度如何?

	选项	频率	有效百分比
有效	非常满意	270	21.0
	满意	396	30.8
	一般	546	42.5
	不满意	57	4.4
	非常不满意	15	1.2
	合计	1284	100.0
缺失	系统	135	
	合计	1419	

　　针对庭审公开的非实质性展开，在相关因素的剖析中，被调查律师并无明显的倾向性，这意味着庭审公开存在着多方面不足，而非个别缺陷。析言之：1. 依法公开、全面公开、及时公开均未能达成预期（见表3—87）；2. 庭审公开的信息平台建设滞后，未能全面满足民众需求（见表3—88）；3. 庭审公开的保障措施建设不到位，影响庭审公开作用发挥（见表3—89、表3—90）。庭审公开推进不理想的原因亦是复杂多样的：从法院角度而言，法院司法公开意识不够、装备不能完全满足要求以及法官自身素质不够是主要原因；从普通民众而言，其参与度不高导致司法公开"单方性"运行，监督功能无法发挥；从法律规范角度而言，立法粗陋亦导致庭审公开运行不畅（见表3—91）。因此，庭审公开作用之完全发挥，多方面配套措施完善是必然选择。

表3—87　在您的经历中，对于公开审理的案件，
法官在案件处理中总体上会做到如下哪些方面？

	选项	频率	有效百分比
有效	依法公开	1125	46.4
	及时公开	744	30.7
	全面公开	555	22.9
	合计	2424	100.0
缺失	系统	53	
	合计	2477	

表3—88　在您的经历中，对于公开审理的案件，法院对于庭审信息建立了查询系统吗？

	选项	频率	有效百分比
有效	已经建立	846	65.4
	尚未建立	447	34.6
	合计	1293	100.0
缺失	系统	126	
	合计	1419	

三、河北法院司法公开的供给状况

　　据统计，全国各级人民法院受理的各类案件数量从20世纪80年代初期的40万件左右，增加到2013年的1423万余件，司法在国家法治建设过程中起

表3—89 在您的经历中,您认为法院在庭审阶段存在的主要问题有?

	选项	频率	有效百分比
有效	公开审理的案件缺乏明确公告	609	23.2
	设置诸多障碍限制民众旁听庭审	474	18.0
	设置重重障碍限制新闻媒体旁听庭审	405	15.4
	公开的内容不全面、不充分	546	20.8
	当庭宣判为例外,择日宣判为原则	480	18.3
	其他	114	4.3
	合计	2628	100.0
缺失	系统	112	
	合计	2740	

表3—90 在您的经历中,对于公开审理的案件,
法官在案件处理中细节上会做到如下哪些方面?

	选项	频率	有效百分比
有效	当庭确认证据	1128	21.9
	裁判文书公开	1188	23.1
	判决理由公开	1137	22.1
	民众自由旁听	1023	19.9
	网上同步办案	675	13.1
	合计	5151	100.0
缺失	系统	135	
	合计	5486	

表3—91 您认为影响庭审公开的主要原因有哪些?

	选项	频率	有效百分比
有效	法院司法公开意识不强	609	18.6
	普通民众关注度低,感觉没有公开必要	669	20.5
	法院技术装备落后	519	15.9
	法律法规规定不详细	507	15.5
	法官缺乏自信	333	10.2
	法院担心社会和民众的反应	576	17.6
	其他	57	1.7
	合计	3270	100.0
缺失	系统	132	
	合计	3402	

着越来越重要的作用。但在越来越多纠纷涌向法院,诉讼日益成为人民群众解决纷争的重要途径之际,社会公众对法院的评价反而与法院的自我评价相背离,法院权威失落、司法公信力没有得到人民群众的充分认同,法官声望下降。其原因是多方面的,而民众对司法的需求没有得到充分应和是其中至关重要的原因。那么民众的哪些需求没有得到司法的应和? 司法需求和供给间差距及其产生原因何在? 又如何消弭这些差距? 这是提高民众对人民法院满意度,提高司法权威所亟待解决的问题。另外,在当前的司法"生态环境"中,司法信息的不对称问题仍然很突出。法官掌控审判的全进程,当事人所接触的信息,往往就是参与一两次开庭,在结案后查询一下卷宗,没有机会对司法进程的其他更深层次进行接触。司法信息的不对称,不仅会影响到公众获得公共信息、参与管理的行为,而且也加大了司法管理成本,降低司法管理效率,严重影响了和谐社会的构建和实现。因此,人民法院主动公开司法信息无疑是弥合司法信息不对称的关键要素。河北省各级人民法院在司法公开的推进中,行动迅速且措施得力,已经取得明显成效。

(一)河北省司法公开的总体部署

1. 组织保障:成立司法公开领导小组

司法公开是保障司法公正的法庭。司法是维护社会公平正义的最后一道防线。根据民主法治的要求,公开是原则,不公开是例外。为更好推进司法公开工作,河北省委政法委专门成立了司法公开领导小组。河北省高级人民法院也成立了司法公开工作领导小组(见表3—92),并成立了针对河北省2014年全面深化改革重要举措关于全面推进司法公开的具体组织机构(见表3—93)。领导小组负责落实最高人民法院和省委政法委关于司法公开工作的部署,研究开展司法公开工作的重大事项,监督指导全省法院司法公开工作等。下设的办公室承担司法公开的日常工作,督促落实领导小组议定事项,加强与有关部门的沟通协调,负责典型经验的总结、上报,反映各部门工作进展情况,承办领导小组交办的其他事项等。全省各中、基层人民法院参照成立司法公开工作领导小组及办公室。组织机构之成立,无疑为司法公开工作的强力推进提供了重要保障。

2. 时间保障:公布司法公开推进路线图

司法公开关乎"正义不仅应当实现,而且应当以人们看得见的方式得以实现"之价值目标,也关涉"让人民群众在每一个案件中感受到公平正义"之民众诉求。因此,司法公开的推进进程,显然是时间紧迫而丝毫不能拖延之重要任务。河北省高院通过制定司法公开路线图和时间表(见表3—94),明确立案公开、庭审公开、执行公开、文书公开、审判流程公开、审务公开的工作措施、时间节点和责任主体,倒逼司法公开工作快速推进。

表3—92　领导小组组成人员及工作机构

领导小组组成人员及工作机构	
组长	院长
副组长	党组副书记、常务副院长
成员	各副院长、党组成员、纪检组组长、执行局局长、政治部主任
办公室	主管副院长兼任办公室主任,办事机构设在研究室,人员由研究室、立案一庭、立案二庭、民一庭、民二庭、民三庭、刑一庭、刑二庭、刑三庭、刑四庭、行政庭、赔偿办、审监一庭、审监二庭、审监三庭、执行局各庭处、司法技术辅助室、宣传处、组人处、计财处、信息化建设办公室等部门主要负责人组成

表3—93　河北省2014年全面深化改革举措涉及司法公开的组织机构

牵头领导	主管副院长
牵头部门	审监三庭
责任部门	立案一庭、立案二庭、刑一庭、刑二庭、刑三庭、刑四庭、民一庭、民二庭、民三庭、行政庭、赔偿办、审监一庭、审监二庭、信息化建设办公室

表3—94　河北省法院司法公开路线图

工作任务	工作措施	时间节点	责任主体
立案公开	立案条件、申请再审、申诉条件及要求、诉讼流程、诉讼文书样式、诉讼费用标准、缓减免交诉讼费用的程序和条件、诉讼风险提示、可供选择的非诉讼纠纷解决方式等诉讼指南等在政务网公开	5月底	立案一庭
	执行案件的立案标准、启动程序、执行收费标准和根据、执行费缓减免的条件和程序等在政务网公开	5月底	立案一庭
	全省各级法院建成网上信访平台和远程视频接访系统	5月18日前	立案一庭
	制定出台网上受理申诉和视频接访工作流程	5月底	立案一庭

续表

工作任务	工作措施	时间节点	责任主体
庭审公开	制定庭审公开、裁判文书公开、审判流程公开的操作规程	5月底	审监三庭
	制定省法院本级及全省法院系统庭审公开、裁判文书公开、审判流程公开工作考核办法	5月底	审监三庭
	半年组织一次庭审公开、裁判文书公开、审判流程公开的考核，年底组织一次验收	6月底，12月底	审监三庭
	省法院审判委员会委员要带头开庭审理案件，每位委员都要选取一件案件进行开庭，其中民商事案件的庭审要进行网络直播	5月起	审监三庭
	省法院有审判职称的综合部门中层正职带头开庭审理案件，要选取一件案件进行开庭，其中民商事案件的庭审要进行网络直播	5月起	审监三庭
	省法院庭长、副庭长办理的民商事案件的庭审全部要进行网络直播。其他办理民商事案件的法官也要积极参与，逐步扩大人员范围	6月1日起	审监三庭
	全部中级法院要进行网络庭审直播	6月底之前	审监三庭
	全部基层法院实现网络庭审直播	12月底之前	审监三庭
	制定全省法院系统减刑、假释裁前公示考核办法	5月底前	审监一庭
	全省法院实现裁前公示减刑、假释建议书扫描、上网	5月底前	审监一庭
	减刑、假释立案后五日内将执行机关减刑、假释建议书向社会公示	6月1日后	省法院及各中院
	拟定省法院决定暂予监外执行裁前公示的暂行规定	9月底	刑一庭
	各级法院全面落实省法院裁前公示的规定	10月底	刑一庭

续表

工作任务	工作措施	时间节点	责任主体
裁判文书公开	全部基层法院都要实现上网公布裁判文书	6月底	审监三庭
	全省法院生效裁判文书依法全部上网公开	2015年1月	审监三庭
审判流程公开	开通案件审判信息网上查询功能,当事人通过输入查询密码等,登录司法公开平台网站查询案件立案、审理流程信息	5月底前	信建办
执行公开	制定全省法院执行公开的操作规程	6月底前	执行局
	制定全省法院执行公开考核办法	5月底	执行局
	半年组织一次考核,年底组织一次验收	6月底,12月底	执行局
	全省法院执行指挥监控系统建设,包括执行指挥室、执行接待室、车载执行指挥系统、单兵指挥系统、后台支撑系统等	6月底前所需设备全部购置到位并开始进行安装调试连接,7月投入使用	各级法院执行局
	全省法院执行案件信息短信发布平台建设	5月底前,完成安装调试工作;6月底前投入使用	各级法院执行局
	开通案件执行信息网上查询功能,当事人通过输入查询密码等,登录司法公开平台网站查询案件执行流程信息	5月底前	执行局
	全省法院失信被执行人信用惩戒系统建设	5月份制定规范,形成机制;从6月开始进行定期的信息推送和发布	各级法院执行局

工作任务	工作措施	时间节点	责任主体
执行公开	各级法院要在自己的门户网站公开本院执行工作的静态信息,包括执行案件立案标准、执行费收取办法、执行风险提示、悬赏公告、拍卖公告等	5月底前	各级法院执行局
	制定网络司法拍卖规则,编制竞买协议书、竞买须知和保密协议	5月底	省法院和各市中院司法技术辅助室
	司法拍卖进入产交中心或者分支机构利用电子竞价系统进行拍卖;竞买人通过互联网终端进行竞价;竞价过程在互联网上公开,接受社会监督	石家庄、秦皇岛、唐山、沧州、廊坊市中院10月之前,其他六个中院12月底之前实现	省法院和各市中院司法技术辅助室
审务公开	审判业务文件、指导性案例、参考性案例等审判指导文件在政务网公开	5月底	各业务部门、研究室
	省法院开通微信	6月底	宣传处
	启动12368电话语音系统	7月底	立案一庭、信建办

3. 内容保障:发布司法公开的指导目录

从近几年司法实践来看,推进司法公开的进路主要有两种。一种是以平台建设为主的形式进路,一种是以司法公开活动为主的内容进路。而在司法公开的内容方面,司法信息零散直接导致公众对司法形成片面甚至不真实的印象,也影响着人民法院对自身工作的有效评估。公众对法院的审判工作具有知情权、参与权、评议权和监督权,司法审判工作是专业化和程序化程度很高的专门工作,如果司法机关不主动、不充分、不及时地提供司法工作的信息和情况,那么公众就难以实现对司法的知情权、参与权、评议权和监督权。公众对司法工作都不知情,何谈进一步的参与权、评议权和监督权。因此,司法信息的系统性公开就显得十分必要。河北省高院发布"司法公开指导目录"（见表3—95）无疑是一种系统满足民众司法公开需求的有益尝试。

表3—95　河北省法院司法公开目录

公开事项	具体公开内容
立案公开	1. 设立立案、信访服务窗口,在立案信访接待场所的显著位置设置导诉台,配备导诉人员,提供诉讼引导、诉讼指导服务
	2. 在立案大厅向当事人免费提供常用法律文书样式、诉讼服务指南
	3. 通过公告栏、电子触摸屏、政务网站向当事人公开本院受理案件的范围和分工、诉讼费收费标准和诉讼费用缓交、减交、免交的条件、诉讼费退还程序、所需材料,以及立案、审理、执行的工作流程
	4. 在立案大厅和政务网站公开诉讼和执行风险提示
	5. 提供便民服务,公开非诉讼纠纷解决方式和程序,引导当事人选择非诉讼纠纷解决渠道
	6. 审查立案时,立案工作人员应当告知当事人法院受理案件必备的条件和要求
	7. 对于起诉材料、手续不全的案件,应向当事人全面释明应当提交的材料和办理的手续
	8. 对于不予受理、驳回申请的案件,应当及时将不予受理裁定书、驳回再审申请裁定书、驳回申诉通知书等相关法律文书依法送达当事人,并说明不予受理、驳回申请的理由,告知当事人有关诉讼权利
	9. 在公告栏、电子触摸屏、政务网站、官方微博公开司法救助的条件和范围,为经济确有困难的当事人提供司法救助
	10. 当事人凭密码通过政务网站、12368 诉讼服务热线获取案件的案号、立案日期、案由、当事人姓名或名称、案件承办人和合议庭组成人员名单及联系方式、开庭时间和地点、案件审理进度等信息
	11. 设立举报投诉电话、信箱,在政务网站设置举报投诉专栏,受理当事人有关廉政、审判作风方面和司法公开工作的投诉,由工作人员记录举报投诉信息,交有关部门核查,在规定期限内处理完毕并回复投诉人
	12. 建立特邀调解员名册并在政务网站向社会公开

续表

公开事项	具体公开内容
庭审公开	13. 除法律明确规定不公开审理的案件外，所有案件均应公开开庭进行审理。按照《最高人民法院关于减刑、假释案件审理程序的规定》，人民法院对司法解释规定的减刑、假释案件应当开庭审理
	14. 公开审理的案件应当严格依照相关诉讼法规定时限发布开庭公告。案件案号、案由、当事人、开庭时间、开庭地点、承办法官、合议庭成员等信息，通过公告栏、电子触摸屏、政务网站、官方微博、微信等形式向社会公告
	15. 在政务网站上公开人民陪审员名册
	16. 公开审理的案件，社会公众持有效证件，可以进入法庭旁听
	17. 每年选择一些社会关注度高、有法制宣传教育意义的案件，按照有关规定，在政务网站、官方微博进行庭审网络直播
	18. 主动接受人大、政协监督，定期邀请人大代表、政协委员旁听庭审
	19. 加强巡回审判工作，公开庭审过程，健全完善工作机制
	20. 落实《最高人民法院关于庭审活动录音录像的若干规定》，实现庭审过程同步录音录像
	21. 依法向当事人告知诉讼权利义务，包括案件受理通知书、应诉通知书、举证通知书、合议庭组成人员告知书、保全裁定、中止诉讼裁定等文书，以及根据审理进展及时告知当事人相关权利义务
	22. 告知双方当事人相关重大程序事项，如延长审限、合议庭组成人员变更、是否准许当事人申请法院调查取证、委托鉴定等
	23. 所有证据应当在法庭上公开。能当庭认证的，应当当庭认证
执行公开	24. 通过电子触摸屏、政务网站公开执行案件的立案标准、收费标准、执行风险、执行规范、执行程序等信息
	25. 在当事人申请立案后，及时将立案的有关情况、当事人在执行中的权利义务及其承担的风险，书面告知申请执行人和被执行人
	26. 当事人凭密码通过政务网站、12368 诉讼服务热线获取执行案件当事人情况、立案信息、被执行财产、执行中止情况和理由、结案信息，执行异议及变更、追加被执行人案件的听证信息等内容

续表

公开事项	具体公开内容
执行公开	27. 人民法院采取查封、扣押、冻结、划拨等重大措施后,应当及时将有关情况告知双方当事人
	28. 通过政务网站公开选定评估、拍卖机构的条件、程序,向社会公布选定的具有相应资质的鉴定、评估机构、拍卖机构名单
	29. 案件执行中委托评估、拍卖的,向当事人和利害关系人公开评估、拍卖的过程和结果
	30. 在执行过程中,及时向申请执行人通报案件执行进展情况
	31. 及时告知当事人执行救济的权利
	32. 对在法定期限内不能执结的案件,应当书面告知申请执行人案件执行情况以及不能及时执结的原因
	33. 通过政务网站、相关媒体公布失信被执行人名单信息,公开限制高消费人员名单
听证公开	34. 对开庭审理程序之外的涉及当事人或者案外人重大权益的案件实行公开听证
	35. 听证前应公告听证事由、时间、地点、听证法官、听证参加人的权利义务等
	36. 听证公开的范围、方式、程序等,参照庭审公开的有关规定进行
	37. 人民法院对符合听证条件的申请再审案件应当组织当事人进行公开听证
	38. 对侵权损害后果争议较大、赔偿方式或赔偿数额分歧较大、赔偿数额巨大、社会各界关注,以及当事人要求、人民法院认为确有必要举行听证的司法赔偿案件,应当组织公开听证
	39. 对案外人异议、不予执行的申请以及变更、追加被执行主体、中止或终结执行、多个债权人申请参与分配的,以及人民法院认为有必要听证的重大执行事项,应当组织公开听证
	40. 人民法院审理非诉行政执行案件,在作出是否准予强制执行裁定前,为查明案件事实,审查执行依据,可以组织当事人听证,听取当事人的陈述、申辩和质证
	41. 对于涉及人数众多、群众反映强烈、争议较大、多次上访以及在社会上引起重大影响的涉法涉诉信访案件,应当组织听证

公开事项	具体公开内容
文书公开	42. 按照"以公开为原则，不公开为例外"的要求，依法、全面、规范将已发生法律效力的裁判文书在中国裁判文书网上公布，并在政务网站设置中国裁判文书网的网址链接
	43. 利用官方微博，以提供链接或长微博等形式，发布社会关注度高、具有指导意义的案件的裁判文书
	44. 人民法院审理减刑、假释案件，应当将执行机关报请减刑、假释的建议书等材料依法向社会公示
审务公开	45. 在政务网站、官方微博、微信公布人民法院基本情况、审判业务部门审判职能、人员状况、工作流程、管理制度等基本情况和人民法院的工作报告、重要活动部署、规范性文件等信息
	46. 省法院通过审理案件、制定审判业务文件、发布参考性案例、召开审判业务会议、组织法官培训等形式，对辖区内法院的审判业务工作进行指导。中级人民法院通过审理案件、总结审判经验、组织法官培训等形式，对基层人民法院的审判业务工作进行指导。省法院和中级人民法院通过各种形式指导审判业务工作，不涉及审判秘密的，应当公开
	47. 当事人及其诉讼代理人可以凭有效证件申请查阅案件卷宗正卷的有关材料，人民法院应提供专门场所方便当事人及其诉讼代理人查阅
	48. 在符合保密规定的前提下，对有利于促进有关单位科学决策、改进工作，不断提高科学管理水平，预防和减少社会矛盾纠纷、积极推动社会建设的司法建议，应当以适当方式向社会公开
	49. 完善新闻发布制度，通过定期或不定期地召开新闻发布会、座谈会、通气会以及组织集体采访、接受媒体专访、发布新闻稿等形式，及时、准确发布法院工作信息
	50. 完善法院开放制度，邀请社会公众参观人民法院司法活动场所，指定专人向社会公众介绍法院情况

4. 成效保障

司法公开制度是人民法院检视自身工作的重要依托,这种检视,既包括人民法院自身对司法公开制度的评估,还包括社会公众对司法公开运行的成效评价。但从目前来看,司法公开的评估机制却并不理想。当前的法院业绩考核模式事实上是把行政管理的手段运用于法院管理,实质上将法院视为行政系统的一部分。最高人民法院司法公开的政策导向和指标评估,固然能激励各地法院进行各项司法公开的制度创新,但在数字化的政绩导向下,法院更倾向于认认真真走形式,更在乎工作汇报中易于量化的工作业绩。为避免此种弊端的出现,河北省法院出台了《河北法院阳光司法指数评估暂行办法》,这标志着河北法院阳光司法指数评估机制正式建立并开始运行。河北法院推行的阳光司法指数评估机制的特点在于:一是在评估内容上,把司法公开平台建设与运行情况同步量化。评估体系中既有对立案信访窗口、同步视频室、门户网站、司法公开三大平台建设效果、司法公开信息化程度的考量,也有对立案信访窗口运转是否正常、门户网站信息更新是否及时、案件信息录入是否及时准确完整、当事人查询案件信息是否便利等平台运行情况如何的考量,将平台建设与应用管理并重,确保司法公开不走过场。二是在评估方法上,将法院自评与委托第三方评估相结合。《暂行办法》规定,全省法院阳光司法指数评估采取内部组与外部组评估相结合的形式,内部组评估时先由参评法院自评打分,再由省法院相关职能部门逐一核查。第三方评估是由省法院统一委托独立的科研机构进行评估,并且吸收特邀监督员参与,有利于评估结果的客观公正,更加增强阳光司法指数评估结果的可靠性和准确度。今后,将逐步过渡到完全由独立第三方评估。三是在预期目标上,把规范司法行为与满足群众司法需求同步推进。阳光司法指数评估通过评价、监测、引导等功能,推进司法公开更加全面和深化,既约束了法官的言行举止,以公开透明确保廉洁公正,达到规范司法行为、促进法院依法履行职责的效果,同时满足了人民群众对司法工作的知情权、监督权、参与权,回应了人民群众对司法工作的新期待。四是在工作落实上,坚持正向推动与责任追究同时发力。评估体系的主要内容是对参评对象在立案、审判、执行等环节司法公开效果的监测和评价,其中既有对公开效果直接进行监测的正向指标,也有对应公开未公开事项实行扣分的反向指标;既注重对公开效果客观评价的正向引导和监督作用,也注重对违反司法公开要求的责任追究;既鼓励先进、保护其工作积极性,又激励后进、督促其尽快整改迎头赶上。《暂行办法》坚持从正反两个方向、多个角度推动司法公开得到落实。

(二)河北省法院司法公开的具体进展

目前,河北全省法院认真贯彻落实中央、省委以及最高法院关于深化司法公开的要求和部署,把司法公开作为一项重点工作,全方位整体推进,取得了明显成效。

一是三大平台整体运行情况。根据最高人民法院的要求,结合河北法院司法公开三大平台工作需求,开发了河北法院司法公开平台,其功能包括裁判文书公开、审判流程公开、执行信息公开、网上预约立案、诉讼服务等多项功能。目前,三大平台已全线整体运行,截至2014年5月31日,利用三大平台,河北全省三级法院全部实现了审判流程公开、执行信息公开和裁判文书网上公开,公开案件共计103236件,裁判文书47925份,发布公众静态服务信息近200条。2014年6月1日前,河北省高级人民法院今年新收案件已全部录入。

二是审判流程公开平台运行情况。目前,河北全省法院已经开通案件流程、执行信息网上查询功能。当事人通过输入查询密码等,登录司法公开平台,可以随时查询案件立案、审理流程信息和执行流程信息。河北全省法院普遍在立案大厅或通过网站等当事人容易获悉的渠道,详细公开各类案件的立案条件、诉讼费用交纳标准、审判流程、工作制度等相关信息,方便当事人了解和查询。各级法院还利用司法公开平台发布以下静态信息:法院地址、联系方式、管辖范围、下辖法院、内设部门及其职能等机构信息;审判人员的姓名、职务、法官等级等审判组织信息;人民陪审员名册、特邀调解组织和特邀调解员名册等名册信息;审判委员会组成人员信息;评估、拍卖及其他社会中介机构入选名单信息等。

三是裁判文书公开平台运行情况。按照最高法院的要求,河北省法院出台了《关于在互联网公布裁判文书的暂行办法》,规定从今年起,省法院及中级法院生效裁判文书全部依法上网公开。截至5月底,全省11个中院已全部在中国裁判文书网上公开裁判文书,177个基层法院中,除唐山高新技术产业开发区法院因未受理案件外,其余176个法院已全部实现在中国裁判文书网公开裁判文书。省法院在官方网站上设有专门的裁判文书公开栏目,并在河北法院网的醒目位置设置了中国裁判文书网的网址链接,方便社会公众查阅。同时,指定专门部门和人员负责管理工作。

四是执行信息公开平台运行情况。5月底前,省法院已经开通执行信息网上查询功能。当事人通过输入查询密码等,登录司法公开平台,可以随时查询执行流程信息。省法院已实现当事人在立案大厅通过触摸屏查询案件执行信息。执行人员在采取查封、扣押、冻结、划拨等重大执行措施时,及时告知当事人。加大对恶意逃债被执行人的惩戒力度,对有履行能力而拒不履行的被执行人,列入失信被执行人名单,在执行信息公开平台上公开。2014 年 5 月 29 日,省法院正式启用与金融机构之间的"点对点"网络执行查控系统,与首批 11 家在河北的银行总部进行正式联网查询,实现执行信息公开平台与各类征信平台的有效对接,进一步提高了法院执行工作效率。

除以上三大平台外,河北省还建设了其他司法公开平台:

一是庭审直播平台投入运行。省法院已建成河北法院庭审直播平台,目前,全省共有 79 家法院的数字法庭纳入省法院数字法庭综合管理平台的集中监控和集中管理。省法院建成的河北法院庭审直播平台,实现了同时在互联网上直播八路信号。各中院、基层法院的数字法庭凡纳入省法院数字法庭综合管理平台的,都可通过河北法院庭审直播平台在互联网上直播,庭审音视频数据亦可在互联网上点播。邢台中院率先使用省院庭审直播平台进行了庭审直播,其他中院也在开始利用省院直播平台进行庭审直播。4 月底,省法院三个民庭庭长带头直播,起到了积极的示范作用。5 月份,省法院综合部门具有审判职称的正职、各业务部门中层正、副职也纷纷开庭并进行网上直播,其他审判人员依法公开审理的民商事案件也逐步实现了网络直播。目前,省法院基本每天都有庭审直播的案件,廊坊、承德、张家口、邢台和部分基层法院庭审直播已全面展开,保定微博发布庭审一天一件。去年全省共有 600 余件案件进行了庭审网络直播。今年截至 5 月底,全省法院直播庭审案件近 700 件,呈快速增长态势。衡水中院利用狱内科技法庭大力推进减刑、假释公开透明。衡水中院假释案件开庭率、社会关注的贪污、渎职案件的减刑开庭率均达到 100%,刑满或假释人员重新犯罪率低于 2%,在全省位于前列。

二是网络司法拍卖平台日趋完善。省法院积极探索司法公开拍卖新机制,主动引入第三方交易平台,推行网络司法拍卖,在互联网上采用电子竞价方式进行公开拍卖,竞价过程全部通过网上自动运行,拍卖成交率大幅提高,得到了当事人的认同。今年,省法院创造了"河北司法拍卖模式",人民法院与产权交易中心直接对接,降低 50% 的拍卖佣金,直接还惠于民。5 月 13 日,由省法院法官主持司法网络拍卖,敲响法官主持司法网络拍卖第一槌,收到了良好的社会效果。今年网拍范围将扩大到全省,各中院已在紧张筹备当中,并将于年底先后实施网络司法拍卖,届时司法拍卖将一律采用网络拍卖的方式进行。截至目前,省法院共举办 9 场次网络司法拍卖,拍卖了 19 个标的物,首拍成交 14 个,成交总额近 1 亿元,首拍成交率 73.7%,已成交项目平均增值率达 14%。其中,单次拍卖标的物竞价次数最多达 101 次,单次拍卖标的物最高增值率达到了 45.6%。

　　三是网上申诉信访平台建成。网上申诉信访平台用于信访人进行网上申诉信访登记以及办理结果查询，同时利用远程视频接访系统，通过视频形式让上访群众在基层法院向中级法院、高级法院或者最高法院反映诉求。5 月底前，各级法院在信访接待场所，安装相关设施，建立远程视频接访系统，全部开通了网上申诉信访平台。

　　四是积极搭建司法公开新媒体展示平台。各级法院都已建立起新闻发言人制度，密切了与媒体的联系。充分利用法院网站，向社会公布信息动态，通过"院长信箱"和"网评法院"等栏目通道，加强与网民互动。河北省法院微博发布厅上线，形成我省三级法院微博综合发布平台。省法院官方微信平台今天正式建成开通，各地法院也在积极推进微信平台建设。全省法院将以官方网站、微博、微信搭建起集权威发布、业务查询办理、庭审直播、民意沟通等为一体的司法公开新媒体展示平台，给社会公众及时获取司法公开信息带来极大的便利。省法院今天已经在立案接待大厅开通免费 Wi-Fi，当事人用智能手机扫描二维码即可以订阅我省法院微信，不出家门就可以全面查询案件信息。

　　同时，河北高院举办"司法公开看法院"主题公众开放日，通过河北法院网、河北高院官方微博、微信向社会发出"网上征集令"，征集关注法院司法公开工作的网友，吸纳来自律师、媒体、企业、学校等各行各业的社会公众走进河北高院，体验法院司法公开各个环节，跟省院相关部门负责人互动交流。

（三）河北省司法公开的相关做法

　　"按照司法剧场化理论，司法经历了从过去的'弃市'、'公审大会'等广场化司法到现代以建筑物为空间的剧场化司法的发展过程。现代文明司法选择了以'剧场'为象征的司法活动类型，而庭审活动正是剧场化司法的重要实现方式。案件公开庭审的过程就是一出'司法剧'的演出过程，而且这场演出生动、清晰、如在眼前，具有现实直观性。此时，作为演员的旁听人员会随着'剧情'地不断深入、展开而慢慢'入戏'，从而得以直接观察司法的形象，感受司法的可信任度。这对于公众来说无疑是一场印象深刻的法制教育、法治理念的熏陶。同时，司法的剧场化也在一定程度上寄托了人们对于司法正义理想的追求。"①庭审公开作为"民众感受公平正义"的核心区域，无疑是改革的着力点。河北省各级人民法院在贯彻庭审公开的过程中，一方面严格落实现有法律法规的具体规定。另一方面，则结合现实情境充分发挥主观能动性。在实践中创制了各具特色的庭审公开模式。

----

　　① 赵志春、许媛媛：《论刑事案件的庭审公开》，见《司法公开理论问题》，中国法制出版社 2012 年版，第 318 页。

1. 庭审直播常态化

1993 年的《中华人民共和国人民法院法庭规则》规定,经过法院批准,媒体可以进行庭审直播。此后,最高法院关于公开审判的文件,对庭审直播的支持态度一以贯之。2010 年 11 月 21 日,最高人民法院发布《关于人民法院直播录播庭审活动的规定》,第一次专门对庭审直播的范围和程序进行了详细规范,并与时俱进地将"网络庭审直播、录播"纳入了庭审直播的范围。2014 年 4 月 22 日上午 9 时,随着民一庭庭长胡华军手中清脆的法槌声响,上诉人刘红涛与被上诉人修先水租赁合同纠纷案在河北省高级人民法院第五审判庭公开审理,网络庭审直播同步进行,民一庭全庭同志在网上观摩了整个庭审。23 日上午,民三庭庭长陈振杰公开开庭审理一起知识产权上诉案件,部分省人大代表、政协委员及省法院特邀监督员旁听庭审,河北法院网直播了庭审全过程。24 日上午,民二庭庭长戴景月审理的一起买卖合同纠纷案件进行了网络庭审直播。自此,河北省法院率先将民商事案件进行网上直播,并建立河北省法院庭审直播网,且做到中级人民法院至少每天一播,基层法院至少每周一播,保证庭审直播的常态化。

当前,自媒体通过个人微博、个人日志、个人主页等方式不断对外发布或直播着各种新闻资讯。自媒体发布者身份私人化、准入资格平民化、发布对象普泛化、发布内容自主化的特点,使其明显有别于传统媒体机构主导的信息传播,这种由普通大众主导的信息传播方式,由传统的由点到面传播,转化为点到点的一种对等传播。自媒体不再有传者和受者的界限,每个人都能发布、传播新闻,形成了"人人皆媒体"的局面,并在科技时代发挥着巨大的影响力。可以期许并预见的是,微博所积蓄的巨大能量,将会促使中国司法公开的推进。顺应新媒体日新月异的发展趋势,河北省高院积极推进微博庭审直播,并在"王书金案件"审理过程中发挥了至关重要的作用。2014 年 5 月 15 日 10 时,"河北省法院微博发布厅"在新浪微博上线,标志着全省三级法院官方微博矩阵形成,此举成为河北省法院大力推进司法公开的一个全新展示平台。"河北省法院微博发布厅"作为河北省三级法院微博综合发布平台,定位于以新媒体推进司法公开,发布全省法院司法信息,普及法律知识,拓宽人民群众监督司法的渠道。在现代信息技术条件下,微博等信息载体,不仅承载了丰富的内容,而且传播更及时、更广泛,符合司法传播所应当具有的全面、及时、透彻等要求。实践证明,人们法治思维的养成,在很大程度上就是通过一次次可见识、可感受而又具体生动的法治活动来完成的。王书金案件无疑是信息化条件下贯彻司法公开的典范。

2. 庭审直播进校园

石家庄铁路运输法院依托信息化、网络化媒体平台，扩大公开范围，将庭审直播引进河北经贸大学，让广大师生不出校园看庭审，进一步"倒逼"司法能力提升，取得良好效果。

石家庄铁路运输法院与河北经贸大学共同完善硬件设施，依托数字法庭，在法院与学院之间共同铺设了庭审直播专线，实现了法院开庭与院校观看的同步。每次进行庭审直播，河北经贸大学领导、教师代表、研究生及本科生均有 200 余人进行观看。庭审结束后，院校老师还会从民事诉讼程序的角度为学生进行讲解，对庭审进行点评；审判人员也会适时与学生进行集中互动。这种直播形式，扩大了庭审公开的范围，不但对审判人员庭审驾驭能力提出了更高的要求，也让院校广大师生亲眼目睹庭审过程、现场施教，实现了司法能力提升和法学教育的双促进，达到了双赢。

3. 司法公开的亲民化

司法公开是当下人民法院推进司法民主，打造阳光司法形象，提升司法公信力的有力举措。随着互联网技术和电子技术的普及应用，司法公开有了更广阔的渠道和路径。司法公开不应是法院单向公布信息，其应具备双向性，打破法院一方唱"独角戏"的局面，打通"双向互动"的渠道，真正建立起与人民群众的对话平台。司法公开意味着人民法院面向社会公众公开立案、庭审、执行、听证等案件的审理过程与结果，并同时通过采取有力的公开途径赢得社会公众对法院工作的了解、信任与支持。近年来，全国各地法院围绕司法公开的工作开展得如火如荼，但司法公开内容仍局限于浅层次的公开，并未向深层次推进。司法公开的深度推进，需要人民法院由单向度公开转变为双向的沟通、互动的交流，有"来"有"往"，有"回"有"应"。公开本身不是目的，公开的最终走向是要通过法院"敞开大门"这一途径，畅通渠道，架设桥梁，与人民群众在互动中达成共识，从而让法院为社会输出更加优质高效的司法产品。若公开仅限于人民法院的独角戏，这种单向的司法公开途径就不能及时满足人民群众对司法公开的需求，也无法及时收集人民群众对法院工作的意见、建议和诉求，更无从谈及及时反馈和回应，而没有了交流、监督内容的司法公开，司法公开本身也就失去了其自身的价值和使命。司法公开的双向互动保障了民主监督的实现。司法权为民所用并接受人民的监督，因此，司法公开不仅仅是法院对当事人与社会公众应尽的一种责任和义务，司法公开的内容也不仅仅是法院对当事人和社会公众的"告知"，而应是法院接受评判和监督，并在与评判监督过程的"双向互动"中深入体察民情,查排自身不足,提升司法服务质效。这样,司法公开才能上升到确保社会公众实现对法院的评判与监督的层面,成为人民法院主动接受当事人和人民群众监督的重要途径和深化司法公开制度改革的动力。

近年来,河北省法院积极推进司法的公开,不断延伸服务职能,使民意沟通从封闭走向开放,由单向发布走向双向交流。定期参加河北广播电台"阳光热线"直播活动,旨在倾听民生、回应民情,以实现互动式网络问政。通过这一双向互动的司法公开新形式新举措,以此实现法院能动参与社会管理的职能。司法公开的双向互动,赋予了司法公开新的含义。以往那种公开信息、接受评价的单一被动的方式不应再是主角,法院应当以更主动的姿态,通过自身建立的双向互动公开渠道,实现与群众的"零距离"沟通交流,提高工作效率,让人民群众办事更直接、更方便、更有效。

4. 司法公开基层化

巡回审判是指人民法院特别是基层人民法庭,为方便人民群众诉讼,根据本地实际情况,深入农村及交通不便、人员稀少等偏远地区,就地立案、就地开庭、当庭调解、当庭结案的一种审判方式。作为一种便民亲民的审判方式,巡回审判作为一种司法公开的有效途径,具有诸多优点[1]:其一,法官与群众"超距离"到"零距离"的变化,有利于消除群众对法官的偏见。巡回审判不仅仅在于方便群众诉讼,更在于让群众对法官有理性的认知,而让群众消除对法官的偏见,正是司法公开的应有之义。当前,群众对法官的认知主要来自电视、网络、报纸等媒体,是一种远距离的超然感受,而且,由于媒体对新闻"轰动效应"的片面追求和网络语境下民意的非正常宣泄,法官在公众中的正面形象并没有得到有效树立,群众往往先入为主地对法官产生偏见,进而对司法的公正性产生怀疑。在中国当前的现状下,民众对司法公正的怀疑已经超出理性的范畴,成为一种极度非理性化的社会心理怪疾,导致了司法公正和司法信任的危机。消除群众对法官的偏见,消除群众的司法怀疑,最有效的办法是让更多的群众参与到法院巡回审判中,以法官与群众的"零距离"来化解因"超距离"产生的负面效应。客观地说,绝大多数人不会主动踏入法院去旁听一场与他并不相关的审判,但是,如果一场审判在他生活工作的场所附近进行,法院又刻意组织,相信大部分人都会成为忠实的旁听者。法官与群众"零距离",法官可以凭借对法律的理解,对庭审的掌控力等等展示风采,树立起良好形象。让

---

[1] 冯伟、李喻洁:《反思中突破:司法公开视野下巡回审判的维度建构》,2012 年 5 月 28 日,http://court.gmw.cn/html/article/201205/28/90801.shtml。

司法公正以"看得见"的方式投射于法官身上，被群众感知，有利于从根本上消除司法怀疑。其二，群众对庭审"似曾相识"到"身临其境"的感受，有利于增加群众对庭审的认知。庭审公开是司法公开的重要方面。当前，法院对公开审理的案件，都允许公民持有效证件参加旁听，但是，辐射范围毕竟有限，很少有人特意赶来旁听一场与他们无关的庭审。对于大部分群众来说，庭审过程对他们而言是陌生的，甚至带有一丝神秘色彩。而在巡回审判中，广泛邀请当地群众参与旁听，且尽量避免拉家常似的庭审，把审判过程的每一个环节公开、透明地展现出来，让庭审成为普法课程，使群众亲身感受审判过程的所有细节，有助于群众对庭审过程形成更加直观、清晰的认识。从"似曾相识"到"身临其境"，群众旁听庭审的过程，也就是司法公开的过程，此时，巡回审判依然便民，但已经走出了狭隘的当事人的范围，而扩大到了更大范围内的群众，可以说，便民已经退居二线，公开才是主要目的。其三，群众对裁判"若信若疑"到"服判息诉"的升华，有利于强化群众对司法的信赖。司法公开，在于让司法公正以看得见的方式实现，而且，除了让当事人"看得见"以外，还要让当事人以外的更多的人"看得见"，而巡回审判正是在这方面负有重要责任。裁判结果应在一个公开、公平的程序下被推导出，这个结果本身也应与社会所追求的公正的主流价值观一致，而现实中的尴尬之处在于法院在适用法律审理案件时，往往依照法律思维进行裁判，没有很好地进行风俗、道德和政策考量，以致公正的裁判无法令当事人信服，无法达到服判息诉的效果。巡回审判可以在二者之间架起桥梁，法官深入到群众中，近距离接触群众，更便于法官借助基层组织来调解纠纷，更便于法官以群众语言来诠释法律，更便于法官借助庭审扩大法制宣传的效果。由于巡回审判贴近了生活，贴近了群众，司法公正以群众能够理解，乐于接受的方式实现。群众对于司法公正看得见，能感受，有助于消除群众的司法怀疑，强化群众对司法的信赖。

为了有效化解社会矛盾和各类民事纠纷，便利人民群众诉讼，有效利用各种调解资源，实现资源共享、优势互补，河北省各基层人民法院结合本地发展环境，大力推行巡回审判制度。

(1)永清法院：重点案件巡回审判回应民众需求。

永清法院在实际工作中不断推进基层司法服务，积极送法下乡，巡回审判。重点选择涉及赡养、抚养、扶养、邻里纠纷等案件，以及在当地有影响、具有典型法制宣传教育意义的案件，通过"以案说法"教育、引导群众，扩大办案效果。通过"三个并重"，提高巡回审判效果。第一，注重定分止争与推进诉调对接并重。坚持把调解优先作为巡回审判工作的重要原则，注意与辖区党委政府沟通，主动与当地司法所等相关单位衔接，加强对人民调解组织及人民调解员的指导,推进人民调解、行政调解与诉讼调解的有效对接。注重拓宽调解渠道,用足调解资源,以巡回法庭为重要平台,邀请当地人大代表、村镇干部、宗族公亲等参与调解,通过多形式、多途径的调解,实现定分止争,促进案结事了。第二,注重便民诉讼与深化普法教育并重。坚持把"审结一案、教育一片"作为巡回审判工作的重要价值取向,力求在方便群众诉讼的同时,最大限度地发挥巡回审判的教育功能,重点选择涉及赡养、抚养、扶养、邻里纠纷等案件,以及在当地有影响、具有典型法制宣传教育意义的案件,开展巡回审判,通过"以案说法"教育、引导群众,扩大办案效果。第三,注重审判效率与培养锻炼法官并重。坚持把巡回审判作为培养锻炼法官的重要途径,采取以老带新的办法,有意识地轮流安排年轻干警参与,通过即审即结这种快节奏、近距离、高要求的审判工作锻炼,提升办案法官驾驭庭审的能力、做群众工作的能力,以及综合运用法律、道德、民俗、情理化解纠纷的能力。

(2)宽城法院:巡回法庭架起"便民桥"。

近年来,宽城法院在践行群众路线的基础上,充分运用巡回审判灵活机动、亲民便民、群众易于接受的特点,将巡回法庭开进村庄、社区和田间地头,在法院与群众之间架起"便民桥",受到群众认可和赞扬。截至目前,该院共巡回办案 392 件,调解结案的 354 件,调解结案率为 90.3%,有近 2700 名群众现场旁听庭审,收到了良好的法律效果和社会效果。一是设立巡回审判站点。积极和部分乡镇联系,在桲罗台镇、亮甲台镇、大石柱子乡、铧尖乡设立巡回审判站,由法院统一制作"巡回审判站"牌匾,对外公布。并在其余 9 个乡镇设立巡回审判点,在巡回审判站点周边张贴便民告示,将审判站点的办公时间、办公地点、受案范围、责任法官电话等公之于众,使巡回审判常态化、制度化、网络化。二是推广上门立案方式。在推行电话立案、预约立案、假日立案等立案方式的基础上,各基层法庭指定专人负责巡回审判站点的工作,定期到巡回审判站办公,到巡回审判点开庭,就地收案、就地立案、就地开庭,进一步方便群众诉讼,减轻当事人诉累。三是明确巡回审理类型。该院规定以下类型案件实行巡回审理:赡养纠纷案件;人身损害赔偿纠纷案件;相邻关系纠纷案件;民间借贷及简单债务纠纷案件;比较典型、在当地有一定影响力的案件;涉及老年人、未成年人权益保障的案件或一方或双方当事人因身体状况等原因不方便参加诉讼的案件;其他法庭认为需要巡回审理的案件。四是成立交通巡回法庭。针对交通肇事案件逐年上升的形势,在县交警大队成立交通事故巡回法庭,车主在宽城发生交通事故可以直接在巡回法庭进行立案和司法调解。2013 年上半年,交通巡回法庭审结案件 282 件,一些事实清楚的案件当天便领取了判决或调解书,极大地便利了当事人。五是规定巡回法庭权限。巡回法庭可在巡回办案过程中当场办理立案手续,代收诉讼费用。对符合法律救助的当事人,电话请示院长后,当场予以缓、减、免交诉讼费用。对疑难、复杂及重大案件,电话请示庭长、主管院长后依法办理;当场无法办理的,承诺具体期限,按期答复、办理。六是创新巡回审判机制。建立巡回审判的协作机制,请农村威望较高的长辈、人民调解员、司法助理员、联络员、村委干部等作为特邀陪审员,加强协作,达到审理一案、教育一片的社会效果。同时规定每位院领导挂钩1个巡回审判站和3—4个巡回审判点,每月参与一次巡回办案,不定期检查、总结巡回办案情况。七是强化巡回审判考评。建立巡回办案专门台账,将巡回审判的案件的数量、调解撤诉率等,作为法院审判质效考核和法官业绩考评的重要指标,并作为年底评先评优的依据。并规定民事案件的巡回审判率,全院不低于20%,基层法庭不低于30%,并且这一比例将逐年提高。八是加大法治宣传力度。利用巡回办案的有利时机,将巡回审判与"送法进乡村""送法进社区""送法进企业"等活动有机结合,提前主动与相关单位联系,组织群众到现场旁听案件审理,当场以案释法,并在庭后提供法律咨询等服务,使旁听群众受到生动的法制教育。

(3)武强法院:车载流动法庭解民忧。

为方便农村群众诉讼,2012年以来,武强县人民法院组建了车载流动法庭,组织法官深入到农村,送法上门,化解纠纷,审理案件,取得了良好的社会效果。为了使这项工作落到实处,该院出台了《武强县人民法院关于加强巡回审判的实施意见》(以下简称《意见》)。《意见》要求,巡回审判要遵循"面向农村、方便诉讼、以案讲法"的原则,主要审理一方当事人因年龄或身体原因不便到法庭参加诉讼的案件和在当地有一定影响的案件,通过车载流动法庭的巡回审理,以案讲法,有效地宣传法律知识,减轻当事人的诉讼成本,提高农村群众的法律意识。同时,在巡回审理中,该院充分吸纳乡派出所、司法所、村干部和村民参与庭审调解工作,变法官的"独角戏"为群众广泛参与的"大舞台",既促进了案件调解,又起到了审理一案教育一片的效果。

第四章　司法公开的供需困惑与消解策略

　　新中国成立以后,积极致力于司法公开制度的建设,1954 年宪法就对司法公开作了明确规定。1956 年全国人大常委会通过了《关于不公开进行审理的案件的决定》,在确认司法公开制度的同时,明确了关于"阴私"和未成年人案件不公开审判的规定。1964 年最高人民法院在《关于阴私案件可否公开宣判等问题的批复》中,对审判公开的例外案件的宣判作了新的规定。可是,由于"文化大革命"等运动的干扰和对法制的践踏,完善司法公开制度受挫。改革开放以后,中国的法制获得了新生,开始走上法治的道路,司法公开制度走上了新的征程。1982 年宪法强调了司法公开制度,并作出了规定,其第一百二十五条规定:"人民法院审理案件,除法律规定的特殊情况外,一律公开进行。"1979 年施行的刑事诉讼法第一百一十一条明文规定了司法公开制度,内容是:"人民法院审判第一审案件应当公开进行。"同时,还对不宜公开的一些案件也作了规制。1982 年实施的民事诉讼法(试行)第一百零三条规定:"人民法院审理民事案件,除涉及国家机密、个人隐私或者法律另有规定的以外,一律公开进行。"还有 1983 年施行的人民法院组织法第七条和 1989 年实施的行政诉讼法第四十五条也对司法公开作出了相应的规定。在相应规范的完善过程中,我国的司法公开制度得以恢复。

　　随着我国政治、经济、社会和文化的大发展,对包括司法公开制度在内的法治提出了更高的要求,法治也需及时跟上,于是这一制度又开始走上了进一步完善之路。为保障人民群众的知情权、表达权、监督权,2009 年 12 月,针对司法公开的关键环节,最高人民法院发布了《关于司法公开的六项规定》和《关于人民法院接受新闻媒体舆论监督的若干规定》两个文件,标志着司法公开制度改革取得阶段性成果。2010 年 11 月,以重点问题为切入点,最高人民法院又制定出台了《关于人民法院在互联网公布裁判文书的规定》和《关于人民法院直播录播庭审活动的规定》，进一步扩大了司法公开改革成果。为协调落实中央关于司法公开改革的部署，统领全国司法公开工作，2010 年 8 月，最高人民法院成立了"司法公开工作领导小组"，确保司法公开工作的长效性。2010 年 10 月，最高人民法院在全国确定了 100 个司法公开示范法院，同时制定下发了《司法公开示范法院标准》，要求全国各示范法院严格按照示范标准，全方位地开展司法公开工作。为适应信息化社会对司法公开的新要求，2013 年，最高人民法院又发布了《关于推进司法公开三大平台建设的若干意见》和新版《人民法院在互联网公布裁判文书的规定》。司法公开正以前所未有的力度向前推进。

2014 年最高人民法院工作报告将"深化司法公开，促进司法公正"作为一个专门问题进行了介绍：加大庭审公开力度。积极推进阳光司法，全面客观公开案件事实、定案证据以及诉辩观点、判决理由，增进群众对司法裁判的了解和理解，彰显法治的文明和尊严。建成中国法院庭审直播网，各级法院直播案件庭审 4.5 万次。最高人民法院通过多种媒体直播社会关注案件庭审情况，济南中院通过微博全程直播薄熙来案庭审情况，取得良好效果。加快推进裁判文书上网。出台人民法院在互联网公布裁判文书的规定，建成中国裁判文书网，公布最高人民法院生效裁判文书 3858 份，地方各级法院上网公布生效裁判文书 164.6 万份，充分发挥裁判文书宣传法律知识、引领社会风尚、规范公众行为、树立正确导向的功能，传递法治正能量，同时促进法官提高业务素质和司法水平。创新司法公开形式。加强审判流程公开、裁判文书公开、执行信息公开三大平台建设，全面推进立案、庭审、执行、听证、文书、审务公开，防止暗箱操作。加强最高人民法院政务网站建设，开通最高人民法院微博、微信和新闻客户端，建成"全国法院微博发布厅"，及时向社会发布、公开审判执行信息，方便群众通过新媒体了解法院工作。开展主题开放日等活动，邀请人大代表、政协委员、基层群众、未成年人等走进法院、走近法官，零距离感受法院工作。加强司法公开技术支撑。制定人民法院信息化建设五年发展规划，推进全国法院信息网络"天平工程"建设，全面提升信息化水平。建设科技法庭，推进庭审全程录音录像。最高人民法院建成信息管理中心，推进四级法院司法信息资源整合利用，为深化司法公开提供科技保障。

2015 年 3 月 10 日，最高人民法院发布了《中国法院的司法公开白皮书》，白皮书是一份全面展示司法公开工作进展情况的资料。白皮书以中英文双语的形式，运用大量数字、图表、实例等，全面展现了党的十八届三中全会以来人民法院司法公开取得的成就。党的十八届三中全会以来，人民法院加快推进司法公开工作,依托现代信息技术,推进审判流程公开、裁判文书公开、执行信息公开三大平台建设,运用网络、微博、微信、移动新闻客户端等载体,进一步拓展司法公开工作的广度和深度,把推进司法公开作为深化司法体制和工作机制改革的重要内容,着力构建开放、动态、透明、便民的阳光司法机制。在审判流程公开方面,截至 2014 年底,最高人民法院审判流程信息公开平台共公布开庭公告 429 个,审判信息项目 36276 个,2014 年 8 月至 2014 年底最高人民法院新收的 2109 件案件的审判流程信息已全部向当事人及其诉讼代理人公开,公开信息项目达 41071 个,成功推送短信 6248 条。在裁判文书公开方面,全国已有 28 个省市区的法院实现了在中国裁判文书网上传裁判文书,截至 2015 年 2 月底,已公布裁判文书 629 万余份。在执行信息公开方面,截至 2014 年底,中国执行信息公开网累计公布未结案件 2149 万余件,被执行人信息 2789 万余条,提供执行案件信息查询 1930 万余人次,公布失信被执行人894906 人次。此外,人民法院还积极利用信息科技和新媒体技术,拓宽和创新司法公开途径,包括:定期发布公报、人民法院工作报告和审判白皮书;建立健全新闻发布会制度;加强法院政务网站建设;推进法院微博微信建设;办好公众开放日活动;进一步畅通民意沟通渠道等。

　　不难看出,在司法公开制度的推进层面,我国付出了巨大努力,所取得的成绩也是令人欣喜的。当事人的回应也从另一个角度验证了民众对司法公开某种程度上的认可。从样本数据来看,在问及"您对我国司法公开各方面的情况满意度如何"这一问题时,针对立案公开、庭审公开、听证公开、文书公开、执行公开、审务公开等各个具体层面公开的回答中,回答"满意"或者"非常满意"的超过 60%,表示"不满意"或者"非常不满意"的只占 10% 左右(见表 4—1)。而在回答"您认为目前法院在司法公开方面做得如何"时,选择不好的只占 12.7%(见表 4—2)。在肯定成绩的同时,我们亦应看到,被调查者对我国司法公开各方面的情况,回答"一般"、"不满意"或者"非常不满意"的仍在30% 左右(见表 4—1)。认为目前法院在司法公开方面做得一般的被调查者占 42.7%(见表 4—2)。同时,在回应"您认为中国的司法公信力如何"这一问题时,回答"司法公信力很高,比较符合理想"的被调查者只占 30%,高达 70%的被调查者认为我国目前司法公信力很低(见表 4—3)。

　　司法公开民众满意度之测评,我们万不可以超过 60% 的满意率而沾沾自喜,毕竟这仅仅是一个刚刚跨过及格线的分数。更何况,对司法公开的满意与否,决非投票中的"过半数通过"或者"三分之二多数通过"那么简单,而让人民群众在每一个司法案件中感受到公平正义方为根本之追求。由此观之,我国的司法公开工作,尽管已经付诸多方努力,但与人民群众的司法需求相比,仍然相距较远。潜在的意蕴是，我国的司法公开制度尚存多方面需要解决的问题。在司法公开工作推进的征程中，唯有解决好现存的诸多问题，才能真正回应民众的司法需求，进而实现司法的公平正义。

表4—1　您对我国司法公开各方面的情况满意度如何

满意度 具体内容	非常满意	满意	一般	不满意	非常不满意
立案公开	40.4%	38.7%	19.3%	1.4%	3%
庭审公开	35.3%	40.3%	22.5%	1.6%	3%
听证公开	30.5%	34.6%	30.3%	4%	6%
文书公开	32.0%	35.1%	29.1%	3.4%	4%
执行公开	30.4%	33.1%	31.3%	4.2%	1%
审务公开	31.7%	33.0%	31.3%	3.7%	3%
依法公开	33.4%	39.3%	25.3%	1.7%	3%
及时公开	30.5%	34.5%	30.5%	4.0%	5%
全面公开	29.7%	32.2%	32.7%	4.6%	8%
投诉渠道	29.8%	33.3%	30.0%	4.7%	2.2%

表4—2　您认为目前法院在司法公开方面做得如何

	选项	频数	有效百分比
有效	很好，满足群众需求	690	44.6
	一般	660	42.7
	不好，很多信息均没有及时披露	141	9.1
	不好，报喜不报忧	55	3.6
	合计	1546	100.0
缺失		19	
合计		1565	

表4—3　您认为中国的司法公信力如何？

选项		频数	有效百分比
具体内容	司法公信力很低,人们对司法普遍不信任	892	22.9
	司法公信力很低,但在不断提高	652	16.7
	司法公信力很低,且在不断下降	1187	30.4
	司法公信力很高,比较符合理想	1169	30.0
合计		3900	100.0

第一节　司法公开的供需困惑

一、理念滞后:司法公开的根本障碍

理念是行动的先导,理念决定着行动的方向。这些年我国司法公开工作之所以不尽如人意,理念滞后是重要制约因素。一方面,在我国,受"官本位"思想的长期影响,公权力机关"权力型"而非"权利型"的理念一直占据重要地位,其履行职能、行使职权更多的是从管理的角度出发,而非作为服务社会的手段和途径。同样在司法公开领域,司法公开的理念也呈现"权力型"特征。现阶段的司法公开被认为是更多的体现了法院本位与主导的指导思想,未完全以满足当事人的司法主体性需求以及确认和保障当事人和民众对司法工作的知情权、参与权和监督权为根本出发点和主导目标追求。样本数据显示,在问及"您认为司法公开能够保证您的哪些权利得以实现"这一问题时,选择"知情权"的被调查者占7.3%,选择"参与权"的被调查者占30.8%,而选择"表达权"的被调查者占38.0%,选择"监督权"的被调查者占23.8%。可见,当事人对司法公开中的权利保障认同度偏低,均未超过40%(见表4—4)。如此,司法公开更多地被当作司法权力的运行方式,呈现出自上而下的"管理"态度,而非展现出自下而上的"服务"姿态。另一方面,某些法院基于对自身工作的"不自信",害怕司法公开会导致民众"挑刺"和"找碴",对司法公开抱有天然的排斥心理。在司法实践中,如果出于工作职责而不得不公开时,多以如下方式加以应对:其一,某些事项如果当事人不主张则不予公开,民众不关注不公开;其二,在具体进行司法公开的过程中,完全依据自身意愿决定公开的内容和公开的程度;其三,寻找各种借口回避本应公开的某些事项。对外则美其名曰:司法制度的运行不宜让公众知道和参与太多,否则会有损司法权威。由此导致司法公开的随意性。

表4—4　您认为司法公开能够保证您的哪些权利得以实现

选项		频数	有效百分比
具体内容	知情权	171	7.3%
	参与权	718	30.8%
	表达权	886	38.0%
	监督权	555	23.8%
合计		2330	100.0%

此外，从司法的本性来看，司法具有消极、被动和中立特性，因此司法机关独立行使职权对实现司法公正而言至关重要。司法职业的内在要求决定了法官的活动有浓厚的独立色彩。因此，部分司法机关及其工作人员在思想上认为，司法公开会影响司法活动的自然性和独立性，从而抵触民众介入司法。毋庸置疑，司法机关及其工作人员出于公平正义之考量，对自身职业采取保守姿态是必要的。但这与当前中国追求司法民主、司法便民的氛围显然格格不入，更何况，当前中国司法改革中的诸多难题尚需通过司法公开加以解决。如此看来，司法机关及其工作人员亦应顺势而为，积极主动推进司法公开进程。

二、民众需求：司法公开的供给不足

当事人及社会公众对司法公开信息之需求，既有"量"的要求，亦有"质"的要求，具体而言，人民法院司法公开信息之供给，不仅应满足广大人民的司法需求，还应根据需求的差异，满足不同群体的个性化需求。从我国当前司法公开的现实来看，人民法院在上述两方面均存在不足。

（一）司法公开信息无法全面满足民众需求

2009年12月8日，最高人民法院颁布实施《关于司法公开的六项规定》，规定将司法公开由原来以庭审为核心的审判公开，扩展为"立案公开、庭审公开、执行公开、听证公开、文书公开和审务公开"六个方面，目的是推进司法公开由传统的单一公开转向全面公开。但司法实践中表现出的如下不足值得关注：1. 司法公开的内容呈现出片面性特征。司法公开的事项多是有限的司法程序性事项，而大量关于不立案的救济手段、法官职业的背景信息、证据认证的依据、裁判的理由、执行的根据等事关案件公正处理的重大事项，人民法院往往不予公开，由此导致法院的生效裁判难以为当事人和社会公众所信服。

样本数据表明,当事人对立案公开、庭审公开和执行公开均认为尚存诸多问题需要解决。针对"您认为当地法院在立案阶段存在的主要问题有"这一问题的回答,21.0%的被调查者认为"立案流程和办事流程不公开",20.2%的被调查者认为"没有及时将案件受理情况告知当事人",另有21.9%的被调查者认为"对不予受理的案件没有说明理由"(见表4—5)。同时,在提及"您认为当地法院在庭审阶段存在的主要问题有"这一问题时,选择"公开审理的案件缺乏明确公告"的当事人占16.9%,选择"公开的内容不全面、不充分"的当事人占17.8%(见表4—6)。此外,针对"您认为法院在执行环节存在的主要问题是"这一问题的回答,被调查的回答情况是:法院对于执行案件的当事人信息和财产信息等信息公开不够(11.7%)、法院对于收费标准不够明确和公开(15.8%)、对于执行措施公开不够(12.0%)、执行案件的进展情况没有及时告知当事人(12.3%)、执行信息对被执行人和其他利害关系人公开不够(15.3%)、评估和拍卖环节公开不够(14.4%)(见表4—7)。2.人民法院的维稳任务淡化了司法信息公开。近年来,我国政法界维护稳定任务艰巨、职责繁重。主要体现为:"阶段性维护稳定工作成为常态。如每年全国地方'两会'期间,全国法院系统及地方法院系统都要召开新闻宣传工作会议,要求创造和谐的舆论氛围,即敏感案件不开庭或不处理以避免激化矛盾;对于司法公开工作,更是要求利于和谐的多公开,不利于和谐的不公开,这种对司法公开的政治要求,使司法公开工作成为应'时'举措,因'时'而异,从而淡化了司法公开的热情,使法院既面临人民群众要求司法公开的压力,又面临党委及宣传部门要求有限公开、适度公开的压力。这些压力使得法院在贯彻维护社会稳定工作任务时,往往自觉地把司法公开放在一边,从而淡化了司法公开的氛围"①。

表4—5　您认为当地法院在立案阶段存在的主要问题有

	选项	频数	有效百分比
具体内容	立案手续烦琐,效率不高	809	15.1
	立案流程和办事流程不公开	1122	21.0
	没有及时将案件受理情况告知当事人	1081	20.2
	对不予受理的案件没有说明理由	1172	21.9
	其他	1162	21.7
合计		5346	100.0

①　李涛:《人民法院司法公开问题及其破解路径研究》,《南京工业大学学报(社会科学版)》2012年第3期。

表4—6　您认为当地法院在庭审阶段存在的主要问题有

	选项	频数	有效百分比
具体内容	公开审理的案件缺乏明确公告	824	16.9
	设置诸多障碍限制民众旁听庭审	1063	21.8
	设置重重障碍限制新闻媒体旁听庭审	1168	24.0
	公开的内容不全面、不充分	865	17.8
	当庭宣判为例外、择日宣判为原则	950	19.5
合计		4870	100.0

表4—7　您认为法院在执行环节存在的主要问题是

	选项	频数	有效百分比
具体内容	法院对于执行案件的当事人信息、财产信息等信息公开不够	778	11.7
	法院对于收费标准不够明确、公开	1049	15.8
	对于执行措施公开不够	796	12.0
	执行案件的进展情况没有及时告知当事人	820	12.3
	执行信息对被执行人和其他利害关系人公开不够	1015	15.3
	评估、拍卖环节公开不够	956	14.4
	其他	1238	18.6
合计		6652	100.0

(二)司法公开信息无法精准回应民众需求

"信息不对称"概念产生于微观信息经济学领域，但同时也广泛存在于法律领域内。法院与公众之间(尤其是当事人)也存在着信息不对称的问题。法院与公众之间的信息不对称主要表现在法院作为最大公共信息资源的控制者，利用其自身的信息优势地位垄断信息的传播，实施追求自身利益最大化的目标；而公众则处于信息弱势地位，如果法院不主动公开信息，公众就难以获得法院所控制的司法信息。因而，两者之间掌握的信息处于非对称状态，公众对法院的行为(努力程度的大小，机会主义行为的有无等)和条件禀赋(能力强弱，风险大小，对风险态度等)的观察和监督存在着很大的困难。这样，法官就会利用自己的信息优势，通过减少自己的要素投入或采取机会主义行为来达到自我效用最大化，从而导致法院与公众之间的信息不对称现象的出现。

而司法信息不对称所带来的最大的问题则是法官滥用公共权力而产生"道德风险"。在这种情况下,自然会产生各种权力滥用的问题:第一,造成法官队伍素质和案件质量下降,直接影响司法权威与公正,导致法官腐败问题的滋生;第二,公民知情权、参与权以及监督权也由于信息缺失而难以实现;第三,信息不对称降低了司法公信力及其具有的化解社会信任危机的功能。而作为司法信息的劣势方,公众面临着诉讼中的"逆向选择",他们将会对司法报以冷漠、不信任的态度。这样,法官可能会成为一个"神秘法官"。防止法官滥用权力的最好方式,就是将司法活动置于公众的监督之下,而公众监督司法的权利的实现,关键就在于司法信息的公开。因此,司法公开,就成为解决法院与公众之间的信息不对称问题的"窗口"。但在传统的"权力本位"语境中,司法公开往往体现为"指令性"和"粗放性"特征,司法机关及其工作人员利用其把控信息的优势地位,根据其自身需要公开相关信息。而作为信息的需求方而言,因年龄、文化程度等存在差异,对司法公开信息亦存在需求上的差异,这就要求司法信息之公开应回应个体差异,更多地体现出"回应性"和"集约性"特征。

实践证明,我国在司法信息公开回应民众需求的精准度上尚存差距。就司法公开的渠道而言,不够丰富且不够畅通。司法公开的目的是使民众接近司法,进而知悉法院的司法活动,这就需要法院公开的形式足够丰富、便捷和畅通。一方面,不同群体对司法公开的方式要求不尽相同。就当事人而言,其需要可靠且便捷的司法公开方式,因此更为青睐传统的内墙展示、纸质诉讼指南、窗口答疑以及电话联系方式,而作为社会公众而言,信息获取的便捷性是首要选择,因此,法院网站往往是其首选的了解司法公开信息的方式。但数据表明,在诸多司法信息公开的手段中,人民法院几乎给予了同等重视,并未有针对不同群体的公开方式细分(见表4—8、表4—9)。另一方面,民众对司法信息之了解,可靠性也是很重要的因素,于当事人而言,涉及案件的最终处理结果,于新闻媒体而言,事关报道的客观准确性。这就要求司法机关信息之公开,必须及时更新,以保证民众获取信息的精准。但事与愿违的是,司法机关公开的信息属于"陈年往事"的内容并不鲜见。

总体而言,从"供给—需求"思路分析,人民法院的司法公开信息供给和民众的需求相比,尚存罅隙。数据统计结果表明,在问及"您认为司法机关在公开工作中如下哪些方面尚需改进"这一问题时,选择"依法公开"的被调查者占31.8%,选择"及时公开"的被调查者占28.6%,而选择"全面公开"的被调查者占39.6%(见表4—10)。

表4—8 在您的经历里,人民法院的立案信息通过如下哪些方式公开

选项		频数	有效百分比
具体内容	内墙展示	593	4.9
	纸质诉讼指南	630	5.2
	电子显示屏	824	6.8
	电子触摸屏展示与查询	1122	9.3
	法院网站	840	7.0
	报纸	1164	9.7
	广播电视	1250	10.4
	手机短信	1281	10.6
	电话语音系统	1265	10.5
	导诉人员告知	847	7.0
	窗口答疑	824	6.8
	其他	1405	11.7
合计		12045	100.0

表4—9 在您的印象中,人民法院庭审公开的方式有哪些

选项		频数	有效百分比
具体内容	公审大会	657	7.3
	电视直播	900	10.1
	电视录播	904	10.1
	网络直播	1022	11.4
	微博直播	1145	12.8
	自由旁听	616	6.9
	网络录播	1163	13.0
	录像查阅	1156	12.9
	其他	1381	15.4
合计		8944	100.0

表4—10　您认为司法机关在公开工作中如下哪些方面尚需改进

选项		频数	有效百分比
具体内容	依法公开	534	31.8
	及时公开	480	28.6
	全面公开	665	39.6
合计		1679	100.0

三、民众参与：司法公开的民主缺憾

司法公开，既包括静态意义上的司法信息之公开，也包括动态意义上的司法活动之公开。我国在司法公开层面的不足，不仅仅体现在静态上的缺陷，也体现在动态上的差距。社会公众对法院司法公开活动参与不足，直接影响司法公开的实践效果。具体而言：

（一）法院吸纳民众参与司法公开的活动较少

司法权来源于人民，让民众参与司法才能使法律更贴近民生，更符合国情，更具生命力。司法要得到社会尊重、法官要得到社会认同，就应该在司法活动过程中认真落实党的十八大报告提出的"保障人民知情权、参与权、表达权、监督权"的要求，让司法工作接受社会监督评判。可见，司法公信力是公众对司法的认知、认同和信赖，其属于司法机关，却主要取决于公众。但从实践来看，一方面，巡回审判作为一种司法为民的特殊审判方式并未真正发挥其作用。巡回审判在我国长期的司法实践中得到人民群众的高度支持，成为贯彻"便利人民群众诉讼，便利人民法院审判案件原则"最有效的方式之一。但在现实情境中，人民法院基于"审判成本控制"和"审判秩序维持"等因素考虑，巡回审判意愿不强，由此导致人民群众司法参与不能。有时，出于工作考核需要，有的法庭不是把巡回审判当作审判职责来履行，而是作为一项政治任务来完成，有的群众也怀疑巡回审判的作用与效果，甚至视其为"审判秀"。另外，竞争性巡回审判带来了一些不良后果：一是只贪求数量不讲究质量；二是对案件缺乏选择性，不宜进行巡回审理的案件，庭审中产生法官难料事件，甚至导致庭审失控；三是对巡回地点缺少权衡，在选择上不能尽其最善，既不方便当事人，也不便利法院办案。这些不良后果又反作用于巡回审判制度本身，悄然地抵消了部分积极效能。另一方面，法院公众开放日活动偏少，吸纳民众参与有限。法院公众开放日是展示法院的一个基本形式，目的是为了让人民群众了解法院的工作,拉近法院与群众的距离,同时也通过这种渠道接受群众的监督。虽然某某法院举行公众开放日的相关报道并不鲜见,但是相对于民众的需求和"好奇"而言,却是属于"稀罕之物"。部分法院从未举行过公众开放日,而举行公众开放日的法院大部分能够做到"一年一次"已属不易。同时,法院开放日接纳的所谓"公众",多数属于"特邀代表"。更何况,法院公众开放日,很多时候成为法院宣扬政绩的手段,而与民众期冀了解法院工作,破解法院神秘色彩无关。此外,法律咨询作为沟通民众与司法机关的有效手段,于人民法院而言,法律咨询要么被"有意无意"地遗忘了,要么被视作"12月4日"的专属工作,民众欠缺与法官面对面沟通的桥梁。

(二)法院对民众参与司法活动设置诸多障碍

尽管"能动司法"、"司法为民"、"满足人民群众司法需求"等语词被我们经常提起,但囿于现实情境之考量。不知从何时起,人民法院与普通民众的距离不是拉近了,而是疏远了。民众接近司法的意愿,要么被门卫所阻挡,要么被"门"所扼杀(进入人民法院需要刷卡),要么被审批制度所拒绝。真正企图参与司法活动的民众,不得不一次次在"挣扎"过后败兴而归。参与司法似乎成了逾越诸种障碍的艰难旅程。

(三)民众参与司法活动的制度虚化

人民陪审员制度作为国家审判机关审判案件时吸收非职业法官作为陪审员,与职业法官或职业审判员一起审判案件的一种司法制度。是司法民主化、人民当家做主的具体体现,是人民群众监督法院审判工作,确保司法公正的基本途径,也是对人民群众进行法制教育、宣传法律的重要形式。人民陪审员制度的设计初衷,是期望民意实质性参与司法,进而寻求司法的精英化与大众化之间的平衡。但现实情况却是,尽管针对人民陪审员制度我国已经作出了诸多完善努力,人民陪审员参与审判案件逐年递增(见表4—11),但人民陪审员"陪而不审"的陪衬角色并未在案件审判中得到根本性改观。

表4—11 2006—2011年人民陪审员参审案件情况①

年份	人民陪审员参审 案件量(件)	人民陪审员参审案件占 一审普通程序案件 的比例(%)
2006	339965	19.73
2007	377040	19.31
2008	505412	22.48
2009	632006	26.51
2010	912177	38.42
2011	1116428	46.50

四、庭审公开:司法公开的形式倾向

公开审判制度是现代各国司法制度的基本特征,是提升司法公信力的有效举措,也是社会民主状态的基本表现。孟建柱同志指出:"深化司法公开,让司法权力在阳光下运行,有利于保障公众对司法工作的知情权,增强有效监督,促进司法公正,提高司法能力,树立司法公信,提高人民群众对司法工作的满意度。"整个的法院系统的审判活动能够置于民众的参与,或者在民众的监督之下来进行,这是实行审判公开非常重要的一个思想,也就是说审判公开是实行司法民主的一个重要方面。只有人民参与的司法,司法的公正性才能有真正的保证,也只有人民认可的司法,才是真正公正的司法。公开审判制度就是为民众参与审判、监督审判权力提供一种最有效的手段和方式,从这一观点出发,公开审判制度的建设应当朝着使审判权力的使用更加公开、"透明"方向发展,让民众更加方便地参与到司法审判当中来,以保证法官的理性和民众的理性相一致,这样表达民众理性的判决才会被民众所接受。

从实践来看,庭审公开得以广泛推行已是不争的事实。在课题组针对庭审公开进行的专项调查结果即可获知。当问及律师"除法律规定不公开审理的案件以外,您所代理的其他案件法院是否都进行了公开审理?"这一问题时,93.2%的被调查者选择了"是",选择"否"的被调查者只占6.8%(见表4—12)。而法官在回答"除法律规定不公开审理的案件以外,您所在法院对其

---

① 国务院新闻办公室:《中国的司法改革(2012)》,人民出版社2012年版,第12页。

他案件是否都公开审理?"这一问题时,97.4%的被调查者选择了"是",选择"否"的被调查者仅占2.6%(见表4—13)。但需要特别注意的是,这一"乐观"的统计结果能够且仅仅能够表明:我国已经全面推行庭审公开,而公开的具体效果如何则并未涉及。更多的统计数据证实,我国的庭审公开在诸多层面并不完备,具体而言:其一,庭审公开主要针对刑事、民事案件,而关于民众普遍关注的敏感度比较高的行政案件则往往不公开审理,庭审公开不全面(见表4—14);其二,庭审公开主要集中于第一审程序,而在第二审程序、死刑复核程序以及减刑假释程序中,则多为书面审理,庭审"秘密"色彩仍然浓厚(见表4—15);其三,公开审理案件提前告知程序弱化,导致民众信息知悉难,参与庭审困难(见表4—16);其四,案件审理过程中的重要内容,比如当庭确认证据、判决文书公开、判决理由公开、民众自由旁听等重要辅助制度未能落实,庭审公开形式化倾向严重(见表4—17);其五,法院多为定期宣判,导致庭审过程与结果严重脱节,民众监督作用很难发挥(见表4—18)。

表4—12　除法律规定不公开审理的案件以外,
您所代理的其他案件法院是否都进行了公开审理?

选项		频率	有效百分比
有效	是	398	93.2
	否	29	6.8
	合计	427	100.0
缺失		46	
合计		473	

表4—13　除法律规定不公开审理的案件以外,您所在法院对其他案件是否都公开审理?

选项		频率	有效百分比
有效	是	444	97.4
	否	12	2.6
	合计	456	100.0
缺失		2	
合计		458	

表4—14　在您的经历中,对于公开审理的案件,法院重点针对哪些案件进行公开?

选项		频率	有效百分比
有效	刑事案件	222	51.9
	民事案件	202	47.2
	行政案件	4	0.9
	合计	428	100.0
缺失		45	
合计		473	

表4—15　根据您的了解和实践,庭审公开主要体现在如下哪一程序中?

选项		频率	有效百分比
有效	第一审程序	426	93.8
	第二审程序	22	4.8
	死刑复核程序	5	1.1
	减刑假释程序	1	0.2
	合计	454	100.0
缺失		4	
合计		458	

表4—16　在您的印象中,对于公开审理的案件,
法院是否会在开庭三日以前公布案由、被告人姓名、开庭时间和地点等信息

选项		频率	有效百分比
有效	一律会公布	213	49.8
	经常会公布	98	22.9
	偶尔会公布	100	23.4
	从来不公布	17	4.0
	合计	428	100.0
缺失		45	
合计		473	

表4—17　对于公开审理的案件,您在案件处理中会做到如下哪些方面?

选项		频数	有效百分比
具体内容	当庭确认证据	317	22.9%
	裁判文书公开	363	26.2%
	判决理由公开	363	26.2%
	民众自由旁听	341	24.6%
总计		1384	100.0%

表4—18　对于公开审理的案件,您所在法院宣判方式的具体情况是?

选项		频率	有效百分比
有效	一律当庭宣判	53	11.7
	一律定期宣判	28	6.2
	当庭宣判为主,定期宣判为辅	114	25.2
	定期宣判为主,当庭宣判为辅	258	57.0
	合计	453	100.0
缺失		5	
合计		458	

公开审判原则的国际标准业已确立,我国国内立法也很明确,多年来贯彻执行这一项原则的司法实践也很丰富,最高人民法院也很重视这一问题,但是,在我们这样一个大国,各级人民法院3000多个,基层人民法院的人民法庭10000多个。统计数据表明,庭审公开执行情况还很不到位,还存在着诸多问题。立法上,我国虽然实行了新的庭审方式,规定了法庭举证、质证、认证等制度,但是还是存在"先判后审",只看书面资料就判决的现象,庭审做不到实质化。一是庭审质证缺陷。证据的提取没有保障,通过重新鉴定、勘验、调查、传唤证人出庭的手段时无具体规则保障,证人出庭率极低。二是我国法律没有规定直接和言辞原则的审判方式,间接和书面的审判方式在实践中很盛行。同时案件的认证也常常采用秘密的方式。庭审有"走过程"的形式化。庭审的非实质化导致审判的公开与否也是走形式的。当事人、律师、法官对庭审公开的总体情况并不满意(见表4—19、表4—20、表4—21)。庭审公开林林总总问题之存在,导致庭审公开很难在促进司法公正这一本应达成的目的层面发挥作用,相反呈现出的是一种欣欣向荣的虚假繁荣。人民法院在积极推进庭审公开,但这种集中在形式层面的公开,并未获得社会公众乃至于自身的认同,

不能不说是一种悲哀。因此,从实质层面推进司法公开,并进而促进司法公正方为庭审公开之本源目的。

表4—19 您(当事人)对法院庭审公开的现状满意度如何?

选项		频率	有效百分比	
有效	非常满意	95	27.8	
	满意	90	26.3	
	一般	113	33.0	
	不满意	37	10.8	
	非常不满意	7	2.0	
	合计	342	100.0	
缺失		25		
合计		367		

表4—20 您(律师)对法院庭审公开的现状满意度如何?

选项		频率	有效百分比	
有效	非常满意	90	21.0	
	满意	132	30.8	
	一般	182	42.5	
	不满意	19	4.4	
	非常不满意	5	1.2	
	合计	428	100.0	
缺失		45		
合计		473		

表4—21　您(法官)对法院庭审公开的现状满意度如何？

选项	频率		有效百分比
有效	非常满意	89	19.7
	满意	147	32.5
	一般	199	44.0
	不满意	15	3.3
	非常不满意	2	0.4
	合计	452	100.0
缺失		6	
合计		458	

五、庭审直播：司法公开的规范不足

　　大案小案同上微博，网络直播渐成常态，这不是一句套话，而是最近一些关于庭审直播的动态概括。透明公开的庭审直播，至少能有力推进司法公开，也让公众能亲眼见证一个个司法裁决的出炉过程，这是对抗"司法神秘主义"的重要武器。没有舆论的全程监督，司法公开公正的力度，就难免受到质疑。司法判决的合理性和正当性，也会受到一定影响。

　　关于庭审直播，在国外是一个充满争议的话题。相较外国的纠结，从法律规范来看，中国法院倡导庭审直播。1993年的《中华人民共和国人民法院法庭规则》就规定，经过法院批准，媒体可以进行庭审直播。此后，最高法院关于公开审判的文件，对庭审直播的支持态度一以贯之。2010年11月21日，最高人民法院发布《关于人民法院直播录播庭审活动的规定》，第一次专门对庭审直播的范围和程序进行了详细规范，并与时俱进地将"网络庭审直播、录播"纳入了庭审直播的范围。中国法院网专门开通了庭审网络直播频道，各法院网及各级法院可以直接与中国法院网联系进行相关直播。无论从制度还是实践层面上，中国的庭审直播可以说走在世界前头。从当事人对庭审直播的态度来看，回应是理性且诚恳的。在问及"您是怎样看待网络或者电视直播庭审这种做法的"这一问题时，53.3%的被调查者选择了"很好，增强了审判的透明性，而且具有普法效果"，31.3%的被调查者选择"应当加以限制和规范，可以选择典型案件进行直播"，选择"不好，影响了法官审判案件的自然性和独立性"的被调查者占10.1%，另有5.2%的被调查者选择"直播应当当庭宣判，否则意义不大"（见表4—22）。

表4—22　您是怎样看待网络或者电视直播庭审这种做法的

	选项	频数	有效百分比
有效	很好，增强了审判的透明性，而且具有普法效果	827	53.3
	不好，影响了法官审判案件的自然性和独立性	157	10.1
	应当加以限制和规范，可以选择典型案件进行直播	486	31.3
	直播应当当庭宣判，否则意义不大	81	5.2
	合计	1551	100.0
缺失		14	
合计		1565	

　　网络庭审直播的实时性与公开性必然要求法官严格遵循正当程序，法官只能基于庭审揭示的案件情况公正地作出合乎逻辑的结论，依法判决，没有法外回旋的余地，从而把暗箱操作、随意简化庭审程序的可能降到最低限度，使审判活动更加庄重严谨，实现"看得见的正义"。同时，网络庭审直播使得司法与传播同步、解析与传播同步，能够使公众对司法公正的感性认识提升到理性认识，能够最大限度地唤醒人民群众的法治意识。网络庭审直播使社会公众轻点鼠标就可以体验旁听庭审，同步了解法庭审理案件情况，从而将开庭过程变成一个生动直观、经济快捷的普法课堂，弥补了受众从媒体上了解新闻内容的有限性和信息接受被动性的不足，有助于公众在全面了解庭审情况的基础上独立思考并形成自己的观点。网络庭审直播是司法公开适应当今社会发展的现代化形式，它把有限的法庭扩大到无限的网络空间，最大限度地克服时空障碍，最大范围地吸引公众参与，最大限度地将审判过程客观化、透明化、公开化，从而有效地保障了公民知情权的实现。

　　由于庭审直播是通过传媒系统将法院对案件当事人的审判同步对不特定的公众公开播放，因此，从主体角度来看，庭审直播涉及司法机关的独立审判权，关乎当事人合法权益的保护，有的案件还涉及国家利益和社会公共利益的维护；在社会层面上来讲，又事关公众的知情权以及公众和媒体对司法机关公正司法的监督权。各种利益的碰撞和多维的社会需求，要求法院在决定对相关案件进行庭审直播时，既要考虑国家公权力和个人私权利的平衡保护，又要考虑社会知情权和个人隐私权的协调，同时还要考虑法律效果和社会效果的统一。实际上，庭审网络直播是一把双刃剑，一方面它能够强化公众对法庭审判活动的监督，促进法庭审判的规范化并最终提升审判的质量；另一方面，它又存在侵犯公民权利并使审判程序发生异化的潜在风险。具体而言有以下影响：(1)影响当事人的社会评价；(2)影响法官自主办案；(3)影响证人出庭作证；(4)分散律师注意力，影响代理或者辩护效果。因此，庭审直播如果没有有效的规范，有可能导致其"负面作用放大"，进而掩盖其可能的"正能量"。

当前，人民法院尽管视"庭审直播"为时髦词汇，并在具体实践中不断推行，但离庭审直播的规范操作仍存在巨大差距，如下方面是需要我们注意且改进的：其一，庭审直播存在"浅尝辄止"或者"断档"现象，部分法院在庭审直播中玩"躲猫猫"，庭审直播成了"偶尔现象"，不具备常态效应；其二，庭审直播不完整，"碎片化"现象严重，直播效果差，往往引来网友"吐槽"；其三，最高人民法院发布的《关于人民法院直播录播庭审活动的规定》仅有九条规定，无法有效规范庭审直播进程。历经多年的实践，直播庭审进一步打开了司法公开之窗，但距"理想化"的状态还存有一段距离。哪些案件庭审可以直播？直播庭审如何做到以不干扰正常审判活动为底线？哪些内容可以直播，哪些内容不宜直播？以何种形式直播？这些都是值得进一步深入研究思考的问题。

六、制度规范：司法公开的制约不力

在民事、刑事、行政三大诉讼法的相关规定中，司法公开主要体现为审判公开，涉及审判公开的内容主要体现在如下几个方面：第一，将公开审判作为一项基本制度在总则中予以规定；第二，规定涉及公开审判的案件，应在开庭三日前公布案件相关人员的姓名、案由，开庭的时间和地点；第三，将人民法院未贯彻公开审判制度作为当事人上诉的理由之一加以规定；第四，将人民法院违反公开审判制度之规定作为程序违法事由之一，可以作为开启审判监督程序的条件。我国关于司法公开的核心——审判公开之规定，既有在法律总则中的宏观强调，亦有在具体操作规程中的程序保障，还有违规后的相应法律救济手段。表面看来，我国程序法中关于审判公开之规定，自成体系且几近完美，但司法实践的缺憾昭示：审判公开并不如理想中之美好。其一，公开审判之案件应当在何处以何种方式在开庭三日前公布并无具体要求，由此导致人民法院在具体公布时的随意化倾向严重，社会公众无从了解法院公开审判的案件；其二，针对违反公开审判规定的相应处置，现行法律只赋予了当事人通过上诉或者申请再审予以救济，并无直接制裁违规法官之手段。

最高人民法院于2007年印发了《关于加强人民法院审判公开工作的若干意见》(以下简称《若干意见》)，对审判公开的基本原则和基本要求作了进一步的阐述,但随着社会的进一步发展,人民群众对审判公开的范围、审判公开的深度要求越来越高,《若干意见》各项规定也逐渐显得较为原则。"审判公开方面缺少标准化的规范,表现在实际工作中,不同法院的审判公开呈现'百花齐放'的现象,缺少统一性和规范性。"①

2009 年最高人民法院发布的《关于司法公开的六项规定》,将司法公开扩展为立案公开、庭审公开、执行公开、听证公开、文书公开和审务公开六个方面,并提出:全国各级人民法院要切实解放思想,更新观念,大胆创新,把积极主动地采取公开透明的措施与不折不扣地实现当事人的诉讼权利结合起来,把司法公开的实现程度当作衡量司法民主水平、评价法院工作的重要指标。最高人民法院将进一步研究制定司法公开制度落实情况的考评标准,并将其纳入人民法院工作考评体系,完善司法公开的考核评价机制。上级人民法院要加强对下级人民法院司法公开工作的指导,定期组织专项检查,通报检查结果,完善司法公开的督促检查机制。各级人民法院要加大对司法公开工作在资金、设施、人力、技术方面的投入,建立司法公开的物质保障机制。要疏通渠道,设立平台,认真收集、听取和处理群众关于司法公开制度落实情况的举报投诉或意见建议,建立健全司法公开的情况反馈机制。要细化和分解落实司法公开的职责,明确责任,对于在诉讼过程中违反审判公开原则或者在法院其他工作中违反司法公开相关规定的,要追究相应责任,同时要注意树立先进典型,表彰先进个人和单位,推广先进经验,建立健全司法公开的问责表彰机制。为配合此规定之推行,2010 年最高人民法院又发布了《司法公开示范法院标准》,以百分制考评各法院的司法公开推行情况,其中立案公开(15 分)、庭审公开(20 分)、执行公开(15 分)、听证公开(10 分)、文书公开(10 分)、审务公开(10 分)、工作机制(20 分),并以此为据公布了一批示范法院。尽管规定中强调建立健全司法公开的问责表彰机制,但示范法院的评比和公布显示,在司法公开领域,我们更倾向于创建"示范",而非问责。

司法为民,是人民法院一切工作的根本出发点和落脚点,是人民法院工作的价值追求。为更好吸纳民意,2009 年最高人民法院出台了《关于进一步加强民意沟通工作的意见》(以下简称《意见》),《意见》就进一步加强民意沟通工作提出了 12 个方面的要求:(一)着力构建与广大人民群众、社会各界沟通交流的长效机制。(二)大力扩展民意沟通的对象范围。(三)改进和完善与人大代表、政协委员的联络工作机制。(四)改进和完善与各民主党派、工商联、无党派人士以及社团组织的沟通协调机制。(五)改进和完善特邀咨询员

---

① 梁冰:《网络时代下人民法院司法公开》,硕士学位论文,吉林大学行政学院 2013 年,第 33 页。

制度。（六）改进和完善人民陪审员制度。（七）健全和创新法院领导干部深入基层倾听民意机制。（八）健全和创新司法决策征求意见机制。（九）改进和完善网络民意沟通机制。（十）改进和完善人民法院与新闻媒体沟通协调机制。（十一）健全和创新民意转化机制。（十二）健全和创新工作整改情况向群众反馈机制。该《意见》明确指出，进一步推进司法决策民主化、科学化，更好地接受民主监督、深化司法公开、促进司法公正、提高司法公信，不断满足人民群众对法院工作的新要求、新期待是人民法院进一步加强民意沟通工作的目标。关于此《意见》的具体推进，规范要求"切实加强组织领导，务求取得实效"，而落实《意见》最"严厉"的制裁措施是"通报督查结果"。由此可见，《意见》更多地体现为一种指导和期待。

　　允许新闻媒体采访报道，既是司法公开的核心内容，也是公正司法的关键所在。为规范法院与新闻媒体的关系，2010年最高人民法院下发了《关于人民法院接受新闻媒体舆论监督的若干规定》。规定一方面对人民法院的工作作出了明确要求："人民法院应当主动接受新闻媒体的舆论监督。对新闻媒体旁听案件庭审、采访报道法院工作、要求提供相关材料的，人民法院应当根据具体情况提供便利。""人民法院应当建立与新闻媒体及其主管部门固定的沟通联络机制，定期或不定期地举办座谈会或研讨会，交流意见，沟通信息。"同时，规定要求规范新闻媒体行为，规定指出：人民法院发现新闻媒体在采访报道法院工作时有下列情形之一的，可以向新闻主管部门、新闻记者自律组织或者新闻单位等通报情况并提出建议。违反法律规定的，依法追究相应责任。规定虽然从一定程度上对新闻媒体与人民法院之关系进行了厘清，但总体而言，规定对新闻媒体的责任要求明晰而刚性，但对人民法院自身在接受监督中的责任只字未提，不免让人产生一种想法：人民法院接受新闻媒体监督，是人民法院抛给新闻媒体的"橄榄枝"，还是带有强制意味的"紧箍咒"。

　　为适应信息化时代新要求，满足人民群众对司法公开新期待，最高人民法院于2013年发布《关于推进司法公开三大平台建设的若干意见》。意见要求全面推进审判流程公开、裁判文书公开、执行信息公开三大平台建设，增进公众对司法的了解、信赖和监督。并提出了具体工作机制：(1)加强组织领导，强化工作保障；(2)做好统筹协调，完善配套机制；(3)加强督促检查，狠抓工作落实。意见特别强调：对司法公开三大平台建设工作的检查评估，要采取督查、抽查和自查相结合的方式，注重三大平台运行的系统性、顺畅性和有效性，不能只追求排名和指标，更不能搞形式主义。要扎实做好司法公开三大平台的宣传工作，确保人民法院深化司法公开的举措为公众知悉，受公众检验，被公众认可。不难发现，意见更多的是提出平台建设的工作要求，而对于未按要求执行的制裁措施则是付之阙如。

为规范人民法院直播录播庭审工作和裁判文书上网工作,最高人民法院于 2010 年和 2013 年分别发布了《关于人民法院直播录播庭审活动的规定》和《关于人民法院在互联网公布裁判文书的规定》。从规定内容来看,属于"纯规范性质",既没有要求人民法院必须直播录播庭审活动和在互联网公布裁判文书,也无对于未按规范操作的人民法院进行追责的规定。

综上所析,现行法律规定并无直接制裁责任的手段而显得约束力不足,而最高人民法院颁布的有关司法公开的系列规范性文件指导性色彩浓厚,强制性不足。制度规范软化必然导致司法公开推进动力不足或者最终走向形式化。

七、尺度把控:司法公开的范围不当

(一)法官素质不高损害司法权威

由于公众参与旁听庭审、媒体报道庭审、裁判文书网上发布,法官在庭审中的一言一行都暴露于公众的视野中,其任何违法不妥行为都可能被公众揪出来。司法公开虽然能够通过防止司法不公对保障司法权威起到间接作用,但是其对法官素质参差不齐的放大将会对司法权威造成巨大的损害。放大化的法官素质导致司法权威受损。从内部因素来看,较高的法官素质对于司法权威的获得有重要作用。只有拥有深厚的专业知识为保障、丰富的社会阅历为支撑的高素质法官,才能赢得司法权威。但是,我国法官素质参差不齐,有的法官虽然法科毕业,但缺乏社会阅历。而有的法官虽然阅历丰富,但专业知识匮乏,还有的法官甚至是两方面都不具备。这种参差不齐的法官素质是我国法治进程中难以回避的问题,也是短时间无法跨越的鸿沟。如果法院采取裁判文书全部上网庭审活动录音录像等司法公开措施,那么参差不齐的法官素质必然毫无遮掩地裸露在民众面前,这必然会引起民众对司法公正性的怀疑。此外,参差不齐的法官素质在短时间内根本无法得到改善,长期暴露低下的法官素质,必然会使司法权威受损。因此,权宜之计是,首先有限制地司法公开,对那些法官素质较低的司法活动暂缓公开。与此同时,司法机关通过内部督促自我培训等手段提升法官素质。当法官素质提升到一定水平再进行全面的司法公开。

(二)司法公开不当侵犯隐私权

在现代社会中,国家市场以及传媒等公共领域力量的出现及结合对私人领域带来了巨大的侵害。因此,对隐私权的保护就显得越来越重要。对涉及当事人的隐私而不予公开的案件在实际司法过程中也会出现当事人的姓名、通信方式等私密信息外泄的问题,如"李天一"案件。对于法律允许公开的案件,庭审录像、文书上网由于缺少技术处理也会导致当事人的隐私遭到泄露,而这些隐私的泄露很可能导致当事人的人格尊严遭受损害、社会形象遭到破坏。不只是个人隐私权,国家秘密事关国家安全、公共安全、经济安全、社会稳定和国家利益,一旦泄露后果不堪设想。在涉及国家秘密的案件中进行司法公开必然会导致国家秘密散落民间,甚至可能被不法分子所利用,而一旦被其利用,国家利益将遭受巨大损害。

(三)民众意识低下导致舆论审判

司法公开将媒体和公众判意引入司法进程中对司法活动进行报道,虽然能够实现对司法机关的监督、保障公众的知情权、为司法机关处理个案提供重要的参考并有益于司法民主化、提升民众法律素养。但是,由于公众的理念意识与法律规定存在一定差距,传媒和公众判意往往是从道德情感出发,而较少顾及司法过程理性化程序化的要求。一旦道德意义上的结论形成,传媒和公众便可能肆虐地利用道德优势表达要求,甚至以道德标准去责难司法机关的合法行为,导致司法机关任其摆布权威扫地。一旦法律推理程序理性被普罗大众的情感性非理性所俘获,法官难以继续担任案件审判的主导者和决断者,大众化的舆论审判取代了专业化的法官审判。

(四)特定案件公开影响社会秩序

审判公开作为各国在立法上普遍采用的原则,它是民主政治的重要条件,也是公正审判、公民知情权的必然要求。随着我国司法体制的深化改革,公众的民主意识不断增强。在刑事审判中,公开对案件的审理可保障公众应用的知情权、确保司法的公开与透明化。但公开审判并不是绝对的,国际上很多国家将涉及保护道德的或公共秩序中的特殊利益的案件作为公开审判的例外情形。而我国刑事诉讼法只明文规定了涉及国家秘密、商业秘密、个人隐私的案件前三种情形可以不公开审判,对于为了保护公共秩序中特殊利益的案件能否作为不公开审理的例外,目前我国的立法尚属空白。公共秩序关乎社会公共利益的法律秩序和道德秩序,其对于保障审判工作安定有序、司法公正、实现公众利益等方面都有着极其重要的作用。

八、整体架构:司法公开的运转不畅

从河北省的实际来看,尽管在司法公开的推进进程中,取得了一定成绩。但应该清醒看到,与省委、最高法院的要求相比,当前工作中仍然存在一些不容忽视的问题。各环节的不尽如人意,从整体上制约司法公开这一系统工程之建构。

一是机制还需进一步健全。作为一项涉及法院工作全局的改革创新性工作,全面推进和重点突破的思路还需要进一步明晰,领导机制和工作机制还需要进一步强化和完善。目前,还缺乏规范全省法院文书上网的具体指导性文件,司法公开平台运行的工作机制也尚未完全建立起来。司法公开平台在我省法院还属于新生事物,平台虽然已经搭建起来,但是对于公开哪些案件,公开案件的哪些信息项,如何操作,不公开的案件如何审批等,还处于摸索阶段,尚没有成形的制度规定。另外,保障司法公开平台运行的考核与责任追究机制也还没有建立。

二是司法公开平台建设需进一步完善。表现在以下几个方面:第一,部分法院没有动作,至今一件案件也没有在平台上公开,省院相关部门要严格按照考核办法的规定进行考核处罚。第二,多数法院对应当向社会公众公开的信息录入不全面、不规范,特别是社会公众关注的名册信息、联系方式、投诉渠道等内容,很多法院没有依法公开;已经录入的公开信息栏目分类混乱,存在交叉重叠、分类不准、放置无序等情况。第三,有的法院公开信息常年不更新,失去了公开意义。以上问题导致公众查询和获取司法信息非常不便,严重影响了人民群众对司法工作的知情权和监督权。第四,司法公开平台本身也还存在一些技术问题需要改进,比如开庭公告、拍卖公告等公告信息目前还不能实现从审判流程管理系统自动提取和发布,仍然依靠法官手动向司法公开平台发送,增加了法官的工作量。

三是司法公开程序和内容需进一步规范。在裁判文书上网方面存在的问题:一是量小,离"公开是原则,不公开是例外"的要求,还有很大差距;二是缺项,知识产权、行政、执行案件寥寥无几;三是不规范,各中院、基层法院上网文书的种类、上网的节点不一,尤其是执行环节文书上网较为混乱。一些法院上网文书的编排还比较粗糙,有的裁判文书用语不规范,有的释法明理不清晰,甚至"带错上网"。在案件信息录入方面,录入不及时、不完整、不准确现象仍然存在。有的为了补齐结案手续,在结案时才填写立案信息、庭审信息等中间环节信息。在审判流程管理系统录入案件信息,是当事人实现凭密码查询案件进展的必要条件和基础。案件信息录入不及时、不完整，会造成当事人无法查询案件进展，司法公开就会成为一句空洞的口号；案件信息录入不准确，与实际情况不符，司法公信力会受到质疑，将会给法院工作带来被动的局面。

四是庭审直播软硬件建设还不能满足要求。最高法院要求的每庭必录尚未实现，存在的问题有：第一，数字法庭建设不到位，有的法院整个法院仅有一两个数字法庭，远远不能满足每庭必录的要求；第二，有的法院虽然具备了硬件设施条件，但是没有接入省院管理平台，无法使用直播平台而导致不能实现公网直播；第三，数字法庭应用不到位，有的法官开庭不愿开启庭审录音录像设备，还不能最大程度地满足直播的需要。

九、信息建设：司法公开的因应不足

当前，我国已经步入网络时代。网络时代，通过网络公开实现审判过程的公开透明，不仅是实现司法公正和司法民主的客观要求，也是网络时代背景下人民群众参与司法、了解司法、监督司法的新需要。适应新需求，改变旧理念，司法公开面临着一系列新的课题。一是网民对司法活动，特别是重大案件的审判活动更加关注，要求人民法院更加积极主动地司法公开。网络给人们提供了一个关注司法、维护权利的崭新平台，人民群众的维权意识日益增强，参与司法、了解司法的愿望日益迫切，对司法活动更加关注。司法活动中存在的任何问题，既捂不住，也盖不住，往往被网民以各种方式揭露或披露出来。这就要求我们必须始终把司法公开作为一种自觉的行动，主动开展司法公开，不断加大公开力度，创新公开举措，拓宽公开渠道，决不能遮遮掩掩，更不能将公开视为"洪水猛兽"，持排斥抵制心理。对司法工作中存在的问题，也必须实事求是，有错必究，勇于担当，只有这样才能真正维护司法权威。二是网民对司法进行监督的能力更加强大，要求人民法院更加全面彻底地司法公开。网民在现实生活中散布在各个行业、各个领域，其中不乏各行各业的专家、行家，无论对于事件的发现能力，还是对于事件主体错误的揭露能力都十分敏锐。司法活动中任何错误或问题都会被网民敏锐地发现和识别，从而形成对司法活动的强大监督能力。这就要求我们必须更加扎实地做好案件审理工作，以高质量的审判工作面对公众；更加全面彻底地司法公开，不能心存侥幸，或者置之不理；更加积极地回应网民关切，消除网民的种种猜测、质疑、误解和偏见，以提高司法的公信力。三是网络舆论对司法决策和个案处理的影响力日益增强，要求人民法院更加积极稳妥地吸收和应对。网络具有强大的舆论聚集、扩散和放大功能，在短时间内就可集中反映网民对某一问题的意见或观点，应该说这在很大程度上代表了民意,对此决不能视而不见、听而不闻。"这就要求我们必须高度重视网络舆论,在作出司法决策之前,广泛征集网民意见,以增强决策的科学性和民主性;在作出司法决策之后,正确应对网络舆论,积极回应网民质疑,引导网络舆论走向。对情绪型、宣泄性网络舆论要坦然面对,正确引导;对于受各种因素影响而产生的错误舆论也要客观分析,理性对待,防止其对司法工作造成负面的冲击和影响。"①

网络时代给司法公开带来的不仅仅是挑战,更是难得的机遇:"一是突破了传统司法公开的物理空间限制,拓宽了司法公开的展示空间;二是突破了传统司法公开的时间限制,扩大了司法公开的延续时间;三是突破了传统公开手段的容量限制,丰富了传统司法公开的内容。"②借助网络这一平台,不仅可以公开有关司法工作的文字、图像和声音信息,还可以使相关信息动态甚至互动式呈现,极大丰富了司法公开的内容。但就人民法院应对网络时代的现实来看,仅从平台建设角度分析,与社会民众的需求相比,明显因应不足。样本数据显示,在问及"在您的了解中,您所在的当地法院是否建立了审判流程信息查询系统"时,回答"是"的被调查者占 74.5%,而有超过四分之一的被调查者选择了"否"(见表4—23)。同时,在回答"在您的了解中,您所在的当地法院是否建立了执行信息查询系统"这一问题时,选择"是"的被调查者占 63.2%,更有 36.8% 的被调查者选择了"否"(见表4—24)。此外,针对人民法院司法公开三大平台建设情况,被调查者在回应"就您的了解,司法机关建立的司法公开平台有哪些"这一问题时,21.5% 的被调查者选择了"审判流程公开平台",选择"裁判文书公开平台"的被调查者占 33.5%,另有 45.0% 的被调查者选择了"执行信息公开平台"(见表4—25)。需要说明的是,相关调查问卷问题设置均以"在您的了解中"作为前提,可能的实际情况是,人民法院在具体的

表4—23　在您的了解中,您所在的当地法院是否建立了审判流程信息查询系统

	选项	频数	有效百分比
有效	是	1153	74.5
	否	395	25.5
	合计	1548	100.0
缺失		17	
合计		1565	

---

① 张立勇:《网络时代的司法公开》,《中国党政干部论坛》2012 年第 7 期。

② 张立勇:《网络时代的司法公开》,《中国党政干部论坛》2012 年第 7 期。

信息平台建设上要高于被调查者的认知。但从满足人民群众的司法需求角度而言，民众了解，平台建设才有实际价值。由此看来，上述调查结果是具有客观价值的。

表4—24 在您的了解中，您所在的当地法院是否建立了执行信息查询系统

	选项	频数	有效百分比
有效	是	971	63.2
	否	565	36.8
	合计	1536	100.0
缺失		29	
合计		1565	

表4—25 就您的了解，司法机关建立的司法公开平台有哪些

	选项	频数	有效百分比
具体内容	审判流程公开平台	333	21.5%
	裁判文书公开平台	520	33.5%
	执行信息公开平台	699	45.0%
合计		1552	100.0%

关于通过网站推行司法公开，目前全国法院的总体情况可以分为如下四类：（1）建立独立于法院网站的司法信息公开网站，全方位公开司法信息。如北京市建立了北京法院审判信息网，浙江省建立了浙江公开网；（2）在法院网站建立专门的司法公开平台，全面展示司法信息，如上海、河北、广东；（3）在法院网站设置司法公开子栏目，部分公开司法信息，如黑龙江、安徽、宁夏；（4）在法院网站设立"法院概况"、"裁判文书"、"法院公告"等栏目，展示部分法院信息，全国大部分法院采用此种方式。检索全国法院通过网站推行司法公开之状况，不难发现其中之隐忧：其一，司法信息之公开在全国范围内发展极不平衡，某些省市发展较为迅速且规范，大部分省市推行速度缓慢且极不规范，如此势必影响司法公开的整体效果；其二，从公开的具体内容来看，司法公开信息存在明显的"赶工"嫌疑，新近添加的信息居多，历史"欠账"严重。关于网站建设，当前，我国绝大多数法院均建设了独立网站，普遍设立了"法院概况""裁判文书""法院公告"等栏目，还有一些法院在网站首页专门开辟了司法公开活动专栏，提供信息公开目录导航，方便公众更快捷准确地查找信息。然而，各法院网站的建设水平良莠不齐，发展失衡（见表4—26）。甚至有一些高

级人民法院和中级人民法院网站建设存在较大问题,如没有自己的网站,或者虽然有法院网站,但是法院工作信息、诉讼指南、审判信息、执行信息的公开情况总体上不理想,不能在网站上全面有效地公开上述信息,导致公众无法通过网络获取有关信息,不利于公众对司法进行有效的监督。

表4—26　全国法院官网开通情况一览表①

区域	法院数	官网开通数	官网开通率(%)	区域	法院数	官网开通数	官网开通率(%)	区域	法院数	官网开通数	官网开通率(%)
陕西	121	121	100	安徽	123	96	78.05	内蒙古	119	50	42.02
辽宁	126	126	100	河北	189	146	77.25	福建	95	39	41.05
河南	183	183	100	上海	24	18	75.00	甘肃	111	40	36.04
黑龙江	192	192	100	宁夏	29	19	65.52	湖北	126	42	33.33
北京	21	21	100	广东	153	98	64.05	山东	163	54	33.13
广西	128	124	96.88	新疆	112	62	55.36	吉林	98	26	26.53
海南	29	28	96.55	重庆	46	24	52.17	青海	55	12	21.82
浙江	102	97	95.10	云南	149	69	46.31	陕西	135	23	17.04
江西	117	111	94.87	贵州	98	45	45.92	西藏	81	5	6.17
湖南	143	135	94.41	天津	21	9	42.86	兵团	37	1	2.70
江苏	126	113	89.68	四川	208	89	42.79				

此外,目前全国多家法院已开通官方微博,并形成一定的微博舆论规模。宣传是大部分法院开通微博的首要目的。当前的法院微博无论在数量上还是在质量上均还没有达到社会的预期。不敢公开、不知如何公开等心理仍还不同程度的存在。过多的案件渲染,可能会使微博成为部分民众的泄愤场所,最终影响司法中立。在道德、情绪和某些“民意”的交织下,合理合法的裁判可能会演化为网络舆情,反过来影响了公正的审判。另外,法庭审判秩序以及文书撰写等都需要遵循严格的限制要求,缺乏令人激动的要素让法院的微博无形中丧失了部分关注度。法院微博语言相对刻板、原创性缺乏,较为刻板化、套式化。相对于公安类的“微通缉”“微播报”“微电影”“微打拐”等各种警民联动微博衍生品的风生水起,法院微博探索法民互动之路仍任重而道远。当然,

---

① 梁冰:《网络时代下人民法院司法公开》,硕士学位论文,吉林大学行政学院2013年,第34页。

"适度的刻板是司法特殊本性和民众对于司法职业特殊要求的必然结果。但是，特性不是'惰性'。司法公开透明、与民互动、'无微不至'的司法时代已不可逆转。法院由于其职能特性，公开发表言论较其他国家机关须更加谨慎和保持中立态度，这使得法院在开通微博之初发布微博较为小心谨慎，但是，对于什么问题该关注？什么问题该讨论？什么案件该发布？什么话题该开始？什么人该关注等问题，还有待进一步探索"①。

十、评估机制：司法公开的考评缺失

司法公开制度是人民法院检视自身工作的重要依托，这种检视，既包括人民法院自身对司法公开制度的评估，还包括社会公众对司法公开运行的成效评价。但从目前来看，司法公开的评估机制却并不理想。一方面，人民法院疏于对司法公开展开前期可行性研究。尽管司法公开的具体公开内容已经由《司法公开示范法院标准》等规范性所设定，但各具体法院因所处的地理位置、民众需求、法院办院特色等诸多方面存在差异，因此人民法院在司法公开过程中，除考虑统一规范性文件所涉及的公开事项之外，亦应考虑"本院特色"事项之公开。同时，还应根据法院地域特征以及民众诉求，考量司法公开的方式和应打造的公开平台数量等。在实践中，由于缺乏司法公开的事前评估，某些法院建立了诸多司法公开的平台设施，但最后却因使用较少而"几乎荒废"，这与部分法院因缺乏经费而无法建设司法公开平台之窘境形成了鲜明对比。实践中的这种"贫富差距"尴尬无疑是缺乏事前评估机制所造成的。另一方面，人民法院司法公开的成效评估机制不合理。当前的法院业绩考核模式事实上是把行政管理的手段运用于法院管理，实质上将法院视为行政系统的一部分。最高人民法院司法公开的政策导向和指标评估，固然能激励各地法院进行各项司法公开的制度创新，但在数字化的政绩导向下，法院更倾向于认认真真走形式，更在乎工作汇报中易于量化的工作业绩。因此，舆论的关注度就成为司法公开的成效衡量指标。违背司法民主和司法机关独立行使职权规律的效果评估体系，必然驱使法院重形式而不重效果，没有动力构建长效机制，而热衷于运动式改革。

---

① 梁冰：《网络时代下人民法院司法公开》，硕士学位论文，吉林大学行政学院2013年，第34页。

十一、具体径路：司法公开的急功冒进

当前,司法公开正以令人心潮澎湃的方式快速推进,制度创新举措层出不穷,令人目不暇接。在这样的高歌猛进中,理想的热情犹如潮水一般汹涌而来。在高度亢奋的氛围中,司法公开层面某些思潮值得警醒。具体而言:

第一,人民法院司法公开的"数字化"情结。人民法院的数字化建设的起点以及重点在数字化法庭建设,但当前范围已经大大扩展:(1)审理流程信息化;(2)庭审监控视频化;(3)文书印章数字化;(4)诉讼卷宗数字化;(5)日常办公无纸化;(6)成员业绩数据化;(7)安全防控自动化;(8)宣传调研网络化。毋庸置疑,在信息化条件下,人民法院推进数字化建设是大势所趋。但急功近利,高大快上的思维却是不理性的。就人民法院司法公开而言,法院的理想设定是:加大物质投入,借助信息化的便利优势,更好地推进司法公开工作。但正如前文所析,在司法公开的诸种形式中,当事人更倾向于借助传统的窗口答疑、纸质诉讼指南、内墙展示等方式获取司法公开的相关信息。由此看来,法院的理想未必符合当事人的真实预期。法院数字化是好的,但未必是万能的!近年来,法院为司法公开建立了大量数字化设施,投入了大量财力,但有些设施利用率不高,一些维护不到位损毁,浪费严重即是例证。

第二,全面公开合议庭不同意见和审委会讨论意见。判决书中公开写明少数法官所持见解的结果与理由以及公开审委会讨论意见,符合民主的要求,让公众追踪法院评议过程并参与事后讨论,使"司法参与"成为可能,从而控制未来的司法活动,避免法院不当判决。在我国现阶段在裁判文书中表述法官的不同意见以及公开审委会讨论意见,尽管具有其积极的意义,但是,从中国的国情和目前审判机关的现状来看,似乎还为时太早;其一,法庭的三维格局要求每一方的人格立场都应当保持"对外一致",至少应当是"存内异而求外同"。法庭之上,原告、被告和法官三方各自处于一个特定方位,秉持各自的职责底线和基本诉求,将内部分歧流露于形色乃参与审判之大忌。法庭各方"人格"的统一和立场的坚定是促成其特定诉求或职责实现的基础。这种审判格局模式是千百年来司法理论和实践总结出的成果。从哲学和法学的角度来看,对于统一性中所蕴含的冲突性应当尽量内部消解,确实无法弥合裂痕时,则依据表决规则或权能大小,最终服从占据上风者(此时它将被视为正确者)。而法官的意见分化并公开,等于率先打破了法庭"三足鼎立"式的既定格局和均衡状态,无形中使当事人找到了各自的"外援",使最为稳定的"三角框架"演变成"四方较量",甚至"两军对垒"的模式,这是非常不妥的;其二,这种做

法容易导致案件当事人对判决结果产生合理怀疑。本案法官的本意也许是想使当事人更加了解判决结果形成的原因和根据,增加裁判文书的公开透明度,增强判决书的公信力。但是,实践中很可能会事与愿违,起到相反的效果。因为,相对案件当事人而言,合议庭、审判委员会对他们来说是一个整体,即案件的裁判者。现在连裁判者内部都出现了不同的意见(相对而言,总有一种意见对某方当事人更加有利),说明一方没有得到支持的某些要求还是有根据的,有些法官是支持的。当事人很自然地就会联想,为什么最后的判决不支持我的请求? 由此可能导致一些不必要的上诉、申诉甚至上访。

第二节　司法公开的消解策略

司法改革犹如积薪,需要一点一滴制度革新的累积。当下我国司法正义的实现与公众预期相去甚远,并非仅仅因为某一项或几项宏观性制度缺陷所致,许多微观制度在细节设计上存在瑕疵也是导致我国司法改革效果不彰的一个重要原因。司法公开是一项系统工程。惯性思维和制度格局决定了司法公开无法单兵突击,如能及时构建和完善司法公开制度体系,或许能触及司法改革的全面突破,实现司法理念和司法制度的全面更新。

一、理念更新是司法公开推进的前提

树立什么样的司法公开理念,将直接决定司法公开的走向,决定司法公开能否切实回应民众的需求。具体来说:

(一)司法公开应树立权利本位理念

司法公开是现代法治社会普遍遵循的一项重要司法原则,是现代社会司法文明状况的重要判断标准。诉讼权利存在于法院处理案件的整个过程中,而无论是立案、审判抑或执行,都包含着对当事人诉讼权利的保障的需要。司法公开是当事人的一项基本权利,其出发点及最终目的都是为了保障当事人的权益。"一是不断强化群众观点和司法为民宗旨意识。以人民群众的需求为司法公开的出发点,准确把握新形势下人民群众对司法公开的需求,使司法公开的政策措施充分反映和体现人民群众的知情需求和愿望。二是不断强化当事人主体地位意识。坚决摒弃以法院为中心的权力本位理念,切实尊重当事人在诉讼中的主体地位。三是不断强化主动接受监督的意识。切实把监督视为当事人和社会各界对人民法院工作的帮助与支持,按照主动接受监督常态化的要求,更加自觉、主动地将人民法院的各项工作置于当事人和社会各界能够及时了解、充分知悉的情况下,为当事人、社会公众监督法院工作创造良好条件。"①

(二)司法公开是解决当前司法难题的有效手段

从 2004 年开始,中国启动了统一规划部署和组织实施的大规模司法改革,从民众反映强烈的突出问题和影响司法公正的关键环节入手,按照公正司法和严格执法的要求,从司法规律和特点出发,完善司法机关的机构设置、职权划分和管理制度,健全权责明确、相互配合、相互制约、高效运行的司法体制。中国司法改革走向整体统筹、有序推进的阶段。从 2008 年开始,中国启动了新一轮司法改革,司法改革进入重点深化、系统推进的新阶段。改革从民众司法需求出发,以维护人民共同利益为根本,以促进社会和谐为主线,以加强权力监督制约为重点,抓住影响司法公正、制约司法能力的关键环节,解决体制性、机制性、保障性障碍,从优化司法职权配置、落实宽严相济刑事政策、加强司法队伍建设、加强司法经费保障等四个方面提出具体改革任务。历经两轮司法改革,法院地方化、行政化色彩并没有伴随司法改革的脚步渐行渐远,法院和法官长期以来的行政管理体制和模式,很难适应市场经济环境下,人们对公平、正义的需要。司法公开提示了中国司法改革的新思路。既往的司法改革注重的是模仿西方成熟法治的司法独立和司法审查,但遭遇到中国特定的宪法体制之约束,难以取得积极成效。司法公开则是一种基本不触动现有宪法实施体制但却可以收到良好法治效果的路径。

(三)司法公开是推动社会纠纷解决的有效途径

定分止争、维护公平正义是司法的基本功能之一。在中国现代化进程中,经济快速发展、社会急剧转型、新兴意识形态与传统价值观严重冲突、社会结构多元化、法律规则滞后与缺失,导致社会纠纷频繁产生。司法的权威性、法定性、程序性和强制性特征奠定了其化解社会纠纷的主导地位。对于我国而言,受制于传统思维的影响,司法权威尚未真正树立,司法亦无法在短期内全面担负终局性解决纠纷的重任。司法效果离案结事了、和谐司法的理想仍有一定差距。司法公开就是弥补上述不足,终局性解决社会纠纷的催化剂。首先,司法公开有利于提升司法权威。司法者的价值取向、事实取舍、法律判断、

---

①　姜树政:《民众知情权视域下的司法公开进路》,《山东审判》2013 年第 5 期。

心证过程一旦毫无遮掩地暴露在世人面前，其必然以正义和法律作为唯一服从的标准。公众因全面感知司法结果形成之过程，也将理性地以既定司法规则作为公平正义的判定标准，并服膺于这一流程的当然后果。如此，司法权威将在一次次的公开审判中积累并强化，从而一次性满足当事人的纠纷解决需求。其次，司法公开有利于普及法治意识。成熟的公民社会是法治国家的基石，而以建立主体意识、平等意识、权利义务意识、法治意识和参与意识为导向的公民教育是公民社会的基石。司法公开是对公民直接而生动的法治教育模式，公民通过直接或间接的司法实践，将尊重司法、服从裁判内化为公民的行为习惯和道德准则，从而"有效地化解纠纷甚至避免纠纷。司法公开还将推动司法者与社会公众的沟通互信。司法公开使社会公众参与司法成为可能，去除了司法的神秘感，让民众在法律的框架内、在程序规则的约束下对事实和法律进行讨论和沟通，令各种意见在交涉过程中形成共识；法官对这样的共识不是盲从，而是适用证据规则、法律解释和法理论证，发挥其法律思维的影响力和法律技术的转化作用，用形式正义化约大众朴素的、零散的正义；社会公众亦因充分参与，其理性意见在司法过程和司法结果中得以体现，因而更易接受司法裁决，促成纠纷的解决"①。

二、法院信息公开应有效回应民众需求

民众知情权的实现成效代表了司法公开的成效，其中民众的感知和反映是最根本的评价标准。人民法院不能仅仅把司法公开当作法院单方面的权力，只是单向地向民众公开，而不顾民众的需求和感受。司法公开应当是互动式的公开，人民法院应当开辟相应渠道了解民众需求，为民众对司法公开的评判和监督创造条件，并适当回应民众对司法公开内容的进一步追问，做好民众对司法公开问题批评的处理和反馈。为了有效、充分地回应和满足民众知情权，司法公开应从如下几方面着手：

（一）完整理解司法公开内涵，最大限度推进司法公开

司法供给与司法需求天然存在着矛盾冲突，这是不能回避的现实（见表4—27）。但最大限度公开意味着要以民众的知情需要为标准，尽量扩大司法公开的外延。1. 要从部分公开、结果公开到全面公开、过程公开。要保证司法信息的完整性、连续性。不能选择性提供，更不能根据自身工作方便而为取

---

① 徐骏、杨文：《看得见的正义：司法公开的理想、现实和未来》，《江苏警官学院学报》2012 年第 5 期。

舍。2. 要从被动公开到积极主动公开。要树立"人民想知道什么就公开什么"的理念，积极回应民众的期待，切实保障司法信息的可得性、及时有效性。3. 要从事后公开、迟延公开到及时公开、同步公开。对于有关审判活动中不涉及国家秘密、个人隐私或商业秘密的"秘密信息"，应该在裁判文书公开后及时公开；对于其他方面的信息，则应尽可能同步公开。4. 要从无序公开到合法有序公开。公开必须有统一的载体、规范的程序，不能各自为战，任意而为。各省法院首先要建立健全本省的统一公开平台，继而由最高人民法院建立全国统一的信息公开发布平台。要将司法公开统一平台建设作为重大战略问题加以考虑。

表4—27　司法供给与司法需求的差异①

内容	司法需求	司法供给
司法的范围	全能的司法	有限的司法
司法的性质	能动的司法	消极的司法
司法权运行	实现诉求的司法	中立的司法
司法的效率	高效的司法	程序性的司法
司法的内容	服务型司法	任务型司法

（二）准确把握民众司法公开需求，区别化推进司法公开

在司法公开过程中，就个案来说，当事人是人民法院的直接服务对象；从司法制度整体而言，社会公众是司法的全部服务对象。实践中，经常出现当事人的公开请求与社会公众的司法需求相互取代、相互混淆，从而影响改革方案设计的情况。因此，要根据不同主体的司法需求确定司法改革的目标与措施，就必须认清这两种服务对象及其需求的不同，避免出现偏差。

1. 二者对司法公开的关注度不尽相同

当事人作为与案件利益最为密切的相关者，案件的推进进程与处理结果均实质性地影响其权益。因此，当事人对人民法院司法信息之公开，往往抱有极大热情并给予高度关注。而广大的普通社会公众，因与当事人所涉案件并无直接的利益关系，则多以"非利益相关者"的姿态出现，所谓"事不关己，高高挂起"。虽然在信息来源渠道多元的信息化社会，我们也会看到社会公众对

---

① 胡昌明：《透视司法供给与民众需求的张力——从"政法民声热线"出发的实证分析》，《法律适用》2013年第4期。

人民法院司法信息之公开保持高度且持续的关注，但仔细剖析不难发现，相较于人民法院每年受理的1000多万案件总量来说，社会公众高度关注的案件数量极其有限。社会公众关注的只是那些影响较大且具有"一定谈资"的能吸引人眼球的部分案件，大部分案件并未进入社会公众关注的视野。同时，鉴于司法是否公开可能影响案件的处理结果，当事人在司法公开需求未能获得满足时，多会对司法机关提出公开请求，若其请求未能获得满足，还会进一步寻求相关救济。而社会公众尽管会对某些案件表现出极大关注，并期待尽可能通过司法公开获取更多与该案件相关的各种信息，但若其司法公开需求未能获得满足，寻求救济的意愿则并不强烈（当然新闻媒体的记者在个案中例外），他们更有可能选择的方式是，通过一定媒介传递自己的"遭遇"和不满，以期通过外在压力"迫使"人民法院公开更多信息。

2. 二者对司法公开的内容要求不尽相同

在对司法公开内容的需求上，当事人希望司法机关能够在立案、庭审、执行、文书、听证、审务等方面尽量公开更多内容，从而保证自己能够在充分的公开信息中选择对自己认为处理案件有用的信息，由此也能避免司法机关案件处理的秘密化，进而确保关涉自身的案件能够得以公正处理。于社会公众而言，则将司法公开内容的需求关注点集中在审判公开的过程以及判决结果上，对其他方面的内容虽然也给予关注，但并非其要求重点。此外，当事人要求司法机关予以公开的司法信息，主要是与自身所涉案件处理直接相关的内容，据此当事人能够在案件处理中防止某些"突然袭击"或者"法律盲点"，从而维护自身的合法权益。而社会公众除了关注与案件本身相关的公开信息外，普遍怀有"猎奇"和"窥视"心理，渴求司法机关能够公布更多与案件有关的"内幕"或者"爆炸性新闻"。

3. 二者对司法公开的形式要求不尽相同

当事人作为案件利益相关者，其所获得的司法公开信息可能影响案件的处理结果。因此，当事人对司法公开信息的来源渠道是持审慎态度的。一般而言，当事人对司法公开信息的形式要求必须符合如下三个要求：第一，可靠。从前文分析可以看出，尽管司法公开的渠道多元，但内墙展示、窗口答疑和纸质诉讼指南等传统的司法信息公开方式备受青睐，原因在于传统方式信息来源可靠。第二，便利。当事人一旦参与诉讼，无疑这是生活中的重大事项，案件的点滴进展对其而言均意义重大。因此，保持与司法机关的顺畅沟通十分重要。故而，人民法院的电话告知或者纸质的权利告知书等便捷公开案件办理的方式是最为当事人所期盼的。第三,参与。于当事人而言,案件的秘密处理是不可接受的,诉讼进程唯有在自己的见证下方可接受。作为社会公众,对司法公开形式最大的要求是便利,从当前而言,电视和网路是社会公众最能接受的公开媒介。

4. 二者对司法公开的需求层次不尽相同

作为当事人而言,对司法公开的需求层次是单一的,即司法信息之公开,能否满足其当前所涉案件之公正处理。社会公众对司法信息公开的需求层次,则是多维的:其一,法律意义上的权利保护。即司法机关的信息公开能够满足当事人对权利保护的需求;其二,社会意义上的纠纷解决。即司法机关的信息公开能够保证冲突双方最终的纠纷化解需求;其三,哲学意义上的公平正义。即司法机关的信息公开能够代表着普遍的公平正义需求。由此可见,当事人的需求多是现实、"个人色彩"的,而社会公众的需求则往往带有理想主义色彩。

5. 二者对司法公开的总体评价不尽相同

由于当事人对司法信息公开的关注点在个案处理上,如果司法信息公开在特定个案中,能够满足甚至超出当事人先前预期,则当事人可能对于司法公开给予正面评价。如果司法信息公开在个案中,未能回应当事人的个人预期,当事人对司法公开的评价则可能是负面的。总体而言,当事人对司法公开的评价体现为"非此即彼"之状态。而社会公众对司法信息公开的关注点在整体上,因此,其对司法公开的评价更多地体现出辩证和理性色彩:一方面,社会公众能够看到司法机关在信息公开方面的进展;另一方面,社会公众则又会从各个层面指出司法公开的诸多不足,并要求加以改变和完善。

人的多样性决定了人们对司法知情权的多样性,不仅案件当事人与其他诉讼参与人、一般民众的司法知情权的需求是有差异的,年龄、职业、受教育程度等各方面的差异,都会导致人们对司法知情权需求的差异。按照与司法信息利益相关度由强到弱的顺序,可以把司法公开的受众区分为当事人、利害关系人、法律实务工作者、法律理论工作者以及社会公众。对于确属不应公开的信息,法院应根据受众利益相关度的强弱予以区别性开放。而且,现代社会是信息社会,司法公开的内容是多样的,民众接受司法公开信息以满足自己知情权的需求方式也是多样化的。这就要求,人民法院针对司法公开的不同内容,建立和运用现场公开、书面公开、网络公开、电子数据查询和发送等不同司法公开方式,以充分尊重和满足不同主体的差异化需求。此外，不同层级法院公开的重点应有所区别。基层人民法院承担绝大多数案件的审判工作，应主要通过庭审公开和裁判文书公开等方式进行个案信息的公开；中级人民法院和高级人民法院，除公开个案信息外，应着力于本地区司法工作的相关信息公开；最高人民法院应着力公开司法解释的阐明、重大司法改革事项、各项司法数据等宏观性内容，即使进行个案公开，也旨在通过典型案例实现审判指导。

（三）积极回应民众重大关切，推进减刑、假释公开

减刑假释事关惩罚犯罪，民众高度关注，曾经的不公开做法引起了民众的疑虑和误解，以公开促进公信至关重要。"衡水经验"值得借鉴推广，2013 年，衡水中院在深州监狱创建了全省首家"狱内数字化法庭"，2014 年，该院又在衡水监狱建立了"狱内数字化法庭"。该院年均审理减刑案件 1800 件左右，假释案件 120 件左右，假释案件开庭率达到 100%。具体做法是：

1. 坚持程序公开，规范减刑、假释案件审理的运行模式

针对减刑、假释案件在实际审理运行中存在着公开度不够、缺少实质审查、缺乏监督程序等问题，衡水中院对减刑、假释案件审理的运行模式进行了大胆探索创新：一是与上级法院、刑罚执行机关、检察机关建立了沟通交流机制，及时协调解决工作中存在的难点和问题，减少因沟通不畅、衔接不紧造成的"梗阻"。二是创新审判工作理念，积极探索并拟制了庭审流程，出台了《审理减刑假释案件程序规定》，要求执行机关呈报减刑、假释案件时，提交材料证明提请工作必须经过"三评审"（监区干警会评审、监狱评审会评审和狱长办公会评审）、"二公示"（监区将罪犯服刑表现一览表公示和通过三评审后对拟呈报减刑假释罪犯的名单公示）、"一监督"（检察院对拟减刑、假释案件进行监督并提出书面检察建议）。三是建立高标准的"狱内科技法庭"。该院按照标准化法庭的建设要求，在省第三监狱建立了"狱内科技法庭"。自此，法院公开审理减刑、假释案件有了固定的场所。

2. 坚持庭审公开，打造减刑、假释案件运行的阳光平台

"狱内科技法庭"成为评判减刑、假释案件审判公正与否、提升教育功能最直观、最直接的平台。一是法庭科技化，助力审判公开透明。该院专门购置了由高清便携同步录音录像一体机、高清彩色摄像机等电子设备构成的便携式巡回数字法庭，可真实记录审判现场的每一个细节，确保了监狱监管安全，方便了服刑人员参与诉讼，规范了司法行为。目前，"狱内科技法庭"已开庭审理

了21件假释案件和50件减刑案件。二是以案普法,强化了庭审教育功能。对在公示期间和庭审时服刑人员提出的有关法律适用疑虑等代表性问题,在庭审调查结束后、休庭前,由审判长一并予以答复或解读。同时,合议庭成员主动到各监狱进行法制宣传,参与监狱的开放日、亲情帮教及减刑、假释公开宣判大会等活动,增进了服刑人员对裁判的理解与配合。三是区别对待,力求裁判标准的公正性。一方面,明确刑罚执行机关的计分考核不直接与减刑幅度、假释挂钩,有效避免假立功真"越狱"情况的发生;另一方面,从服刑人员的犯罪类别和实际改造情况出发,针对不同情况采取不同的政策,力求做到统筹兼顾、宽严皆当、宽严有效,防止片面化和绝对化。

3. 坚持监督公开,确保减刑、假释工作符合社情民意

衡水中院启动了全程监督模式,在做好狱内监督的同时,主动邀请人大、检察机关、政协代表及社会各界参与监督。一是依法接受法律监督。多次邀请市检察院有关领导到法院就有关减刑、假释案件审理的相关程序和实体问题进行座谈,双方议定市检察院介入减刑、假释案件审理全过程,变事后监督为全程监督。二是主动接受各界监督。2012年以来,衡水中院多次邀请人大代表、政协委员、廉政监督员、新闻记者和律师等旁听减刑、假释案件庭审活动;多次召开减刑、假释审判座谈会和研讨会,认真听取社会各界对减刑、假释工作的意见,增强司法公信力。衡水中院还主动接受市人大听审团对庭审的监督,听审团在赴河北省第三监狱旁听开庭审理的假释案件后给予积极评价。三是及时接受狱内人员监督。在监狱内部设立投诉建议箱并定期开箱,对收到的投诉和意见逐一核实后,召开服刑人员座谈会,逐一解答和释明。拟减刑、假释的服刑人员名单在监狱公示后,衡水中院要在作出裁判结果前深入监区走访,了解其他服刑人员是否存有异议。目前,衡水中院调整刑罚执行机关提出的减刑建议的比率高于10%,不批准刑罚执行机关提出的假释建议的比率高于3%。对于作出的裁判结果与监狱呈报的结果不一致的减刑、假释案件,衡水中院下发裁判文书后适时在监狱召开集中座谈会,对未获假释或者未按呈报意见批准减刑的服刑人员进行判后答疑和心理疏导。

三、法院司法公开活动与公众参与同行

司法要公开,就要有社会公众参与,司法公开只有与社会公众参与同行,才能彰显司法的人民性,才能增进人民群众对法院工作的理解,增强人民司法的公信力。其一,应该明确:法院应该是人民的法院,人民有权知道法院的相

关情况。必须将推行司法公开视为保障人民权利的一项责任予以对待，构建一套以民意推进司法公开，以民意监督司法公开的机制。其二，完善人民陪审员制度。在司法实践中，人民陪审制度的功能尚未完全体现出来。司法参与是司法民主的重要内容，是指人民以直接或间接的方式参与司法活动。陪审制度被认为是公众参与司法并体现司法民主化的重要标志。考虑到我国由基层法院院长提名、人大任命的做法，且绝大多数陪审员是机关事业单位人员、"行业精英"的现状，采取的是一种体制内、封闭的"精英化"参与模式，无法满足陪审员应当从普通民众中产生的基本要求，将陪审案件限于"社会影响较大的案件"，实际上使得陪审员能够参与的案件范围狭窄，参与案件层级受到限制，无法真正体现司法公信力所具有的交互性、开放性的内在本质，也就无法起到通过陪审制这种模式达到提升司法公信力的目的。而阻隔在司法陪审制度之外的普通民众在网上形成了波涛汹涌的"民意宣泄"，组成了"舆论法庭"，想依靠舆论的力量挤进法庭，达到影响审判结果的目的。像"许霆案"、"李昌奎案"似乎都是网络舆论胜利的结果。在看似舆论胜利的背后，我们可以看到"理性与非理性混杂、建设性与破坏性交织"。"网络的力量在司法实践中已经得到强有力的验证，但这股力量如果没有理性的驾驭，对正常的司法活动的危害将是危险的。然而，我们也必须认识到网络'舆论审判'民意汹涌的背后是普通民众无法参与司法的无奈和落寞，实质上是得不到满足的司法参与需求在体制外的一种宣泄。如果这股情绪长期得不到合理的重视和回应，那么很可能导致与司法权的对抗。在这样的矛盾下，实现司法供给与司法需求相契合，将被阻隔在体制之外的普通民众纳入制度化的司法框架内成为现实的选择。"①其三，消除媒体监督的障碍。媒体被视作公共利益的代言人，是公众参与司法、获取司法信息的重要途径。只要媒体恪守职业道德，即不披露与案件无关的当事人之信息及当事人任何隐私、不对现任法官进行人格或业务水平的评论、不对未决案件进行评论以及暗示、不预测案件的判决结果、不报道自身及重要客户所涉案件、不报道源自一面之词和不合证据规则的信息、不进行歧视性和反人道主义之报道，法院就不应当给媒体报道设置任何障碍。

　　尚需重点关注的是，民众参与司法亦须司法能为其所理解。因为对于当事人来说，特别是对普通民众而言，法律是相对高深而陌生的。现实情况是，当法院的判决与民众的感觉相违背时，便认为法院是不公正的，法律是不可信

①　刘雪峰：《群体的司法需求差异与司法公信力建设——以社会阶层结构及变化为视角》，载万鄂湘主编：《建设公平正义社会与刑事法律适用问题研究》，人民法院出版社2012年版，第89页。

的。因此,在当下司法环境中,法官释法析理就彰显出其在实现司法公开和司法透明、促进司法公正和提高司法公信力中的重要作用。宋鱼水法官曾说过"要让老百姓看得见法律"。由此观之,司法公开不仅仅是立案公开、庭审公开、文书公开、听证公开、执行公开和审务公开,司法公开的高层次实质性要求是法官的释法析理使得公开内容能为民众所理解和接受。

四、庭审公开以促进司法公正为目标追求

周强在《求是》杂志上撰文指出:"推进司法公开,是促进司法公正的有力举措。让当事人在审判过程中感受到公平正义,必须摒弃'司法神秘主义',全面落实司法公开原则。不仅要敞开法庭大门,还要创造和利用好多元的司法公开载体;不仅要公开庭审过程和结果,还要公开裁判依据和理由;不仅要公开案件审理,还要公开人民法院的其他审务工作。"可见,推进司法公开,绝非一日之功,而是一个循序渐进的过程,还有很长的路要走。

在我国,随着法制建设的推进、公众法律意识和人权保障意识的增强,民众对审判公开的要求越来越高。然而我国公开审判制度存在很多问题,并不能达到民众的要求,不能保障民众的参与审判,这导致了判决不被接受、民愤极大、司法威信严重降低。因此深入探讨我国的公开审判制度,改变判决普遍不为民众接受的现状意义重大。

第一,庭审公开的目标应是司法公正。公开审判的真正含义,是使审判活动的全过程在全社会的了解、审视和监督之下进行,也就是说,使社会公众了解案件的实体内容和法律规定,也了解审判程序和侦查程序的真实性与合法性。在审判活动公开进行的条件下,审判过程始终置于社会公众的监督之下。在这种条件下,审判活动和裁判结果自会因受到多方的监督和制约而更加慎重,审判质量必然得到提高。而这些正是达到司法公正的基本前提。

第二,庭审公开的过程应具有实质性。(1)庭审公开应延伸到所有可以公开的案件,以此倒逼人民法院规范庭审活动,从而达成司法公正;(2)庭审公开应扩展至更多程序,让"阳光"照射司法的各个角落,避免留下"阴影",由此消除民众对"神秘"司法产生裁判之质疑;(3)强调"庭审中心"主义,贯彻直接言词原则;(4)建立完善当庭确认证据、裁判文书公开、民众自由旁听、当庭宣判等与庭审公开紧密联系的配套制度,保证庭审过程的实质性。

第三,庭审进程应被社会公众所理解。庭审公开不是目的,而是通过公开来接受社会公众监督,进而促进司法公正。民众参与庭审进程必须具备两个条件:其一,知悉。即公开审理的案件能为社会公众所了解。其二,理解。即

案件的审理过程社会公众能够"听懂"。由此，一方面，人民法院应当通过各种方式告知社会公众即将公开审理的案件，否则应为此承担相应的责任；另一方面，法院应通过各种方式（比如普法宣传、法庭解释、释法析理）保证庭审过程能够为民众所理解。

众所周知：当事人主义国家的公开审判制度，其是通过对诉讼程序的严格控制和对正当程序的完全公开，把正当程序的遵守以"看得见"的方式暴露在民众面前，接受民众的监督和挑剔，用这种方式来保障公开审判价值得到实现的；职权主义国家的公开审判制度，则是通过对判决结果的公开即法官心证的过程和理由的公开，把法官心证的过程和理由以"看得见"的方式暴露在民众面前，接受民众的监督和挑剔，用这种方式保障公开审判的价值得到实现的。其审判公开内容虽然不同，但都体现了一个原则：裁判者审判的过程和结果必须有公众的监督，体现司法的民主性。通过民众对司法的监督，用民众的共识、民众的挑剔来检验审判，用民众的理性影响和检验法官的理性，使得法官的理性和民众的理性相统一，以此保障判决的公正性和服从性。实际上，这些正是完善我国公开审判制度所应借鉴的。

五、法院应建构统一的庭审直播规则

在当今中国通过网络直播使法庭审判向最大多数人公开，使社会公众更好、更便利地了解庭审，已成为不可阻挡的历史潮流。随着社会的发展，现代媒体使大众媒体所代表的"大众传播"与"人际传播"之间的界限被逐渐打破，对于法庭报道的限制已经很难在互联网时代推行。然而，正如前文所言，庭审直播是一把双刃剑。为此，我们既需要转变观念，顺应时代发展的潮流，向庭审敞开网络直播的大门，又需要加强对庭审网络直播的管理，防范其潜在的风险。

法院建构统一的庭审直播规则，应重点关注如下问题：

（一）网络庭审直播的案件范围①

美国学者亨斯特勒认为："直播的理由是公众有权看到审判，而法庭容量却是有限的，但电视可以让公众在家中现场看到审判；而反对者则认为摄像机将改变证人和诉讼参与人的行为，影响公正审判。"如何平衡公众的知情权与当事人的隐私权是庭审直播无法回避的问题。为此在确定网络庭审直播案件

---

① 方斌：《论刑事庭审网络直播的规范化》，《西部法律评论》2013 年第 6 期。

范围时应着重把握以下几点：

1. 确定网络庭审直播案件范围时应当坚持司法公开与保护当事人隐私、商业秘密以及审判秘密并重的理念。原则上除法律明确规定不宜公开审理的案件外，所有的案件都可以实行网络庭审直播。但是，因为司法公开原则是建立在公众利益基础之上的，因此，当公众利益涉及一定的隐私时，法庭公开原则就必须作出让步，也即公开性可能会影响司法公正，此时，媒体和公众有可能会被拒于整个审判或部分审判之外。为此，法院在确定网络庭审直播的案件范围时，对于法律明确规定应当不公开的案件，要严格执行法律规定；对于法律规定可以不公开的案件，要充分征求并尊重当事人的意见。

2. 网络庭审直播案件的选择应当做到法院主观选择、观众客观需求及社会效果三者的统一。法院在确定网络庭审直播案件时还应当把握以下几个原则：一是有利于对司法审判的社会监督；二是有利于普及、传播法律知识；三是有利于审判案件的顺利进行。为此，应当着重选择下列案件进行网络庭审直播：广大人民群众关注的案件；在发案地有重大影响的案件；有利于对公民进行社会主义法制宣传教育的案件；人们对司法机关能否公正审判容易存有疑虑的案件；在老百姓头脑中容易混淆是非的案件。

3. 确立网络庭审直播案件范围还应着重考虑直播案件内容的安全性问题。在网络时代，即使是18周岁以下的未成年人，只要"登录"相关网站，就能拿到法庭审判的"旁听证"。旁听人员在总数增加的同时，年龄也出现低龄化趋势，庭审直播对未成年人的影响不容忽视。为此，下列案件不宜实行网络庭审直播：（1）可能披露犯罪方法的案件；（2）可能渲染暴力、色情的案件；（3）可能暴露侦查手段的案件。总之，在确立网络庭审直播的案件范围时应避免使法庭成为宣扬暴力、色情的场所；成为暴露、传授犯罪方法的场所；成为暴露侦查手段的场所。法院应当全面考虑上述庭审直播的负面效应，在确定是否对案件进行直播时，必须对内容上的安全性进行有效的调查研究，同时采取技术手段对不适内容进行"过滤"、"剪裁"以确保直播内容安全，万无一失。

4. 确立网络庭审直播案件范围还应考虑案件当事人的选择问题。普通案件的网络庭审直播，事前应当首先征得当事人的同意。如果当事人庭审前明确反对网络庭审直播，法院则应给予必要的尊重，这是营造公正审判环境的前提。基于公民知情权与案件当事人的隐私权的平衡，网络庭审直播应尽可能选择公众人物涉案的案件。

（二）网络庭审直播的决定

根据审判独立的原则，对于审判的实体问题和程序问题，只有法院才有独立的决定权。根据最高人民法院《关于人民法院直播录播庭审活动的规定》：人民法院进行网络庭审直播、录播的,由审判庭向本院有关部门提出申请。有关部门审核后,报主管副院长批准。必要时,报上级人民法院审核。人民法院通过中央电视台进行庭审直播、录播的,应当经最高人民法院审核。通过省级电视台进行庭审直播、录播的,应当经高级人民法院审核。

（三）网络庭审直播的规则

媒体在网络庭审直播过程中除了应当遵守法庭秩序的一般规则外,还要遵守一些特殊规则:一是媒体要根据法庭的决定来确定使用的摄录设备的类型。二是要坚持摄录设备使用的"三无"规则即:无声音、无特殊光亮、无大幅度的动作。为此,媒体在摄录时还可以采取一些变通的做法,例如可将摄像机架设在足够高的位置,不会挡住任何人的视线。摄像师可以从庭审现场旁边的控制室对摄像机进行操作,以减少摄像师的拍摄活动对庭审的影响。此外,还可以实行直播共享机制,在不影响其他媒体对庭审共同播出的情况下,减少进入法庭拍摄的媒体数量。三是对于拍摄的对象,禁止媒体对法庭上某些特殊的人或物进行拍摄。例如可以规定对未成年人不能进行拍摄,对人民陪审员不能拍摄,对庭审案卷笔录和相关文件不能拍摄等。另外,为了实现上述目的,还可以采取拍摄内容较实际审判滞后半小时或较短时间播出的方式,以便对庭审中不愿公开的人的姓名进行覆盖、对其图像进行处理。

（四）网络庭审直播的监管[1]

网络直播庭审的运用必然带来一个新的信息收集汇总和发送的平台。法院是这个新平台的主人。规范法院的新闻发言人制度和处理网络公共关系的程序对规范法院利用网络至关重要,也是关系到网络直播存废的命门。

首先,应对发布庭审信息的主体和内容作出限定。法庭可以在其官方网站上进行直播。也可以指定具有相关资质的媒体或者其他单位具体参与实施网络直播庭审。除此以外,其他媒体、单位和个人在庭审时间都不得进行拍摄。这样一来,对庭审现场的信息收集和发布形成统一的独家官方来源,避免视频图像发布的混乱,产生片面的不客观的播报。

其次,在庭审进行期间应当设置网络平台以供网络旁听者留言交流。也可以安排法院专家在网上适时回答提问。这样既不会破坏法庭秩序,又使得民众实现了监督权和言论权,而法院利用庭审时间进行网络普法事半功倍。

---

[1] 王晔:《网络直播庭审问题研究》,硕士学位论文,复旦大学法学院 2011 年,第34—36 页。

不过,在此对网络舆论的控制成了一个难题。虽然,对庭审信息产生误解的可能性和媒体倾向性可以通过上述手法减小到最低,但网民的理解一定会在某种程度上和法官对法律的理解发生偏差。这是无法避免的,是社会差异性的典型表现。民众的理解通常偏向于道德层面或者对事物的常识性经验性认识,由于中国传统文化和西化倾向严重的现代法律之间存在相当大的差异,这样的偏差在中国可能更为明显。正因为如此,我们更应当敞开庭审交流的大门,通过法院在网络直播庭审平台上的及时的恰当的反馈,使更多公众意识到自己对法律理解的偏差。从制度上讲,可以通过法院的内部规定,要求法庭设立交流平台,配置或者聘请专门回答庭审相关问题的法官或者专家,回应公众提问。对于重大争议案件,可以安排专家组,谨慎全面地回应热点问题,避免媒体的认识偏颇,导致倾向性报道。当然,对于显然不合法或者可能涉及国家机密、煽动颠覆国家政权等的违法言论,也可以通过相应法律规定赋予法庭删除其不当言论的权利。不过,光凭借现在公安部的一道政令是远远不够的。而限制公民言论自由,尤其是在网络上发表言论必须慎之又慎。首先,言论自由是宪法赋予每一个公民的权利,且敞开网络直播庭审的初衷就是让更多民众参与监督,自由评论和学习。因此,过多的限制不仅涉嫌违宪且会使得网络直播失去意义。至于网络直播庭审中的言论是否可以构成侵权甚至犯罪的问题,这些都需要个案分析。单纯地对案件发表评论,甚至措词不当都不应该直接构成侵权和犯罪。尤其是关于侮辱、诽谤罪,需要符合法定条件区别对待。

综上所述,在有了以上相关制度规范的保障下,网络直播庭审才可能拥有规范的、统一的、可持续发展的轨道,才能最大限度地发挥其扩大监督、广开言路、强化普法等作用,弱化媒体倾向、道德审判。同时预防制度腐败,并建立专业化队伍,谨慎处理司法机关与公众的关系。然而我们也应当看到,即使相关法律得到完善,光靠一个新平台、新技术并不一定能从根本上提高司法水平。从长远来看,提高法律整体的周密性与司法的执行能力才是保障正义审判的最佳途径。

六、法院主动应和民众的司法公开需求

在现代信息技术条件下,微博等信息载体,不仅承载了丰富的内容,而且传播更及时、更广泛,符合司法传播所应当具有的全面、及时、透彻等要求。实践证明,人们法治思维的养成,在很大程度上就是通过一次次可见识、可感受而又具体生动的法治活动来完成的。在网络时代背景下,法院网站突破了传

统司法公开的物理空间限制，拓宽了司法公开的展示空间；突破了传统司法公开的时间限制，扩大了司法公开的延续时间，突破了传统公开手段的容量限制，丰富了传统司法公开的内容，其对司法公开的重要作用不言而喻。因此，推动实现全国法院"一院一网站"建设之于司法公开意义重大。针对我国法院网站建设水平普遍不高的现状，笔者建议各级人民法院以上海市高级人民法院网站（http://www.hshfy.sh.cn/shfy/gweb/index.html）作为参考范本，在法院网站建立专门的司法公开平台，平台具体包括审判流程公开平台、裁判文书公开平台、执行信息公开平台、12368诉讼服务平台、新闻信息公开平台、知识产权司法保护平台、联络信息沟通服务平台，其中12368诉讼服务平台则针对律师、当事人和社会公众提供不同服务，并结合自身特色建设完善法院网站。

同时，应打造多样化的公开平台，为民众了解司法提供更多途径和渠道。虽然我省法院司法公开程度已经较高，但是，司法公信力、司法权威性依然存在不足，其中一个重要原因在于外界对法院工作的陌生和误解，许多社会公众乃至案件当事人对法院所采取的司法公开措施知之甚少，审判秘密性的公众意识未得到消除。因此，法院在加强自身建设，提高法官整体素质的同时，迫切需要打造司法公开的多样化平台，让当事人和社会公众能够更加便捷地获得相关司法信息，增强司法公信力的同时提高司法亲民性，主动宣传自己，让社会了解法院在做什么。

第一，审判流程公开平台建设。

通过公告牌、电子触摸屏、多媒体视频和法院网站等载体和发放《诉讼须知》等形式，依法公开法院审判机关及人员的组成、分工和基本情况、各类案件从立案到执行的各阶段当事人的诉讼权利义务、案件审限及延期事由、诉讼风险提示以及可供选择的诉讼外纠纷解决方式等内容。落实自由旁听，只要年满18周岁的公民，持有效身份证明，通过安检即可旁听公开开庭。对于社会关注的热点案件，除满足群众旁听要求外，还可借鉴廊坊中院等法院做法，主动要求人大代表、政协委员、社会廉政监督员和新闻记者旁听开庭，在法庭为人大代表、政协委员、新闻记者设置专门的旁听席。为此，除大容量法庭、远程视频系统等基础设施建设外，在对庭审活动进行全程同步录音录像的基础上，还要充分利用现代网络发达的条件，建设和完善庭审直播、录播平台，全面记录法庭内各方的庭审活动，固定证据等审判要素，将开设网上的同步视频直播室、法庭外的庭审视屏作为现场旁听的有利补充，推进远程审判，并支持通过案件信息检索庭审影音文件，实现审判全面实时公开，实现庭审活动公开透明。通过开通并推广QQ群、法院微博、微信等网络社交工具，拓宽民意沟通渠道。以微博为例,当前受到广泛追捧的微博无疑是一个优选平台。河北省高院对王书金案,以及济南中院对薄熙来案的微博庭审直播均收到良好的社会效果,起到了正面引导舆论的积极作用。另外通过法院微博等网络社交工具及时发布法院日常工作信息、各类案件动态信息来主动展示法院工作,收集人大代表的工作建议,网友发表的各种评论,进行典型案例分析点评以及与网友实时互动,可以让人民群众更平和、直接地了解法院动态,让法院了解社会司法需求,提升人民法院的人民性。

第二,裁判文书公开平台建设。

根据廊坊中院的实践经验,裁判文书网上公开可以审判管理办公室(以下简称审管办)牵头,与政治部宣传处联手,配合各业务庭对上网裁判文书进行审查、发布与监管的形式进行,同时完善相应的监督管理制度,监督管理上网公布的文书数量、质量和信息安全等问题并及时反馈。具体步骤可设置为:第一步,承办法官在裁判文书生效后五日内,按照最高人民法院关于《人民法院在互联网公布裁判文书的规定》及相关细化规定对文书完成技术处理;第二步,承办法官在裁判文书完成技术处理当日通过审管办案件管理系统发送至其所在业务部门案件质量监督员或者指定的专门人员内网邮箱进行层层把关,并于接收当日统一发送至审管办最后审阅,审管办对符合条件的裁判文书进行备份后在次日内立即上传中国裁判文书网;第三步,审管办及时将上网的裁判文书备份制成清单递交政治部宣传处,由其协助审管办进行对上网裁判文书的监管,利用最高院及本院的网站邮箱或专门文书纠错评议区,开通裁判文书反馈渠道,收集公众意见并反馈至各业务庭,促进其业务水平提高的同时给予社会公众发表意见和挑毛病的场所。实际操作中,需注意三类情形,一是独任法官或者合议庭认为裁判文书确有不宜在互联网公布的规定情形的,应呈报分管院领导审定;二是保持上网裁判文书的变动一致性,即若公开宣判的裁判文书进行补正更改的,应当及时在互联网公布补正裁定;三是裁判文书上传互联网公布后,非因法定理由或者其他特殊原因不得更改或撤回,且应通过本院审管办书面报省高院审管办审查决定,由省高院审管办在中国裁判文书网办理撤回及登记备案手续。

第三,诉讼服务平台建设。

根据廊坊中院及相关法院的实践经验,充分发挥"在线诉讼服务平台"材料收转、网上立案、文书送达、联系法官、办案进度查询等功能,进一步加强面对当事人及社会公众的"一站式"在线诉讼服务系统的建设。第一,设立"一点通"式诉讼案件信息网上查询系统,当事人及其辩护人、诉讼代理人凭借法院立案后给予的查询密码,在触摸屏或法院网页上输入案件的年份、案号、当事人姓名等基本情况便可方便快捷地查到审判组织包括合议庭以及审委会的人员组成情况、开庭的时间地点、送达情况、审限延长的时间及事由等信息,及时了解到案件审理进程。第二,开通手机短信与电话查询平台,通过审管办案件管理系统,以短信的方式将当事人关注的立案、分案、审理、结案等信息告知个案当事人及其辩护人、诉讼代理人,同时开通如989天秤查询电话等,为当事人答疑解惑,方便当事人随时间询案件进展情况、各种诉讼风险及相关法律规定等。在司法服务中心设立导诉台,公布监督电话。第三,应当逐步建立和完善互联网站和其他信息公开平台。通过便捷、有效的方式及时向社会公开关于法院工作的方针政策、各种规范性文件和审判以及非涉密司法统计数据指导意见及非涉密司法统计数据及分析报告,公开重大案件的审判情况、重要研究成果、活动部署等,同时开通民意沟通信箱。

第四,新闻发布等平台建设。

一是新闻发布会制度的完善。早在2006年9月,最高人民法院和各高级人民法院就已完善了新闻发言人制度,目前新闻发言人制度在整个法院系统呈逐步推开态势。是司法机关积极寻求与新闻媒体的合作,通过新闻发言人与媒体记者公开性的对话,有助于司法机关建立起与社会大众的有效沟通渠道,新闻发布制度建立,使司法信息的公布有了一个归口的部门,信息的公开就有了一定的保证。新闻发布会主要内容是包括法院的重大工作部署和重要工作举措、各类大案要案及社会关注案件的审理情况、针对外界对法院工作所产生的疑虑、歪曲和谣言等,通过及时发布权威信息、解疑释惑、澄清事实;也包括其他需向社会公布的法院信息。从新闻发布会的管理形式来看,以廊坊中院为例,其新闻发布工作的归口管理由宣传处具体负责,其余部门指定新闻宣传联络员,负责与宣传处日常联络。各部门有信息需公开对外发布的,应经主管领导批准后,提前报宣传处,由宣传处统筹安排发布。新闻发布通常需制订实施方案,方案实施过程中,各部门应积极配合,及时与宣传处沟通情况,提供材料,确保新闻发布有序进行。湖北咸宁中院审理的四川首富刘汉等人重大涉黑案件,就将定期的新闻发布会作为司法公开的重要手段,通过适度提供报道素材,主动公开正面信息等,确保了新闻媒体报道和法院工作的可预见性和可控性,减少媒体任意报道的随意性和片面性。二是促进公众开放日制度化。当前河北省多数法院举办公众开放日存在举办次数过少、参与对象小众、时间过于短暂等不足,使得活动预期的宣传效应未能充分达到。因此,为最大限度地拉近法院与民众之间的距离,让民众支持法院工作,需对该活动进一步完善,使其规范化、制度化。同时,普通场次与专场相结合,开设中小企业专场、农民工专场、妇女专场、未成年人专场等。邀请与自愿参加相结合,提前公布开放日时间和主要流程,方便公众参与,并将典型案件安排在开放日开庭,扩大司法宣传效果等。三是推动司法白皮书发布常态化。加大司法公开宣传力度。司法白皮书是一种综合性或专门性的司法报告,由人民法院制作,向相关受文单位和社会公众通报有关法院工作动态,或分析经济社会运行中反映到司法领域中的一些矛盾和问题,同时提出对策和建议。司法白皮书既可以是案件审判类,也可以是法院工作综合类。法院工作综合类白皮书通过向社会系统介绍法院在相关阶段所建设的各种工作机制,让社会公众知道法院做了什么,这不失为拓展司法公开关注人群的有效途径。

此外,应强化公众对司法公开工作的监督,健全对违反司法公开规定行为的投诉机制和救济渠道,做到"有问有答"。充分发挥司法公开平台的监督功能,使社会公众通过平台提出的意见和建议成为人民法院改进工作的重要参考依据。

七、法院应制定统一的公开庭审规则

(一)公开规范:制定公开庭审规则

1993年,最高人民法院印发了《中华人民共和国人民法院法庭规则》,这对规范法官庭审行为发挥了重要作用。但在司法公开全力推进的社会大背景下,法庭规则在如下两个层面面临挑战:其一,法庭规则中所要求的"不得录影、录像"与司法公开精神格格不入;其二,庭审公开关乎法官形象和司法权威,涉及法庭设置、法官衣着、技术设备等诸多问题,法庭规则无法全部涵盖全部要求。因此,针对公开审理的案件,最高人民法院应当针对原有法庭规则进行修订,以适应司法公开之需求。具体而言,以下方面应在法庭规则修订时予以考虑:第一,法庭应当安装符合技术要求的直播录播设备;第二,司法人员衣着、言行举止应符合身份需要;第三,法庭规则中禁止录影、录像之规定应针对部分主体;第四,公开审理的案件庭审公告应予以特别强调规范;第五,自由旁听制度应予以落实。

(二)理论变革:敏感问题稳妥公开

对予以司法公开的案件合议庭,少数人意见的公开尤为重要。合议庭少数意见是合议庭多数意见的对称,是在法庭评议过程中为少数裁决者所赞同或表达的案件法律分析言词。我国疆域辽阔,地区发展不平衡,各地法院的司法水平、法官素质和公民的整体法律素养相距甚远，合议庭中少数人意见的无保留公开会影响审判的权威性和司法公正，不具可操作性和社会承受力。但这并不意味着少数人意见和审判委员会意见完全不能公开。从目前的司法状况和司法改革前景考虑，法院可自行规定合议庭少数意见公开方式、对象、时间、内容和范围。同时还应规定当事人及其授权的代理人可以申请法院公开。但这不是在全国范围普遍实行，而是在试点选取典型案件对其合议庭少数人意见和审判委员会意见进行公开。

根据法律规定，涉及国家秘密、个人隐私、商业秘密等案件，是不能公开审理的，这是原则，不能逾越。同时，最高人民法院《关于人民法院在互联网公布裁判文书的规定》指出，司法公开应把握如下限度：第一，人民法院的生效裁判文书应当在互联网公布，但有下列情形之一的除外：涉及国家秘密、个人隐私的；涉及未成年人违法犯罪的；以调解方式结案的；其他不宜在互联网公布的。第二，人民法院在互联网公布裁判文书时，应当保留当事人的姓名或者名称等真实信息，但必须采取符号替代方式对下列当事人及诉讼参与人的姓名进行匿名处理：婚姻家庭、继承纠纷案件中的当事人及其法定代理人；刑事案件中被害人及其法定代理人、证人、鉴定人；被判处三年有期徒刑以下刑罚以及免予刑事处罚，且不属于累犯或者惯犯的被告人。第三，人民法院在互联网公布裁判文书时，应当删除下列信息：自然人的家庭住址、通信方式、身份证号码、银行账号、健康状况等个人信息；未成年人的相关信息；法人以及其他组织的银行账号；商业秘密；其他不宜公开的内容。

司法作为终局裁决程序，不宜被拖入密室成为法官的独舞，但亦需要控制公开的边界，把握公开的"度"。法律规定不公开的，一律不公开；法律规定公开的，亦应考虑公共秩序和当事人的隐私等因素，决定哪些环节公开以及采用何种形式公开。

（三）实践推进：舆论引导，法官职业化

1. 引导社会舆论，实现媒体客观化

首先，一方面社会舆论应当是多数人的主流意见，而不是少数人的非主流意见，在社会舆论的辨识过程中，我们应该牢牢把握住多数人的主流意见，过滤掉少数人的非主流意见。另一方面，要辨别出社会舆论背后特定利益团体的操纵和炒作，避免公众判意为少数利益集团扭曲。其次，对社会舆论要予以合理的引导。一方面，应通过司法公开，全面及时地将案情展现在公众面前，使公众舆论建立在对案情充分认知的基础之上；另一方面，法律工作者应通过合理的方式表明自己对相关案件的认识,引领民众与法律工作者进行对话,共同深化对案件的认识。再次,司法机构应加强社会舆论辅助配套建设,采用新闻发布会等形式对社会舆论予以及时的回应。这种回应并不能局限于对舆论的采纳或否定,恰当的方式是司法机构通过新闻发布裁判文书等方式,直接或间接地回答公众判意所涉及的问题。总之,对社会舆论加以正确的辨别引导回应,必将有利于避免舆论审判。

在司法公开中,传媒一直在司法机构与公众之间发挥着桥梁作用。它一方面以公众代言人的身份表达对司法活动的认识,另一方面又以这种认识去影响公众,进而对司法形成一种舆论压力逼迫司法裁判符合该认识。由于传媒总是以自身利益为基点并受传媒技术素质的限制,所以在司法公开中,它们常常把一个相当复杂的法律和程序问题变成一个是非分明的道德问题,它们往往站在道德的立场而非客观的立场上,失实报道案情、感性评价案件、失当鼓动民众。传媒对司法活动的评价总是有立场无分析、多道德评析少法律评判、多情感宣泄少理性把握。普罗大众通过传媒往往只能了解经传媒刻意筛选和故意夸大的片面信息,信息不对称导致群体极化现象。为了避免案件真相隐匿化公众判意情绪化,传媒应该始终坚持全面客观理性之原则,以引导公众始终保持冷静理性。如果传媒在司法公开中客观化,舆论审判妨害司法公正的可能性将大大降低。

2. 促进法官职业化

法官职业化是指法官是专门从事司法审判工作并具有一定权威和社会地位的特定职业和职业群体。法官职业化是现代法治国家的基本特征和要求。实现法官职业化,提升法官素质是司法公开的重要前提。

第一,推进法官员额制之际,对案件进行不同类型和层次的划分,实行案件分流、程序分类。目前社会原有纠纷解决机制或受到轻视,或无法适应新的社会状况,呈萎缩态势。大量的纠纷进入法院,法院总体案件近期内不会有明显下降。法院目前能做的就是将案件进行繁简分流,结合审前程序改革,将大量案件解决在审前程序。通过审前程序,由审前程序法官助理将大量事实清楚、当事人无争议案件或当事人不到庭的案件或调解或简易判决进行解决,估计这样可消减现行案件。将案情复杂、法律关系相对复杂的案件由审前程序法官组织当事人交换证据,确立争点后交法官审理,这样庭审程序较现在也将大为简便、快捷。且庭审法官数量要求将大为减少,案件裁判权将集中在少而精的具有法官员额的法官手里。

第二,在法院内部,待遇向职业化法官倾斜。基层法院总体待遇不高,目前可做的是在争取组织、人事、财政等部门的支持后,在法院范围内利用法院可动用的权限向职业法官倾斜待遇,以提高职业法官地位,以此来增加职业法官的职业吸引力,以弥补基层法院法官的缺失问题。

第三,根据法院审级区分不同层次的法官职业化标准。基于审级差异而产生的职能分工,法院在知识、技能、工作方法和思维方式等方面对法官任职应有不同的要求。如美国,因为初审法官侧重于查明事实,其任职更依赖于其律师经历;而上诉法官侧重于适用和解释,其任职资格则更依赖于其理论积累和学术才能。在我国,基层法院法官侧重于解决纠纷,注重个案的细节和事实问题,其要求有丰富的社会经验、人生阅历,对查明事实方面的能力和经验要求较高,而对于法学理论和学术才能相对要求较低。上诉法院法官侧重于规则制定,对法学理论积累和学术才能的注重明显超出其在查明事实方面的能力和经验。我们不能简单地以美国联邦最高法院大法官的格式来套中国基层法院法官。因此在法官职业化过程中应根据各级法院的工作状况和关注重点,确定不同的职业化标准。

第四,建立法官培训和科学考核的长效机制。法官入职前培训,是对拟任法官进行的审判实务培训。培训内容是针对从事法官职业审判工作所必须掌握的知识和技能开展的。培训不合格的,不能任命法官。同时还应当对任职法官进行轮训,保证法官司法技能和理论知识不断提高。

八、司法公开应建立合理的评估机制

从近几年司法实践来看,推进司法公开的进路主要有两种。一种是以平台建设为主的形式进路,一种是以司法公开活动为主的内容进路。而在司法公开的内容方面,司法信息零散直接导致公众对司法形成片面甚至不真实的印象,也影响着人民法院对自身工作的有效评估。因此,司法信息的系统性公开就显得十分必要。莆田市城厢区人民法院通过制定司法信息公开目录,具体展示公开类别、公开事项及有关工作、公开内容、公开范围、公开形式、公开时间、责任部门等(见表4—28),使得司法公开系统而清晰,这无疑给人民法院评估自身工作提供了很好的参考。

表4—28 莆田市城厢区人民法院通过制定司法信息公开目录

公开类别	公开事项及有关工作	公开内容	公开范围	公开形式	公开时间	责任部门
立案公开	立案条件公开	(1)受案范围、案件受理条件、诉讼费收费标准、审理与执行工作流程、办公时间等	面向社会	城厢区法院网、电子显示屏、电子触摸屏、立案大厅、公告板	长期公开	立案庭
		(2)印制《起诉状》《答辩状》《再审申请书》《执行申请书》等法律文书格式样本	面向社会	城厢区法院网、电子触摸屏、法律文书样本、立案大厅	长期公开	立案庭
		(3)印制《各类案件诉讼指南》《举证指南》《执行风险告知书》《执行立案须知》《诉讼代理人、辩护人须知》《离婚诉讼须知》《信访工作制度》《院长接待日预约制度》等便民资料	面向社会	城厢区法院网、印制各类指导手册、立案大厅	长期公开	立案庭
		(4)印制《立案举证指引》《民事案件举证指引》《人民法院民事诉讼风险提示书》《诉前、诉中调解温馨提示》	面向社会	城厢区法院网、电子显示屏、电子触摸屏、宣传单形式、诉前调解室、立案大厅	长期公开	立案庭
		(5)便民服务	面向社会	建立判前释明、判后答疑及公示制度,在立案大厅设置立案咨询"导诉台",由导诉员引导诉讼,随时为群众提供立案查案咨询服务	长期公开	立案庭

公开类别	公开事项及有关工作	公开内容	公开范围	公开形式	公开时间	责任部门
立案公开	立案结果公开	(6)符合受理条件的案件,向起诉人送达《案件受理通知书》及《举证通知书》	起诉人	《案件受理通知书》、《举证通知书》	及时公开	立案庭
		(7)不符合受理条件的案件,应当公开不予受理的法律依据和理由	起诉人	《不予受理通知书》		立案庭
	缓交、减免诉讼费条件公开	(8)《最高人民法院关于对经济确有困难的当事人提供司法救助的规定》	面向社会	城厢区法院网、电子显示屏、电子触摸屏、立案大厅、公告板	长期公开	立案庭
庭前准备公开	送达人员信息、送达时限公开	(9)对举证期限内一方当事人提交的证据,送达其他当事人	案件当事人	证据副本	及时公开	审判业务庭
	开庭信息公开	(10)每周五将下周开庭案件的案由、合议庭成员、当事人姓名或名称、开庭时间和地点等信息进行公开	面向社会	城厢区法院网、电子显示屏、固定公开栏	及时公开	各审判业务庭、办公室
	旁听	(11)凡属公开审理的案件,应当公开审理。对于法律规定不公开审理的案件,应当庭宣布不公开审理的理由	面向社会	允许公民凭有效证件按规定领取旁听证后入庭旁听	及时公开	各审判业务庭
		(12)旁听指引、法庭纪律等	面向社会	固定公开栏	及时公开	办公室

续表

公开类别	公开事项及有关工作	公开内容	公开范围	公开形式	公开时间	责任部门
审理进度公开	案件审理公开	（13）当事人享有申请保全、回避、追加当事人、证人出庭、评估鉴定等权利	面向社会	城厢区法院网、电子触摸屏、《举证指引》	已公开	立案庭办公室
		（14）依照法律及院规范化制度的规定向当事人公开对申请内容的审查结果及理由	案件当事人	书面通知	及时公开	处理申请的庭室
		（15）延长法定审限、转普通程序、延期开庭、法院依职权调查取证、追加当事人等信息	案件当事人	书面通知	及时公开	作出决定的庭室
		（16）认真执行公开宣判制度，能够当庭宣判的，应当庭宣判	案件当事人	公开宣判	及时公开	各审判业务庭
	裁判公开	（17）生效法律文书及归档案卷材料（副卷及刑事案件除外）	案件当事人	档案查询	依申请公开	办公室
		（18）定期选择刑事、民商事、行政典型案件生效裁判文书在城厢区法院网上公布	面向社会	城厢区法院网、电子触摸屏	及时公开	各审判业务庭、研究室

公开类别	公开事项及有关工作	公开内容	公开范围	公开形式	公开时间	责任部门
执行公开	执行信息公开	(19)案件执行流程、期限和承办案件的执行法官、书记员(姓名、电话)等,方便当事人及时了解案件的进展情况	面向社会	电子触摸屏、固定公开栏	及时公开	执行局
		(20)执行案件进展情况,包括强制执行措施、案件未执原因、适用中止、终结案件理由、执行款物执行情况,结案方式及原因等	案件当事人	建立《执行案件告知反馈制度》,及时、全过程告知申请执行人执行案件进展情况	及时公开	执行局
		(21)部分拒不履行生效法律文书的被执行人信息情况	面向社会	城厢区法院网	及时公开	执行局
	评估拍卖公开	(22)选定中介机构的标准及程序	面向社会	城厢区法院网、电子显示屏、固定公开栏	及时公开	立案庭、执行庭
		(23)中介机构公开选定,制定《执行案件评估、拍卖机构遴选办法》《执行案件摇号选定评估拍卖机构规则》,随机抽取,进行公开选定	面向社会	城厢区法院网、电子显示屏、固定公开栏	按规定提前公开	相关庭室
		(24)评估、拍卖结果	面向社会	城厢区法院网、固定公开栏	及时公开	相关庭室
	执行听证公开	(25)对当事人、利害关系人提出的执行异议、变更或追加被执行人的请求、经调卷复查认为符合再审条件的申诉申请再审案件	面向社会及案件当事人	公开听证	及时公开	执行局

续表

公开类别	公开事项及有关工作	公开内容	公开范围	公开形式	公开时间	责任部门
司法信息公开	机构职能	（26）院内设机构及职能	面向社会	城厢区法院网、电子触摸屏、固定公开栏	长期公开	政治处
	申请回避	（27）法官与法院其他工作人员的近亲属从事律师职业的回避名单、法院离任的法官姓名等	面向社会	城厢区法院网、电子触摸屏、固定公开栏	长期公开	监察室
	典型案件庭审信息	（28）对群众广泛关注、有较大社会影响或者有利于社会主义法治宣传教育的案件	面向社会	邀请人大代表、政协委员、廉政监督员、有关领导和行政机关、有关社会团体旁听、观摩案件庭审活动，以及根据上级法院、有关部门的要求予以视频直播、转播	及时公开	各审判业务庭、办公室
	法院内部信息公开	（29）实行新闻发言人制度，通过各种渠道和方式及时向社会公布法院工作的部署、改革措施、大案要案等信息	面向社会	适当形式	公开	研究室
	投诉电话、信访电话公开	（30）投诉电话、信访电话	面向社会	城厢区法院网、电子显示屏、电子触摸屏、固定公开栏	长期公开	监察室

　　当然，司法审判工作不是法院一家的家务事，而是直接关系到人民群众切身权益，关系到千家万户和谐稳定，需要全社会共同参与的人民司法事业。法院作出的每个裁决，都牵涉到原被告多方多个家庭，都可能引起全社会的广泛关注，直接关涉司法的公信力。公众对法院的审判工作具有知情权、参与权、评议权和监督权，司法审判工作是专业化和程序化程度很高的专门工作，如果司法机关不主动、不充分、不及时地提供司法工作的信息和情况，那么公众就难以实现对司法的知情权、参与权、评议权和监督权。公众对司法工作都不知情，何谈进一步的参与权、评议权和监督权。因此，司法公开的评估机制更应吸纳广大社会民众的参与。钱弘道教授提出的"司法透明指数"便是一个很好的评价平台。司法透明指数是当前司法工作与改革的一部分。这项评估是司法工作的前端，主要发挥诊断、反馈的作用，同时对司法改革起着基础性的信息支撑作用。司法透明指数包含行政管理、司法过程、民意调查三个维度。行政管理是否透明，直接影响司法过程的透明。在这样的原则指导下，行政管理维度下设立3个一级指标：人事管理、财务运行、公众交流，并分解为法院工作人员任命情况公开、法官申报个人财产公开、法院诉讼费收支情况公开、法院罚没款项公开、生效裁判文书公开、聘请特约监督员情况公开等19项二级指标。作为司法公开的重要环节，司法过程维度包括3个一级指标，分别是立案公开、审判公开和执行公开，分解为28项二级指标，基本覆盖了司法工作的全过程。为了让公众有效地参与到司法过程中来，从而以更理性的视角来关注审判工作，这是促进民意与司法双赢、使公平正义得以顺利实现的有效途径。在司法透明指数中，除了反映司法公开实际的动态监测部分外，还创造性地引入了民意调查部分，将公众的评价引入到了司法公开测评体系之中。司法透明指数应着重强调公众评价，而行政管理中有些指标属于法院应该实现但实际操作还存在困难，司法过程又是司法公开的重中之重，因此民意调查占比30%，行政管理占比15%，司法过程占比55%。且司法透明测评由第三方中立机构承担。司法透明指数有望让司法公开原则真正落地。设立司法透明指数可将司法公开原则指标化、具体化，实现司法公开的量化，便于评估考核和监督。这意味着司法公开不再是一句空洞而抽象的口号，而是被科学量化的指标体系和目标体系，对于实现司法公开原则的落地和接地气具有重要的现实意义。由此倒逼法院改进自身工作。

　　设置司法透明指数，一方面能够客观准确反映一家法院现行司法公开水平和程度，便于查找其中尚存的薄弱环节；另一方面通过分析重要指数的变化轨迹，能够正确推算出司法公开的发展态势。最重要的是，指数的设置，能够真实反映司法公开带来的实际效果，是衡量司法公开建设程度的重要标准。

因此,最高人民法院应以浙江、河北法院的具体做法为参照,制定统一的司法透明指数体系,以此督促各地法院司法公开进程。需要提及的是,司法公开指数的评价主体应是广泛的,否则很难确保客观公正。笔者认为,评价主体至少应包括但不限于如下主体:(1)法院;(2)党委、人大、政府;(3)社会公众;(4)律师;(5)当事人;(6)专家。且在评价权重中,外部主体应占据主导地位。

九、司法公开的强制规范应予制定

正如前文所述,我国关于司法公开的规范性文件,现实存在且数量可观。但现有的规范性文件尚存三个问题:第一,有关司法公开的相关内容,规定零散,未能统一在一部统一的规范性文件中;第二,规范性文件大多以指导性为主,不具备强制性;第三,规范性文件要么为各级法院的具体实施意见,要么为最高人民法院的规定,效力层次不高,缺乏持久性。基于上述问题,笔者认为,应从短期、长期目标着眼,逐步推进强制性司法公开规范之制定。

短期目标:最高人民法院制定统一的司法公开文件。当前,最高人民法院关于司法公开的相关规范性文件,散见于多个"意见"或"规定"中,且以宏观指导为主,缺乏可操作性和强制性。而地方关于司法公开的相关规范性文件,虽然固定较为细致,具备可操作性,但数量众多,且地域色彩浓厚,不利于相关制度的统一贯彻实施。因此,最高人民法院应统一制定司法公开文件,并尽量解决如下问题:(1)收纳其他关于司法公开的不同规范性文件,保证文件统一性;(2)借鉴各地法院关于司法公开的相关规定,确保文件操作性;(3)强化违反司法公开的制裁,加强司法公开的强制性。2007年,为了保障公民、法人和其他组织依法获取政府信息,提高政府工作的透明度,促进依法行政,充分发挥政府信息对人民群众生产、生活和经济社会活动的服务作用,国务院公布了《中华人民共和国政府信息公开条例》,并于2008年5月1日实施。条例包括五章:总则、公开的范围、公开的方式和程序、监督和保障、附则。政府信息公开条例是对行政机关信息透明的规范,与此相应,针对司法机关信息透明的规范,则可由最高人民法院制定相关文件,且体例可参照政府信息公开条例。

长期目标:制定司法公开法。十八届三中全会通过的《中共中央关于全面深化改革若干重大问题的决定》全面部署了深化改革的内容,其中在"推进法治中国建设"部分特别提出,要"推进审判公开、检务公开"。审判公开和检务公开构成了司法公开的主要方面。因此,司法公开不仅仅是人民法院一家的事。尽管我国司法公开取得了较为显著的成绩,但由于司法公开开始进入"深水区",但我国的司法公开还存在形式主义等诸多弊端,亟待通过法制化的手段进一步深化改革,以提高司法的威信。我国的司法公开依据主要是最高人民法院司法解释,如《关于司法公开的六项规定》等。这些司法解释构成了我国司法公开制度的主干,但司法公开的蓬勃发展仅仅靠最高人民法院的司法解释是难以保障的,还应该从更高的立法角度对司法公开作一专门而系统的规定。对此,可以借鉴政府信息公开立法的做法,制定专门的《司法公开法》,将司法公开的内容、主体、制度保障、权利救济、责任等作一系统的规定。

十、司法公开推进进程与中国国情相适应

中央司法体制改革领导小组办公室负责人姜伟在《中国的司法改革》白皮书发布时指出:一个国家实行什么样的司法制度,是由这个国家的国情决定的。世界各国的司法制度具有多样性,同一法系国家之间也呈现明显的个体差异。中国司法实践及司法改革遇到的问题,与其他国家相比,既有共性的问题,也有中国特有的问题。中国是一个处于社会主义初级阶段的国家,人口众多,经济社会发展人均水平总体不高。这个基本国情,是推进中国司法改革的现实基础和前提条件。当前,中国社会的主要矛盾在司法领域具体表现为:人民群众日益增长的公平正义期待与经济社会发展水平总体不高的矛盾;社会司法需求扩大与司法资源和司法能力不足的矛盾;维护国家法律统一正确实施与各地区社会发展不平衡的矛盾。对中国的问题,只能用中国的智慧和中国的方法解决,一味照搬照抄外国的经验和制度,效果往往适得其反。我们注意到,不少发展中国家移植发达国家的司法制度,并未带来安定有序的社会环境。当然,中国在推进司法改革过程中,也高度重视借鉴其他国家司法制度的有益经验。只是立足于基本国情和发展的阶段性特征,尽最大可能地把改革的力度和速度与经济、社会的可承受程度协调统一起来。努力把全人类科学的司法经验和理念,转化为和谐有序的中国司法实践。世界上没有最好的司法制度,只有最适合本国国情的司法制度。

司法公开作为司法制度的应有内容之一,其改革推进同样应与中国国情相适应。第一,司法公开要有适当的社会基础。当代中国随着市场经济的逐步建立和完善,人们的法治意识比以往更为提高。在国家与社会的关系中,国家权力社会化的倾向也愈发被民众所体认,司法权社会化是其中应有之义。因此,民众希望司法进入到市民生活中去,并且对司法产生了新需求和新期待。显然,司法公开在我国已经具备一定的社会基础。第二,司法公开要有重点,渐次稳步推进。司法公开是司法民主的体现,是人民主权的体现。在经济社会发展到以人权为主体意识的时代,民众要求自我做主,要求知晓政治、司

法的运作过程,把司法作为自己生活中的一个组成部分。我国最高人民法院的司法公开包括了立案公开、庭审公开、执行公开、听证公开、文书公开、审务公开六个方面。尽管这六个方面都应当是司法公开的组成部分,但笔者认为,在当前案多人少的司法现实状况下,应当抓住司法公开的重点,不宜全面铺开。否则,一方面会给法院特别是基层法院造成很大的压力;另一方面,可能导致司法公开流于形式。因此,最高法院应指导各地方法院结合实际有针对性确定司法公开的重点。但不管如何,审判公开应是始终的核心。第三,司法公开的范围扩展应结合本土文化。当代中国的司法改革和司法公开应当仔细检讨所面临的国内国际形势,不能为改革而改革、为公开而公开。我们更需要的是理性的论证和缜密的推敲。而做这项工作的一个必然性前提就是要结合我们自身的本土文化,找到司法改革和司法公开的突破口,以此树立民众对司法和法律的信任。在民众法律意识尚待提高的大背景下,司法公开范围的扩展应当是审慎的,否则,可能带来的不是积极效果而是负效应。

十一、司法公开应动员民众积极回应

尽管司法公开当前进行得如火如荼,但不能忽略的是,司法公开的推进热潮更多的是实务部门基于"压力"的快速跟进,以及媒体和学者对司法变革的热切期许。在司法公开工作推进过程中,法院经常会面临一种尴尬局面,一边是司法公开工作的不断推进,做到了"除法律规定不能公开的之外的都公开",另一边却是涉法涉诉上访、暴力抗法事件时有发生,民众对法院公信力仍持有很大程度的怀疑。司法公开的真正意义在于通过广大民众关注司法,进而"倒逼"人民法院改进工作,以回应普通民众的司法需求。因此,司法公开之推进不应成为少数人的游戏,而应成为社会共识。司法公开要求法院的司法职能延伸到发挥教育功能,要求法官既承担居中裁判的责任,又发挥教育指导的作用。既让正义以看得见、摸得到的方式得到伸张,又要从根本上提高民众的整体法律水平,营造一个全社会都了解、理解、支持和配合人民法院审执工作的舆论环境。在实践中,宣传工作常常被定位为审执工作服务的一个附属,在法院也一直处在一种"副业"状态,而在司法公开工作大踏步前进的大环境下,宣传工作的重要性绝不亚于审判工作。因此,我们也要对法院的宣传工作进行重新认识和定位,将其提升到"主业"的地位。一方面,法院自身应将司法公开通过宣传工具展示给社会民众,让社会民众看到,法院并不是神秘和遥不可及的,法院的司法行为是阳光和透明的,程序和实体是公平公正,依法进行的。另一方面,法院应借助传统媒体和新兴媒体的力量来丰富法院宣传工作的载体,针对不同受众展开多样化宣传,使宣传更加立体全面。由此观之,司法公开并非有"公开"之名即能获得民众认知,相反,需要大力宣传方能达成应有之效果。

随着我国经济社会事业的蓬勃发展和民主法治建设的深入推进,党和国家、人民群众对人民司法的要求和期待越来越高。人民法院作为实施法律的重要部门,建设公正高效权威的社会主义司法制度是其必然要求。司法的公开、透明,对于回应人民群众对司法活动日益高涨的关注,对于树立人民法院良好形象、维护社会公平正义具有重要作用。当然,我们也应具有司法公开的忧患意识。德沃金曾说:"任何国家部门都不比法院更为重要,也没有一个国家部门会像法院那样受到公民那么彻底的误解。"在当今时代,司法活动越来越多地、越来越容易地受到公众的关注,这种"误解"如不及时消除,则会反噬司法公开取得的成果,而陷法院和法官于不利境地。"真理是喜欢公开交易的"。面对信任危机,最好的回应方法就是公开、透明。一方面以公开代替监督,促进司法公正,另一方面以公开换理解,提高司法公信力。

阳光是最好的防腐剂。"人民法院司法改革的历史,从某种意义上就是一部日益向社会敞开的司法大门,让民众接近司法,知悉司法活动,不断增强司法透明度的历史。司法公正是司法改革永恒的目标。对于正处于社会转型期的我国,司法公正是一个具有时代特征的概念,处于司法的近代化和现代化交汇点。面对纷繁复杂的公正内涵,司法公开必须以破釜沉舟的气势,实现对人本主义司法改革观的回归。"①因此,在司法公开中保持民众与法院的良性互动事关司法公开的正能量之彰显,其意义不可低估!

---

① 顾宁峰:《"权力本位"范式下司法公开制度的反思——以民事审判程序公开为研究尺度》,《上海政法学院学报(法治论丛)》2012年第2期。

第五章　司法运行的现状考察与河北探索

第一节　司法细节与司法公正

管理学有句名言:"细节决定成败。"关注和透视细节对司法工作同样重要。当前,在建设社会主义法治体系和进行司法体制改革的宏大语境下,"司法细节,因其不属司法方向性、根本性的问题,很容易被忽视。而事实上,司法的公正和权威,更深刻地蕴含在司法的细节之中,从理想状态来说,它藏纳于统一、规范、严谨的司法行为里,正是这些无数个细节,才汇合成了司法运作的实践链条。司法的印象,无论文明与落后,公正与腐败,理性与不理性,均与司法细节不可剥离。司法细节既是实践性的,又是观念性的,什么观念会产生什么行为。'忠诚、为民、公正、廉洁'是个价值观,其践行过程,即是将其内化于心、外化于形、实化于行的过程。所以,对司法链条上每一个细节的捕捉、监督和矫正,是我们具体落实政法干警核心价值观的基本路径"①。

司法细节体现为民情怀。陈燕萍法官曾说过:"法官要有洞察秋毫的细心,不辞辛苦的耐心,不偏不倚的公心,为民解忧的真心。"的确,法官必须认真细致,洞察秋毫,为公平正义竖起屏障,注重细节应该是法官必须具备的品质。信守司法细节,只有真正做到内省于心、外化于行,才能成就不平凡的行为、习惯、信仰,甚或性格。司法细节是一种价值观,更重要的,它还是一种工作方式、行为方式乃至生活方式。的确,"民事千千结,化作绕指柔",要成长为一名合格的法官,需要内外兼修的历练——于外,需要利用空余时间加强对新法律

---

① 肖瑜:《以司法细节阐释核心价值》,《人民法院报》2012 年 6 月 17 日。

法规的学习；于内，要真正地承担起人民法官的职责，注重司法细节，才能够不负"挥法律之利剑、持正义之天平"的使命！从细节上严格要求法官，看起来好像对法官工作要求得有点儿苛刻，管得有点儿宽，但是，我们要知道，公众正是从法律的一言一行、一举一动中感受法律的尊严的。如果法官自己对一些法律规定采取一种冷漠的、无所谓的态度，又怎么能使公众从内心深处敬畏法律呢？法律是严肃刚性的，但具体的司法工作，则可用缓和温暖的方式进行，司法的细节可能看似微不足道，但极有可能固化为民众对司法的整体认知，其影响不可小觑。

司法细节关乎民众命运。现实中，少数法官审理、执行的案件存在这样那样的问题，或者是当事人对个别法官审理、执行的案件有意见，绝大多数都不是因为混淆了是非、颠倒了黑白，而是由于司法细节上存在种种问题。有的在对待当事人的态度上厚此薄彼，给当事人一种偏袒一方的错觉；有的不注意言行举止，在行使释明权时引喻失意，误导了案件当事人；有的不遵守司法礼仪，不能严格按照程序法的规定办事，随意约束当事人对诉讼权利的处分，使当事人在诉讼活动中的权利受到了限制。在很多人看来，以上这类问题都属于小节，只要案件的最终处理结果不错，这些小节大可不必深究。但是，"千里之堤，毁于蚁穴"。小节的问题很容易酿成结果的偏差。这些问题细枝末节，算不上什么原则问题，但却极易损害法官的形象与法庭的严肃氛围，足以让当事人对法官居中裁判的中立性产生怀疑，对法庭审理的公正性产生怀疑，进而对司法裁判的权威性产生怀疑，最终严重影响司法的公信力。个别法官一朝为"恶"，整个法院就需要付出加倍的努力去补救。即使问题没有发展到那么严重的地步，也会让一些当事人难以做到"案结事了"，进而发展成涉法信访事件，影响司法的权威和公信度，干扰法院正常的工作秩序。百分之一的错误导致百分之百的失败。

司法细节彰显公平正义。"在司法活动中，无数个合理合法的细节共同构成一个完整和正当的程序，在法院裁判时集中体现公平和正义的实现。再复杂、再疑难的案件，它也是由许多细节，或是关键的，或是看上去无关紧要的或是确实无关紧要的细节链接起来的。一些细节在日常司法工作中微不足道，如开庭审理时，控辩双方正在激烈辩论，突然，法官席间响起了欢快的手机铃声；一份当事人盼望已久的裁判文书将原被告姓名张冠李戴；传票通知开庭日期为某年 2 月 30 日这种根本不存在的日期——与枉法裁判、徇私舞弊相比较，这些当属细枝末节，我们称之为低级错误。然而，这些低级错误，被放置在社会中，若再经过放大，就不单纯是个人言行的疏忽了，因为它承载了整个司法制度公平运行的功能。湖北省有关领导在总结佘祥林冤案的教训时，说出的体会'细节决定成败,细节决定一切',则是我们最深刻的一个例证。正所谓'起端虽微,流弊必大'。教训和经验告诉我们,司法活动中是决不可采取'不拘小节'的工作态度和方式的,司法工作者肩负实现社会公平正义职责,必须保持足够的细心和耐心,重视和完善细节,做好每个细节性的工作,无数个不可或缺的细节共同构成了我们这个社会共同需要的司法公正。"①

司法细节宜于防止腐败。在人民群众对司法质量和效率的需求日益增强,"细节决定成败"理论被很多行业都奉为工作原则的今天,我们法官只有具有强烈的细节意识,去认真对待办案中的每一个细节,尤其是在开庭审理、合议讨论、制作裁判文书等关键环节,更须将每一个细节落实到位,才能真正实现公平与正义,在依法治国方略的实施过程中作出应有的贡献。这绝不是在宣扬今不如昔,而是对司法行为从细节上规范的务实之举。这样做还可以对各种问题防患于未然,消灭在萌芽状态,从源头上防止司法腐败的产生。苏力先生说:"法律是一个非常世俗、琐碎并因此才神圣起来的社会事业。""不矜细行,终累大德",我们应在司法细节中守住廉洁底线。

与徇私舞弊、枉法裁判比较起来,庭审中响起的手机铃声等这些当属细枝末节,有些法官认为这些不过是小事。然而,正是这些细节上的瑕疵,将一个个完整的审判过程裁剪得支离破碎,正是这些"小事"将引起当事人、公众对法律的轻蔑、怀疑和对法官的不满,这不仅有损司法的可信度,大大降低司法机关在公众心目中的权威,也对社会公平正义底线构成了严重损害。因此,司法细节产生的"蝴蝶效应"②绝不应忽视。这一理论之所以发人深省,不仅在于其深刻的科学内涵与哲学魅力,更在于它对我们的实践活动具有重要的指导意义,给我们法官做好审判工作、提高群众对法院工作的满意度带来十分重要的启示:一张笑脸、一份耐心换来 100 分口碑。金杯银杯都不如群众的口碑,法官工作做得究竟如何,最有发言权的就是群众。一杯暖心热水、一张真诚笑脸、一句热情问候、一次耐心释法、一个满意答复,对边远地区和确有困难的群众实行上门立案,上门开庭、规范着装、严格庭审、认真对待裁判文书的每句话、每个字乃至每个标点……这些不起眼的小细节同样可以引起"蝴蝶效应",于细节处让群众能够从内心感受到一种尊重、一种理解、一种司法的人文关怀,由此他们也有理由相信我们法官会做到公平公正,进而会理解和尊重案件

---

① 肖瑜:《以司法细节阐释核心价值》,《人民法院报》2012 年 6 月 17 日。
② "蝴蝶效应"原理是说:一只南美洲亚马逊河流域热带雨林中的蝴蝶,偶尔扇动几下翅膀,可能两周后会在美国的密西西比河流域引发一场龙卷风风暴。"蝴蝶效应"实质是指:一个很小的因素会导致一个较为复杂的连锁反应。

的处理结果，很多非常容易激化的矛盾也理所当然能够被成功化解，司法的公信力也在潜移默化中悄然提升。①

　　例如，"法庭如何排座次？看上去微不足道，实则蕴含着司法之大义。藉于特定的司法理念与制度，通过法庭这个特定空间对各诉讼角色的座次进行设置与安排，再辅以特定仪式化的行头。一方面使审判权得以充分的尊重与体现，另一方面又以其设置与安排中所显示出来的文化与心理上的暗示对审判产生某种影响。为了给当事人提供温暖人性的法庭环境，落实当事人平等的精神，台湾着手改革法庭席位，首先制订了《高等法院以及各级法院法庭席位布置规则》。据此规则，除少年管训法庭外，法庭以前后栏杆区分为审判席、应讯席、旁听席。将检察官席由原来的法官席左侧下移，与辩护人席分设于法官席左右两端直前20cm处。将检察官席从法官席左侧位置拉下来，这是法庭席位设置中的一次重大改革。审判席离地面50cm，检察官席、辩护人席、书记官席与通译席均设于铺设20cm高的垫板上。检察官席与辩护人席另以木板加高15cm即位于距地面35cm处。而应讯席设置与地面无高度，被告站立于应讯席回答问题。通过席位不同高度的设置，无形中表征的是审判过程中各诉讼角色的地位。席位规则其后历经9次修正，最终以《法庭席位布置规则》确立。修正后的法庭席位的基本架构采取Π字形（少年保护法庭除外），即当事人席相对，与法官席垂直等距，法庭以栏杆区分为审判活动区与旁听区，于栏杆中间或两端设活动门，审判活动区设应讯台，供就座陈述。法官席桌面设置法槌，法柜高度距离地面25—50cm，其余席位均置于地面，无高度。法官席正前右、左两侧下方分置书记官席与通译席，设置旋转座椅，均面向旁听席。学习司法官与学习律师等非诉讼法规定在法庭审判活动之人，其席位设于旁听席前排。Π字形的法庭席位架构中，没有了周围有法警监视的'被告人席'，被告人与辩护人坐在一起，这一方面体现了控诉双方至少在形式上是处于平等的地位，从而缓和被告人的心理压力；另一方面也方便被告人与辩护人之间的沟通，以有利其辩护。台湾在15年间对法庭席位进行9次修正，改变的不仅仅只是席位高低或方向，真正改变的则是司法理念，通过落实当事人席位平等的原则，最终呈现司法的精神"②。

　　又如，判决书是法院公正司法的载体，恰当的判决修辞能强化法律的正当

---

① 张晓燕：《注重司法细节的"蝴蝶效应"》2011年7月13日，http://www.rznews.cn/news/folder824/201107/2011-07-13144228.html。

② 2010年10月19日。http://www.legaldaily.com.cn/index/content/2010-10/19/content_2320177.htm。

性,不当的判决修辞则可能滋生司法腐败。卡多佐学院的理查德·威斯伯格教授认为:"判决意见中所使用的语言和修辞比判决结论更加重要,因为它们决定着所要得出的结论的对错,为了理解法律正义,我们必须考察隐藏在语言和修辞之中的法律主观领域的'内部世界'。"恰当的判决修辞是程序正义的体现。法律是一套规则体系,是人们必须遵守的权威,而判决书又是法律实施的表现形式。因此,要让案件事实、裁判理由和裁判结果这三者形成一种内在的逻辑关系,要让判决修辞合理地使法律思维的过程贯穿于整个判决书的始终。判决书使得程序正义以"人们看得见的方式加以实现",判决修辞在其中起到了至关重要的作用。而不当的判决修辞则极易产生"书写的暴政",更无所谓司法的公正。恰当的判决修辞维系百姓对法律的信仰。陈燕萍法官说得好:当事人一辈子也许就只打一次官司,这一次打官司的经历可能决定他一生对法院工作的评价。判决书是法官无声的语言,是百姓实实在在的法律,它甚至可以决定一个人一生的命运。哪怕是"和"与"跟"、"可以"与"应当"这样简单词汇的混用或者是一个句点的错用,都可能使案件事实、法律关系出现错误。判决书一旦出现错误,必将动摇人们历经千辛万苦树立起来的对法律本身的敬仰。法院要树立公正廉洁司法的形象,就必须注重判决修辞,从规范化、科学化判决书开始。加强判决书内容的说理性以使其更好地被当事人乃至公众接受,此观点已经得到了司法改革者的认同,但关注的内容绝不应仅限于此。"判决修辞的庄重得体、简练概括、字词准确、句点无误、叙事有据、法律适用正确等都是司法公正的体现。判决书必须正确解释法律、充分宣示正义、合理判定冲突,只有这样才能使法律树立起权威,也才能真正实现'为人民司法'。"①

法庭不仅是审理案件的特定场所,更是法官展现司法礼仪和司法权威的舞台,法官在法庭上的一言一行都将影响到当事人及公众对司法权威的体验。因而,注重自身言行举止不仅是法官职业道德的内在要求,更是法官彰显司法公正、传递司法权威的重要渠道。法官在司法活动中遵守一定的礼节、仪式,讲究交流与行为的态度和方式,这样有助于提高法官职业形象及公众对司法机关的公信力。或许对于法官个人而言,忘带法槌、手机响起或开庭迟到最多是细节上的不当。但在整个司法活动过程中,庭审由于居于最核心的地位,任何微小的细节都关乎司法的公正与权威,对于庭审秩序和细节的完美追求正是法官实现司法公正的重要方面。我国《法官职业道德基本准则》第31条明确规定:"法官应当注意保持良好的仪表和文明的举止,维护人民法院的尊严和法官的良好形象。"试想,如果在庄严肃穆的法庭上,法官或是迟到早退、丢

---

① 刘元元:《判决修辞是司法公正的细节》,《人民法院报》2010年12月21日。

三落四，或是随意走动、接听电话，或是睡觉打盹、指手画脚，那么一个完整的庭审过程将被裁剪得支离破碎，这不仅违背了司法审判的连贯性要求、不利于案件的正常审理，而且有损司法的可信度，会大大降低司法机关在公众心目中的权威。更让人担忧的是，法官对庭审细节的漠视可能带来程序失陷的危险。任何正义必须经由一定的程序实现，而一个完整的正当程序是由无数个透明、连贯、完美的细节所构成，任何一个细节的脱落都可能造成整个程序价值的断档。司法程序的这一特点要求法官必须以"看得见"的方式一气呵成地将案件审理展示于当事人及大众面前。诸如开庭迟到、打电话等任何细节上的瑕疵都将有损这种连续性标准，给正当程序带来裂痕。在日本法学界，有"精密司法"之说，意指一种严密而精确的司法程序。法官正是通过一环扣一环的精密程序，在司法过程中各种细微之处展现良好的司法礼仪和规则精神，从细节处彰显司法权威，从而保证了司法结果的正确、司法程序的公正以及大众对司法裁判的信服。社会发展到今天，我们的司法出现问题往往不在宏观的制度构建上，而更多的是因为细节上的瑕疵。由此，司法程序设计的精密化、司法程序运行过程的细节化，就成为现代司法注重细节的内在品格。一件质量过硬的产品，取决于每一个工艺流程的尽善尽美；再精密的程序设计，也只有通过执行者纳入一个个生动的细节当中，才能让人们在司法中体验到细节的力量。因此，"程序上的细节安排与公正的司法信仰紧密相连，法官必须关注庭审细节，以连续而精确的程序达就'精密司法'的境界，以此来确保司法的公正与权威。毕竟，老百姓对司法公正乃至社会公正的希冀，很大程度上，不仅仅是寄托在对某项制度价值与理念的判断上，而且也孕育于制度设计者和操作者对种种细微之处的仔细推敲之中"①。

公正司法要从公正办理每一个司法案件抓起，从及时满足每一个司法诉求抓起，从依法规范每一个行为细节抓起，以个案公正来实现整体公正。由于个案的差别，普遍公正标准的适用可能会产生个案的不公，但是，我们眼里万分之一甚至十万分之一的不公，在当事人眼里就是百分之百的不公。这种个案不公不仅直接影响当事人的合法权益，而且也影响到社会对法院的认同，甚至是对于法律的信仰。在具体案件中，法官要敢于坚持原则，坚持依法办事，坚定维护人民法院依法独立行使审判权的宪法原则，客观中立审理案件，使每一起案件都能实现实体公正与程序公正相统一，个案公正与普遍公正相统一，司法公正和社会公正相统一，使群众从每一个司法案件中，都能看得见、感受得到公平正义，使人民法院办理每一起司法案件的过程都成为群众感受司法

---

① 傅达林：《庭审细节关乎司法权威》，《中国审判新闻月刊》2006 年第 10 期。

公正、感受法治进步的过程。

近代以来,中国的法治发展尤其是司法制度的确立,几乎是在西学东渐的潮流中生成的。在大量引进和借鉴西方先进法律制度的基础上,中国法律制度实现了重要的历史转型,法律移植成为增进制度嬗变的主要通道。然而,在包括改革开放以来的法律移植过程中,我们采取的都是理论和制度上的直接引进,而对于国外制度实践的认知,仅局限于学者的视野。对于本土国民而言,移植过来的制度在国外到底是如何运作的,其背后蕴含着何种价值取向和法律观念,却不得而知。这使得我们移植过来的一些法律制度,很难快速地适应本土环境,甚至在实践中"走了样",不能达到事先期待的效果。正如有的学者所说:"从一个地方到另一个地方移植法律,这种世界性的经验表明,由于法律所引起的行为具有高度的时空特定性,被移植的法律在它的新移植地通常不能成功地再产生出它在起源地所引起的行为。""类似于这样的细节,在宏观的制度移植中很容易被我们漠视,但正是这些无数个细节,才汇合成了某一项制度运作的实践链条。对链条上的每一个细节进行捕捉和观测,正是我们将移植的法律制度进行成功改造的基础,也是不同国家间进行法律交流和融通的重要方面。"①

总之,任何一项法律移植,都不是外国法的直译和再现,而是在研究其法律理念及实践基础上,根据本国的国情进行的"再创造"。在这个过程中,对彼此间法律制度的运作实践进行比较、借鉴、吸收和融通,就显得尤为必要。

第二节　司法运行障碍与对策

当前,我国的司法改革已进入"体制改革"攻坚阶段,改革的宏观话语极易掩盖我们对司法运行细节的充分关注,此种思维亦会影响司法改革的总体成效。鉴于此,有必要梳理司法运行中的细节障碍,并在司法改革的宏观思路下加以统筹解决。

司法公信力是社会公众通过可以信赖的司法程序,对司法人员的裁判案例产生的普遍信服和尊重,而在受众心目中建立起来的诚实守信、公正、正派的信任度和影响力。通俗说就是人们对人民法院及其生效裁判文书等的信任程度,它能表明社会公众对法院是否信任和尊重以及信任、尊重、自觉服从法院生效裁判的程度。随着我国经济社会飞速发展和法治化建设逐步推进,各

① 傅达林:《细节所体现的司法理念》,《领导文萃》2010年第4期。

种新型社会纠纷接踵而至，人们逐渐把更多的目光投向司法机关，希望通过司法这一实现公平正义的最后防线维护自身的合法权益。但极少数法官的裁判不公、各种媒体对冤假错案的曝光渲染以及民众对信访的倚重，使得司法公信力面临一定的危险。汪中求曾提出过一个关于企业市场营销的著名论断——细节决定成败。其实，细节问题不仅仅是一个企业管理问题，各行各业同样存在。老子早就说过，天下难事必作于易，天下大事必作于细。提高司法公信力，同样需要"关注细节，把小事做细"。那么，人民法院尤其是基层法院和法官应当如何关注细节呢？唐崇德先生指出："第一，奉法亲民；第二，规范立案；第三，严格庭审；第四，均衡裁判；第五，制好文书；第六，高效执行；第七，公开审判；第八，廉洁司法；第九，加强修养。"①

　　根据笔者的实证调查，法院在具体的程序运作中，配合并不协调，司法运行不畅问题长期存在。在问及"根据您的亲身体会，您认为贵院立案、审判、执行机构在配合方面做得如何？"这一问题时，尽管有65.4%的被调查法官认为"很好"，但回答"一般"、"不好"、"很不好"的被调查法官合计占比亦达到34.6%（见表5—1）。无数个合理的细节共同构成一个完整和正当的程序，从而集中体现并保障公平与正义的实现。在频频曝光的冤假错案中，我们看到了"疑罪不敢从无"和"法官不愿悔判"等潜规则的存在，理念的冲突是如此活生生地展现在人们面前。然而严格依据法律程序，冤假错案完全能够避免，但却在现实中被一一错过。无数的悲剧提醒我们，司法程序的细节，对于当事人的命运至关重要，要想避免悲剧重演，我们首要解决的，就是对立法具体而微的诉讼程序的坚守。

表5—1　根据您的亲身体会，您认为贵院立案、审判、执行机构在配合方面做得如何？②

选项	频数	有效百分比
很好	1066	65.4
一般	488	29.9
不好	57	3.5
很不好	20	1.2
合计	1631	100.0

----

　　① 唐崇德：《提高司法公信力应从关注法院工作细节入手》，2008 年，http://article.chinalawinfo.com/ArticleHtml/Article_43825.shtml。

　　② 本章中所涉及的表格，若无特别说明，均来源于笔者基于"司法运行"这一问题针对河北省法官所作的调查。其中"频数"代表选择该选项的被调查者人数。

一、案件立案障碍与立案登记制度

在人们法治意识逐步提升的今天,通过诉讼解决纠纷,争取自身合法权益的最大化是我国数十年法治建设的重大进步。然而,我国正处于急剧转型时期,社会矛盾异常复杂,大量纠纷涌向法院,不同程度地出现了"诉讼爆炸"的局面,使得法院立案工作不堪重负。加之三大诉讼法有关立案的规定缺乏具体操作性,部分法院为了减小受案压力,立案审查则成为过滤案件的有效手段,"立案难"问题便受到司法实务界和理论界的广泛关注。就立案难字面含义理解,即指当事人向人民法院提起诉讼,法院难以予以立案。其通常应是作为当事人一方起诉和收到起诉状的一方法院之间相互作用而发生的结果状态。因为,起诉作为一种当事人向法院递交起诉状表达诉求的仅单方行为,如果没有法院的相应反应和态度如不予受理、不予立案等,是不会发生所谓难易问题的。它通常是指当事人认为符合起诉条件向法院提起诉讼,而法院据"法律规定"不予受理或暂不受理的情况。所谓"立案难"简单的理解就是指在符合立案条件的情况下,法院以种种理由推托甚至拒绝立案。"立案难"问题严重侵害了当事人的起诉权,进而导致当事人胜诉权的丧失,使得公平正义难以得到声张。当纠纷被法院拒之门外时,很多当事人则可能选择上访或其他过激方式来寻求救济,从而影响社会的和谐稳定。在实证调查中,当问及"您所在法院对于符合立案标准的案件,是否会按照法律规定予以立案?"这一问题时,虽然有接近六成的被调查者选择"会。严格按照法律规定予以立案"(59.4%),但仍有40.6%的被调查者选择了"不会。要综合考虑多种因素才决定是否予以立案"(见表5—2)。由此看来,进入诉讼通道的第一道坎——立案,并非人们所想象中的容易,而是受到诸多因素的干扰。

表5—2 您所在法院对于符合立案标准的案件,是否会按照法律规定予以立案?

选项	频数	有效百分比
会。严格按照法律规定予以立案	974	59.4
不会。要综合考虑多种因素才决定是否予以立案	667	40.6
合计	1641	100

(一)行政诉讼案件立案难

在我国,立案难问题本身就是个顽疾,民事诉讼、刑事诉讼中是如此,行政诉讼案件中则表现得更为突出,现实中大量的行政争议未能纳入行政诉讼轨道。究其原因,是有很多方面的,如当事人认为起诉符合法定条件,法院却出于非法律因素的考虑,不予受理。也有我国法律制度自身的原因,如法律规定中对行政诉讼的立案门槛就设置得比较高等。

就行政诉讼立案难的具体含义,我们可以从以下两个不同的层面来感受:一是指当事人向法院提起诉讼至法院予以立案过程的不便、复杂、烦琐等(如对开始收到的起诉状反复更正、补充及法院决定立案前对起诉长时间审查的漫长等待等)所引发的起诉方的心理感受,立案这个行为过程较为困难;二是指尽管当事人自认为符合可以起诉的条件,向法院提起了起诉,但诉讼却难以进入法院实质审理的阶段,法院根本不予以立案的情形。综上可以看出,第一层面只是形式上的,是让人心理上感觉困难,而第二层面就是实质上的,让人丧失了起诉的希望,当事人认为本应享有的诉讼权利不能得到实现。从很多社会舆论所报道的情形来看,人们通常所呼吁、诟病的立案难反映的主要是第二层面的含义。的确,立案过程中的不便、复杂、烦琐确实让人感受到了立案难的一方面,但到最后毕竟在符合形式条件的情况下,起诉最终还是能够被立案受理的。而第二种情形反映的是当事人认为符合了起诉条件向法院提起诉讼,法院却不受理的现实情况。

我国《行政诉讼法》及最高院的相关司法解释的出台,就起诉条件、起诉状和法院审查等内容作了规定,明确了我国行政起诉制度的基本内容,这些规定对原告起诉和法院立案审查工作都起了很大的积极作用,行政案件的数量有了较大的增长,"1989 年《行政诉讼法》制定时,全国法院受理的一审行政案件是 9934 件。而自 1990 年 10 月该法全面实施后,1991 年全国法院受理的一审案件达到 25667 件,约为 1990 年的两倍。期间经历了 20 世纪 90 年代中期的快速增长和此后一个时期的停滞、波动后,最近几年也是呈继续增长的趋势。2010 年,全国法院受理一审行政案件也达 129133 件。以此计算,当年大约平均每一万人口发生一件行政诉讼案件。但总的在全国法院当年受理的总计700 万各类一审案件中,行政案件只占 1.8%"①。实践中的情况也表明,现实中行政纠纷很多,但能起诉到法院,法院立案受理的少,行政诉讼案件受案量偏低,且各地发展不平衡,与现代社会政治、经济的快速发展,法律调整关系日益广泛的现实很不协调,成为我们国家诉讼制度亟待解决的问题。在样本调查数据中,在提及"据您了解,您所在法院行政案件立案难吗?"这一问题时,高达 77.6% 的被调查者认为"法院行政案件立案难",只有 22.4% 的被调查者认为"法院行政案件立案不难"(见表 5—3)。由此可见,行政诉讼案件要想获得

---

① 何海波:《从统计数据看行政诉讼》,见中国法学会行政法学研究会 2011 年年会论文集。

立案,无疑是一件极其困难之事。

表5—3　据您了解,您所在法院行政案件立案难吗?

选项	频数	有效百分比
难	1271	77.6
不难	367	22.4
合计	1638	100.0

行政诉讼当事人行使行政诉权从而使自己的合法权益切实得到保护为行政诉权实现之根本。但是,由于法律实践操作中的种种误失及当前法治环境的不健全等原因,导致在现实对行政诉权的界定和保护中存在很多问题,因而构成行政诉讼立案难问题的原因:

1. 行政诉讼当事人诉权保护意识薄弱

作为行政相对人,在中国现今的法治环境和背景下,普遍还存在很大的诉讼心理障碍,他们不敢告也不愿告,"民不与官斗"、"官官相护"、"轻法贱讼"等浓厚的封建传统思想和观念在脑中根深蒂固,法制观念普遍淡薄。而另外一些具有一定行政诉权保护意识的当事人又会因恐惧于行政机关事后的打压报复等种种现实考虑,对行政主体不法的行政行为最后也只缄口不言,最终没有通过行使行政诉权的方式保护自己的合法权益,作为行政机关,它们作为行政诉讼法律关系中当事人的一方,也是具有行政诉权主体资格的,但由于一定程度上对我国行政诉讼法立法目的的理解偏差及自身权利意识的认识误失,没有运用行政诉权合理作出行政行为,而是通过不当的行政行为及各种方法来规避法律的规范,限制行政相对人行政诉权的行使,此即造成当事人双方行政诉权都不能得到很好保护的情况。另外是我们国家现行立法、司法不成熟的现状。目前情况表现为,我国有关诉权事项的立法规定多数只是对行政主体行政职权的规定列举得很详细,而对行政相对人行政诉权的救济则比较少提及。这种本身就较为忽略相对人行政诉权完整保护的立法模式,一方面可表现为我国现今立法技术的欠成熟,较为偏颇的行政诉权保护意识还是根本。实践中,当面临行政相对人针对行政主体提出的行政诉讼,法院的首要选择不是严格依法进行审理,而是希望通过诉讼外途径化解行政纠纷。在样本数据中,当问及"据您了解,涉案一方牵涉强势的行政部门的案件法院一般如何处理?"这一问题时,选择"以各种方式开展协调工作,劝当事人撤诉"的被调查者占19.3%,选择"和领导沟通,使其行政行为符合法律规定"的被调查者占21.7%,选择"向地方政府、党委、人大请示,寻求支持"的被调查者占15.6%,

另有1.4%的被调查者选择了"不受理",而选择"严格按照法律规定进行审判"的被调查者只占42.0%(见表5—4)。显然,地方法院基于各种因素考虑,即便对于行政相对人已经提起诉讼的案件,亦寄希望于通过手段加以化解,而非寻求有可能"导致行政主体败诉"这一他们"不愿看到的结果"发生。

表5—4　据您了解,涉案一方牵涉强势的行政部门的案件法院一般如何处理?

选项	频数	有效百分比
以各种方式开展协调工作,劝当事人撤诉	314	19.3
和领导沟通,使其行政行为符合法律规定	354	21.7
向地方政府、党委、人大请示,寻求支持	254	15.6
严格按照法律规定进行审判	684	42.0
不受理	22	1.4
合计	1628	100.0

2. 现行法律规定的行政诉权保护范围过于狭窄

主要表现为:一是法律规定的行政诉讼受案范围过于狭窄。我国现行法律对行政诉讼受案范围的规定主要采用的是混合式,具体是先概括确立行政诉讼的受案范围,然后具体法律明文列举了可以受理和不受理的行政案件。主要是对行政处罚决定不服的、对行政强制措施不服的、以行政相对人的人身权、财产权受到侵犯为主等具体行政行为的明确规定,而对其他可以提起行政诉讼的具体行政行为法律、法规却并没有明确规定,这就造成现实实践中法院行政诉讼受案很大不确定性、范围比较狭窄的情况;二是行政诉权的行使条件过于严格。我国现行行政诉讼法及相关司法解释只规定行政相对人认为行政机关和行政机关的工作人员的具体行政行为侵犯了其合法权益,有权向人民法院提起行政诉讼,但是对具体"合法权益"却并没有相应立法解释和司法解释的明确界定,于是导致很多本可以提起诉讼的情况,当事人误以为不能起诉,同时也使得一些权利受到侵犯的间接相对人也误以为不是法定权利受到侵犯而没起诉,使得行政诉权没能实现。

3. 行政诉权保护的法定程序比较模糊

我国现行行政诉讼法明文规定的起诉条件之一就是必须要有明确的被告,同时法律也明确规定了被告资格确定的情形。但实践中很多行政案件的被告资格仍很难确定,这使得行政诉权的行使受到很大限制,甚至得不到法律的保护。我国《行政诉讼法》第25条有规定"经复议的案件,复议机关决定维持原具体行政行为的,作出原具体行政行为的行政机关是被告,复议机关改变原具体行政行为的,复议机关是被告"。但如提请复议的案件,复议机关在法定期间内不履行法定职责作出复议决定,而是通过裁决不予受理,此时应如何确定被告就存在较大困难。"另对一些法律、法规规定需要上级批准的具体行政行为,如果行政相对人不服提起诉讼,又应该如何确定被告,这些种种原因都很大程度上使行政诉权得不到充分保护。"①在实践中,人民法院受理行政诉讼案件的标准通常是模糊的,它们会综合衡量多方因素,而非仅仅考虑法律的规定,由此导致行政为对人在提起诉讼时的"不可预期性",若行政诉讼之提起顺利获得立案,似乎出于"意外";倘若行政诉讼之提起未能获得立案,则属于"意料之中"。在问及"据您了解,您所在法院针对行政诉讼案件,坚持的受理标准是?"这一问题时,选择"治理标准,即受理行政案件主要考虑对社会治理的影响"的被调查者占36.3%,选择"需求标准,即受理行政案件主要考虑公民和社会的司法需求"的被调查者占38.3%,选择"能力标准,即受理行政案件主要考虑案件难度和法院处理该案件的能力"的被调查者占13.5%,选择"利害标准,即受理行政案件主要考虑利害影响,有利便予以受理"的被调查者占4.2%,另有7.7%的被调查者选择了"其他"(见表5—5)。由此看来,行政诉讼案件法院是否受理,似乎属于法院"自由裁量范畴",拥有较大的柔性,而非法律的刚性规定。

表5—5　据您了解,您所在法院针对行政诉讼案件,坚持的受理标准是?

选项	频数	有效百分比
治理标准,即受理行政案件主要考虑对社会治理的影响	591	36.3
需求标准,即受理行政案件主要考虑公民和社会的司法需求	623	38.3
能力标准,即受理行政案件主要考虑案件难度和法院处理该案件的能力	220	13.5
利害标准,即受理行政案件主要考虑利害影响,有利便予以受理	68	4.2
其他	125	7.7
合计	1627	100.0

①　侯云锦:《行政诉讼立案难问题探究——基于S省人民法院行政不立案案件的实证分析》,硕士学位论文,浙江工商大学2012年,第4页。

(二)职务犯罪立案难

改革开放以来,伴随着经济的快速发展和社会的进步,我国职务犯罪日益严重。职务犯罪严重损害了国家利益和社会公共利益,阻碍经济的持续和健康发展,影响社会和谐稳定,败坏党风、政风乃至整个社会风气,危害极大。应该说,党和政府一直对职务犯罪采取高压政策,最近几年来更是加大了打击的力度。尽管如此,我国职务犯罪仍然十分猖獗。职务犯罪难以有效遏制存在多方面的原因,其中一个重要原因是我国反腐制度不够完善,导致司法实践中存在一个突出问题:职务犯罪案件"立案难"问题。

职务犯罪案件立案难有其客观原因。首先,职务犯罪主体是国家工作人员,"他们一般具有较高的受教育程度,智商高,作案时往往工于心计,善于谋划,犯罪手段狡猾而具有隐蔽性,不容易留下破绽"。因此,对于已经发生的职务犯罪,侦查机构常常难以收集到证据来证明犯罪事实的存在,因而难以立案。其次,职务犯罪主体是掌握国家权力的人,他们在犯罪前往往已经利用权力构建了自己的关系网,一旦侦查机构掌握其犯罪嫌疑信息并着手立案,他们就可以用这个关系网向侦查机构施加压力,阻止其立案。因此,由职务犯罪的特殊性所决定,职务犯罪案件立案的难度很大。职务犯罪案件立案在客观上的困难性要求我们建立科学合理的职务犯罪侦查制度,这种制度要有利于反腐机构迅速及时地发现犯罪;并对于已经发现的职务犯罪,能够迅速地和不受干扰地采取行动。

我国有关职务犯罪侦查的法律制度和执政党的反腐败制度存在一些缺陷,使职务犯罪案件立案的难度进一步加大。我国职务犯罪案件立案难的制度原因主要有以下三个方面:①

其一,检察机关独立性不足。我国宪法第 131 条规定:"人民检察院依照法律规定独立行使检察权,不受行政机关、社会团体和个人的干涉。"这一规定确立了检察独立原则。检察独立有利于检察机关在职务犯罪侦查中排除干扰,依法独立行使职务犯罪侦查权。然而,由我国检察机关领导体制所决定,检察机关在职务犯罪侦查中容易受到地方党政权力的干涉。关于检察机关领导体制,我国宪法和人民检察院组织法均规定:人民检察院由同级人民代表大会产生并向其报告工作,地方各级人民检察院受最高人民检察院统一领导并且受上级人民检察院直接领导。同时,由"党的领导"原则所决定,各级检察机关在政治上还要受同级党委的领导。因此,我国检察机关实行同级权力机关、

---

① 参见周标龙:《职务犯罪案件"立案难"问题探讨》,《衡阳师范学院学报》2010 年第 5 期。

党委和上级检察机关"双重领导"体制。在"双重领导"中,同级的领导基础相当坚实,上级的领导作用则相对薄弱。首先,同级党委掌握了检察机关的人事权,检察长、副检察长和检察官都是由同级党委提名,报本级人大或人大常委会批准。这样,地方党委和人大可以通过对检察长和检察官的提名和任免而控制检察机关。其次,各级检察机关的经费来源于同级政府财政部门,从而使检察机关在经费上受制于同级政府。检察机关"双重领导"体制导致检察机关在职务犯罪侦查中容易受到地方党政权力的干涉。虽然,从原则上讲,地方党委对检察机关的领导是政治领导、思想领导和组织领导,党委不能干涉检察机关对具体案件的处理。但是,目前没有建立一种制度来防止地方党委干涉检察机关依法办理职务犯罪案件,党委"不干涉"原则的实现完全取决于党的领导的自觉和自律。从实践看,这种自律是难以做到的,地方党委对检察工作的直接插手、干预或者发号施令的现象十分普遍。一些地方的党政领导从狭隘的地方利益出发,甚至从个人私利出发,以各种形式干涉检察机关对一些案件的处理,甚至一些窃取党政领导职务的腐败分子假借地方党委和政府之名,千方百计地阻碍检察机关办案,使腐败问题难以得到及时查处。实践中,一些职务犯罪案件的犯罪事实相当明确,完全符合法定立案条件,但由于地方党政领导的干涉,检察机关不能及时立案,从而使职务犯罪不能受到及时的追究。因此,我国检察机关独立性的缺失是导致职务犯罪立案难的一个重要原因。

其二,立案条件不合理。我国刑诉法第86条规定:"人民法院、人民检察院或者公安机关对于报案、控告、举报和自首的材料,应当按照管辖范围,迅速进行审查,认为有犯罪事实需要追究刑事责任的时候,应当立案。"据此,刑事案件的立案必须具备两个条件:第一,有犯罪事实。所谓"有犯罪事实"是指"有一定证据证明犯罪事实确实存在";第二,需要追究刑事责任。在实践中,检察机关对立案条件的把握十分严格,要求职务犯罪案件要"立得起、诉得出、判得下"。为此,检察机关制定了案件质量考核制度和错案追究制度,凡立案侦查的职务犯罪案件一旦撤案,就被认定为错案,相关办案人员就要为此承担责任。职务犯罪案件以"有犯罪事实"为条件是不合理的。实际上,检察机关在最初接受报案、控告、举报材料时,对案件事实和涉案人员的情况并不十分了解,无法判断报案、控告、举报的材料是否真实可靠以及是否有犯罪事实发生。要查明是否有犯罪事实发生,就需要进行侦查,甚至需要采取某些强制侦查手段。然而,根据《刑事诉讼法》的规定,侦查必须在立案后进行,在立案前,检察机关不能进行侦查活动。法律虽然规定在立案前检察机关可以进行必要的调查,但是,立案前不能采取强制措施。由于手段受到限制,立案前的调查常常难以收集到证据来证明"犯罪事实确实存在"。因此,"有证据证明有犯罪事实"的立案条件是不合理的。由于立案条件过于严格,加上"撤案即错案"观念的影响,"检察机关在立案时就要考虑到案件的最终处理,由于过于谨慎,担心侦查终结后不符合起诉条件、法院判决无罪而决定不予立案,使得一些案件线索本应进入刑事诉讼程序而被当作一般违法违纪案件处理,客观上放纵了犯罪分子,影响了办案效果"。可见,不合理的立案条件也是我国职务犯罪案件立案难的一个原因。

其三,检察机关与纪检监察机构配合不够。严格意义上讲,纪委负责对党员违纪案件的查处,监察局负责对行政人员违规案件的查处,它们都不享有法律意义上的职务犯罪侦查权。但是,我国纪检监察机构事实上享有职务犯罪侦查权,大多数职务犯罪案件都是先由纪委介入,犯罪事实基本查清后才移送检察机关。因此,在我国,职务犯罪侦查是由纪检监察机构和检察机关共同承担的。与检察机关立案查处职务犯罪相比,纪委监察机构对党员干部违法违纪案件的立案查处具有灵活性和便利性。实践中,纪检监察机构有时会与检察机关联合办案,共同侦办重大复杂案件,这种联合办案可以发挥纪检监察机构和检察机关各自的优势,有利于提高办案质量和效率。但是,在绝大多数职务犯罪案件中,纪检监察机构和检察机关都是各自独立办案,而不会进行沟通与协作。纪检监察机构对违纪案件调查完毕后,需要就案件是否移送检察机关追究刑事责任的问题作出决定,这就涉及案件事实和证据的法律评价问题,属于法律专业性问题。然而,纪检监察机构工作人员并不具备足够的法律专业知识,因而难以就案件是否应当移送检察机关处理作出准确的判断。由于这一原因,纪检监察机关常常将应追究刑事责任的纪检案件不移送检察机关处理,以纪律处分代替刑事追究,从而使犯罪分子逃脱法律惩罚,因此,检察机关与纪检监察机构缺乏沟通与协作是导致职务犯罪案件立案难的原因之一。

(三)民事诉讼案件立案难

在民事案件中,立案是指在民事诉讼中,人民法院立案庭在接到起诉请求后,经过形式审查后符合诉讼条件,决定予以受理的行为。根据《中华人民共和国民事诉讼法》第119条以及《最高人民法院关于人民法院立案工作的暂行规定》(以下简称《立案规定》),只要满足原告资格适格,有明确的被告,有具体的事实和理由,符合人民法院管辖以及主要证据充足即可以立案受理。立案是民事诉讼开启的第一道门槛,是司法机关对公民诉权保护的重要程序,立案能否严格依法进行对于公民的合法权利能否获得及时保护、法院是否可以在民众心中树立公平正义的形象以及社会稳定与否均起着举足轻重的作用。然而纵然有如此规模的立案机构和人员,也有民事诉讼法关于立案条件的规定,司法实践中立案问题却依旧为人们所诟病。在笔者进行的实证调查中,在问及"据您了解,您所在法院民事案件立案难吗?"这一问题时,61.1%的被调查者选择了"民事案件立案难",而只有38.9%的被调查者选择了"民事案件立案不难"(见表5—6)。而立案的问题最主要体现在基层人民法院立案难。基层人民法院作为我国审判机关的前沿,是司法体系的基础,担负着全国法院80%以上的一审案件的审理任务,在和谐社会构建上起着重要的减震器作用。立案程序则是社会纠纷进入基层人民法院的必经门槛,大量的社会纠纷通过人民法院的立案程序进入人民法院的审理视野,所以解决法院立案难问题的关键在基层法院。在当前司法地方化,缺乏公信力的背景下,基层法院立案难问题更加突出,其中既有司法考核、司法腐败等人为的因素,更有立案制度、监督制度、纠纷机制等制度因素。

表5—6 据您了解,您所在法院民事案件立案难吗?

选项	频数	有效百分比
难	993	61.1
不难	633	38.9
合计	1626	100.0

立案难已经是既成事实,各界对于这一现象产生的原因也均有着自己的看法,仁者见仁,智者见智。在调查样本数据中,当问及"您认为当前'立案难'的原因在于?"这一问题时,21.3%的被调查者选择"规避敏感问题",11.6%的被调查者选择"提高调解率",11.3%的被调查者选择"提高结案率",13.0%的被调查者选择"行政干预",33.8%的被调查者选择了"新型、复杂疑难案件立案标准难以把握",另有9.1%的被调查者选择了"其他"选项(见表5—7)。从宏观上看,立案难首先是因为我国民事诉讼立法过于模糊的立案审查模式,造成基层法院立案人员错将立案的形式审查视为实质审查,立案审查尺度过于严格。这实际上把诉讼程序开始的要件与法院作出实体判决的要件混淆起来了,这就导致了起诉条件的"高阶化"和诉讼程序开始的"高阶化"。实体审理程序的前移,导致了审理程序在观念上与实在的悖论,在观念上,法院对起诉条件的审查程序并不是诉讼程序的一部分,因为如果起诉不符合条件,诉讼就不能开始,但审查过程或程序却是现实存在和已经发生的,然而,这部分程序的存在却在观念上被否定了,成为一种"诉讼前程序",由于这一原因,这种"诉讼前程序"的正当性或正义性就容易被人们所忽视,成为一块"灰色区域"或"灰色程序"。造成我国基层人民法院立案难还有众多微观原因,总的来说主要在于:

表5—7　您认为当前"立案难"的原因在于？

选项	频数	有效百分比
规避敏感问题	702	21.3
提高调解率	381	11.6
提高结案率	371	11.3
行政干预	429	13.0
新型、复杂疑难案件立案标准难以把握	1112	33.8
其他	299	9.1
合计	3294	100.0

第一，基层人民法官的案件多、负荷重。我国民事诉讼法第17条规定，基层人民法院管辖第一审民事案件，但本法另有规定的除外。第18条至第20条规定了中级人民法院、高级人民法院以及最高人民法院的案件管辖范围。由此可见，除了由中级人民法院以上管辖的几种一审案件以外，所有的一审案件均会由基层人民法院来审理，基层人民法院法官的审判压力较大。

第二，防治滥诉的考量。有学者认为，诉权的概念不应当神圣化，因为诉权的启动会导致他人被动地进入诉讼程序和强制接受裁判。倘若诉权的启动过于轻易，将导致他人无端遭受不当诉讼的侵扰。尽管随着社会的发展，诉权的范围从总体上看呈现出不断扩张的趋势，但是一旦很多"琐碎之事"都诉诸法院，造成滥诉，会不合比例地耗费司法资源。司法是权利保护的最后一道防线，但是司法并不是万能的，并不等于要包揽一切司法纠纷，法律不理会琐碎之事，是古老的法律格言。司法只是调节社会矛盾的机制之一，甚至是作为众多纠纷解决手段中范围最窄小的手段。正所谓将上帝的事情交给上帝，将恺撒的事情交给恺撒，很多矛盾纠纷只能由其他机制来解决，司法不能轻易地涉足社会和政府发挥作用的领域。中国正处于急剧转型的时期，社会矛盾异常复杂和激烈，如果各种矛盾和纠纷都涌向法院，法院不仅难以解决，甚至可能无法承受。并且，当前法院已经承载了许多原本不应承担的重任，所以严格把关立案程序，限制很多案件进入法院，这也是法院自行掌握司法政策的一个方面。

第三，民事诉讼法规定的起诉条件不明确。依据我国民事诉讼法第119条的规定，人民法院立案受理民事案件条件包括：1.原告是与本案有直接利害关系的公民、法人和其他组织；2.有明确的被告；3.有具体的诉讼请求和事实、理由；4.属于人民法院受理民事诉讼的范围和受诉人民法院的管辖。而《立案规定》第九条补充规定立案时起诉人还需要提交主要证据证明诉讼请求。如何满足上述的起诉条件,民事诉讼法并没有明确的规定。司法实践中通常是将民事诉讼法第一百零八条的要求以文字的形式反映在民事起诉状中,也就是说民事起诉状只要载明当事人的姓名、性别、年龄、民族、职业、工作单位和住所、通讯方式;法人或者其他组织的名称、住所和法定代表人或者主要负责人的姓名、职务;诉讼请求和所根据的事实与理由;证据、证据来源,证人姓名和住所。另外附加起诉人的身份证明复印件即可以满足该条的要求。而《立案规定》的要求则需要通过起诉人提交相应的主要证据。但是在实践中,很多基层法院的立案人员会要求起诉人提交详细的证据证明民事诉讼法第一百零八条的四项立案条件:比如起诉人需要提交被告的身份证明复印件或者被告的户籍证明以此来确定被告是否真实存在,涉及房产纠纷的案件让起诉人提交当地房产管理机构出具的房屋证明文件以此来确定管辖,等等,这无疑加重了起诉人的负担。尤其是有很多证据材料是起诉人依靠个人力量无法获取的,而在受理前法院亦无义务帮助起诉人收集。因此很多当事人在这个阶段就会望而却步,放弃诉讼。

　　第四,缺乏立案监督和法律责任。人民检察院是我国专门的法律监督机关,《宪法》第一百二十九条规定:"中华人民共和国人民检察院是国家的法律监督机关。"而民事诉讼法第十四条则更是明确规定:"人民检察院有权对民事审判活动实行法律监督。"学界对于民事诉讼过程中人民检察院的法律监督的内容通说认为主要有两方面:其一,监督审判人员贪赃枉法、徇私舞弊等违法行为。其二,对人民法院作出生效判决、裁定是否正确、合法进行监督。按照通说的理解,检察机关的民事诉讼的监督职责仅可以作狭义的解释,不能扩大到审判以外的其他诉讼程序。作如此解释也是有一定法律依据的,按照我国民事诉讼法第十六章——审判监督程序一章第 198 条至第 200 条的规定,人民检察院只能对人民法院已经发生效力,但是确实出现错误的判决或者裁定可以通过抗诉的程序行使自身的检察监督权。整部民事诉讼法没有明确的立案监督的立法规定。缺乏必要的立法来明确检察监督,也没有其他形式的监督途径,自然没有一个主体可以认定人民法院何时不予立案是否违法,也不可能对起诉人提供救济的途径。人民法院对于是否同意立案受理完全由自我决定。因此,在法律上也没有相应的法律责任来惩处该立而不立案的行为。笔者认为,在一个没有监督和违法操作的法律成本较低的前提下,任何司法权力均会出现滥用的情况,法院的立案决定权的滥用必然造成起诉人诉权的侵害。

　　由于上述原因造成当事人立案难,会导致很多问题。首先对于人们权益的及时保护极为不利。法谚有云:"迟到的正义非正义",并非仅仅指的是在刑事诉讼过程中,民事权益得不到及时的司法保护会导致更大的财产损失和更多的权益纠纷,同时,立案不及时可能造成当事人因超过诉讼时效而最终丧失胜诉权。其次对于我国正在积极树立的法官公平正义的形象也是毁灭性的打击。在建设和谐社会的进程中,建立法官在民众中的良好形象是非常重要的一个环节,而人们出现纠纷后发现启动司法程序如此困难,极容易产生负面情绪,对法官不信任甚至敌对仇视,最终导致社会对司法权威的质疑。更让人担忧的是由于纠纷解决渠道的不顺畅,社会矛盾得不到及时的解决,上访人数必然会增加,成为社会不稳定的因素。

总体而言,目前我国所存在的"立案难"问题,虽然有《民事诉讼法》第119条规定的起诉条件过高、规则较为模糊等原因,但绝大多数问题实际上是出在法律执行的层面,是司法实践对法律规定的背离。这些问题并不是通过引入立案登记制就可以解决的,所以我们认为,立案登记制难以解决"立案难"的现实问题,立案难问题的真正解决需要系统的推行司法制度改革。

(四)年终立案难

年终立案难现象在我国部分法院依然存在,自11月起向法院递交起诉材料要求立案,法院通常会一拖再拖,既不立案也不出具不予立案的书面裁定,案件基本处于冻结状态。年底不立案似乎成为各地法院一个不成文的"内部规定"。到年终,立案法官对案件的审查似乎更为严格,极尽苛求! 有时立案法官犹如"找茬者"。当立案材料"实在无可挑剔"时,法院则采取"收案不立案",并告知等候电话通知或"收案立次年案号"等办法拖延立案时间。调查数据充分说明:年终立案真难! 在提及"您所在法院年终立案吗?"这一问题时,高达95.9%的被调查者选择了"年终不立案",仅仅只有4.1%的被调查者选择了"年终立案"(见表5—8)。

表5—8　您所在法院年终立案吗?

选项	频数	有效百分比
立案	67	4.1
不立案	1571	95.9
合计	1638	100.0

"年终立案难"现象已持续多年,其背后的主导因素是法院系统内部片面追求年结案率。结案率是法院内部评价审判工作的主要指标,被视为最能直观反映全年审判任务完成情况的重要数据。法院系统通常在每年12月20日统计全年的立案和结案数,并依此计算当年的结案率。在此背景下,如果法院年终继续收案,将会直接影响结案率。所以有部分法院往往提前一个多月控

制立案,减少作为分母的收案数量,故而为避免新立案件来不及审结,为追求满意的年终高结案率而暂缓立案。作为审判机关,法院明知年终不立案或拖延立案的做法与法律不符,然而却还要不得不遵行"内部规定",其原因在于,以结案率为重要考核指标之一的考核评估体系捆绑和束缚了法院,使其实际作为与法院所承载的职能相悖违。长期以来,"结案率"担负着督促法院及时审结案件、提高审判效率及考核评先的双重角色。它不仅是上级法院考核下级法院的重要指标,同时也是各法院内部考核法官业绩的主要依据,更是各地法院向同级人大作工作报告时对自身工作评价的硬性指标。用"结案率"证明它一年的工作政绩,已为法院系统不成文的惯例。事实而言,这种片面追求高结案率的政绩观,是扭曲了的政绩观,它过分注重组织内部的自我评价,过分注重上级的业务考核指标,其结果是完成了审判数量上结案率的硬指标,但却忽略了质量上民众对法院审判工作满意度的软指标,无形中背离了法院"司法为民"的根本宗旨。以结案率作为法院主要考核指标体现了在行政化管理思维之外,中国司法管理体制的工厂化管理思维。在这种思维之下,法院如同生产车间,法官则是计件生产的操作工,案件就是"司法产品"。法院片面追求案件的审结数量和效率,试图以数字管理实现对"司法产品"的质量控制。在20世纪90年代以前,由于中国经济发展相对落后,法院每年受理的案件总量不多,在可以承受的范围内。然而进入21世纪以后,中国社会转型加剧,矛盾日益激化,加之民众维护权益的法律观念普遍增强,在我国社会纠纷调解分流机制并不完善的背景下,大量案件如潮水般涌入法院,使法院在司法资源本已不足的情势下面临着诉讼压力的严峻考验。曾经在督促法院及时审结案件、提高审判效率方面曾发挥巨大作用的考核指标"年结案率"的存在,已成为禁锢法官的无形枷锁,因为结案率与法官的切身利益密切相关,它不仅影响法院、法官评选先进、晋升提拔,而且对业绩奖金等福利产生实质性影响。在利益面前,"两害相较取其轻"的恒定法则再次得到印证,法官们为保护自己利益而不得不牺牲民众的诉讼利益。

民众在社会交往过程中无可避免存在利益的交织和纷争,而法院则是定分止争、维持公义的最后屏障。如果法院在年终应立案而不予立案时会导致以下后果:

第一,侵犯当事人诉讼权利,损害当事人合法权益。年终法院不予立案的最直接后果就是侵犯法律赋予当事人的诉讼权利,使其可能遭受实体权利的损害。由于深受"以和为贵"传统儒家思想影响,国人素来"耻诉",不到万不得已时不会到法院诉讼,因此法院是保护当事人合法权益的最后一道屏障。然而,有部分法院内部片面追求高"年结案率",人为控制收案,无故推迟受理当事人起诉和申请执行的时间，使其诉讼权益、实体权益明显受到损害。在这些当事人之中，有急等通过法院裁决拿到赡养费、抚育费或拖欠工资的寻常百姓，也有亟须立即申请财产保全、证据保全或请求法院判决立即停止侵权的各类企业。他们的诉求也许仅因为法院推迟立案而过诉讼时效，以致丧失法律保护的机会。民事诉讼法规定，法院若不立案，须作出"不予受理"的书面裁定。然在实务中有部分法院不立案仅为口头通知，以致有些案件在等待两个月后，就存在因超过时效而丧失胜诉权的可能，但没有书面裁定，当事人也无法向法院追究责任。因此，部分法院的消极不作为严重侵犯了当事人的诉讼权利和实体利益。我们不禁深思，当事人遭受的损失究竟该由谁来买单？这是一个值得思考的、沉重但却不可回避的现实命题。我国法律明确规定，当公民权利遭受侵害或有侵害之虞的，可以向法院提起诉讼，以赔偿损失或消除危险。同时我国法律也并无在年终时当事人不可提起诉讼、法院不可受理案件之规定。因此，我国部分法院存在的年终不予立案现象缺乏法律依据，是应予批判和检讨的不合规行为。法院"年终结案率"有了保障，但当事人合法权益却因此失去保障。

委托代理人作为案件当事人和审判法官之间联系的纽带和桥梁，对于法院年终不予立案现象亦是爱莫能助，更有难以言说的苦衷：一方面代理人在代理当事人去法院立案时，通常会遭到立案法官的百般刁难和不实指责。有部分法官潜意识里认为，委托代理人收受钱财，自然为当事人办事，有时为蝇头小利甚至苦口婆心规劝当事人诉讼，人为增加法院的诉累，因此，基于这种认识，客观上为减轻法院的诉累状况，他们常找各种理由搪塞，敷衍塞责于代理人，迟迟不予立案；另一方面在法院不予立案时，委托代理人也时常会被当事人误解。有部分当事人可能认为，委托代理人唯利是图，只管收受钱财，目的达到后却疏于职守，将案件束之高阁，不是法院不予立案，而是委托代理人不去立案，因此他们将心头对于法院不立案的怨气全部诉诸委托代理人。面对此种境遇，在法官和当事人之间，委托代理人犹如"哑巴吃黄连，有苦亦难言"。

第二，激化矛盾，滋生社会不稳定因素。公民权利在遭到侵害时，其寻求的救济方式有公力救济和私力救济两种。公力救济是现代社会解决争端纠纷的文明方式，然而若因法院以各种理由推迟或不予立案，公力救济无门时，为免受侵害或挽回已受侵害的损失，公民只有寻求私力救济的路径。私力救济是传统社会解决争端纠纷的非文明方式，带有极端浓厚的"以牙还牙""以暴制暴"的野蛮色彩。然而在大力提倡建设和谐社会的今天，如果任由民众以极端任性的方式解决问题，不仅无益于纠纷的及时解决，反而更易激化矛盾，甚至酿成流血悲剧，成为社会的不稳定因素。另外，如果法院应立案而不予立案,应予解决的纠纷而未及时解决,民众合理诉求得不到满足,这常成为民众信访上访寻求救济的主要因素。这同样是一种悲剧。我们经常在媒体上看到,民众为维权,为"讨个说法",背井离乡、忍饥挨饿,终日游走在上访路上,甚至不惜尊严给部门领导下跪。无止境的上访,不仅影响政府部门的正常办公,而且日益成为社会不稳定的主要因素之一。

第三,影响法院"司法为民"的公正形象。法院的职能即在于及时为民众排忧解难,维护其正当权益。在民众心中,法院即是公平正义的守护神。然而,若仅仅是因为在"年终",法院对应立案件而不予立案,以致当事人合法权益受损时,民众对于法院的公义形象将会大打折扣,法院的公信力也将折损。如果法院的公信力受到质疑,那么想恢复其在公众中的形象,则非一朝一夕之功了。"司法为民"是人民法院司法工作的基本宗旨,法院绝对不能因为其内部的工作评价及管理机制,而懈怠和违背法律赋予它的基本职责和宗旨,也绝对不能因为案件冗多、诉累繁重的客观事实,而冷漠地将当事人拒之门外、不闻不问。"人民司法为人民",法院应把人民群众的利益放在第一位,"权为民所用,情为民所系,利为民所谋",在第一时间内解决群众纠纷,维护群众合法权益,以实际行动捍卫法院在民众心中的公正形象。

2015年4月1日,中央全面深化改革领导小组第十一次会议审议通过了《关于人民法院推行立案登记制改革的意见》(以下简称《意见》),《意见》于2015年5月1日正式施行。《意见》指出,要坚持正确政治方向,坚持司法为民、公正司法,以宪法和法律为依据,依法保障当事人行使诉讼权利,方便当事人诉讼。对符合法律规定条件的案件,人民法院必须依法受理,任何单位和个人不得以任何借口阻挠法院受理案件。《意见》规定,人民法院对符合法律规定条件的民事起诉、行政起诉、刑事自诉、强制执行和国家赔偿申请,一律接收诉状,当场登记立案。当场不能判定的,应当在法律规定的期限内决定是否立案。在法律规定期限内无法判定的,先行立案。不符合形式要件的,人民法院应当及时释明,以书面形式一次性全面告知应当补正的材料和期限。不符合法律规定条件的,应当依法作出裁决。当事人不服的,可以提起上诉或者申请复议。《意见》强调,法院要自觉接受人大、检察机关、新闻媒体和人民群众的监督,对反映和投诉的问题,及时回应。对有案不立、拖延立案、人为控制立案、"年底不立案"、干扰依法立案等违法行为,依法依纪严肃追究有关责任人员和主管领导的责任。造成严重后果或者恶劣社会影响,构成犯罪的,依法追究刑事责任。

以立案登记制取代立案审查制,其优点是显而易见的:

首先,立案登记制度扩大了法院的受案范围,这是建设法治社会的应有之义。法治社会的一个重要表现就是司法权的终局性，是司法权在权利救济上的兜底性。公民的合法权益受到了侵害，他采取什么救济方式可以折射出一个国家法治化的程度。我们要建设社会主义法治社会就是要坚持在党的领导下，坚持在人大的监督下，最大限度地扩大司法救济的范围。在立案审查制度条件下，从某种意义上说，公民的诉权并不能完全的实现，因为审查阶段会使得一部分案件以不符合立案要求而被法院拒之门外。从而就使得当事人告状无门，从而对法院的司法救济丧失信心，转而去寻求别的救济途径。于是上访、信访事件频频发生，把行政权力作为解决问题的最终途径，这也是在法院无力救助的情况下当事人采取的无奈之举，这也加速了行政权力的膨胀和扩张，最后的结果只能是行政终局代替司法终局，这无疑是与现代法治精神背道而驰的。而今以立案登记代替立案审查，使得法院不能无缘无故拒收当事人的诉状，更不能以一地的规定对抗作为国家基本法的诉讼法的规定，从而扩大了法院收案范围，可以有力地保护当事人的利益。

其次，立案登记制度有利于提高法院的工作效率，及时化解社会矛盾，维护社会的和谐稳定。司法救济要遵循严格的程序，因此其本身就要求较长的时间，而目前在某些法院，法院接到当事人的起诉状后，并不给当事人书面的证明，而是将起诉状放起来，等需要办理此案件时，才走立案程序。这更是延长了权利救济的时间，而对于急欲解决矛盾的当事人，这种等待更是不能忍受的，他们会在漫长的等待中失去耐心，甚至会采取一些过激的行动来进行自力救济，从而激化了矛盾，把一些原本可以通过民事诉讼程序解决的问题变成了刑事案件。现在法院实行立案登记制度，只要起诉状符合要求，法院就得登记受理，就得在规定的期限内给当事人一个答复，这无疑是对法院工作的督促，更是对法院及时化解矛盾提出了更高的要求，有利于及时维护当事人的合法权益，保障社会的和谐稳定。

再次，实行立案登记制度，扩大了法院的受案范围，可以从一定程度上减少上访、信访事件的发生，缓解相关部门的压力。上访问题已经成为当前机关工作中的一个难题，这个问题的产生有其深层次的原因，但是法院受案范围过窄致使当事人告状无门也是一个重要的原因。如前所述，对于一些案件，法院通过立案审查把它拒之门外，在此情况下，当事人要想通过正常的途径解决就只能选择上访，因为正当的司法程序已经走不通了，在不是选择以"违法对抗侵权"的情况下，只能选择上访一条路。现在，扩大了法院的受案范围，使得一大部分原来法院不受理的案子进入到了诉讼程序中来，自然会减轻上访案件的数量。

关于立案登记制，在正式实施之前，曾有人担心：立案登记制度扩大了案件的受理范围,一旦实施必然会使众多的案件涌入法院,无论是从数量还是类型上都将是在立案审查制度下所不能比拟的,在目前法院尤其是一些基层法院的法官人手普遍不足的情况下,法院的正常工作将面临着巨大的压力,是否有能力审理这些案件还是一个未知数,如果不能的话,那立案登记就仅仅是使法院在受理案件上有了改变,在解决社会矛盾方面却收效甚微。事实证明:立案登记制正式实施后,与法院和媒体的严阵以待不同,民众的反应相对比较平静,人们预期的那种诉讼案件"井喷"的现象并未出现。各级法院的立案统计数字显示:"登记制后每日接收诉状数量,与平时日均受理案件数量基本持平",民事诉讼和刑事诉讼没什么明显变化,稍微增加的部分集中在"民告官"的行政诉讼领域。其实,决定民众是否走司法途径以解决纠纷的因素有很多,审查制也好,登记制也罢,告状的便捷程度只是其中一个因素而已。

当然,立案登记制只是司法公正的起点,案件的公正审判和裁判文书的履行同样至关重要。

二、公正审判障碍与庭审中心主义

司法公正作为司法运行的首要价值追求,其目标之达成包含诸多相关机制举措,唯有相关机制举措以制度固定下来,才能形成长效机制。但司法实践反馈的信息证明:我国影响司法公正的具体机制举措形式化倾向严重,为各种因素干预司法客观上提供了便利条件。具体而言:

(一)当庭确证难

在诉讼活动中确认证据存在当庭确证和庭后确证两种方式。所谓当庭确证,是指法官审理案件的过程中,在控辩双方出示证据和质证的基础上,对证据的客观性、关联性、证据收集行为的合法性进行审查判断,并当庭对证据的证明力和证明效力作出结论性判断的活动。庭后确证是在法庭审理结束后的一定期间内对证据进行判断、取舍。目前司法实践中庭后认证的居多,或者当庭仅对证据材料的证据能力作出认定,而证明力大小在庭审后作出认定。即当庭认证只解决证据能否采纳的问题,而证据是否采信留待合议庭庭后评议。在样本调查数据中,当问及"在您的具体司法实践中,您是否会当庭确证?"这一问题时,97.1%的被调查者选择了"否",占据了被调查者的绝大多数,而只有2.9%的被调查者选择了"是"(见表5—9)。由此可见,我国当庭确证率之低。

表5—9　　在您的具体司法实践中,您是否会当庭确证?

选项	频数	有效百分比
是	47	2.9
否	1591	97.1
合计	1638	100.0

　　司法改革进行到现在,我国的理论界和实务界在当庭认证制度的立废问题上基本形成了两大对立的派别。一派主张建立当庭认证的制度,另一派则认为当庭认证制度还不宜在我国推行。主张推行的理由有三:"第一,当庭认证更能体现公开审判和公正审判的要求。三大诉讼法规定人民法院审理民事案件时除了依法不公开审理的案件外,一律公开进行,其目的是为了使审判活动公开于双方当事人面前,置于人民群众的监督之下,即使不公开审理的案件,也应是置于双方当事人的诉辩对抗之下。因此,从这个意义上说,审判活动应在当庭认证进行,而法官的认证活动是对案件的事实作出认定的一个阶段,是审理活动的一个组成部分,自然也应在当庭进行。倘若认证不公开,不在庭上作出,使审判活动缺乏必要的监督,容易引起当事人的猜忌,也就不利于案件的公正裁判。实行当庭认证,审判人员在法庭上的一言一行、一举一动,都置于当事人和旁听群众的监督之下,增加了法院审理案件的透明度,充分显示了人民法院公正、廉洁、文明、高效的司法形象。第二,当庭认证更能发挥庭审活动的整体效能。当事人当庭举证是力图证明自己的主张,而当庭质证是对证据效力的维护或辩驳,其最终的结果,无非就是证据的有效或无效,只有当庭举证、质证,才有可能真正体现其法律意义。没有当庭认证,证据效力不能通过庭审固定下来,就难以达到法庭调查的目的,法庭辩论失去了前提和基础,就不能真正发挥庭审各阶段的功能,也就难以起到宣传法制、教育公民的作用。第三,当庭认证有利于提高法官素质,充分发挥合议庭和独任审判员的职权作用。发挥合议庭和独任审判员的职权作用,一方面是要使其真正做到能审能判,而要做到这一点,先决条件是要求其有能审能判的能力素质。经过当事人的举证、质证,法官基本上应该能够判明证据的真伪及证明效力。不当庭认证而习惯于庭下认证,必然导致法官产生依赖思想,处理不果断,拖延审限,制约法官素质的提高,影响职权作用的发挥和办案效率的提高。而当庭认证,必然要求法官必须有敏捷的思维判断能力,丰富的法律知识和娴熟的审判技能。鉴于此,推行和强调当庭认证,既有利于发挥合议庭和独任审判员的职权,也有利于法官素质的提高。相反,主张缓行的理由则是:第一,当庭认证难以操作。认证的过程实际是合议庭对某一证据的效力问题进行合议后作

出结论的过程。实践中往往是合议庭成员在庭上简单交换意见后就作出认定与否的决定,这种交换意见本身就是一种合议行为,在庭上合议,不仅违背了合议应秘密进行的原则,而且审判人员在庭上交头接耳也不严肃,如果合议庭成员认识不一致,也无法进行讨论,是否按少数服从多数的原则认证? 还有,合议的过程应由书记员记录在案,而在庭上交换意见不可能声音太大,以免被当事人听见,所以书记员也无法准确地记录这一过程。第二,当庭认证不利于当事人充分发表意见。对许多案件来说,对某一证据或者几个证据认定与否,对案件的处理有关键作用。在这种情况下,按目前的庭审程序,如果在法庭调查中对证据进行当庭确认,那么谁输谁赢差不多就已经清楚了,在进行辩论时当事人会认为说了也无济于事,因而没有积极性,不利于当事人充分发表意见。而且当庭认证极易导致当事人在辩论中对法官的认证提出质疑,若法官不予理睬,则不容易使当事人口服心服,若法官对此进行解释,客观上会造成与当事人进行辩论的局面。再者,没有全面听取当事人的辩论意见就对证据进行认定是否合理,也值得研究。第三,当庭认证的准确性差。由于在庭审中合议庭成员无法对证据的认定与否进行认真深入的评议,仅靠合议庭成员交头接耳交换意见后就确认,这样是否有把握? 万一对某一证据认定后,又出现了足以推翻该证据的证据(这样的情况可能很少,但在理论上是存在这种可能的)证明先前的认证错了,怎么办? 是否要当庭纠正? 如果不进行纠正,有悖于实事求是的原则;如果当庭认证,则会使人感觉法庭反复无常,从而影响法庭的威信,引起当事人对法官能力及最终裁判结果的怀疑,不容易使当事人服判息讼。有的案件要经过审判委员会讨论,如果审判委员会不同意合议庭对某一证据的确认而予于更改,又如何处理? 又比如,如果合议庭认证有错,但是当事人由于素质差或者其他原因没有发现,并当庭达成调解协议,事后审判人员发现当初认证错了,是否还要纠正,如何纠正,等等。有的法院为了提高认证准确率,规定对双方明确表示认可的证据、一方虽表示异议但不提出足够理由和证据推翻并可以和其他证据相互印证的可以当庭确认,但是,即使双方明确表示无异议的证据,也可能是虚假证据,人民法院也要经过审查核实后才能确认。在庭审的过程中,需要认证的证据是复杂的、多样化的,如果只采单一的当庭认证或者单一的庭下认证都可能导致错误的裁判结果。"①

当庭确证是当庭宣判的前提,而庭后确证必然导致定期宣判。当庭确证与庭后确证表面看来只是确证时间上的差异,但传导的作为支撑制度设计的理念却大相径庭。一般说来,当庭确证是诉讼程序要求的证据确认的常态,它

---

① 张莎莉:《也谈民事诉讼中当庭认证制度之废立》,《广西政法管理干部学院学报》2003 年第 4 期。

回应了程序公正的价值追求。美国学者泰勒认为评价程序是否公正的价值标准有:1. 程序和决定的参与性。2. 结果与过程一致性。当庭确证的制度设计使程序公正由可能变为现实。当庭确证与控辩双方的出示证据和质证活动形成一条不间断的链条,呈现出一种程序自治的外观效果。使人们体验到"法官作出的决定必须建立在当事者提出证据和辩论的基础上。同时,当庭确证、当庭宣判大大缩短了办案期限,使被害人的损失及时得到补偿,社会秩序及时恢复正常状态。相比较之下,当庭确证的价值所在正是庭后确证的致命伤。庭后确证使出证—质证—确证的链条断裂,往往导致弱化庭审功能。在庭后确证和判决的这段时间也给非法因素的侵入留下了可乘之机,是滋生司法腐败的土壤。当庭确证使法官自治权得到伸张。法官在当庭确证制度下实现了一种非行政化的自治,真正自主的对证据的证明能力和效力进行确认,对案件事实进行认定,排除了同级及上司等的所谓"司法外围层"的干扰和其他非法因素对审判权的侵蚀。但应当提出的是,我国对刑事案件的审理实行独任制和合议制两种审判组织形式,在独任制下,法官自治是个体法官的自治。而在合议制下,法官自治是从合议庭集体意义上说的,并非指法官个人独立于合议庭集体。也就是说,对诉讼证据的确认应经合议庭集体讨论决定。这种以集体形式行使诉讼证据确认权的方式,实际上是对权力的分解,不易导致腐败。况且,在我国法官业务素质、品质素质都不甚理想的现状下,这种集体意义上的自治才真正具有本土实用价值。

"当庭确证绝不可能作为一种突兀的制度孤立存在,它需要在一个良好的人文和规则环境中才能获得理性地实现,在与其周遭环境因素的互动过程中张扬其价值。"[1]"任何一项法律制度只有当处于其中的人是最好的时候,它才可能是好的。"[2]人的因素在制度的构建和发展中起积极的主动作用。在当庭确证制度中主要指对法官以及控辩双方素质的要求,同时包括程序规则。

其一,法官素质。对诉讼证据的当庭确认是法官审判权内容的一部分,属于法官的职权活动,因此,法官是制度实现的载体,也是制度运作过程中最活跃、最关键的因素。诉讼证据的当庭确认的正当化与合理化依赖高素质法官的操作,法官素质不高也会损害实施效能。诉讼证据的当庭确认是在控辩双方出证、质证后,在较短时间内对证据的证明能力及效力作出判断,从而决定取舍,建立一个近似"回复"案件事实原貌的综合证据体系。并且,在证据的审查、判断、认定这一人的主观思维发生作用的过程中,需要法官娴熟地运用法律知识和缜密的逻辑推理去发现案件事实。这就要求法官具备较高的业务素

---

① 彭海青:《论刑事审判中的当庭确证》,《青岛海洋大学学报》2002 年第 2 期。
② 姚莉、杨帆:《法官的自治、自律与司法公正》,《法学评论》1999 年第 4 期。

质,因此,法院应是一个专业法律家的集团。设置严格的法官任免制度以及一套现实可行的法官教育、培训方法是造就高素质法官职业共同体,使当庭确证合理正当实现的力量泉源。

其二,控辩双方的素质。法官确认的证据必须是经过控辩双方质辩的证据。这是体现程序自治、程序参与规则及充分发挥庭审功能的必然选择。美国学者 L. 富勒指出:"使审判区别于其他秩序形成原则的内在特征在于承认审判所决定将对之产生直接影响的人能通过一种特殊形式参与审判。即承认他们为了得到对自己有利的决定而提出证据并进行理性说明。"[1]因此,在"谁主张,谁举证"的诉讼环境中,当庭的出证、质证在很大程度上影响法官当庭确证的效果。因此,作为控方的国家公诉机关和作为辩方的被告人及其辩护律师必须有强烈的诉讼意识,以强势的出证、质证力度抑制对方证据的证明力,在多方质证、辩论的基础上,法官的当庭确证才能实现,并且比单方结论更客观、准确。否则,双方怠于举证、质证,法官在证据不充足,事实不清楚的情况下,失去了当庭确证的基础,导致庭后补充搜集证据,阻碍了当庭确证的顺利实现。

其三,程序规则。黑格尔在其《法哲学原理》中指出:"任何审判行为对个别事实运用得分两方面:1. 根据事件的直接单一性来认识事件的性状;2. 使事实归属于法律下,在这两方面自由裁量权都有发挥作用的空间。"[2]其中第一方面说的就是对证据的确认和案件事实的认定,这不能排除法官主观因素的介入。自从 21 世纪中叶美国司法行为主义思潮盛行以来,人们将一直被誉为"活着的圣谕"的法官拉下圣坛,还归社会。人们意识到法官作为私人存在和作为社会存在是难以截然区分的。因此,法官享有的确证权就有被滥用的危险。并且,法官的这种诉讼证据确认权及其他审判权行使的客观环境——诉讼过程,也从来不是一个封闭的、自给自足的"隔音空间",来自方方面面的因素不可避免地作用于其中,并且二者时常呈现出一种互动模式。因此,法官的确证行为必须受到规制。指望法官均为圣贤以保障当事人权利的实现,本身就是缺乏程序保障的表现,因为法官是个性化的,而法律制度和法律程序则具有普遍性。因此,由具体法官保障不如由法律程序保障。这为一些规制法官采证、确证行为的规则诸如:关联性规则、排除规则、传闻规则、直接规则等的建立提供了契机。另一方面,由于出证、质证是认证的事实基础,确证是出证、质证的必然结果,为了保障当事人出证权、质证权等一系列诉权的顺畅实现和法庭审理有序进行,也需要有一系列诸如直接询问规则、交叉询问规则等

---

[1]　陈瑞华:《刑事审判原理论》,北京大学出版社 1997 年版,第 67 页。
[2]　[德]黑格尔:《法哲学原理》,商务印书馆 1982 年版,第 253 页。

程序规则的配套。对这些程序规则的企求在不同社会具有共通性,反映了程序的内在规律性,是程序的生命力所在。就当庭确证制度建立所需的上述条件,我国并不完全具备,但制度的建立仍是必须的。因为"制度可以拉动条件,制度本身的稳定性与条件的变动性相矛盾,制度可以具有一定的超前性,对条件产生正向拉动作用,产生正向效应"①。总之,当庭确证制度的建立,无论在制度层面、技术层面、实践层面都是有益的。在制度与条件磨合过程中,高素质法官职业共同体的造就、当事人诉讼素质的提高与程序规则的创制,无疑对逐步建立一种现代法制所倡导的硬裁判机制奠定了物质基础。

　　审判公开在我国已经推行多年,民众一直难言满意。主要原因就是当庭举证、质证、认证做到了,但审判公开最为核心部分的当庭确证我们并没有做到。哪个证据是优势证据,予以采纳,哪个证据不予采纳,没有当庭确认,而是休庭合议后才确认,造成当事人认为法院仍然存在暗箱操作的问题,对裁判不服上诉上访,审判公开的效果大打折扣。

(二) 自由旁听难

　　旁听权的本质除了通过公开审判实现公正审判权外,也包括公民的信息自由权,即公民了解司法信息的权利。2008 年 2 月,来自全球 40 个国家的信息公开团体的 125 位成员签署的《亚特兰大知情权宣言》认为"知情权适用于政府所有分支(包括执法、司法和立法部门,以及自治机构),所有层级(联邦、中央、区域和地方),以及上述国际组织的所有下属机构",法院是广义政府的一部分,法院是国家唯一行使审判权的机关,对其进行审判活动,公民当然有知情权。所以,公民旁听权的性质是公民对司法审判活动的"知的权利",应当最大限度并平等地实现。世界各国的公开审判,并无国籍、性别、身份的特别限制,更没有针对记者的特殊要求。根据联合国《公民权利和政治权利国际公约》第 14 条的要求,审判须公开进行,并没有限于向本国公民公开。境外人员应当与境内人员有平等旁听权。理由是只要在这个国家的人,即使是临时停留在这个国家的境外人员,都有可能受到这个国家的法院的管辖,都有可能成为案件的当事人,他们都有权利了解这个国家的法律和法庭审判,法律不应当禁止在这个国家的任何人进入法庭。法院对外国公民(包括外国记者),不应当进行特别许可和身份区分。因此,我国最高人民法院《关于严格执行公开审判制度的若干规定(法发〔1999〕3 号)》第十条规定:"外国人和无国籍人持有效证件要求旁听的,参照中国公民旁听的规定办理。"这一规定体现了对外国

---

① 龙宗智:《论司法改革中的相对合理主义》,《中国社会科学》1999 年第 2 期。

人和无国籍人在旁听权上的国民待遇。同理,港、澳、台地区的人员也应当有权平等参加旁听。记者和其他公民也应当有平等旁听权,不应当有针对记者的特别审查。过去,有的法院在记者旁听时还要求出示记者证。其实,记者也是公民,不应当对其有特殊的要求。"公开庭审允许公民旁听,当然应当允许从事记者这一职业的公民旁听,记者旁听时无义务出示记者证。记者只有在向法官或者法院管理人员进行单独采访时才有义务出示记者证(如果法官要求)。这里的记者旁听权同样适用于境外记者。"①

"旁听制度是指建立在审判公开原则的基础之上,对于人民法院公开审理的案件,由不特定的社会公众亲自到法庭观摩庭审的一项制度。虽然仅用了'旁听'一词,但其实质内容当包括'观其行'与'听其言'两个方面。旁听制度的基础与前提是审判公开原则,是审判过程向社会公开的一种直接性的表现形式,是审判公开原则的必然要求和重要内容。"②它是落实宪法确立的公开审判原则的一项重要内容。将公开审判原则变为可实际操作的程序,保证了公开审判的实现,是不断拓展司法为民,实现公正与效率、和谐司法的体现,旁听庭审制度的施行,使公众能够了解审判权的运作过程,也便于人民群众对法院审判工作进行监督,以提高审判质量,促进司法公正。同时,这项制度的实行,开启了一条在全社会深入普法的重要渠道,公众通过旁听庭审可以收到最直接的法制教育,有利于增强公民的法律意识,增强他们的法制观念,促进我国法治建设。具体而言:

1. 司法民主化的要求

现代民主社会以公开的国家权力运行方式替代了专制社会秘密的国家权力运行方式。司法的民主化其实是现代政治民主化的一个方面,司法的民主化要求公众能对司法活动有所参与,能够对司法活动进行监督,能够了解司法活动的运作过程。公众的司法活动的参与主要有两种方式,一是陪审或参审制度,二是公众对庭审的旁听,二者有实质上的区别。陪审和参审制度更强调的是公众对庭审活动应当具有实质性的影响,能够影响判决的作出。而旁听制度只是部分地体现司法民主化的要求,只是消极地静观庭审过程。曾经在我国实行过的群众运动式的公审制度与目前各国推行的陪审制和参审制更强调的是民主,参与庭审的公众能够依据自己的内心信念和对正义的认识作出对被告人产生实质性影响的判断,而在庭审中旁听的公众只是消极地观摩整

---

① 高一飞:《自由旁听是审判公开的重大改革》,《人民法院报》2011 年 10 月 14 日。

② 陶杨:《刑事庭审旁听制度研究》,《东北师大学报(哲学社会科学版)》2012 年第 1 期。

个庭审的进行过程和裁判的作出,而对裁判发表意见并不具有影响力。尽管公众参加庭审的旁听,并不会对案件的审判产生实质性的影响,但这种参与的机会却是现代司法民主理念的重要体现。正如没有观众捧场的戏剧的成功与否得不到观众的客观评价一样,这种参与相较于专制制度下的纠问式的秘密审判来说是历史的一大进步。公民享有旁听庭审,直接感知司法运作过程的权利,也就享有了知情权。公民对于刑事裁判的作出过程有了形式上的了解也就满足了司法民主最初等的要求。"没有形式上的民主,真正的民主就不会存在。"虽然这种形式上的了解仅仅触及事物的表层,但是它却是司法民主制度不可缺少的重要因素。正如贝卡利亚所说,"审判应当公开,犯罪的证据应当公开,以便使或许是社会唯一制约手段的舆论能够约束强力和欲望;这样人民就会说:我们不是奴隶,我们受到保护。这种感情唤起勇气,而且对于懂得自己真正利益所在的君主来说,这相当于一种贡品"。这种公众的参与和支持是我们法治建设不可缺少的资源与力量源泉。

2. 司法公正的要求

审判权作为刑事司法权的核心权力,关系到被告人的生死或者是人身自由问题,正是在这个意义上刑事审判权如果一旦滥用造成的后果也更加难以弥补,所以进行预防性的监督尤显重要。对于审判权的监督其实已有一些专门性机关的监督,但这种专门性的监督本身具有封闭性和单一性,监督能力有限。审判公开制度的价值在于,把法院的审判活动置于社会公众的监督之下,促进司法人员和其他诉讼参与人责任感的提高,从而促进和保障司法公正。旁听制度由于面向不特定的社会公众,这种监督往往虽然出于的是公众朦胧的"正义"意识,但它与其他各方面的监督结合起来构成了对审判监督的全方位体系。所以说公民对庭审的旁听作为职能化的监督(如检察监督)对应体而存在,向人民法院提出批评和意见,也是公正审判监督体系中的重要一环。一般来说,处于众目睽睽之下的庭审也就较之于未允许公开旁听的案件暗箱操作的可能性要小。在正义实现的过程中,公众通过亲自感知的方式来见证和监督司法的运作过程,这实际上增加了司法的透明度,提升了司法的公信力。

3. 增强公众对法律的信仰,促进法官权威确立的需要

一般来说往往越神秘的东西,公众对其间的内幕猜疑就越多。而现代司法的运作过程已经完全摒弃了以往的"刑不可知,则威不可测"的观念,提倡阳光下的刑事司法运作理念。如果说公众对于刑事审判的过程没有亲自参与和感知的机会,那么公众对于法律的信仰与对法官的信任也可能就无从谈起。

通过旁听机会的赋予和公众亲自出席法庭审判,可以消除普通公众与法律之间的隔膜和距离,增进法律的亲和力,这对树立公众对法律的信仰尤为重要。如果旁听者能亲自参与庭审旁听,对审判结果接受的可能性也会增大。古语有云:"兼听则明,偏信则暗",在参与之前,可能旁听者只受到单边意见的影响,而旁听庭审则有机会兼听各方意见,从而改变自己固有看法,形成较为理性的个人判断。另一方面,"公民对于法的信任应属于法的一部分,正是这一方面才要求审判必须公开。公开的权利的根据在于,首先,法院的目的是法,作为一种普遍性,它就应当让普遍的人闻悉其事;其次通过审判公开,公民才能信服法院的判决确实表达了法"。旁听公众可能同与案件有直接利害关系的人有各种关系,故而对案件的处理结果可能有不同意见,"他们也许并不喜欢所产生的结果,但他们能够设身处地地去考虑实施规则的人的处境,并且明白在这种特定的情形中,他们也会作出一个不妥协的决定……他会明白,正义已经得到了实施,尽管不是他理想的那样"。通过旁听,表明的是司法机关依法办案的信心与诚意,公众亲自感知了审判的透明度,使公众看到了裁判是建立在理性推演的基础上,至少从表面上没有"暗箱操作"的迹象,整个审判过程是在其监督与见证之下完成的,对判决的认可度大大增加,客观上也就增强了法院的司法权威和裁判的公信力,化解了对法官的猜疑。此外,从法官的角色来看,他们与旁听公众保持着适当的空间距离,在整个庭审中处于中立而至高的地位,这样的阻隔强化了法官职业和法律本身的神圣性和权威性,使旁听公众普遍形成对法律的敬仰和尊重。这种感性的认知往往在树立法官权威方面具有微妙而不可忽视的作用。

4. 法律宣传教育的需要

审判公开制度的贯彻落实是进行法制宣传教育的重要手段,而不特定公众的旁听更是使得这种宣教的受众者范围扩大。审判公开能展示具体案件的处理过程及处理结果,消除横亘于法律与公众之间的障碍,使广大群众对法律有一个直接而生动、形象的认识,从而进一步理解自己的法律权利和义务。并且在旁听过程中陶冶了程序和法治意识,亲自体会到了法律尊严,这对公众法律意识的启蒙与提高具有重要作用。"人们不仅仅能够了解审判过程所揭示的案件事实,同时,也潜移默化地学习到了许多法律规则,养成了法律程序观念和意识,这对于法治国家的建立当然是大有裨益的。"

就我国的现实而言,社会公众旁听庭审率偏低,自由旁听遭遇阻碍。在厦门市海沧区人民法院进行的调查中,"有46.15%从来没有旁听过法院庭审;20%旁听过一次,23.08%旁听过两次,仅10.7%旁听过三次以上庭审,而这些旁听庭审的人员中,有41.67%是由于开庭审理的案件的当事人系亲戚、朋友、同事、邻居而去旁听,仅有8.3%认为旁听庭审是公民的一项权利,能促进法院公正审判。可见,'事不关己,高高挂起'的传统文化心理使得民众对离自己利益较远的事件缺乏关注的热情,司法公开的民主化程度严重不足,司法公开制度未能达到扩大司法民主、促进司法公正的预期效果,制度功能未能全面发挥"①。同时,社会民众的自由旁听权利因法庭场地有限、领导审批、知情权不足等诸种因素限制而无法真正实现。最后导致的结果是,一部分社会民众因案件"与己无关"之心态而主动冷落了司法,另一部分企图参与司法的"热心民众"则因为相关因素阻碍而被迫远离司法。我国旁听庭审率不高源于多种因素之共同影响。析言之:

其一,司法剧场化效应与庭审旁听。司法经历了从过去的"弃市"、"监斩行刑"、"公审大会"等广场化的司法到现代以建筑物为空间的剧场化司法的发展过程。现代文明司法选择了以"剧场"为象征的司法活动类型。"剧场"是一个间隔的、不透明的空间,一个规限的秩序空间。它阻隔了庭审活动与庭外活动,阻隔了多数人(由于空间的客观限制)的旁听和凝视。因此,从剧场化司法的理论看,"剧场"的规限性决定了审判公开本身的局限:第一,从空间上看,庭审旁听的规模要决定于法庭的设立规模,出于成本、安全、审判效果等的考虑,法院一般设立两类法庭:一类是常规性的,这类比较小,能容纳二三十人;另一类是较大的法庭,再大也不过容纳几百人,上千人的就不多了。第二,"剧场"的一些"符号"在一定程度上对民众旁听心理也形成阻隔,除了庄严肃穆的法庭,身着法袍的法官,当人们看到法院门口的大狮子以及站岗的神圣不可侵犯的法警时,自然感到的是一种威慑力,而非司法的亲和力。这些"剧场"自然的局限客观上制约了社会公众旁听庭审的积极性和主动性。②

其二,庭审旁听的状况与社会公众的认知密切相关。我国司法传统的关门主义及神秘主义造成了我国民众与司法的隔阂,也使得人们缺乏参与司法审判的习惯。公民旁听庭审是公开审判原则本身蕴含的一种权利,是一种具有社会性的模糊性的权利,很多公民并不了解,也还没有认识到自己有参加案件旁听的权利。另外,这是一种积极行使才能实现的权利,公民自由放弃并不违背禁止性义务,可以说,在现代这样一个繁忙的工商社会,即使自由不受到任何障碍,由于民众本身就具有事不关己、高高挂起的心理倾向,缺乏规则性

---

① 厦门市海沧区人民法院课题组:《关于创新司法公开机制的调研报告——以海沧法院为样本》,《东南司法评论》2012年卷,第45页。

② 黄共兴、刘燕玲:《论人民法院庭审旁听制度》,《太原师范学院学报(社会科学版)》2011年第3期。

引导也难以使群众走进法院,了解一个与自己毫无关联的事情。虽然公开审判可以让更多的人了解案件情况,但是由于直接利益的关联,当事人之外的其他人不可能像关心自己的事情那样来关心别人的案件情况,除非少数有重大社会影响的案件。具体而言:(1)旁听者个人的社会地位、社会职业和其他个体条件。通常来说社会地位越高对司法行为的关注也越强烈,经济状况、受教育水平、知识构成、空闲时间等方面与公民个人参与旁听的积极性在一般情况下也成正比。同时,法律职业者、新闻职业者等也较之于其他从业人员对庭审有着更敏感且紧密的关注,参与旁听的主动性与积极性也更高。(2)旁听者与案件或当事人的利益关联度。"利益的实际关联更易激发和促使社会成员对特定司法行为的关注。对自身现实或将来利益的注重不能不使他们对相关的诉讼过程倾注热情。""法律是在特殊事件中实现,即外部手续的历程以及法律理由等等也应有可能使人获悉,因为这种历程是自在地在历史上普遍有效的,又因为个别事件就其特殊内容来说诚然只涉及当事人的利益,但其普遍内容即其中的法和它的裁判是与一切人有利害关系的。"根据黑格尔的分析,实际上每个社会成员都与庭审有着一定微妙的关系,但是这种关系在公众个体中体现的关联程度并不完全一致,也正是这种差异,影响着在具体案件庭审中旁听公众的范围。旁听的公众虽然不是直接当事人,也不直接承受裁判义务和享受裁判确定的权利,但是实际去旁听的公众都与这些当事人(被告人或者被害人)有着一定的关系,这种关系多为亲友关系、邻里关系、同事关系或者是曾或多或少受到过被告影响的人。而其他的公众则是"事不关己,高高挂起",对于与自己的利益关联程度不大的案件也懒得劳神费力去旁听。事实上,现代社会,犯罪被认为是对社会秩序的违反,涉及整个社会的利益,作为社会的成员之一,每个人的利益却或多或少地受着犯罪的影响。对于司法过程的冷漠态度原因在于目前的司法制度没有建立一套吸引和激发公众参与热情的机制。而这种态度的蔓延最终将影响到法治社会的建立,如何解决这一问题实际上是困扰着世界上包括中国在内许多国家的难题。(3)旁听者对司法活动的个人兴趣与正义感。在现代民主政治体制下,由于司法过程具有相对的开放性,大大缩减了法庭与公众之间的距离,但这也只是提供了一种机会,旁听者个人是否主动实施旁听行为起着最后的决定作用。而可实施又可不实施的自愿性行为一般与个人对此行为的兴趣有着重要的关联,如果公众有着对法律较大的兴趣而非仅仅出于猎奇心理,那么这种行为的实施将有着稳定的基础。刑事审判活动被视为正义的实现手段,富有正义感的公众也会对此产生较大的兴趣,尽管这种兴趣也许出于朦胧的正义感。这种正义感也会刺激公众对于诉讼活动的积极参与或关注。实践中一些在当地影响较大的刑事案件往往更容易吸引公众旁听的兴趣,部分原因也出于此。此外法庭的表演精彩与否也是刺激公众旁听兴趣的因素之一。在对抗制下,双方的争锋往往较之职权制下的辩论精彩,在职权主义下适当引进一定的抗辩因素也会对吸引公众旁听有一定效果。(4)案件的社会影响。虽然说旁听制度针对的是普遍性的案件,但是具体到个案中,由于案件本身影响的范围大小存在差异,而且公众的兴趣往往集中于那些影响范围较大的案件,而其中媒体大肆加以渲染的案件更会激起公众的猎奇心理。如果说普通的刑事案件一般所吸引的多为与当事人或多或少有关联的公众旁听,那么参与这些社会影响较大的案件庭审旁听的公众范围就不仅仅限于此,而使得受众范围更加扩大且不特定。

其三,法院(法官)的认识及人为的障碍仍是制约旁听发展的关键因素。从法院(法官)认识因素上看,虽然审判公开对提高庭审质量促进司法公正具有重要意义,但从法官个体来说对工作提出了更高的要求,意味着接受监督和制约,因而在某种程度上,法院、法官自觉不自觉地惧怕更深层次的公开。从某种意义上说,公民是否旁听法庭审理与公开审判二者之间并非是一个完全等价的关系,即没有公民旁听,不能当然就认定审判活动的非公开性。如果公民自动放弃该项权利,亦不能强迫公民进入法庭去旁听审判活动。这给了法官以借口与托辞,消极被动地对待审判公开,有意无意地限制或阻碍社会公众相对自由地进入法庭旁听。其表现在不能提供足够的程序保证或者采取了一些不恰当的方法,比如在公告开庭信息上,很多法院并不规范,有的案件开庭前公告,有的案件可能不公告。有的法院开庭场所不规范,法官由于审判庭紧张或为图省事,在办公室内开庭,群众无法旁听。虽然公民有旁听的权利,但如何执行却由法官做主,而法官往往以安全、保密或者特定的人群(如记者)不宜旁听为由,剥夺和限制公民的旁听权利。在某种意义上旁听某些案件的开庭甚至成为了某些人的特权,而公众的权利则因种种理由而被剥夺。

其四,旁听庭审缺乏相应的操作规程和运行规则。一是我国立法中对庭审旁听制度的内容、运行规则未作详备规定,仅是从公开审判的原则性规定中推导出来的,而公开审判内容规定得也比较原则、抽象,操作性不强。二是立法位阶低,缺乏专门的操作规程和运行规则。庭审旁听制度现行法律规定仅存在于最高法院的司法解释中,无论从规范的内容上还是从法律效力的位阶上,与基本诉讼制度相较不相符合。三是对旁听制度的落实和保障缺乏配套监督措施及惩戒制度。法院在许可和不许可公民旁听的问题上拥有无限的自由裁量权,却没有相应的救济制度。对于违反司法公开的行为如何追究法律后果和责任的规定缺失,也不利于法官以认真、积极的态度对待审判向社会公开。

其五,法院自身主客观条件对旁听公众的限制。首先,就客观因素而言,许多基层人民法院工作条件较差,审判庭空间较为狭小,在某些情况下,除了诉讼参与人就再容不下旁听人员。甚至有些法院就在办公室开庭,或在看守所找间房子就开庭,这些都不当地排除了旁听制度的实施。另外,一般法院办公场所与审判庭处于一个院内,法院出于自身工作秩序维护的需要,一般都设有门卫或者是由武警、保安站岗,出入门者均需证件,有时甚至有"闲杂人员不得入内"的公示牌竖立于门前,这都客观上限制了旁听人员的进出。当前一些法院利用电子显示屏取代张贴公告的形式来公布案件开庭情况,本来无可厚非,但是一些法院却将显示屏设置于院内而非法院门口,这样知悉开庭信息的公众范围大大减少,客观上限制了公众接触旁听信息的渠道。还有就是为了防止共同犯罪中的同案犯,及其他一些可能对法庭审判秩序不利,或者可能妨碍对案件继续查证的人员旁听。《人民法院法庭规则》第8条规定"根据法庭场所和参加旁听人数等情况,需要时,持人民法院发出的旁听证进入法庭"。本来要求公众只要持身份证即可换取旁听证,而在实践中一些法院对旁听证的发放进行审批,为公众旁听设置了许多关口与限制条件,这种"旁听准入"也客观上限制了公民的旁听权。但实际上这个问题陷入了两难的境地,一方面要对旁听人员的身份有了解就必须进行审查,另一方面,这种审查也可能在无形中形成了对旁听公众的限制,解决的唯一出路,就是如何保持发放旁听证的合理度。以上存在的问题都限制了公开审判受众的范围。其次,从主观因素来看,个别法院自身对于旁听制度的认识不足,怕麻烦,怕监督。甚至一些地方出现了对一些有较大社会影响而公开审判的案件因为怕有负面影响,而事先将旁听席分配给公务人员以此来排斥公众旁听。

司法公正应当是看得见的公正,司法高效应当是能感受到的高效,司法权威应当是被认同的权威,司法透明离不开公众的参与和社会各方面的共同努力,在敞开司法的大门落实审判公开的过程中,法院应心怀利民之心,从细微处为群众考虑,正视旁听现存的问题,重视旁听的意义,才能使审判公开真正落到实处。而济南市中级人民法院发布的《庭审旁听办法(试行)》则为相关制度建立规范保障提供了借鉴。2014年4月22日,山东济南市中级人民法院召开新闻通报会,发布《庭审旁听办法(试行)》,根据办法,济南中院一切审判活动,除法律规定不公开的外,一律公开进行。凡济南中院公开开庭审理的刑事、民事、商事、行政等案件,一律允许公民自由旁听。济南中院相关负责人介绍说,对重大案件,根据案件情况,通过微博、报刊、电视等媒体及微信、短信等载体向社会公众发布开庭公告。公民可以直接到济南中院申请旁听庭审,也可以提前到法院或者通过济南中院网站、法院民生热线预约旁听庭审。除未成年人（经法院批准的除外）、精神病人和醉酒的人，以及其他不宜旁听的人外，公民凭本人居民身份证等有效证件均可旁听庭审。旁听人数以法院旁听席位数为限。办法在实质上落实了公民的自由旁听权利，也为当庭确证和当庭宣判制定相关规范提供了效仿之法。

（三）当庭宣判难

当庭宣判是与定期宣判相对应的一种宣判方式，是指法庭在评议结束后立即向当事人和旁听群众宣告案件评议结果的一种宣判方式。与定期宣判相比，当庭宣判在实现法庭审判的价值方面具有无可比拟的优势：

1. 当庭宣判有利于实现实体公正

人类的记忆活动规律决定了人类对最新近发生事物的记忆最为鲜明，根据这种记忆作出的判断也最能接近事物的原貌。反之，对于过去发生的事情，越是时间久远，记忆则越为模糊，依靠这种模糊的、残缺不全的记忆作出的判断往往很难接近事物的原貌。审判活动也是如此，法庭审理和评议刚结束时，法官对案件事实的心证最为鲜活，法官此时即对案件事实作出判断并当庭宣告判决，能够在最大程度上保证其判决与案件事实的契合。反之，如果允许法官在庭审结束多日之后再作出判决，那么判决只能建立在法官对庭审活动模糊回忆的基础之上，这种判决很可能与案件事实存在较大的出入。当庭宣判制度要求法官在法庭审理和评议活动结束后立即返回法庭宣告其判决，无疑有利于保障法官的判决与案件事实达到最大程度的契合。正如台湾地区学者林山田所言："在此密集原则下，可促使法官在对其审理诉讼客体内容记忆尚极清晰时，即行判决，一方面可及早结案，另一方面亦可以免因中断后，续行审理时，因为法官对于诉讼客体已是记忆模糊，而未能作出公平合理之判决"。

2. 当庭宣判有利于实现程序公正

评价一项程序公正与否的标准有很多，其中一项非常重要的标准就是案件的实体结果是否是经由程序本身得出的。如果允许法官在庭审结束多日甚至数月之后才作出判决，很容易导致一些非正当因素在庭审结束后、法官作出裁判前的阶段对法官施加不当的影响，使法官的裁判不是建立在法庭审判阶段所出示的证据、认定的事实的基础上，而是建立在与案件本身无关的一些因素的基础上。在我国司法实践中，司法领域的行贿受贿、徇私枉法等问题的发生与当庭宣判没有得到有效的贯彻是有着紧密关系的。退一步而言，即使没有不正当因素对法官裁判施加影响，或者说法官能够有效抵御各种不正当因素的干扰,但法官在庭审结束多日甚至数月后才作出判决,这一事实本身就很容易使当事人和社会公众对司法产生不公正的印象。反之,如果严格实行当庭宣判,法官在评议结束后立即宣告判决,不仅有利于杜绝各种不正当因素在庭后、庭下对法官的裁判活动施加影响,而且有利于使当事人和社会公众确信案件的实体结果是经由法庭审判活动本身产生的,这对于彰显司法的程序价值无疑具有非常重要的意义。

3. 当庭宣判有利于提高诉讼效率

法庭审判由庭前准备、法庭审理、评议和宣判三个阶段构成。因而,法庭审判时间的长短主要由这三个阶段时间的长短决定。庭前准备阶段主要包括组成合议庭、送达起诉书副本、通知和传唤诉讼参与人出庭、公告等内容,通常情况下,所需要的时间非常有限。法庭审理阶段包括开庭、法庭调查、法庭辩论、被告人陈述四个阶段,就绝大多数案件而言,这四个阶段所需要的时间也非常有限。在庭前准备和法庭审理阶段的时间一定的情况下,审判阶段时间的长短,很大程度上是由评议和宣判时间的长短所决定的。而就评议和宣判阶段而言,法庭评议的时间又是非常有限的。在此情况下,法庭审判阶段时间的长短,在很大程度上取决于宣判所需时间的长短。因此,如果允许法官在庭审结束后很长时间才作出判决,将会导致法庭审判的总体时间也随之延长,以致降低法庭审判的效率,提高诉讼成本。

我国现行法律确立了民事判决的两种宣判制度,其中当庭宣判是法定的宣判制度之一。众所周知,我国的公开审判制度是由公开审理和公开宣判两部分组成的,公开审理是过程,公开宣判是结果,对一件普通的民事案件而言,尽管过程决定结果,但当事人及社会公众对结果(公开宣判)的关注远比对过程(公开审理)的关注为甚,这是因为公开宣判将最直接地表明法院对当事人诉讼请求的价值评判。而对作出判决的法院而言,公开宣判的作用虽远不及公开审理重要,但公开宣判却最终标志着案件审理过程的终结。因此,法院能否及时宣判,对于提高审判工作效率、缩短审限、增强审判工作透明度都具有重要的影响。但从目前的审判实践来看,当庭宣判并没有成为公开宣判的主流方式,特别是在适用普通程序审理的案件中,当庭宣判的比例更小,相反,定期宣判却成为一种主流的宣判方式而被广泛适用。然而,定期宣判的扩大适用暴露出了一些弊端:第一,定期宣判日当事人到庭率低。由于定期宣判是在法庭辩论终结后另择日期宣判,许多案件的当事人,特别是败诉方经过开庭以后,已经对案件的判决结果有所预料,定期宣判之日,常以各种理由不到庭,迫使法院缺席判决,然后公告送达判决书。这不仅增加了不必要的公告费用,而且延长了判决的生效时间。这是因为，依民事诉讼法规定，公告送达判决书的期限为60日，从公告期限届满之日起计算上诉期，这就意味着公告送达的判决书要比对席判决的判决书晚生效60日，许多被告就是通过这种办法"合理"规避法律，拖延时间以隐匿、转移财产，从而加大了执行判决的阻力。第二，定期宣判常常不适当地延长了案件的审理期限，弱化了合议庭的功能。如果是因为案件事实不清，证据有待查实而采用定期宣判则无可厚非，但事实并非如此，定期宣判往往是同合议庭职能的弱化和审判效率的低下联系在一起的。根据民事诉讼法的规定，合议庭评议案件实行少数服从多数的原则，即合议庭应当按照合议庭多数成员的意见作出判决。然而这一原则在审判实践中基本行不通，一方面是因为合议庭存在合而不议的现象，许多合议庭成员经过庭审，连基本案情都没有搞清楚，于是评议时发表的意见经常是无的放矢，这使得审判长不敢采纳其意见；另一方面是评议时发生分歧，出现不同意见，审判长、合议庭怕承担改判、发回重审的风险，将此案提交庭长、院长，由庭长、院长拍板定案。由于开庭后不立即宣判，加之现行法律又没有"定期宣判须于开庭后一定期间内进行"的规定，致使定期宣判一拖再拖，随着时间的推移，合议庭成员对案件事实日趋模糊，于是便第二次、第三次开庭，再加之等待时机汇报，案件超审限便很正常了。第三，定期宣判在更多情况下流于形式。名曰定期宣判，实际上是通知当事人前往法院领取判决书，既没有旁听公众，也不履行必要的程序，甚至法官根本就不宣读判决书，只让当事人在送达回执上签字后领取判决书即可。

定期宣判之弊端在适用当庭宣判时是完全可以弥补的。与定期宣判相比，当庭宣判具有如下功能：首先，当庭宣判有利于缩短审限，强化合议庭的功能。由于当庭宣判是在法庭辩论终结之日即作出判决，这大大缩短了合议庭的评议过程，它要求合议庭必须在短暂的休庭时间内快速作出判决，而且要做到判决准确、无误。这不仅省略了每个案件裁判权的行使都要经由的"合议庭合议、送庭长审核签发、提交审判委员会研究决定"等许多非庭审的审批环节，有效地克服了案件久议不决的现象，压低了审限，而且也强化了合议庭的功能，达到了"审"与"判"的结合，实现了"责"与"权"的统一。这为主审法官责任制的建立，乃至提高法官独立办案素质创造了条件。其次，当庭宣判有利于提高诉讼效率，减少诉讼成本。就民事案件而言，每增加一次开庭次数，就等于增加了一次诉讼成本。而法院的定期宣判等于在法庭辩论终结后再一次开庭，而此次开庭的功能却是单一的——宣判。从直观层面上看，当事人到庭要支出往返费用，合议庭成员到庭、使用法庭也会造成资源的浪费，而定期宣判支出的这些成本完全可以通过当庭宣判节约，因此，当庭宣判由于实行的是一次开庭即定结果,最大限度地节约了诉讼成本。再次,当庭宣判可以有效地缩短当事人的举证时限。我国民事诉讼法并未明确规定举证时限制度,审判实践中,在法院判决作出以前,当事人均可提交证据,这使得许多当事人利用上述规定"合理"规避法律以寻求诉讼外利益,在一定程度上导致了举证期限过长。如果提高了当庭宣判率,则可以缩短当事人的举证期限。这是因为,无论现行法律是否明确规定了举证时限,提出证据的时间应以不影响法院判决的制作为条件。证据是法院判决的依据,当事人必须在判决制作前提交才有意义,法院不能在判决作出后还收取证据,由于当庭宣判是在法庭辩论终结之日即宣告判决,等于将当事人的举证时限限定在法庭辩论终结前,这在很大程度上促使当事人在开庭准备阶段就及早准备好证据,否则极可能要承担败诉后果,无形中加快了案件的审结速度。"迟来的判决无公正",因为判决及时作出,诉讼及时终结,才充分体现了司法正义。而判决能否及时作出,取决于法官对案件事实的了解和熟悉程度,而庭审刚结束时无疑是最清楚的,经过一段时间,法官可能会忘记某些事实和证据。更何况,"案件拖得时间越长,则会出现更多的干预、说情,不利于法官公正独立地作出判决。而社会公众在旁听了整个庭审过程后,也希望尽早知道判决结果。当庭宣判还有利于增强社会公众的法律意识"①。

作为案件审理程序的终结,公开宣判是公开审判原则的重要组成部分。其中,当庭宣判制度是法定的宣判制度之一。与定期宣判相对,当庭宣判是指法院在审理案件的过程中,经过庭前准备、宣布开庭、法庭调查、举证质证、言词辩论、被告人最后陈述等庭审环节,在诉讼参与人没有提出调取新证据、通知新证人出庭作证或者申请重新勘验鉴定的情况下,独任审判员或者合议庭经过休庭合议,就已经查明的事实,比照现有法律的规定,当即向当事人及社会大众公开宣告裁判结果的法定判决形式。尽管相对于宣告诉讼纠纷的裁判结果,案件的审判过程更为复杂,并对司法裁判的终局确立具有决定性作用,但在判决结果中,法官对当事人是非曲直和诉讼请求的价值评判表现得更为直接,这使得当事人及社会公众在现实生活中给予了案件审判结果更多的关注。当庭宣判制度在现实执行过程中遇到较多阻碍,无法真正体现其在司法实践中的众多价值,在法制宣传教育方面未能达到预期效果。与此同时,各地法院盲目追求和攀比当庭审判率,将调解和撤诉案件也计算在当庭宣判案件之中,而调解和撤诉是与判决截然不同的结案方式,并不能承载当庭宣判所体现的众多价值。此外,为了实现当庭宣判,有的法官采取"先定后审"的办法。

① 马强:《当庭宣判制度研究》,《法学论坛》2001年第6期。

当庭宣判制度旨在推进审判进程，提高诉讼效率，体现的是对实体公正和程序公正的追求，涉及司法活动的方方面面，并能促使社会正义以看得见的方式实现。然而，在我国，"定期宣判的做法早已广泛普及，当庭宣判的情况却是凤毛麟角，这与众多宏观政策和微观制度的设计瑕疵密不可分，以至于目前的法治状况与公众预期相去甚远。当庭宣判制度提倡培育良好的审判习惯，避免庭审进程的过分拖延，最大限度地贯彻公开审判原则的要求。但是，由于行政化管理体制的约束，法院盲目攀比当庭宣判率带来的则是各种表面文章的大肆渲染和形式主义对策，法官片面重视效率而难以顾及公正的弊病也将贻害无穷。更为严重的是，在政治权力的强行干预下，当庭宣判的最大隐患在于'先定后审'这种传统审判方式的死灰复燃，并会导致司法部门根据虚报的统计数据做出错误的决断"①。

与西方国家严格奉行当庭宣判不同，我国完全颠倒过来：定期宣判成为通常做法，当庭宣判成为极少数情况下的例外。据统计，我国定期宣判的比例高达90%以上。笔者的实证调查证明确实如此，在问及"在您所处理的案件中，采用的宣判方式"这一问题时，96.9%的被调查者选择了"定期宣判"，仅有3.1%的被调查者选择"当庭宣判"（见表5—10）。此外，如果考虑到实践中当庭宣判的主要是适用简易程序审理的案件，那么按照普通程序审理的案件几乎百分之百是定期宣判。不仅如此，我国定期宣判拖延的时间还非常长。定期宣判成为一般做法，而当庭宣判成为例外，表面看来只是一个涉及审判程序的技术性问题，但实际上，这一问题又对我国司法公正的实现以及审判方式改革的成功造成了极为消极的影响。在某种程度上甚至可以说当庭宣判制度的缺失是导致我国审判方式改革归于失败以及司法公正成效不彰的一个重要原因。

表5—10　在您所处理的案件中，采用的宣判方式

选项	频数	有效百分比
当庭宣判	50	3.1
定期宣判	1588	96.9
合计	1638	100.0

"司法改革犹如积薪，需要一点一滴制度革新的累积。当下我国司法正义的实现与公众预期相去甚远，并非仅仅因为某一项或几项宏观性制度缺陷所

① 曹晟旻：《当庭宣判制度的困境及出路——以法院行政化管理体制为背景》，《天府新论》2013年第3期。

致,许多微观制度在细节设计上存在瑕疵也是导致我国司法改革效果不彰显的一个重要原因。当庭宣判未能得到应有重视,实践中定期宣判普遍化而当庭宣判成为例外即是这诸多弊病中的一例。"①

(四)判决理由缺失

为司法判决给出理由是国际法律界原则通识。判决要说明理由,在意大利从 16 世纪起,德国从 18 世纪起逐步确立起来。1932 年,英国大臣权力委员会提出了两项新的自然公平原则,其中第一个公平原则就是:无论处理争议的程序是司法性质的还是非司法性质的,争议各方当事人都有权了解做出裁判的理由。判决明确并给出判决何以成立的理由,这就涉及了一个司法判决正当性问题。司法判决本身是一种实然性的事实存在,司法判决的正当性则体现了人们的一种应然性的价值取向。向当事人、向社会公开判决理由,对自己判断的正当性予以说明,实现法院与当事人及公众之间的信息对称,是司法判决的内在逻辑要求、是法院的职责、是现代法治赋予法官的义务。勒内·达维德从历史和比较法的角度出发,指出"判决必须说明理由这一原则今天是极为牢固地树立了,在意大利,宪法本身就此做了规定。对于我们这个时代的人,这个原则是反对专断的判决的保证,也许还是作出深思熟虑的判决的保证"。说明理由是现代司法判决的灵魂,也是近年来我国司法改革领域的热点问题。

判决理由是指裁判所持有的合理根据,它包含了两个不可或缺的内容,一是判决中所根据的事实和适用的法律;二是支撑认定事实和适用法律的理由。其核心内容是针对案情,运用法律,分析论证各方当事人、代理人的诉辩主张是否成立,以及由此而产生的法律结果。人们期待司法公正,不仅期待法官公开判决,而且期待法官公开说明判决理由,对判决结果进行论证。曾有学者这样形容:"在司法领域中,裁判理由的停止就意味着法律本身生命的停止。"②判决理由是判决和判决文书的核心和灵魂,必须高度重视。

其一,充分说明判决理由,有利于让当事人服判息讼,降低诉讼成本。法治的目的就是运用法律手段维护公平和正义,使社会处于有序状态。当原有的权利与义务发生变化,新的争端和纠纷出现时,最终的裁决便是法律的调整,因为判决的意义既是对特定冲突作出法律上的解决,也是对公共利益的保障,既是合法的,也是合理的。然而,在具体的司法实践中,不少当事人在输了官司以后,对法院的判决不理解,不认同。究其原因,除了当事人文化程度或

---

① 瓮怡洁:《论当庭宣判》,《政法学刊》2005 年第 1 期。

② 谢晖、陈金钊:《法律:诠释与应用——法律诠释学》,上海译文出版社 2002 年版,第 53 页。

法律知识方面的欠缺外,法院判决文书格式化语言过多、针对性不强也是重要因素。判决文书讲法、讲理不充分,一般的当事人很难读懂,于是就按照自己的意愿上诉、申诉、缠诉。法律是神圣的、严肃的,判决一旦生效,即具有了强制执行力,这就是法律的权威。但是,权威不是简单地靠强制手段建立的,还要靠法律自身的力量和充分的说理来维护。当事人之所以到法院打官司,是相信法院是说理的地方。因此法院不仅要对案件作出判决,更要充分说明判决理由。这样,当事人才能心服口服,心甘情愿地接受判决,执行判决。

其二,充分说明判决理由,有利于提高法官素质,保证办案质量。案件的审理过程是一个严密的逻辑思维过程。法官只有对案件的事实、证据、所适用的法律以及它们之间的必然的逻辑联系梳理得清清楚楚,才能作出正确的判决。法官只有先说服自己,才能说服当事人。说明判决理由的实质就是法官将审理案件时的心证过程予以公开。整个案件的审理过程,并不是法官唱"独角戏",而是当事人和法律职业群体共同参与的过程。在这一过程中,法官、当事人、代理人和其他诉讼参与人就事实和法律的不同理解进行"对话"。法官必须在各方当事人的陈述中,甚至是在唇枪舌剑的辩论中敏锐地抓住问题的本质,并迅速进行推理、演绎、判断,最终寻找"可以被接受的答案"。而且法官作为社会正义的维持者,还要接受社会的监督,这就要求法官不仅要对整个案件予以充分审视,还要对立法者的立法精神和法律的价值取向给予深入思考。因此,公开说明判决理由,不仅在客观上保证了办案质量,而且对锻炼法官的理性思维方式和司法技巧有着积极的促进作用。

其三,充分说明判决理由,有利于向社会宣传法律,预防纠纷,构建和谐社会。司法判决的任务一方面是劝导争端、重新确立当事人的权利与义务关系;另一方面是以案说法,向社会普及法律知识。公开地、充分地说明判决理由正好可以起到这样的作用。社会公众对于同样的事实形成不同的意见完全是正常的。从法律规定的技术层面上看,某些条文本身也可能存在人们理解上的歧义空间。所以一份判决理由说明充分的司法文书,不仅可以让当事人心服口服,也可以让社会公众通过个案了解法律规定及其精神,了解哪些行为会受到法律约束,哪些行为会受到法律的保护,自觉调整和控制自己的行为,既维护自己的合法权益,又不侵害他人的合法权益,促进社会有序运转、和谐发展。

司法活动的一大特征在于书面性,全部审判活动最终必须体现为确定的裁判文书。因此,判决仅仅公正是不够的。因为"司法判决的任务是向整个社会解释、说明该判决是根据原则作出的、好的判决,并说服整个社会,使公众满意。法院说的以及它怎样说的同法院的判决结果一样重要"①。在当代,判决理由不仅被认为是判决书的核心和灵魂,也是判决结果正当化、司法合理化和法的妥当性的最重要指标。由此,判决理由成为我国当前裁判文书改革的重点也就不足为奇。总的来看,当前裁判文书中判决理由过简,法官的思维过程尤其是内心确信的形成过程基本上被省略了。取而代之的是不以证据分析为基础的干巴巴的事实叙述,流于千人一面、了无新意且毫无针对性的"本院认为"。判决理由不仅"过于简单,甚至缺少最起码的法律推理内容"。在当事人的主张与法院认定的事实之间、认定的事实与相应的证据之间、事实叙述与论证说理之间、说理与判决主文以及当事人的诉讼请求与判决结果之间,我们看不到有机的关联和内在的逻辑,判决结果的合理性也就无从谈起。

　　当前人民法院部分判决书说理性较差,体现在:"一是欠缺证据分析。不少判决书在叙述认定的事实之后,单列一段罗列证据的种类,用'以上事实,有……证据为证'或'上述事实,有当事人陈述及有关书证为证'等模糊方法完成证据论证。有的判决书连罗列证据也不完整,书写证据名称不规范,对哪些证据予以采信,哪些不予采信,分别系何方所举,理由何在,更是一无所涉,采信证据的合理性荡然无存,事实与证据之间的血肉联系也被完全割裂了。二是对案件事实只作结论式认定,欠缺事理和法理论证,使人难以明白这些事实结论从何而来,与原告诉称和被告辩称所主张的事实之间又有什么联系。三是在'本院认为'中或重复事实,或寥寥数语,而且不得要领,武断生硬。四是单纯引用某法某条作出裁判,却不见法条内容及适用理由。五是漏引、错引法律法条的现象不同程度地存在。六是对诉讼费承担只写结果,不说明任何理由。从说理应当达到的标准来看:一是说理欠缺针对性,导致判决书论理雷同,高度程式化,体现不出个案特点以及法官对该案案情涉及的法律问题的独特理解和把握。二是说理欠缺充分性。主要反映在:漏写判决理由,有的判决书对同一个问题本应阐述几点理由,但实际只说了一点或两点,其余的便弃置不顾;阐述理由不完整,有的判决书虽然意识到了阐述理由的必要性,但在论证时却蜻蜓点水,使人有语尽意疏、隔靴搔痒之感。三是说理欠缺逻辑性。说理上下文之间联系不紧,衔接松散,甚至前后矛盾,无法一致。四是说理与证据、事实脱节。有的判决书中前面认定的证据、事实并没有合乎逻辑地得出'本院认为'的分析结论,而后面的综合说理中所提到的作为论证前提的证据和事实,在前面的证据和事实分析中却没有出现过,使人有不知所云之感。"②

　　在司法层面,大量二审判决书是对一审判决书内容的复制,有的甚至文

---

　　①　宋冰:《程序、正义与现代化》,中国政法大学出版社 2000 年版,第 303 页。

　　②　何良彬:《论判决理由》,《人民司法》1992 年第 12 期。

字、标点和内容错误都照抄不误。以刑事案件为例：二审判决抄录一审判决，一审判决抄录一审公诉文书，一审公诉文书抄录公安侦查材料与起诉意见书，公安的材料主要抄录犯罪嫌疑人和其他证人的口头供述。判决"在事实方面的认定"最后实际上抄录的主要是口供。因此，口头语、污秽不洁的言辞、错别字、文字语法不通、糟糕的逻辑充斥在判决的事实叙述中。可见，法官、检察官和书记员在这个"口头—书面"转接的过程中没有发挥主动性，更没有起到法律专家应有的筛选、审核、归纳以及法言法语转化的作用。

"在法学教育层面，法学本科教育也忽视了对判决理由写作方面素质的养成。1. 尽管我国各大高校的法学院普遍开设了法律文书课程，但是，第一，法律文书课程无法与实体法课程的重要性程度相比；第二，判决书和判决理由又只是众多文书类型中的一类，与其他法律文书比较并没有什么特别的优势可得到法学院师生的青睐；第三，多数师生认为判决乃至判决理由只是个技术问题并且还是最细枝末节的技术问题，没有多少理论含量；第四，在司法实践中，法律文书多有现成的格式套用因而不必太过于关注。2. 缺乏语言训练和逻辑学方面的课程。这对于文科学生而言是不可弥补的欠缺。3. 法学院本科生考试内容也不以此为重点内容，从来不考判决书的制作和判决理由的阐述，因而很少接受这方面的训练。4. 作为法律职业资格的司法考试对此内容也没有太多兴趣。"①

在国家（法院）与判决理由的关系结构中，法院作为国家的代言人与判决理由形成了一种特定的关系。法院试图通过判决理由形式把国家的法律、政治意识形态、道德和文化精神输入社会，以便使国家与社会实现价值上的沟通和交流，并最终达到相互理解的目的，而判决理由以文字符号形式为国家提供了充分表意的场地。在司法过程中，法院在每个判决中都将国家意志不断地输入判决理由，这些判决理由又随着公开审判活动向社会传播。这样反复的互动，对于国家来说判决理由就产生了一种功能，我把它称为沟通功能。如果判决书缺失理由部分，这种功能便无从产生，国家与社会的信息交流就发生了障碍，所谓法的统治（rule of law）将无法实现。因为，法治不仅是国家与社会的一种物质交换过程，更重要的是一种精神交流过程，只有物质交换与精神交流双向良性互动，才可以称得上是真正的法治。也就是说，法治不是一种强制，而更重要的是一种理解。在社会与判决理由的关系结构中，社会与判决理由不断互动，形成了一种特定的关系。从权利角度讲，社会需要判决理由是知情权的表现。从社会学角度看，判决理由又是一种社会参与行动。因为，民主

---

① 李滇：《论判决理由的价值本位——从社会主义法治理念出发》，《行政与法》2012年第1期。

社会要求人人都应有平等参与的机会。"当事人应能富有影响地参与法院解决争执的活动。这一原则体现在到法院出口气的普遍观念中。倘若某人不能参与诉讼,那他就被剥夺了到法院出口气的机会。这一原则有助于解决争执,因为能参与诉讼的当事人更易于接受判决,尽管他们有可能不赞成判决,但他们却更有可能服从判决。"判决理由展示了法官认定当事人参与诉讼的内容和程度,也为当事人了解司法过程提供了窗口。这样,通过判决理由,社会与国家就实现了某种沟通,判决理由的沟通功能便因此而产生了。"沟通功能既是判决理由的现代功能,又是一种应然功能。它已在民主化和法治化程度较高的国家变成现实并正在发挥作用。沟通功能是一种应然功能,说明它又是一种理想的功能,它代表了判决理由功能的方向,更多地表达了人类一种美好的愿望。然而,在今天的世界上,判决理由仍然或者主要还是承担着统治功能或工具功能。不管怎样,沟通功能应是判决理由的基本功能或核心功能。"①

《中共中央关于全面深化改革若干重大问题的决定》指出:推进审判公开、检务公开,录制并保留全程庭审资料。增强法律文书说理性,推动公开法院生效裁判文书。由此可见,法院生效裁判文书之公开的要求是"说理性增强"。《决定》为我国司法公开工作之推进提供了宏观的规则指引。

当庭确证是司法公正的核心,裁判依据公开是司法公正的重要内容,自由旁听是司法公正的重要因素,而当庭宣判则是一项原则而非例外。司法公正价值的真正贯彻且能触及实质,上述机制必须经由法律规范确认。唯此,司法公正才有可能在具体实践中取得实效。

《中共中央关于全面推进依法治国若干重大问题的决定》指出:"推进以审判为中心的诉讼制度改革,确保侦查、审查起诉的案件事实证据经得起法律的检验。全面贯彻证据裁判规则,严格依法收集、固定、保存、审查、运用证据,完善证人、鉴定人出庭制度,保证庭审在查明事实、认定证据、保护诉权、公正裁判中发挥决定性作用。"《人民法院第四个五年改革纲要(2014—2018)》亦强调:"要建立和完善以庭审为中心的审判机制,有效发挥审判对侦查、起诉的制约和引导作用,确保司法公正。"

所谓"庭审中心主义",是指审判案件以庭审为中心,事实证据调查在法庭,裁判结果形成于法庭,全面落实直接言词原则,严格执行非法证据排除制度。它是一种指导思想,是一种司法原则,是一种没有外在固定形态的价值追求。法庭的庭审活动,不仅是人民法院行使国家审判权的重要手段,也是当事人行使诉权的重要环节,同时是诉讼参与人行使诉讼权利和履行诉讼义务最

①　胡桥:《判决理由的概念和功能》,《浙江省政法管理干部学院学报》2001年第6期。

集中的场合。因此,庭审活动是法律关系中所有诉讼主体集合性的诉讼活动。我国传统的审判模式是多数大陆法系国家所采用的"裁判中心主义",将法院的职责划定为判断起诉的事实是否真实、核实查证案件事实的手段、制定运用法律的标准以及最后作出公平的裁判。因此,在裁判中心主义主导下,双方当事人以及诉讼参与人在诉讼过程中享有的权利义务,法律规定的调查取证程序,则显得没有那么重要了。而"庭审中心主义"则与之相反,不仅会极大地调动当事人的诉讼资源和积极性,且为双方当事人确立相应的诉讼规则(特别是证据规则),极大地彰显法院公正中立的角色和地位。

深化以庭审为中心的意识,体现了一个庭审活动由虚到实的过程,使庭审逐步走向实际的发展过程。在法治环境尚不成熟时,程序公正难以得到充分体现,部分案件的庭审程序流于形式。而落实庭审中心主义原则,意味着庭审活动被认同是诉讼活动的终极体现。只有庭审活动受到高度重视时,才能真正通过庭审这样一个公开、正当的合法程序来达到实现司法公正的最终目的。

三、案件执行障碍与失信被执行人名单制度

"民事执行难可分为广义的执行难和严格法律意义上的执行难。广义的民事执行难,是指生效裁判进入执行程序却未能在合理期限内执结。这类执行难多是由于当事人无财产可供执行而被迫中止执行或者终结执行,这已经不是难以执行的问题,而是根本无法执行。换句话说,这类执行难案件的执行系自始不能问题,是执行程序必须停止的问题。严格法律意义上的执行难是指那些被执行人有执行能力,但因各种原因,如当事人躲避、抗拒执行、外来因素干预执行、法院执行力量不足等而加大了执行难度,延长了执行周期,使债权人原本能够及时实现的权利迟迟得不到实现。"[①]

"自20世纪80年代起,我国出现的'执行难'就已经逐步演化为社会的热点问题和人民法院的难点问题。"[②]虽然,现阶段经各级人民法院广大干警的多年努力,在社会各界的大力支持下,"执行难"问题在一定程度上有所缓和,但是面临的形势仍很严峻,执行期限长、执结率低、执行成本大等难题仍没有得到很好的解决,与广大群众的期望相差还很远。案件的执结率低,直观地反映了执行工作的现状不容乐观,"执行难"的问题仍然十分严峻。在样本调查数据中,当提及"您所在法院存在'执行难'问题吗?"这一问题时,答案令人震

---

① 王运慧:《民事执行难问题的原因与对策新探》,《中州学刊》2009 年第 5 期。
② 童兆洪:《关于执行理论与制度创新的若干思考》,《人民司法》2006 年第 4 期。

惊,100%的被调查者均认为"存在执行难"(见表5—11)。而在问及"您认为当前是否存在'执行乱'现象"这一问题时,只有14.5%的被调查者认为"不存在",选择"偶尔存在"、"少量存在"、"普遍存在"、"大量存在"的被调查者分别占42.5%、22.8%、15.1%、5.0%(见表5—12)。显然,我国执行中的问题,不仅是"难",而且"乱"。"执行难",究竟难在哪里? 概括地说,突出表现在以下四个方面:一是被执行人难找,二是执行财产难寻,三是协助执行人难求,四是执行财产难动。从样本数据来看,在提及"您认为当前中国'执行难'的原因主要有?"这一问题时,选择"被执行人难求"、"执行财产难寻"、"协助执行人难求"、"应执行财产难动"、"执行力量有限"的被调查者分别占11.9%、10.3%、29.9%、25.9%、22.1%(见表5—13)。由此可见,造成"执行难"的原因是多元的。造成"执行难"的原因归纳起来,主要有以下几个方面:

表5—11　您所在的法院,存在"执行难"问题吗?

选项	频数	有效百分比
存在	1638	100
不存在	0	0
合计	1638	100

表5—12　您认为当前是否存在"执行乱"现象
(括号里为"难以执行"的案件占总案件数的百分比)?

选项	频率	有效百分比
不存在(0%)	181	14.5
偶尔存在(10%以下)	530	42.5
少量存在(20%以下)	285	22.8
普遍存在(20%—50%)	189	15.1
大量存在(50%以上)	63	5.0
合计	1248	100.0

表5—13　您认为当前中国"执行难"的原因主要有?

选项	频数	有效百分比
被执行人难找	332	11.9
执行财产难寻	287	10.3
协助执行人难求	835	29.9

选项	频数	有效百分比
应执行财产难动	724	25.9
执行力量有限	618	22.1
合计	2796	100.0

第一，立法上的疏漏与滞后。在我国民事诉讼的理论和实务界，历来有重实体轻程序，重审判轻执行的现象，民事执行历来是法学方面的薄弱环节，理论论述不足，实践重视不够，尤其是没有充分认识到审判与执行之间指导理论上的重大差异，往往简单地将审判原理强加给执行。理论上的先天不足，造成了立法上的疏漏，使民事执行制度严重滞后于执行实践，造成了"执行难"的现状。如现行的《民事诉讼法》仍按传统的理论将执行工作理解为审判工作的延伸，没有硬性规定人民法院要成立专门的执行机构或组织，更没有明确执行权是区别于审判权的一项独立司法权。

第二，相关体制的束缚。执行工作本身并不是独立的，与其他一般性工作相比较，执行工作与外界的联系很多，很密切。要做好执行工作，必须要有完善的配套制度和措施，要得到方方面面的支持，要有一个良好的社会执法环境。但是，当前的一些体制严重制约和阻碍了执行工作的有效开展，表现在：一是用人体制方面的制约。受行政机构精简的影响，一些地方政府认为法院的人员编制也要相应减少，更不支持法院工作人员增编，致使法院进人难。在人手不足的情况下，一些法院的领导受重审判轻执行思想的影响，在人员的定岗上明显偏重于审判，甚至将业务精、素质好、工作能力强的人员优先安排在审判岗位上，而对执行工作冷眼相看，致使执行力量不足，队伍战斗力差。二是财政体制方面的制约。执行工作需要大量投入物力、财力，一些地方政府为发展经济，启动大量的建设项目，致使地方财政紧缩，不再增加甚至克扣对法院的财政拨款。有的政府领导认为执行工作成本大，不划算，不必急着办，以经济效益的标准来度量执行工作，致使执行工作缺少物力、财力上的应有保障。三是部门间制度上的抵触冲突。如执行人员到税务部门调取企业的财务会计报表，以查明此企业的经营状态，但一些税务部门的工作人员以保守企业的经营机密为由，拒绝提供财务会计资料，不配合执行人员的工作，等等。相关体制不协调不配套，在一定程度上制约和阻碍了执行工作的开展。

第三，地方和部门保护主义作祟。有些领导出于地方或部门的利益，无视法律的尊严，不支持不协助法院，尤其是外地法院的执行工作，甚至采取各种手段刁难执行人员，阻碍执行工作的进行，有的竟以身试法，通风报信，指意所辖的单位或下属人员隐藏、转移财产,逃避债务。

第四,执行体制不健全。我国执行体制的设定不够科学和规范。我国法律规定的执行机关是人民法院,而人民法院还掌握着另一项重要的权力——审判权,审判与执行的关系如何处理,一直没有得到很好解决。从"审执合一"到"审执分离",重审轻执、审执脱节的问题始终存在。法院内部审判和执行的协调配合不够完善,审判人员只考虑审判不考虑执行,导致部分执行案件先天不足,后期难以执行。样本数据显示的确如此,在提及"您所在法院是否建立了'审执协调机制'?"这一问题时,选择"已建立"的被调查者只占12.6%,选择"未建立"的被调查者却占39.5%,另有47.9%的被调查者选择了"正在建立"(见表5—14)。即便如此,在问及"您所在法院'审执协调机制'运行效果如何?"时,选择"运行良好"的被调查者也仅有22.8%,而选择"运行较差"和"运行一般"的被调查者合计占77.2%(见表5—15)。而执行人员又过分强化当事人主义,使得法院变成了申请执行人的讨债工具,且债权人不考虑交易风险,片面地认为法院判决的数额就是应执行到位的数额,否则就认为法院执行不力,法院因此替债权申请人承担了原本应由其自己承担的风险。

表5—14　您所在法院是否建立了"审执协调机制"?

选项	频率	有效百分比
未建立	491	39.5
正在建立	596	47.9
已建立	157	12.6
合计	1244	100.0

表5—15　您所在法院"审执协调机制"运行效果如何?

选项	频率	有效百分比
较差	165	14.5
一般	714	62.7
良好	259	22.8
合计	1138	100.0

第五,社会诚信缺失。诚实信用是确保交易安全的重要原则。目前我国的社会诚信制度尚未完全建立,现有信息过于分散和封闭,没有实现资源的共享,更没有建立起法院与银行、工商、地产等部门间的联动机制,导致诚信丧失、拒不履行义务的成本极低,如今已成为当今社会一个重要的社会问题。诚信缺失造成执行困难,形成了不良的"欠钱的是大爷"的民间传统,具体到实务当中,一些当事人一方面有债务没履行,另一方面还贷款买房、出境消费。社

会信用监督体系不够健全，对于不履行债务的债务人缺乏有效的监督和制裁，这都助长了失信观念和行为的滋生和蔓延。社会诚信机制缺失也是造成民事执行难的一个重要原因。在严格的信用机制中，一个公司、自然人在履行合同义务、缴纳税负、偿还债务、履行生效裁判所确定的义务等活动中是否诚信、是否全面真实地履行了自己的义务，这些情况都是作为重要的信用信息被记录和保存的。信用状况不好的自然人或公司难以在市场中获得立足之地，也难以在社会生活和政治生活中获得良好声誉，其就业、升学、生产、销售等都会深受影响。信用机制对各类市场主体产生了强大压力，迫使每个公司和自然人都视自己的信用为生命，督促自己积极、全面地履行各项法定义务。然而在我国，社会信用机制还很不健全，既没有有效的信用调查机制，也没有市场主体的信用记录机制，市场主体没有足够的压力和动力去培育自己的良好信用，一些信用状况较差的公司、自然人的信用情况得不到及时披露，它们仍然活跃在市场上，第三方因不知情而仍然与之进行交易。信用机制不到位，就必然增加交易风险，刺激经济纠纷大量产生，给当事人恶意拖欠债务甚至故意逃避债务带来可乘之机，造成很大一部分案件执行难。

第六，监督体制不完善。我国现行的执行监督体制不完善，缺乏对于执行工作的有效监督和制约，这导致在执行过程中执行难、司法腐败现象时有发生。人民检察院是我国的法律监督机关，我国法律赋予了人民检察院对于未生效的判决、裁定的法律监督权及抗诉权，但在执行领域，检察院的法律监督仍几乎是一片空白。另外，关于外部组织对于执行的法律监督，人大、党委、纪委、政法委等职责不明，缺乏统一的规定。

"我国出现'执行难'的问题，与社会法律意识较差，公民法制观念较淡薄、领导层未引起充分重视、司法改革滞后、对策措施跟不上等主客观诸多原因有关。'执行难'的问题不是一时突发的，也不是短时间内所能简单地归咎于某个部门或归责于某几个方面，是诸多消极的、落后的、不利的因素糅合在一起产生负面反应的'综合症'。"①

法治文化缺失。在成熟的法治文化氛围中，司法具有崇高的权威，社会民众都以尊重法院裁判为理所当然的选择，都以服从并自动履行法院裁判为十分光荣的事情，而以蔑视司法裁判、逃避履行法律义务为十分可耻的事情。我国有着漫长的封建社会历史，长期以来形成了浓厚的人治文化和相对淡薄的法治文化，"法律至上"的信仰还没有在全社会形成，"以守法为荣"的观念和习惯还没有普遍培养起来，这在一定程度上阻碍了法院执行工作的顺利开展。

---

① 黄永春：《试论"执行难"的成因及破解》，《法治研究》2008 年第 11 期。

当然,法治文化的培育不是一朝一夕或是建立两三个制度就能完成的,而是一个细水长流、慢慢渗透和浸入的过程。一旦法治文化在我国培育成熟,执行工作肯定不再是难题。

民事执行是司法制度的重要组成部分,是审判确定的权利义务最后实现的阶段,是将发生法律效力的判决、调解、裁定等法律文书付诸实施,当事人合法权益得以实现的阶段。一旦发生法律效力的判决、裁定等法律文书不能或不能完全得到执行,将会直接关系到国家法律的尊严和当事人合法权益的实现。因此,民事执行所面临的困难不但拷问每一位司法工作人员,而且叩问社会上的每一个主体;解决民事执行难问题不仅是司法工作人员的努力目标,更是社会公众的奋斗方向。当前我国民事强制执行措施不能单纯着眼于个案标的的实现与个案债权人利益的满足,而应立足于社会信用体系构建的大背景,寻求个案目标实现的同时,更能在无数个案成功的基础上促进民众树立诚信守约的行为准则以及强化诚实信用的法治意识。失信被执行人名单制度的产生、发展与建立都扎根于各级法院多年来的执行实践与经验,个案的成功、民众的接纳、债务人的恐惧都成了被执行人信息公开措施得以制度化的重要因素。

公布失信被执行人名单制度是执行法院在查明被执行人有能力履行而拒不履行生效法律文书之后,依法将失信被执行人及其相关信息录入失信被执行人信息查询平台,并可根据实际情况,将该名单通过报纸、网络等方式向社会公布;且将名单信息向政府部门、事业单位及行业协会等通报,相关单位可依法在行政审批、融资信贷以及市场准入等方面,对失信被执行人予以信用惩戒的一系列规范准则。最高人民法院于2009年3月建立全国法院被执行人信息查询平台,2013年10月,《关于公布失信被执行人名单信息的若干规定》(以下简称《若干规定》)生效实施,我国从此建立了具全国性、可操作性、信用惩戒意义的公布失信被执行人名单制度。在具体实践中,该制度已经明显起到了惩罚信用缺失、树立司法权威、维护社会诚信的作用。

在当前法治环境下,执行制度已经不仅仅是一项司法制度,更是一项关系社会公平正义的公共福利制度,对其他社会制度的完善有着积极的助推作用。作为应运而生的时代产物,失信被执行人名单制度不仅是一项执行制度,更是一项社会制度,在其司法功能之下还蕴藏着助推我国社会信用体系的建立与完善的巨大能量。

第三节　司法运行的河北探索

司法公正是维护社会稳定的重要环节和手段，也是社会公正的最后一道防线。自 1999 年人民法院第一个五年改革纲要算起，弹指一挥十余载过去了，中国司法迎来了它的新一轮改革，其时间表和路线图也正渐渐清晰。可以肯定的是，接下来的几年是中国司法改革向前迈进的重要时期，此番改革的成果也将对我国的法治建设产生深远影响。党的十八届四中全会以"依法治国"作为主题展开专门讨论，并通过关于全面推进依法治国若干重大问题的决定，昭示着党欲全面推进依法治国，建设法治国家的紧迫心情，让每一个关心国家前途和命运的人对国家的未来充满了新的期许。但对于中国这样一个人治传统十分久远的国家来说，依法治国是一项艰难事业。当前，司法运行的现状已经使其成为困扰依法治国的瓶颈之一，因而，司法改革作为各项改革之首也就不足为奇了。

毋庸置疑，当前司法改革的推进规模和力度前所未有，未来也必将取得巨大成果。针对司法运行中所面临的案件立案难、公正审判难、执行难等问题，人民法院当前推行的立案登记制、庭审中心主义、执行联动等相关改革，均是解决上述问题的有效举措。但中国的问题极为复杂，司法改革在短期内即取得"根本性胜利"并不现实。由此看来，"利益触动"较小的改革措施恐怕更有利于取得立竿见影的效果。在法院信息化建设日益成熟的今天，面临司法运行各环节阻滞之现状，利用信息化推动法院改革不失为有效的因应对策。

一、法院信息化建设的一般理论

信息化随着信息技术的飞速发展而产生，信息化程度已成为衡量一个国家综合国力的重要标志。法院置身于社会进步的洪流中，不能逆势而动、停滞不前，只能遵循事物发展的客观规律，顺势而为、"量体裁衣"，打造符合自身特色的信息化工作模式。法院的工作职责是执法办案，化解矛盾纠纷，促进社会和谐稳定。随着经济社会的快速发展，案件急速增长，公正与效率之间的平衡愈发难以驾驭，法院工作面临严峻挑战，因此，需要借助一些手段、工具和方法来优化流程、提高效率，以确保公正和效率。信息技术的迅猛发展，为法院信息化建设提供了可供选择的硬件、软件资源，准备了充分的客观条件。同时，法院所占有的公共资源需要与社会其他资源共享、互动、对接，在外部环境已悄然发生信息化变革的大背景下,法院如果仍坚持纯手工的办案模式,在与其他社会资源对接时,传统模式与信息化模式之间的信息资源转换将增加大量社会成本,背离了社会发展的趋势和潮流。因此,司法产品的生产过程必须要经受信息技术的洗礼。

从20世纪90年代开始,特别是2000年以后,法院案件数量呈现出大幅增长趋势,而办案法官远远无法跟上案件增长的步伐。与此同时,传统办案模式的效率潜力有待进一步挖掘,短期内难以满足案件数量增长的需求。在无法消减案件数量的前提下,法院只能从管理模式、办案方式等方面寻求突破路径。信息化模式与传统办案方式相比,因借助先进的信息技术,可实现办案、办公方式与信息技术的融合,为工作效率提升提供了大幅增长空间。同时,法院的管理理念、管理模式也随着社会进步与时俱进,需要借助信息化手段才能更加迅速高效地贯彻落实、有效监督,法院发展也获得了更为宽广的平台。

(一)法院信息化的基本内涵

"法院信息化是以计算机网络硬件、软件平台为中心,以现代通信网络为载体,充分利用现代科技手段,实现人民法院信息的采集、制作、传输、发布、存储、利用手段的现代化,实现法院系统的信息资源共享,提高工作效率,确保司法公正。法院信息化的实现可以为我国社会主义法制建设提供司法信息服务。建设统一的,以审判为中心的人民法院信息化系统是人民法院信息化建设的中心内容。具体说包括两个方面:一是从工作层面上讲,人民法院信息化系统应当是以审判信息管理系统为中心的、包括人民法院其他各项工作的信息管理系统,这是人民法院各项工作实现自动化、智能化、规范化和科学化的技术平台;二是从技术层面上讲,人民法院信息化系统中应包括以计算机网络为中心,以现代通信技术为基础的各项应用技术,其中主要包括计算机数据库应用和管理系统,通信技术的应用和管理系统,近程和远程视频、音频应用和管理系统等,这可以为使人民法院的审判活动提供强有力的技术装备支持。"①法院信息化具体包括:

1. 工作机制现代化

信息技术的发展,正在改变着人们几千年来形成的信息传递方式、人际间的沟通方式和社会管理方式,并深刻地影响着社会生活和国家机关运作的方式。信息化不仅是办公手段和工作方式的简单变化,也不仅是原有业务的简

---

① 李瑞富、李润海:《法院信息化与法院发展》,《山东审判》2005年第3期。

单计算机化,更重要的是一个持续不断地运用技术手段改造传统工作模式和工作机制的实践过程,是对原有业务进行规范、合并与提升的过程。信息化的法院工作机制具有不可比拟的优势,使得工作更加协调一致。信息化能够解决标准化问题,使得法院对内对外具有一致的标准,便于信息的交流和共享。使法院工作流程具有一定的刚性,便于工作的贯彻和落实。建立信息化工作机制并不要求一步达到本质上的转变,可以从烦琐流程的删减、制度的规范、信息充分有效的共享等具体细节入手,使法院业务流程具有良好的可操作性、安全性和实用性。

2. 组织结构扁平化

信息化正逐步改变着人的工作模式和思维模式,这使得组织结构模式和管理模式也需进行相应调整。从实践情况看,传统的管理体制基本上是建立在韦伯的科层制理论基础之上的,是一种金字塔式的组织结构。在这种结构中,庞大的中间管理层所起的作用是上情下达和下情上呈。这种组织结构是信息通讯手段落后的产物。多层次的管理组织不仅减缓了信息的传递速度,还容易造成信息的过滤、堵塞、失真和扭曲。计算机等先进技术手段的普遍应用。能够实现工作流程的集约化、综合化、高效化,从而减小组织规模,使组织结构向扁平化发展。由传统金字塔式组织结构逐渐向网络式结构演变。组织的高层能与基层进行直接的协调和沟通。引发管理架构和运作模式的革命性变化。

3. 制度建设严谨化

管理的规范化。必须以科学、规范、严谨的规章制度作保障,并将制度落实到具体工作中去。信息化在制度建设方面体现了更强的系统性、多样性和创造性。它可以将先进的理念、严谨的系统理论融入制度建设中去。促进制度建设的科学化、系统化和严谨化。信息化在制度执行方面具有更强的客观性、高效性。它可以客观及时地反映规章制度的执行情况、执行效果和存在的问题。促进各项管理制度不断完善、合理和规范"信息化还具有更广泛的公开性和透明度,督促工作人员更加自觉地贯彻落实工作任务和要求"。

4. 评价标准科学化

激发干警的积极性和创造性。必须建立一套科学的工作评估机制和人员考核机制。科学的审判绩效评估体系有利于全面、客观、正确地反映法院的司法水平和运行效果,理性揭示司法制度的运行状态,对深化司法改革有着不可替代的作用。法院信息化为建立科学的审判绩效评估体系和评价机制提供了先进的技术条件。审判流程管理系统提供了丰富的信息资源。为建立审判绩效评估体系和评价机制提供了大量的数据依据,信息技术能够将先进的质量评估理念和科学的分析模型引入评估体系。使评估机制建立在科学、全面、公正的基础之上,信息技术高效、准确的特点可以极大地提高评估评价机制的及时性和准确性。

5. 实现公正与效率

"公正与效率"是法院工作的主题。信息化手段的运用可以为实现这一主题提供稳定可靠的技术支持和保证。一是信息技术的广泛应用能够促进司法公正。信息化可以提高学习能力、提高人员素质,信息技术把对工作过程的管理转变为对信息的管理,将先进的管理理论与信息技术紧密结合,形成稳定、统一的审判工作管理机制,实现工作机制的科学化、管理程序的规范化,提高了管理能力和管理水平。信息化提供了有效的监督控制手段。可以对审判过程、审判质量进行全面、客观、及时的监督、控制。信息化可以提供广泛的公开性和透明度,公开促公正、透明促公正。二是信息技术的广泛应用能够提高工作效率。自动分案、自动排期、审限控制、审判监督、法律文书自动生成等功能、办公及信息服务集事务处理、数据管理、信息发布、信息服务、学习、交流。所有这些都对工作效率的提高发挥了不可替代的作用。

法院信息化是为以审判执行工作为中心的法院工作服务的,这就决定了其不仅要具有一般信息化的基本特性,而且应当符合人民法院工作的性质,能够反映审判机关的行业特性:[①]

1. 广泛性

审判执行活动涉及许多的社会领域和工作生活的多个方面,在这个过程中所产生和收集到信息内容也非常广泛,内容包括案件的审理信息、当事人的个人信息、家庭财产情况、公司企业的信用状况、罪犯的犯罪记录等,牵涉刑事、民事和行政众多法律关系,信息资源十分庞大。面对大量的信息和不同的需求,法院信息化应用范围也需要不断地拓展,在把审判业务管理应用作为核心的同时,也要将法院政务管理、队伍建设、公共服务、司法监督等各个方面的信息化应用纳入到建设范围之内,尽可能地将先进的信息技术运用到法院工作的各个环节。

---

① 薄冰:《法院信息化的理论与实践探析》,硕士学位论文,山东大学法学院 2013 年,第4—5 页。

2. 公正性

公正是法律所追求的价值,实体公正与程序公正构成了司法公正的精髓。信息化的运用使审判和执行的各个环节按照程序的设定来进行运转,这就有效地减少了外界因素的干扰,促进了司法公正,例如,案件从原来的人工分案改为现在的由计算机随机进行分案方式,就避免了分案环节的人情关系和影响案件公正审判的情况;动态地跟踪监督案件从立案到审理、再到归档的全过程,根据流程和环节的不同,为院长、庭长、审判长和承办法官设置不同的审批和查询权限,确保了案件过程的实时监督;用信息化手段将审判信息进行公开,让群众参与到诉讼中来,接受群众和社会的监督,也可以有力的促进司法公正的落实。

3. 公开性

公开是公正的保障,随着群众对司法知情权、参与权和监督权的要求越来越高,法院积极推进司法公开的步伐,努力打造"看得见的公正",将其作为深化法治社会建设、增进公众对司法的认同的必要进程。信息化使得信息传播更快、受众面更广,成为司法公开的助推器。群众可以借助法院网站了解法院的工作信息,利用"微博"平台了解法院的即时动态,在网上进行裁判文书和被执行人信息的查询,观看庭审的网络视频直播,通过电子触摸屏查询案件进度和相关诉讼指南,更加直接地从司法公开中感受到司法为民的成果。

4. 便民性

"司法为民"理念所体现的就是要让司法更好地服务人民群众,便民是实现为民服务的主要途径,司法首先要能够方便群众,才谈得上司法为民。法院信息化把司法便民作为其一项重要内容,各地法院近些年来积极开发司法便民方面的信息化应用,尽可能扩大司法便民的领域,比如远程立案、网上缴纳诉讼费、远程提审、电子签章、案件信息查询、在线法律咨询等,通过这些信息化应用功能的发挥达到减少当事人的诉累、方便群众诉讼、降低诉讼成本的目的,使群众在享受司法服务的过程中充分感受到诉讼的轻便快捷。

(二) 法院信息化建设的发展历程

自 20 世纪 90 年代,人民法院信息化开始起步到现在,回顾这近 20 年的

发展历程,可大致划分为四个阶段:①

1. 启动阶段:从 1996 年到 2001 年底

1996 年,最高人民法院在南京召开了全国法院通信及计算机工作会议。这次会议之后,最高人民法院出台了《全国法院计算机工作"九五"计划纲要及 2010 年远景目标设想》、《全国法院计算机信息网络建设规划》等指导性文件;并制定了第一个《人民法院五年改革纲要》,其中《纲要》中就法院三级专网的建设和庭审记录、人事管理、档案管理等应用软件的开发提出了明确具体的要求;又在北京、上海等全国法院信息化起步较早,且具有一定基础的八家高级人民法院开展了建设试点工作期这一阶段由于计算机和网络设备价格较为昂贵,每个法院所拥有的计算机数量并不多,大多数法院主要集中在以单机应用为主,多进行文字处理、财务管理等简单的软件操作。只有信息化建设试点法院和个别发达地区先试先行的法院开始了法院局域网建设;并按照审判业务流程化管理模式与有关开发企业进行合作,共同开发了《法院综合信息管理系统》,但也只限于局部的探索,并未大面积展开和推广。2001 年,清华紫光受最高人民法院委托研究开发了反映审判业务运行情况的软件——《人民法院案件信息管理与司法统计系统》,并在全国范围内统一下发应用,该软件经过不断升级和完善一直沿用至今。

2. 展开阶段:从 2002 年到 2006 年底

2002 年,第一次全国法院信息化建设工作会议在山东召开。这次会议的召开标志着法院信息化工作全面展开。《人民法院计算机信息网络系统建设规划》和《人民法院计算机信息网络系统建设管理规定》等一系列规范性文件先后制定出台。各级人民法院按照统一的部署积极开展网络平台的建设,围绕着最高人民法院直至基层人民法院的三级专网和法院互联网网站开展建设;软件的开发和应用,尤其是《法院综合信息管理系统》在不断完善的基础上逐步在各级法院大面积铺开使用,各地法院根据各自实际工作的需求积极开发政务管理、队伍建设和公用服务等方面的应用软件,法院信息化应用在这一阶段得到了极大的发展;法院信息化建设制度不断完善,各级法院为规范信息化建设自行出台了一些制度、规定和标准以此加强应用与管理。2002 年,国内权威法律网站中国法院网正式开通运行,网站经最高人民法院批准,由人民法院报社主办。目前全国大部分法院依托中国法院网平台建立了法院互联网。

---

① 薄冰:《法院信息化的理论与实践探析》,硕士学位论文,山东大学法学院 2013 年,第 20—22 页。

网站平台现已逐步发展为全国访问量最多的法制类新闻网。它为公众提供了及时的新闻报道、详细的法院动态和大量的法律知识。

3. 发展阶段：从 2007 年到 2009 年底

《2006—2020 年国家信息化发展战略》这一涉及国家信息化长远发展的规划性文件的颁布，把法院信息化的推进工作列入到了国家信息化建设的"十一五"规划中。最高人民法院为加强信息化工作于 2007 年制定出台的《最高人民法院关于全面加强人民法院信息化工作的决定》，对信息化工作的指导思想、总体目标、主要任务和未来规划等一系列发展中的重大问题予以了进一步的明确，为人民法院的信息化建设与应用提供了政策依据。部分法院开始对已建成三级专网线路的带宽进行升级提速，以满足和支持大量数据、视频、音频的快速和高效进行传输的要求。新的法院信息化应用，如视频会议系统、数字化法庭系统、电子签章系统、数字化诉讼档案等，也逐渐开始普及应用。全国法院执行案件信息管理系统于 2007 年开始运行，各级法院将执行案件从立案、审查、执行到终结的每一个环节步骤以及采取的程序措施等相关信息及时录入到系统数据库中，这样有利于对执行案件信息进行统一管理和维护，也便于加强对执行工作的监督，确保执行的公开和公正，它也是为数不多的全国法院统一的信息化应用软件。

4. 完善阶段：从 2010 年至今

2010 年，最高人民法院申报的旨在推进法院信息化发展的建设项目"天平工程"经国家通过批准实施，自此法院信息化被提升到由国家推进实施的层面。"天平工程"是针对于法院审判业务的信息化建设项目，全称为"国家司法审判信息系统工程"。该项目由最高人民法院于 2007 年首先向国家发改委报送了《天平工程项目建议书》，同年 8 月，国家发改委为规范项目的审批程序，要求在项目建议书编制阶段组织项目的需求分析工作。自 2007 年 9 月至 2009 年 7 月，最高人民法院按照国家发改委的要求，用近两年时间开展了"天平工程"项目需求分析工作。2010 年底，发改委组织专家围绕工程项目建设的紧迫性、必要性、可行性和安全性对"天平工程"进行评审并顺利通过。2011 年，最高人民法院把大力推进该项目作为法院的一项重点工作在全国法院系统开始实施。"天平工程"的建设规模和范围涉及最高人民法院、32 个省级法院、300 多个地市级人民法院、3000 多个区县级人民法院。项目建设单位为最高人民法院，全国各级人民法院协同建设。项目建设内容涵盖了标准规范体系建设、司法审判信息资源建设、信息系统基础设施及支撑体系建设、应用系统及业务网门户系统建设、信息安全及运行维护体系建设等。项目建设任务是要在全国基本建成以审判执行业务管理为核心的网络平台及其他信息化基础设施,完善相关机制和配套体系,使各项法院工作的管理更加规范化和科学化,使便民为民的司法服务措施更加快捷和高效,为人民法院履行维护公平正义职责提供有力支撑。各级人民法院以天平工程的实施为契机,在信息化建设上更加注重对信息资源的整合利用与深度挖掘,搭建数据交换平台,建立案件信息数据库,部分省市法院已实现了上级法院对下级法院案件信息的查询;更加注重标准化体系建设,针对《法院综合信息管理系统》开发商之间标准不一致无法兼容的问题,要求各开发商做好数据接口,下发《人民法院审判法庭信息化基本要求》对数字化法庭建设进行规范;更加注重公开便民系统的应用,目前多数法院将除不宜予以公开的之外的裁判文书进行上网公布供公众查询,作为司法公开的重要内容,最高人民法院正拟建设裁判文书上网的统一平台,全国法院被执行人信息可在互联网上查询,建立了人民法院诉讼资产网能够及时全面了解涉案资产的拍卖情况。现阶段,各级法院正在稳步推进信息化建设的步伐,为法院工作科学发展提供强有力的科技保障。

(三)法院信息化建设的理论依据

当今中国,信息技术正以其极强的关联性和渗透性影响着司法活动的方方面面,司法公信力建设也面临着信息化所带来的机遇与挑战。一方面,以"科技兴院"为目标的法院信息化建设,有力地推动了我国法院系统的审判执行工作,不仅为广大法官带来了信息化时代应有的技术便捷和支持,而且正逐渐改变传统司法管理方式和审判方式,有力促进司法的公正、公开和效率。另一方面,信息化也让法院工作更多地曝光于民众面前,为司法公信带来了新的挑战。论坛、博客、微博等一系列自媒体平台让每个处于信息化时代的个体,都具备了可能影响司法的力量。较之于以往,信息化时代的"民意"给司法工作带来了更大的司法压力与风险。因此,在通过信息技术手段强化内部管理的同时,法院亦需要通过网络媒体平台及时、准确、全面地传递必要的司法信息,与案件当事人甚至公众保持必要的沟通。在某种意义上,加强法院信息化建设既是服务党和国家工作大局、实施国家信息化发展战略的必然要求,也是服务审判执行、保障司法公正廉洁高效的重要途径,还是服务人民群众、促进司法公开的迫切需要。法院的信息化建设将通过其在司法审判管理、司法人事管理、司法政务管理等方面的优势推进司法公正、公开和高效,进而提升司法公信力。具体而言,加强法院信息化建设的诱因在于:

1. 确保司法公正的需要

司法公正是人民群众最为关切的现实问题,也是人民法院工作不懈地追求。人民群众对法院的司法裁判总体上是认可的,但是也应当看到,实践中也存在着个别案件因为种种原因而出现裁判不公的现象,造成了人民群众对此反映比较强烈。法院如何通过对案件的审理让人民群众真真切切地体会到公平正义? 信息化手段用规范的程序化方式,以及对审判信息内容公开的过程为司法公正提供了坚实的技术保障,克服了法官裁判权高度集中的弊端,避免了群众因庭审不够规范,程序不够到位,作风不够严谨所造成的合理怀疑,能够有效防止"关系案""金钱案"和"人情案"问题的出现。

2. 推进司法公开的需要

当前,法院审判执行的过程和结果、裁判文书以及其他法院工作信息等公开透明程度都无法满足当事人和社会的需要。实质上,司法要获得群众的认可和信赖,就必须要有广泛的群众基础,司法的透明能够满足群众对公平正义的期待,从程序上保障了司法体制及其运作的公开透明。在实际审判实践中,外在的形象公正和程序公正往往比实体公正更容易被人们所感触到而备受关注。而要让人们充分感受得到这些,就必须增加公开透明度。强调司法的公开与透明就是要求,严格执法、认真办案,自觉地维护法律的尊严,使群众以看得见、听得到的形式了解和感受司法公正所在,建立对司法工作的信任感。因此,就需要推进审判和执行公开制度改革,探索裁判文书网上发布、庭审直播录播、网上公布查询执行案件信息等信息化公开形式,建立起覆盖范围更广、更加透明有效的社会监督和司法公开制度。

3. 解决日益繁重审判任务的需要

随着社会转型期矛盾和冲突的加剧,经济社会发展的利益多元化,人们法律意识和维权意识在不断增强,各项法律制度在不断健全完善,法院审理的案件在逐年增长,新类型案件不断出现,法官审判工作的压力也愈发繁重,法院"案多人少"的问题依然突出。目前,法院司法资源不足、案多人少、缺乏培训等现象越来越明显,职能作用的有效发挥与群众对司法需求的不断增长的矛盾成了法院工作面对的主要问题。信息化手段具有信息处理快速、查询方便快捷、流程化运行、客观公正等优势,它的运用改变了以往靠手工操作的传统工作方式,极大地提高法院的工作效率,减轻了法官的工作负荷,可以对司法资源进行合理有效的配置。

4. 提高司法效率的需要

"迟来的正义为非正义"这句话充分说明了效率是司法的价值所在和内在追求。法院的裁判不仅需要公正,而且需要效率,效率就蕴含在公正之中,矛盾纠纷应当及时的被化解,合法权益应该及时的被保护,司法的权威要由公正与效率共同来体现。法院信息化在为法官日常工作带来便捷,同时也大大地提升了司法的效率,确保了诉讼能够不被迟延的进行审理。例如,现在法院普遍使用的审判流程管理系统中都对审限设置了审限提醒功能,提醒法官正在审理的案件即将到期,应当抓紧时间审理;在延长审限的环节也设置了逐级申报、逐级审批的功能,以此加强了对审限的管理和监督,能够从过程监管中防止出现拖延办案、超期限办案以及"抽屉案"的发生。

5. 提升法官的司法能力的需要

随着我国经济社会的发展,各种利益互相交织、诉讼主体呈现多元化,法律关系更加复杂,法律制度机制尚不完善,新的法律问题又层出不穷,一定程度上造成了社会矛盾突出、纠纷冲突不断、治安形势严峻、利益难以平衡,给法院调处矛盾纠纷和保护当事人合法权益带来了巨大的压力和挑战,这些也对法官提高司法能力和水平提出了更高的要求和期待。法院信息化为法官司法能力和司法水平的提升搭建了平台,通过视频会议系统法官可以对案件开展讨论交流,有利于统一办案尺度和交流办案经验;通过互联网法官可以参加远程法律课程的培训,提升理论素养和业务技能;通过数字化法庭的运用法官可以随时查看书记员的记录情况、对各类证据进行展示,有效地控制和驾驭庭审。

6. 加强司法监督的需要

任何权力都要受到监督,法院的审判权同样也要受到监督才不会被滥用。尽管近年来法院司法廉政建设取得了很大成效,但是还存在廉政制度不落实、监督不到位的情况,违反法律规定,不严格按程序办事,暗箱操作的情况还或多或少的存在,甚至有的法院的领导和法官违纪违法,有的还受到刑事追究,因此,加强法院的司法监督十分必要。法院借助信息化管理强化内部监督,将案件的运行情况始终处于严密的监控之中,实现对审判过程结果和质量效率的全面、动态、及时监督;将审判信息进行信息化公开,置其于阳光之下,因为阳光是最好的防腐剂,由社会、舆论和群众进行外部监督,以确保司法公正。

(四)法院信息化建设存在的主要问题

提高科学化管理水平,必须加大法院的信息化建设力度,提高管理的科技含量。事实证明,人民法院信息化建设提升了管理水平,也提升了人民法院的形象。但是人民法院审判工作的特点,其管理不同于党政机关,客观要求建立一套具有司法特点的管理体系。由于长期以来,人民法院对法院管理研究不够,重视不足,使法院管理成为法院工作最薄弱的一环。因此,随着信息化建设的深入,先天不足的法院管理便又带到了法院现代化管理中,使法院信息化建设呈现出各吹各的号,各唱各的调,群雄逐鹿。纵观法院信息化建设,主要存在以下问题:①

1. 法院信息化建设带来"额外"的工作量与司法风险。这一问题对于一线司法工作人员而言,尤其突出。这是由法院信息化建设处于初级阶段所决定的。第一,法院的信息化系统近年才陆续建立,仍停留在需要海量录入相关信息的阶段。第二,许多法官刚刚开始接触信息化管理系统,对于相关工作机制的不熟悉和不熟练导致大量的重复录入和补充录入。第三,法院信息化系统客观存在的技术漏洞、跟实际工作脱节、程序瑕疵、操作烦琐等问题也增加了司法工作人员特别是一线法官与书记员的工作量。但这些均属于信息化建设初期难以回避的"阵痛",在信息化技术不断完善和信息化管理常态化之后,"额外"的工作量能够得到大幅消减。

2. 法院信息化的系统设计缺乏人本意识。信息化是手段,实际应用才是目的。为此,法院的信息化建设应当为当事人、公众和法官提供便利。然而,法院的信息化建设却由于缺乏人本意识而难以实现以上目标。具体问题有:第一,多数法院的信息化建设停留在内向型建设层面,旨在协助、规范"执法办案"以及完成必要的司法统计,缺少通过外向型信息化建设为诉讼当事人提供信息化服务的理念。第二,法院的内向型信息化建设往往停留在实现审执质效管理的层面,在"考核"指挥棒的指引之下,局限为构建烦琐复杂的考核指标体系,甚至仅仅是"为信息化而信息化"。第三,以促进"考核"为特色的内向型信息化建设有助于领导决策,但系统软件设计缺陷、操作界面欠缺人性化、系统耦合不足导致重复录入等技术问题使其难以获得一线法官、书记员的认可。再次,法院信息化建设未能与司法改革有效契合。成功的法院信息化建设应与司法改革相契合。然

---

① 卢荣荣:《司法公信力构建与法院信息化的结合——以 R 市中级法院实践为例》,《人民论坛》2014 年第 6 期。

而，多数法院的信息化建设与司法改革却是相脱节的。一方面，多数法院仅把信息化建设视为现行审判管理机制的功能需求，未认识到大的司法改革趋势对信息化建设的深远影响，从而导致信息化建设因缺乏前瞻性而很快落伍。另一方面，鉴于司法改革是一项持续推进的系统工程，是回应动态司法需求的制度总结和体制、机制调整。因此，缺乏前瞻性、融通性的信息化建设成果可能成为阻碍改革深化的技术性枷锁。

3. 重视信息化建设，经费困难制约其发展。信息化建设得到各级法院领导的重视，得到干警普遍认同是不争的事实。信息化建设是法院物质装备建设之一，需要投入大量的资金，除在建设初期要投入资金购买软件、微机、扫描仪、数码相机和打印机外，在局域网建成后，对网络的维护以及易耗品等的开支，都需要强有力的资金做后盾。然而，基层法院经费本来就紧张，要在有限的经费中拿出钱来用于网络建设存在相当大的困难，这也造成了部分已建局域网络的法院对网络的运行和使用的程度远远没有达到应有的要求和效果，使其对信息化建设的前景、作用失去信心，网络的作用也没有得到充分的发挥，信息化工作处于停滞状态。

4. 重视审判信息化管理，忽略执行流程管理。三大诉讼法对审判工作作了明确具体的规定，在信息化管理方面，人民法院或者软件开发商注重对审判工作流程管理，其可操作性也较强。由于执行工作流动性大，行政色彩严重，法律除对"执限"有规定外，对程序性的节点规定较少，流程管理的节点也难以设置。同时，执行工作难以量化，执行动态难以在信息化管理中得到体现，而且又涉及执行工作改革的方向。诸如，执行环节的分权制衡；对重大裁决的执行合议制；对变更、终止、终结等决定的执行听证制；拍卖、评估和执行财产分配的执行公开制等。由于法院对执行工作改革、发展的方向有待明确，开发商也不可能触及。因此，法院存在注重审判流程信息化管理，而忽视执行案件的流程信息化管理，使执行信息化流程管理处于相对落后阶段。

5. 重视审判信息化管理，忽略物质装备和人事管理。管理作为一门科学，在世界范围内早已兴起，在我国将管理作为一门学科来研究起步较晚。法院管理是法院工作最薄弱的一环。审判工作是法院的中心工作，重视审判管理是法院顺理成章的事。但是很多法院却忽视了法院管理工作还有人事管理工作和物质装备管理工作。在人事管理中，对审判人才的评价体系构建，审判人才创新机制的建立，惩戒机制的健全，大多法院尚处在探索阶段；在物质装备管理中，长期以来实行的是划拨报账管理模式。在市场经济体制下，法院存在重开源轻节流，重购置轻使用，重报账轻分析，重小额支出审查轻大项支出管理，重眼前轻长远等旧习。基于对法院管理工作认识不足，特别是物质装备和人事管理重视不够，能够形成科学的制度体系和管理模式的法院少之又少，使法院管理中审判信息化管理进步较快，开发力度较大，法院物质装备管理和人事管理相对滞后，甚至处于未开发利用的阶层。

6. 重视信息化建设，忽略与法院整个管理对接。法院信息化建设，是一个庞大的系统工程，并不能简单地以审判工作"网络化"作为法院信息化建设的标准。而应根据法院工作特点，以法院审判管理、人事管理和物质装备管理在网络上的运行程度作为信息化建设的标准，作为法院办公现代化的衡量尺度。这为管理者提出了较高的要求，一方面，管理要进一步公开透明，另一方面，管理要更为科学合理。同时，也对开发商提出了要求，开发商不仅要开发出符合审判规律的审判管理，又要根据不同的需求开发出符合法院实际的人事管理和物质装备管理，并实现网络管理与法院管理的对接。由于各个法院的管理思路不同，管理模式大相径庭，加之人事管理的复杂性和物质装备管理的烦琐性，开发商开发的《法院信息管理系统》软件，要完全适应各法院工作的实际，需要一个不断完善和修改的过程。

7. 重视信息化建设和管理，缺乏懂法律、懂网络和懂管理的复合人才。法院管理是一门学科，必须符合司法的特点。信息化建设是一门科学，必须符合科学规律。要把信息化建设与法院管理对接，就需要开发商熟悉法律知识，更需要法院有计算机管理专门人才，不仅要懂法律知识和电脑知识，而且还要懂法院管理，起消化和改进开发商开发的管理软件作用。随着法官职业化建设进程的加快，法官学习培训的机会相对增多，但是却忽略了法院专门人才——网管人员的培训，使起着媒介作用的网管人员知识单一。法院的计算机专业人员，大多是计算机专业毕业的，普遍缺乏法律知识，普遍缺乏对法院工作的了解和认识，缺乏法院管理的知识和能力，更不能有效地实现领导的管理意图。因而很多仅能起到对网络进行维护、硬件进行维修、故障进行排除的作用，缺乏将网络技术、法律和法院管理有机联结起来的复合型网络技术管理人员。

现代信息技术的充分应用和广泛普及对人类社会的各个方面都产生了深刻的影响，引发了社会运行方式和人们思维行为模式的改变，有力地推动着人类文明的进步和经济社会的发展。大力推进信息化，是当今世界发展的大趋势，成为了衡量一个国家综合实力和现代化水平的重要标准。世界各国目前都在致力于信息化建设，并将其作为实现自身长远发展的必然选择。我国把信息化确定为覆盖现代化建设全局的重要举措提升到了前所未有的高度,积极地在全社会推动信息技术的不断创新,信息产业的健康发展,信息网络的广泛普及,信息应用的推广运用以及信息体系的建立完善,努力向着信息社会加速转型。信息化的发展给法院工作带来了机遇和挑战,为人民法院充分发挥审判职能作用,提高法官司法能力和司法水平,解决有限的司法功能与人民群众日益增长的司法需求之间的矛盾提供了一种科学的方法和手段。法院信息化是信息化社会的必然要求,也是法院加强自身建设的需要,在法院工作中发挥着越来越重要的作用。近些年,各级人民法院大力推进信息化建设与应用,不断提高法院工作的科技含量,促进了审判方式、管理模式和工作方法由传统模式向信息化模式转变。审判流程管理系统、数字化法庭、电子卷宗、网上立案、裁判文书查询等各类信息化应用已被逐步运用到审判管理、司法政务、队伍建设、公众服务等法院工作的各个方面,提高了审判执行工作的质效,加强了法院规范化管理,促进了司法的公开透明,收到了良好的实效。

二、法院信息化运用的河北探索

(一)邢台市中级人民法院:技术引领下的司法信息化

邢台两级法院信息化建设秉承"六个统一"原则,即:统一规划实施、统一标准规范、统一硬件建设、统一软件引进、统一制度建设、统一培训应用。全市法院建成了硬件统一、软件统一、模式统一、运维统一的"审判管理网络化、庭审活动数字化、行政管理智能化、人事管理信息化、机关办公自动化"的信息化应用体系。

邢台中院在上级法院的指导下,提出了"五个百分之百"的信息化工作目标,即:庭审录音录像 100%、流程信息公开 100%、执行信息公开 100%、裁判文书上网 100%、电子卷宗同步生成 100%。邢台中院信息化建设以强化应用为中心,以应用促发展,以发展促审判,最终实现人机合一。

邢台法院信息化工作的核心由建在市中级法院的一中心、八平台组成,整合一百余套子系统。"一中心"即邢台法院集控中心,功能涵盖:审判管理指挥、庭审指挥控制、执行指挥、远程提讯、远程接访、视频会议、视频监控和数据库。"八平台"即流程管理平台、庭审管理平台、司法公开平台、数据管理平台、自动化办公平台、网络安全管理平台、绩效管理平台和微平台(见图5—1)。内容涵盖司法业务管理、司法政务管理、司法认识管理、司法公开管理。旨在规范审执行为,方便群众查询司法审判信息、满足社会公众司法知情权、参与权、表达权和监督权,提升司法公信力。

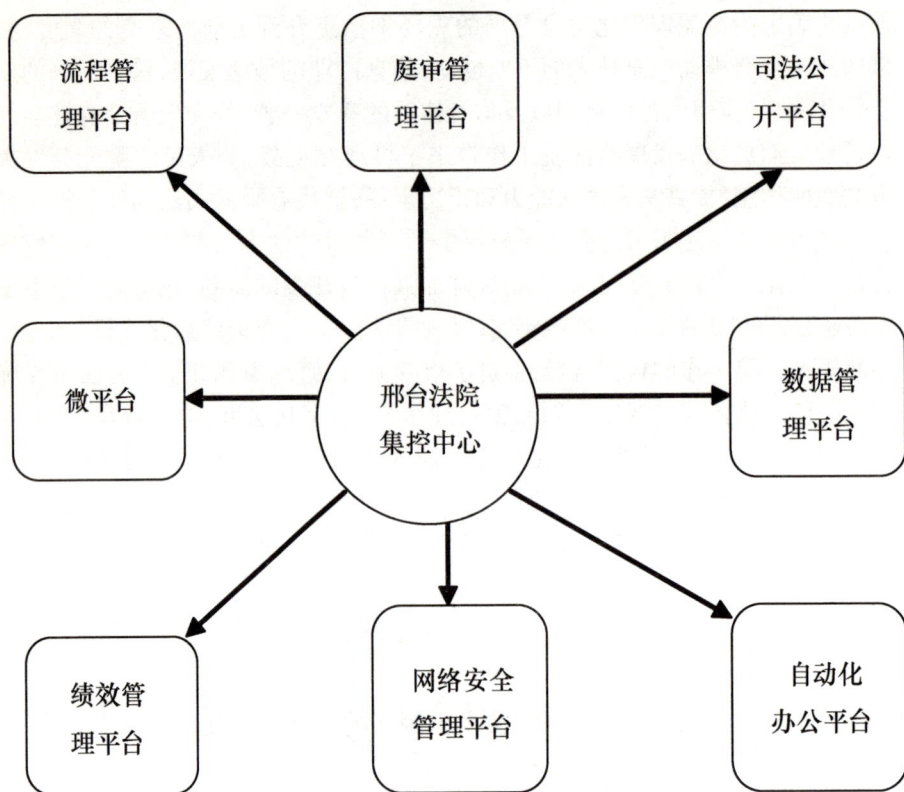

图 5—1　邢台中院信息化系统构成

1. 审判业务系统：全方位控制案件办理质量

　　审判业务系统符合 2009 年法标规范，满足最高人民法院质量检查规范，实现对案件审理流程中所有结构化数据与非结构化数据（电子卷宗、庭审视频）的全面记录管理，切实为法官办案提供更加直观、便捷、智能、准确的信息和应用支持。有效地促进了法院审判业务的规范和效率的提升，多维度构建立体式审判综合管理体系（见图 5—2）。

2. 审判风险防控管理系统：实时监控案件办理进程

　　传统的流程管理大多都停留在效率管理阶段。邢台市中级人民法院以前瞻的视角提出以质量管理为主的深层次管理思路，赋予流程管理新的内涵。以质量管理为核心规划了 5 个管理阶段 25 个流程管理节点，每个节点都有一套完整标准的作业流程与相应的自动风险预警机制（见图 5—3）。自主研发的审判风险防控系统，结合邢台市法院审判管理经验和信息技术，将 25 个节

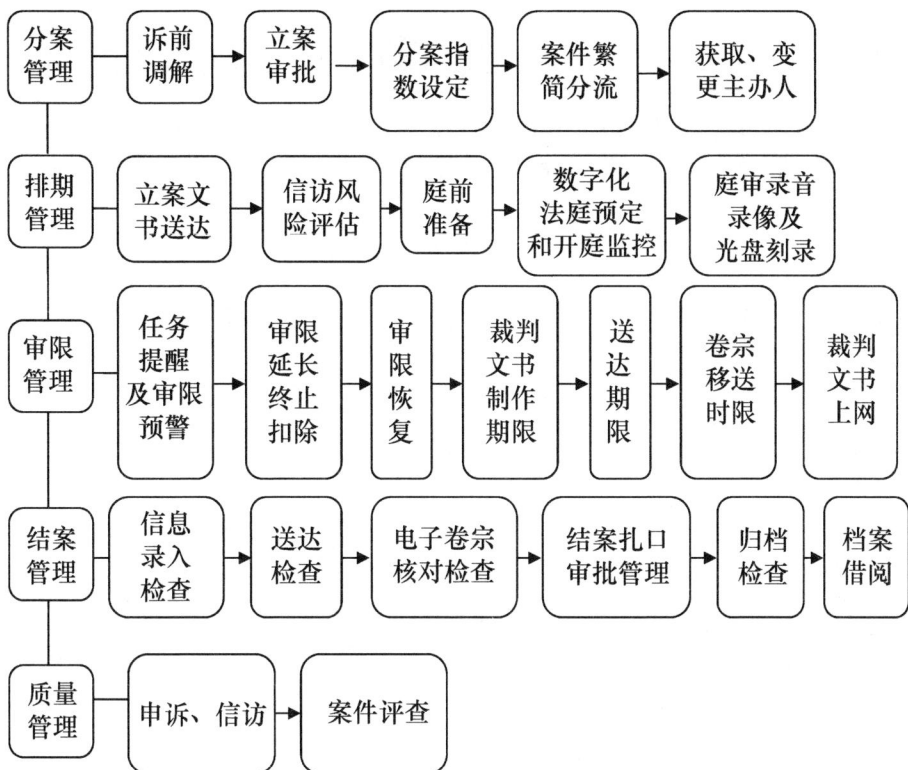

图 5—2 案件质量控制流程图

点细化为 125 个风险点,制定了标准作业流程,实现了法院审判管理"横到边纵到底",案件质量和效率自动化风险防控,在提高效率的同时,极大提高了案件质量。

3. 多系统综合运用:大幅度提升案件办理效率

(1)电子卷宗系统。运用电子卷宗系统成功解决了"合议庭同时阅卷、审委会提前阅卷、主管领导随时阅卷"的难题,从时间与空间维度解决了各类阅卷需要,电子卷宗广泛运用于案件评查、判前监控等工作,变事后纠错为事前监督。

(2)同类案件筛查系统。通过建设同类案件筛查应用系统规避诉讼风险、解决执行难题:避免重复诉讼、交叉诉讼;既是申请人,又是被申请人的关联执行;多申请人申请执行同一被执行人的公平分配;预防虚假诉讼;系列诉讼关注同案同判。

(3)法院司法文书系统。人民法院司法文书制作系统:本系统根据法律规定、裁判文书标准样式、裁判文书制作基本原理,结合法院实际业务需求,提供

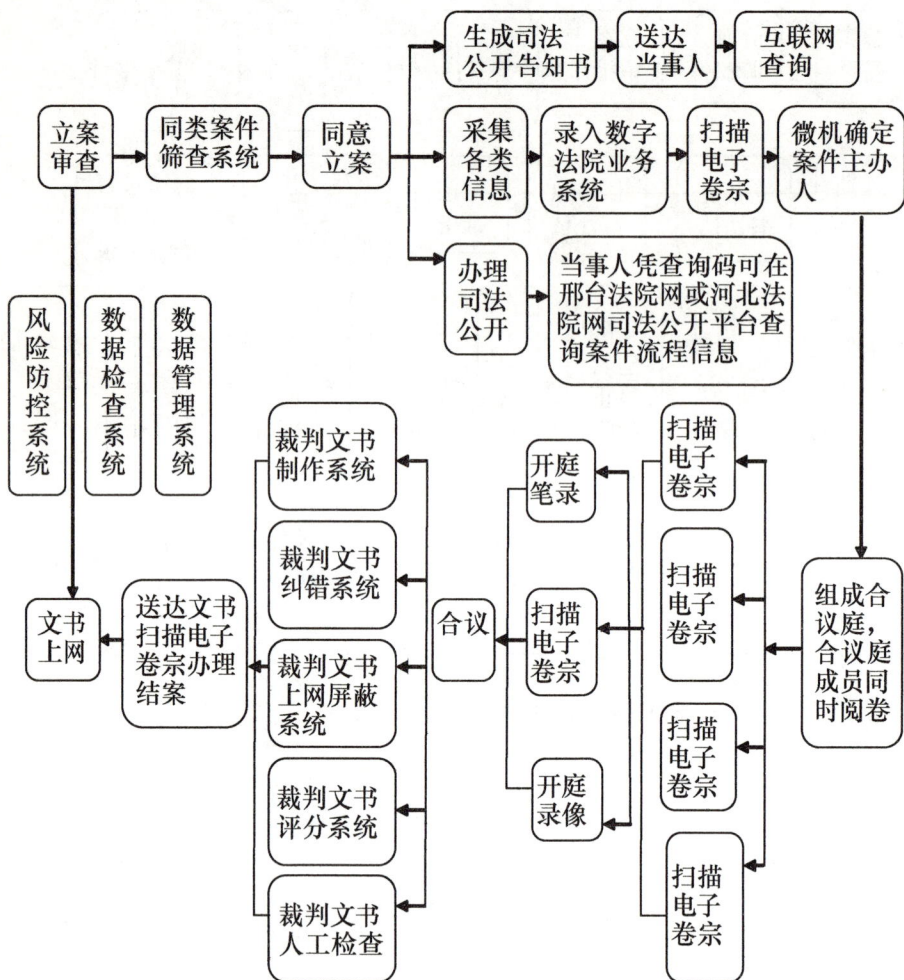

图5—3 案件流程管理及风险防控

前期文书智能分析、制作流程指引以及各类辅助制作工具,实现裁判文书初稿自动生成,裁判文书制作智能辅助,提升裁判文书写作质效;人民法院司法文书纠错系统:本系统根据法律法规、最高院司法解释和文书样式,兼顾各地法院实际情况,运用北大法意独创的文书智能分析引擎,对各级法院裁判文书进行全面校验,通过校验结果分析,辅助法官手动修改,同时,提供文书自动排版等辅助功能,全面提升文书质量。人民法院司法文书公布管理系统:本系统基于人民法院裁判文书上网需求,运用北大法意独创的文本分析技术和敏感信息智能处理引擎,实现文书敏感信息自动处理。通过高效隐藏当事人敏感信息、自动过滤不宜上网案件、动态汇总上网报表等优势功能,提高上网文书的敏感信息处理工作质效。人民法院裁判文书评查系统:本系统采用北大法意自主研发的文书评分引擎,依据最高院《文书样式标准》,并参考多家法院《文书评查标准》,对裁判文书进行全自动评查。提供单个文书信息查询、评查结果统计等功能,满足法院裁判文书评查需求。

(4)数字审委会系统。数字审委会系统覆盖承办人向审委会提起申请、上会审批、秘书安排会议、申请人向审委会汇报以及委员查看议题和议题后续回顾等流程。同时,该系统与电子卷宗系统无缝对接,进一步提高了审委会议事质量和效率。

(5)执行联动系统。该系统实现与多家市级协助执行单位专线对接,实现网络在线司法查询与控制,形成全市目标一致的业务协同工作格局,各部门共同协助法院综合治理执行难,并为其他类别案件办理过程提供高效的协作手段。

(二)廊坊市中级人民法院:服务导向下的司法信息化

廊坊中级人民法院将信息化建设作为"一把手"工程,全方位推进法院信息化建设。2008 年开始到 2013 年,先后制定两部《全市法院计算机信息化网络建设三年规划》,提出了建设执行联动指挥中心、法警指挥调度中心、司法服务中心、数字控制中心、审判管理中心、行政服务中心"六大中心",基本实现"案件审理流程化、文件传输无纸化、事务管理智能化、召开会议视频化、档案管理电子化、司法统计实时化"的信息化建设蓝图。努力构建以信息化为基础的服务机制。

1. 在服务审判上:一是积极建设应用 B/S 架构集中部署的审判流程系统,将立案、开庭、合议、判决、执行等审判执行各节点信息全部录入管理系统,用信息化流程规范管理审判与执行工作;二是建设法官工作平台,单点登录工作平台,即可展现在办案件、工作进度信息,浏览庭审录像、绩效考评等功能,提供裁判文书纠错软件,法律法规查询,赔偿数额快速计算等辅助办案工具,实现了法院业务流、管理流和信息流的融合,便于法官减轻案头工作,提高业务水平;三是建设数据中心,破解信息孤岛,全市法院统一数据存储、统一管理、实现数据共享,提高工作效率,为领导决策提供数据支持;四是建设网络直播平台,为积极落实中院每天至少一个开庭直播,基层法院每周至少一个开庭直播提供技术支持;五是结合案件流转程序,研发案件质效同步校验系统软件,对进入审判流程的案件全程监控、节点控制、同步校验,确保案件各环节准确,减少审判瑕疵。同时,将重要的审判节点信息同步发送到法官及当事人手机上,实现当事人对案件进程的了解。

2. 在服务执行上:一是实现与部分金融机构和行政机构的财产查控信息

化，大幅提高了工作效率，降低工作成本；二是建立远程指挥系统，加强对办案现场管控，规范执行行为，降低执行风险；三是与失信被执行人名单、诚信平台等信用惩戒机制对接，强化对被执行人的信用惩戒；四是建立信息发布系统，为全体执行法官提供领导指示，执行工作动态等信息，在此基础上全面推行执行信息公开，做到案件公开率100%，案件节点信息公开率100%。

3. 在服务群众上：一是在廊坊法院内外网建设司法公开平台，公开审判流程节点信息，公开生效裁判文书，公开立案信息，并为当事人提供场景服务。运用互联网平台逐步实现网上立案、网上信访、网上与公众或当事人互动交流；二是建立诉讼服务平台，以司法服务中心为纽带，通过网络、移动终端、短信、电子邮件和989天平语音电话等方式，为法官、公众及案件当事人提供文书送达与告知、预约立案、诉讼引导、证据交换、审判活动公开等服务；三是将新中国成立以来的纸质档案4万余卷扫描录入生成电子档案，同步建设了诉讼电子档案借阅系统，借阅人或案件当事人凭借借阅档案管理人员打印的条形码，登录系统即可浏览指定卷宗，提供阅览、复制、打印一站式服务，实现多人同时调用卷宗，提高工作效率。另外，通过应用电子档案借阅平台，还降低了案卷被损毁、涂改、丢失的风险，为案卷的妥善保管和信息安全提供了可靠保障。

4. 在服务法官上：加强信息化政务管理，发挥信息化在公文流转传阅、电子签章、车辆派遣运维管理、物资采购发放、财务收支凭证管理、机关安全监控等方面的巨大作用，实现对法官办公、办案和日常生活的多种服务，依靠信息化为广大法官提供更加周到细致快捷的技术支撑。

（三）衡水市中级人民法院：精细化模式下的司法信息化

衡水市中级人民法院通过"五项举措、十项应用"，使得法院信息化工作由传统粗放型转向精细化、规范化。

1. 五项举措：一是统一规划，建立信息化整体实施体系。全市法院将信息化建设作为"一把手"工程，列入重要议事日程。专门成立领导机构，负责对全员信息化建设的组织、协调、督促、指导。统一了数据标准、结构和接口，确保两级法院统一步伐、互联互通；二是夯实基础，完善数字化法院硬件建设。组建完全物理隔离的内外网。建成14个高清数字法庭、执行指挥中心、看守所远程提讯、远程视频接访等系统；三是抓好关键，为全市法院提供技术支撑。集中采购十二套软件系统，重点建设中心机房，实现审判流程统一管理；四是强化考核，定期进行应用检查通报。采取"日检查、周通报、月考核"的工作机制，强力推进信息化工作；五是全员参与，大力开展信息化应用培训。

2. 十项应用：一是司法服务便民化。中院在立案信访大厅，设置公共信息查询系统，公众通过该系统不但可以访问中院内网，查看诉讼指南等内容，还可以查询案件信息。全市法院共有巡回审判箱二十余套，可以随时随地搭建便携式数字化法庭，方便地处偏远、行动不便的当事人参与诉讼；二是审判流程规范化。运用审判流程管理系统，对所有案件从立案、分案直到归档实行信息化节点管理，承办法官录入案件生成信息、生成法律文书、系统纠错、主管领导网上留痕签批、电子签章、与电子卷宗系统挂接，形成一套自动化规范办案流程，实现流转网络化、办案一体化；三是司法审判阳光化。所有案件审理实现庭审过程同步录音录像，通过"衡水法院网"、院长微信、官方微博进行网络直播、点播。应公开的生效裁判文书全部实现网上公开；四是审判管理精细化。改进审判质量管理系统，把审判质量指标分解到庭，进行审限预警、质量跟踪通报，使法官业务数据自动生成、动态排序，弥补了人工填报的漏洞。审管办每月网上随机抽查、评查案件，将评查结果在网上通报，使网络成为监督案件的窗口；五是司法卷宗电子化。每个业务庭均配备高速扫描仪，将各个环节的卷宗信息全部通过扫描实时输入，实现电子卷宗和纸质卷宗同步生成；六是执行工作智能化。建成执行指挥中心，完善执行信息查询系统，完善与银行、公安、房屋土地、出入境等部门的网络查控系统。对拒不执行的"老赖"予以曝光；七是减刑假释数字化。整合政法资源，在深州监狱率先建立河北省首家"狱内数字化法庭"，对减刑、假释案件通过信息化平台进行媒体直播、点播，实现与公安、检查、司法等机关办案信息资源共享和协同办公；八是法治宣传新媒体化。在河北省率先开通院长微博、微信互动平台，实现"网站、微博、微信"三位一体全覆盖。及时回应人民群众对执法办案等方面的关注和期待，正确引导社会舆论。开发使用互联网舆情监测系统，及时掌握相关信息，帮助法院提前有效应对潜在问题；九是安全保卫科技化。门禁一卡通系统与安检等多种手段统一运用，确保审判、办公环境安全；十是行政办公自动化。内部文件、信息、通知等各种公文，电子传送取代了文件印发，有效提升了文件签批、流转效率。

信息革命的技术辐射力逐步蔓延在中国经济、政治、文化等诸多领域，司法的态度也从被动地迎合转向积极地应对。① 盖因信息化去除了人为因素的诸多干扰，在司法体制改革尚未达到预期的现实条件下，法院信息化是化解司法运行流程障碍的有力武器。申言之：

其一，便于当事人行使民事诉权。司法便民价值我国民事司法改革的目

---

① 王琦、安晨曦：《时代变革与制度重构：民事司法信息化的中国式图景》，《海南大学学报（人文社会科学版）》2014 年第 5 期。

标之一即在于让国民都能够非常容易地接近司法，进而接近正义。传统民事司法制度在社会转型期受到一定的冲击，许多制度设计已不能完全满足当事人的诉求，尤其在信息革命的浪潮中甚为突出。如因经济发展而导致的社会人口流动性凸显，致使跨区域的异地诉讼越来越普遍。多数当事人不得不到异地法院参与诉讼，使其各项成本明显增加，很多当事人为避免这些成本而不得不放弃诉讼权利。对此，最高法院近年来一直将司法便民作为工作的出发点，于2007年发布的《关于全面加强人民法院信息化工作的决定》中指出，加强信息化在司法为民方面的应用，便于群众参与和了解诉讼，推进信息化在远程立案等方面的应用，以降低诉讼成本、减轻诉累；随后于2009年发布的《关于进一步加强司法便民工作的若干意见》中对于上述问题也给予了回应，规定基层法院可以采用电话、网络等信息化方式预约立案等。因此，信息化背景下的网上预立案、远程审判等均折射了司法便民的价值。

其二，克服民事诉讼过度迟延。司法效率价值在当今世界各国的民事诉讼改革中，诉讼效率的理念成为指引改革的中心理念。换言之，诉讼拖延，几乎是大多数国家民事司法改革的重心所在。从近几年我国民事司法改革的宏观背景考察，司法效率问题日益受到重视，逐步建立了诉讼外纠纷解决机制、小额诉讼、电子送达等提高民事司法效率的程序制度。我国的民事司法改革正值信息化的思潮，而信息化的首要特征即是高速性，在信息技术的支持下能够即时传递各种信息，如电子送达方式确立的初衷在于迎合了司法对效率的需求；又如远程庭审，诉讼各方当事人可以在远程审理点通过网络视频参加庭审，既节省了成本精力与在途时间，又使整个审理周期相应缩短。同时，信息技术的价值在完善审判管理信息化，从而提高审判效率方面也发挥着积极的作用。

其三，增强诉讼合作弱化对抗。司法协商价值在传统民事司法中，诉讼两造在以"剧场"为符号意象的人造建筑空间内进行的举证质证、辩论、探知事实真相、严格适用法律等行为，构成了民事诉讼程序的基本要素，也是传统民事司法对抗性的表征维度。然而，诉讼中的过度对抗对于民事纠纷化解的局限性逐步呈现，适度地在法院与当事人间以及诉讼当事人相互间加强自主对话与交流、协商与沟通、反映诉讼主体间合作的商谈主义司法成为现代民事诉讼发展的基本趋势。这也正如有学者所言，"司法过程中的对话沟通是现代司法的特质，是实现司法公正的重要保证之一"。信息化的民事司法承载了增强诉讼商谈弱化对抗的价值。如在电子送达中，是否采取此种方式法院需要事先与当事人协商，征求其意见后方可适用；又如远程庭审，处于虚拟网络空间的当事人分处两地，避免了当面的对抗甚至物理性的冲突行为。当然，对于当前以及未来出现的信息化民事司法模式,某类案件是否按照信息化的模式审理,与当事人的商谈理应是一个不可或缺的前置性条件。

其四,助推司法透明提升裁判公信力。司法公正价值"司法的目的不在于'确保程序的实现',而在于通过看得见的程序发现'实质正义'。"作为较司法公开更宽泛的司法透明,在民事司法层面不仅要求审判过程公开,更重视结果公开;不仅要求民事审判活动本身公开,还要求与审判活动相关的一切信息公开;不仅强调当事人可以获悉案件的各类信息,也注重社会公众的知情权利。随着信息时代的到来,互联网等信息化媒介为司法透明的实现创造了技术条件和载体。尤其是网络成为我国司法公开的第一平台。我国多数法院均借助网络平台开辟了"法院概况"、"诉讼指南"、"法院公告"、"司法公开活动"等专栏,最大限度地拉近与公众的距离,满足其对审判活动的知情权,排除猜测与怀疑,提升法院的公信力。众所周知,提升法院公信力之唯一途径在于实现司法公正,而司法公正的实现又需借助具体的制度设计。

因此,随着信息技术的广泛运用,制度的建构需要与技术手段相互合作,如裁判文书网上发布制度、最高法院开通官方微博、微信等举措均具有防止司法腐败、提升司法人员能力、满足公众知情权,进而提升司法公信力直至实现司法权威的价值。

结语:砥砺前行与乐观期许

伴随着三十多年改革开放的伟大历史进程,中国的司法改革渐次展开,成为波澜壮阔的司法创新实践,走出了一条具有中国特色的社会主义司法改革道路,深刻地推动了我国社会主义司法制度的自我完善与发展。当前司法改革的壮美图景让我们有理由保持乐观,但我们亦应保持冷静,因为任何一项改革之推进均非"纸面设计"的"应然实践"过程,在"制度设计—试点推进—全面展开"的具体改革步骤中,目标达成必然经历各种障碍。因此,理性分析困难,保持改革勇气,落实具体举措尤为重要。

观念变更是改革的先导,司法改革亦不例外。中国现行司法制度作为中国政治建构的重要组成部分,不仅其主要内容已上升为主流意识形态,而且其权威性、优越性也在意识形态中得到了肯定和支撑。对中国司法制度优越性的认同已成为政治组织和社会公众的一种政治理念。中国的主流意识形态通过对司法制度的褒扬使这一制度获得了广泛的社会拥戴。与此同时,司法制度本身也承载着社会各阶层、各主体的某种社会理想。在这种意识形态氛围中,司法体制或制度上所实施的改革或多或少将触及人们既往所形成的理念;而对这种理念的信守又会影响到改革的实际进程。一方面,虽然对司法实践中所反映出的问题有广泛的共识,但人们对司法制度基本方面的信赖往往忽略或宽宥了这些问题的存在,这在一定程度上消解了司法改革的主观动因;另一方面,当司法体制或司法制度的主要内容上升为主流意识形态后,司法改革,即便是在技术层面上所进行的改革,也必然会遇到观念性的障碍。如果说经济体制改革曾经历过逾越观念障碍的阵痛的话,那么司法改革也不可避免这种相同的遭际;而如果说经济领域中的观念比较容易在经济实践的验证中得到改变的话,那么,在司法领域中所形成的一些观念则因司法行为效果的潜隐性、量上的不可测性，以及不同主体的感受上的差异而难以改变。① 在古代，司法是行政的一个组成部分，所谓的司法机关一直是行政机关的附庸。中国具有悠久的历史文化传承，政治制度也有着巨大的历史惯性，作为政治制度一部分的司法制度同样如此。历史惯性导致司法权对行政权的天然依附。新中国成立以后，我国参照苏联模式，建立了自己的司法体系，"法律工具主义"的思维模式由此深刻影响着我们。法律工具主义在司法领域的体现就是司法工具主义。基于历史惯性，司法行政化一直是困扰我国司法改革的一大病症，祛除这一"顽疾"、确立现代司法理念绝非一朝一夕之功，但当前推行的全方位司法改革必将加快理念变更步伐。

改革是为了实现预期的利益而进行的，通常意味着利益格局的调整，产生一定的利益纠葛，改革相关者不可避免地进行利益考量甚至风险评估，将什么作为改革对象、如何设定改革的内容以及时间表和路线图、如何控制改革的结果，都离不开对改革进行利益权衡。② "真正意义上的改革，无不有痛感，不痛不成其为改革"（罗秉承）。这里所谓"痛感"，涉及真正意义上的改革必然存在权力或者利益上的调整，对于正在手握大权的部门或者人员以及既得利益者来说，一旦改革意味着要动自己的奶酪，他们就要成为改革的阻力。③ 从逻辑角度分析，谁是现行体制的最大受益者，那么谁就是改革的阻碍者。美国大法学家汉密尔顿曾言："对一个人的生存有控制权，就意味着对一个人的意志有控制权"。④ 例如，为保证"审理者裁判，裁判者负责"改革目标之达成，现行司法体制必须作出如下调整：其一，排除党政机关对司法的干预；其二，废除审签制度，排除法院内部人员对司法裁判的干预；其三，理顺上下级法院的关系，排除上级法院对下级法院的不当干预。由此观之，法官个人独立审判权之扩张，必然压缩已然形成的某些机构和个人的权力。这种权力调整中的"位势失衡"（顾培东），必然会使司法改革过程面临障碍。"曾经阔气的要复古，正在阔气的要维持现状，未曾阔气的要革新"（鲁迅）。改革要做到面面俱到、十全十美，照顾所有人的利益，实在是强人所难。改革中的利益纠葛必然预示着改革之推进需要非凡的勇气和魄力。

不可否认，官方推进是中国司法改革推进的决定性力量，但国民的参与性缺失同样会使改革成效褪色。检索中国司法改革的发展历程，曾经的改革未能完全符合民众预期，如下两个层面的原因不能忽视：第一，司法改革

① 顾培东：《中国司法改革的宏观思考》，《法学研究》2000 年第 3 期。
② 张建伟：《司法体制改革中的利益纠葛》，《东方法学》2014 年第 5 期。
③ 张建伟：《司法体制改革中的利益纠葛》，《东方法学》2014 年第 5 期。
④ ［美］汉密尔顿等：《联邦党人文集》，商务印书馆 1995 年版，第 369 页。

研究思路的单向思维。关于司法改革的传统研究，历来遵循"自上而下"的研究思路，虽然此种研究视角对制度推进有积极意义，但是理论界和实务界在倾心构筑司法改革举措之时，往往忽略了司法制度利用者的认知，理论与实践中的探究热潮与民众面临诉讼时之迷茫形成了这样一种悖论——真正企图利用司法制度的群体，却为无从知悉而被所谓司法制度疏远和边缘化。当事人及社会公众迫切需求这样一种通道，在这个通道里能"透明"地看到司法的演示过程，并进而获得相当的正义。第二，司法改革实践的权力本位主义。理念是行动的先导，理念决定着行动的方向。这些年我国司法改革工作之所以不尽如人意，理念滞后是重要制约因素。在我国，受"官本位"思想的长期影响，公权力机关"权力型"而非"权利型"的理念占据主导地位，其履行职能、行使职权更多的是从管理的角度出发，而非作为服务社会的手段和途径。改革主体与社会民众缺乏良性互动，由此导致司法改革实质性拓展障碍。当前，"让人民群众在每一个司法案件中都感受到公平正义"为司法体制改革的目标设定，司法体制改革必将更加重视民众的社会认同。

司法改革是我国政治改革系统工程的一部分，是一个全局性的问题。司法改革的实质推进无法脱离其他配套改革而孤立进行。在谈及司法机关人财物实行省级统管以后，司法是否真的能够摆脱地方保护主义的干扰这一问题时，张明楷先生细致地分析道："在人们习惯于干预司法的社会里，人财物由'省级统管'只能解决部分问题，而且只能解决小部分问题。实行'省级统管'后，法官、检察官人财物虽然不由地方管理，但是，其家属、亲属总会在地方工作、生活，家属、亲属的工作与生活必然在诸多方面依赖于地方政府及其各个部门。一个依法独立公正行使审判权却使地方利益受到损失的法官，在当地难以成为受欢迎的人，其家属、亲属的工作、生活等必然面临诸多麻烦。在我国，各项制度（如就业制度、户籍制度、教育制度等）都直接或者间接制约司法独立，如果不是全方位的改革，司法改革的成效将是微弱的。"①全面深化改革的时代背景必将促使司法体制改革取得应有成就。

诗云："横看成岭侧成峰，远近高低各不同。不识庐山真面目，只缘身在此山中。"司法改革之审视，不应局限于司法体制内看问题，更应站在国家宏观改革的整体层面予以考察思索。综观司法体制改革的现有举措，改革之广度和深度前所未见。故而，砥砺前行之中，我们有理由对未来的司法改革成效保持乐观期许！

①　张明楷：《刑事司法改革的断片思考》，《现代法学》2014年第2期。

参考文献

一、专著类

1. [德]黑格尔:《法哲学原理》,商务印书馆1982年版。
2. [法]孟德斯鸠:《论法的精神》(上),张雁深译,商务印书馆1982年版。
3. [古希腊]亚里士多德:《政治学》,吴寿彭译,商务印书馆1981年版。
4. [美]贝勒斯:《程序正义——向个人的分配》,邓海平译,高等教育出版社2005年版。
5. [美]罗尔斯:《正义论》,何怀宏等译,中国社会科学出版社1988年版。
6. [美]马丁·夏皮罗:《法院:比较法上和政治学上的分析》,张生、李彤译,中国政法大学出版社2005年版。
7. [美]汉密尔顿等:《联邦党人文集》,商务印书馆1995年版。
8. [美]卡多佐:《司法过程的性质》,苏力译,商务印书馆1998年版。
9. [美]马歇尔·萨林斯:《文化与实践理性》,赵丙祥译,上海人民出版社2002年版。
10. [美]波斯纳:《联邦法院:挑战与改革》,邓海平译,中国政法大学出版社2002年版。
11. [美]理查德·波斯纳:《法官如何思考》,苏力译,北京大学出版社2009年版。
12. [美]罗斯科·庞德:《通过法律的社会控制》,沈宗灵译,商务印书馆2008年版。
13. [日]谷口平安:《程序的正义与诉讼》(增补本),王亚新、刘荣军译,中国政法大学出版社2002年版。

14.［日］棚濑孝雄：《纠纷的解决与审判制度》，王亚新译，中国政法大学出版社 2004 年版。

15.［意］卡佩莱蒂：《比较视野中的司法程序》，徐昕、王奕译，清华大学出版社 2005 年版。

16.［意］皮罗·克拉玛德雷：《程序与民主》，翟小波、刘刚译，高等教育出版社 2005 年版。

17.［英］丹宁勋爵：《法律的正当程序》，刘庸安等译，群众出版社 1984 年版。

18.［英］拉兹：《法律的权威》，朱峰译，法律出版社 2005 年版。

19.《马克思恩格斯全集》（第三卷），人民出版社 1956 年版。

20. 董必武：《董必武法学文集》，法律出版社 2001 年版。

21. 苏力：《法治及其本土资源（修订版）》，中国政法大学出版社 2004 年版。

22. 强世功：《法制与治理——国家转型中的法律》，中国政法大学出版社 2003 年版。

23. 苏永钦：《司法改革的再改革》，台湾月旦出版社 1998 年版。

24. 国务院新闻办公室：《中国的司法改革》，人民出版社 2012 年版。

25. 何拥军：《人民法院建设》，中国社会科学出版社 2008 年版。

26. 朱景文：《中国人民大学中国法律发展报告：中国法律工作者的职业化（2012）》，人民大学出版社 2013 年版。

27. 何兰阶、鲁明健：《当代中国的审判工作（上）》，当代中国出版社 1993 年版。

28. 顾培东：《社会冲突与诉讼机制》，四川人民出版社 1991 年版。

29. 侯猛：《中国最高人民法院研究——以司法的影响力切入》，法律出版社 2007 年版。

30. 李宏飞：《职业化——21 世纪第一竞争力》，新华出版社 2007 年版。

31. 刘思达：《失落的城邦——当代中国法律职业变迁》，北京大学出版社 2008 年版。

32. 吕忠梅：《法眼观庭：穿行于教授和法官之间》，北京大学出版社 2006 年版。

33. 沈国琴：《中国传统司法的现代转型》，中国政法大学出版社 2007 年版。

34. 周振想、邵景春：《新中国法制建设 40 年要览》，群众出版社 1990 年版。

35. 史尚宽:《宪法论丛》,荣泰印书馆 1973 年版。

36. 李宏勃:《法制现代化进程中的人民信访》,清华大学出版社 2007 年版。

37. 陆而启:《法官角色论——从社会、组织和诉讼场域的审视》,法律出版社 2009 年版。

38. 宋冰:《程序、正义与现代化》,中国政法大学出版社 1998 年版。

39. 王亚新等:《法律程序运作的实证分析》,法律出版社 2005 年版。

40. 赵志春、许媛媛:《论刑事案件的庭审公开》,见《司法公开理论问题》,中国法制出版社 2012 年版。

41. 陈瑞华:《刑事审判原理论》,北京大学出版社 1997 年版。

42. 陈瑞华:《看得见的正义(第二版)》,北京大学出版社 2013 年版。

43. 谢晖、陈金钊:《法律:诠释与应用——法律诠释学》,上海译文出版社 2002 年版。

44. 季卫东:《宪政新论——全球化时代的法与社会变迁》,北京大学出版社 2002 年版。

45. 张泽涛:《司法权专业化研究》,法律出版社 2009 年版。

46. 孙笑侠:《程序的法理》,商务印书馆 2005 年版。

47. 吴英姿:《法官角色与司法行为》,中国大百科全书出版社 2008 年版。

48. 喻中:《乡土中国的司法图景》,中国法制出版社 2007 年版。

49. 卞建林:《现代司法理念研究》,中国人民公安大学出版社 2012 年版。

50. 代志鹏:《司法判决是如何生产出来的——基层法官角色的理想图景与现实选择》,人民出版社 2011 年版。

51. 姚建宗:《法治的生态环境》,山东人民出版社 2008 年版。

52. 左卫民等:《最高法院研究》,法律出版社 2004 年版。

53. 蒋剑鸣:《转型社会司法运行原理研究》,中国人民公安大学出版社 2012 年版。

54. 许章润等:《法律信仰:中国语境及其意义》,广西师范大学出版社 2003 年版。

55. 公丕祥:《当代中国的司法改革》,法律出版社 2012 年版。

56. 高一飞:《司法改革的中国模式》,法律出版社 2011 年版。

57. 陈光中等:《中国司法制度的基础理论问题研究》,经济科学出版社 2010 年版。

58. 蒋慧岭主编:《司法公开理论问题》,中国法制出版社 2012 年版。

59. 高一飞、龙飞等:《司法公开基本原理》,中国法制出版社 2012 年版。

60. 沈德咏、景汉朝主编:《司法公开实践探索》,中国法制出版社 2012 年版。

61. 沈德咏、景汉朝主编:《司法公开规范总览》,中国法制出版社 2012 年版。

62. 程春明:《司法权及其配置:理论语境、中英法式样及国际趋势》,中国法制出版社 2009 年版。

63. 刘风景:《裁判的法理》,人民出版社 2007 年版。

64. 廖奕:《司法均衡论——法理本体与中国实践的双重建构》,武汉大学出版社 2008 年版。

二、论文

1. 顾培东:《中国司法改革的宏观思考》,《法学研究》2000 年第 3 期。

2. 张建伟:《司法体制改革中的利益纠葛》,《东方法学》2014 年第 5 期。

3. 张明楷:《刑事司法改革的断片思考》,《现代法学》2014 年第 2 期。

4. 姚莉、杨帆:《法官的自治、自律与司法公正》,《法学评论》1999 年第 4 期。

5. 龙宗智:《论司法改革中的相对合理主义》,《中国社会科学》1999 年第 2 期。

6. 张千帆:《转型中的人民法院——中国司法改革回顾与展望》,《国家检察官学院学报》2010 年第 3 期。

7. 谭世贵:《中国司法改革的回顾与反思》,《法治研究》2010 年第 9 期。

8. 左卫民:《十字路口的中国司法改革:反思与前瞻》,《现代法学》2008 年第 6 期。

9. 张卫平:《论我国法院体制的非行政化》,《法商研究》2000 年第 3 期。

10. 陈金钊、张其山:《对中国司法改革理论的反思》,《山东社会科学》2003 年第 6 期。

11. 夏锦文:《当代中国的司法改革:成就、问题与出路》,《中国法学》2010 年第 1 期。

12. 夏锦文:《法律职业化:一种怎样的法律职业样式——以司法现代化为视角的考查》,《法学家》2006 年第 6 期。

13. 徐昕:《英国民事司法改革之借鉴》,《法学》2001 年第 5 期。

14. 陈卫东:《中国司法改革十年检讨》,《中国律师》2002 年第 11 期。

15. 龙宗智、袁坚:《深化改革背景下对司法行政化的遏制》,《法学研究》

2014 年第 1 期。

16. 王申：《司法行政化管理与法官独立审判》，《法学》2010 年第 6 期。

17. 刘作翔：《中国司法地方保护主义之批判——兼论"司法权国家化"的司法改革思路》，《法学研究》2003 年第 1 期。

18. 周永坤：《司法的地方化、行政化、规范化——论司法改革的整体规范化理路》，《苏州大学学报（哲学社会科学版）》2014 年第 6 期。

19. 谢佑平、万毅：《权威与司法创新：中国司法改革的合法性危机》，《法制与社会发展》2003 年第 1 期。

20. 李富金：《基层法院的司法管理体制改革》，《华东政法学院学报》2005 年第 1 期。

21. 陈瑞华：《司法裁判的行政决策模式——对中国法院"司法行政化"现象的重新考察》，《吉林大学社会科学学报》2008 年第 4 期。

22. 苏力：《中国司法改革逻辑的研究——评最高法院的〈引咎辞职规定〉》，《战略与管理》2002 年第 1 期。

23. 苏力：《法律活动专门化的法律社会学思考》，《中国社会科学》1994 年第 6 期。

24. 黄共兴、刘燕玲：《论人民法院庭审旁听制度》，《太原师范学院学报（社会科学版）》2011 年第 3 期。

25. 马强：《当庭宣判制度研究》，《法学论坛》2001 年第 6 期。

26. 蒋惠岭：《"法院独立"与"法官独立"之辩——一个中式命题的终结》，《法律科学（西北政法大学学报）》2015 年第 1 期。

27. 张新宝：《对"人民法院独立审判"的全面理解》，《法学》2012 年第 1 期。

28. 王涛：《英国普通法中的司法公开制度》，《法律适用》2015 年第 1 期。

29. 关凌：《法官遴选制度比较》（上），《法律适用》2002 年第 4 期。

30. 曹晟旻：《当庭宣判制度的困境及出路——以法院行政化管理体制为背景》，《天府新论》2013 年第 3 期。

31. 瓮怡洁：《论当庭宣判》，《政法学刊》2005 年第 1 期。

32. 何良彬：《论判决理由》，《人民司法》1992 年第 12 期。

33. 李滇：《论判决理由的价值本位——从社会主义法治理念出发》，《行政与法》2012 年第 1 期。

34. 胡桥：《判决理由的概念和功能》，《浙江省政法管理干部学院学报》2001 年第 6 期。

35. 王运慧：《民事执行难问题的原因与对策新探》，《中州学刊》2009 年第 5 期。

36. 黄永春：《试论"执行难"的成因及破解》，《法治研究》2008 年第 11 期。

37. 李瑞富、李润海：《法院信息化与法院发展》，《山东审判》2005 年第 3 期。

38. 王琦、安晨曦：《时代变革与制度重构：民事司法信息化的中国式图景》，《海南大学学报（人文社会科学版）》2014 年第 5 期。

39. 童兆洪：《关于执行理论与制度创新的若干思考》，《人民司法》2006 年第 4 期。

40. 姜树政：《民众知情权视域下的司法公开进路》，《山东审判》2013 年第 5 期。

41. 徐骏、杨文：《看得见的正义：司法公开的理想、现实和未来》，《江苏警官学院学报》2012 年第 5 期。

42. 胡昌明：《透视司法供给与民众需求的张力——从"政法民声热线"出发的实证分析》，《法律适用》2013 年第 4 期。

43. 方斌：《论刑事庭审网络直播的规范化》，《西部法律评论》2013 年第 6 期。

44. 顾宁峰：《"权力本位"范式下司法公开制度的反思——以民事审判程序公开为研究尺度》，《上海政法学院学报（法治论丛）》2012 年第 2 期。

45. 傅达林：《庭审细节关乎司法权威》，《中国审判新闻月刊》2006 年第 10 期。

46. 傅达林：《细节所体现的司法理念》，《领导文萃》2010 年第 4 期。

47. 周标龙：《职务犯罪案件"立案难"问题探讨》，《衡阳师范学院学报》2010 年第 5 期。

48. 张莎莉：《也谈民事诉讼中当庭认证制度之废立》，《广西政法管理干部学院学报》2003 年第 4 期。

49. 彭海青：《论刑事审判中的当庭确证》，《青岛海洋大学学报》2002 年第 2 期。

50. 陶杨：《刑事庭审旁听制度研究》，《东北师大学报（哲学社会科学版）》2012 年第 1 期。

51. 李涛：《人民法院司法公开问题及其破解路径研究》，《南京工业大学学报（社会科学版）》2012 年第 3 期。

52. 张立勇：《网络时代的司法公开》，《中国党政干部论坛》2012 年第 7 期。

53. 伊文嘉、刘颖:《信访制度与司法救济途径的张力关系剖析》,《辽宁行政学院学报》2008 年第 10 期。

54. 田文利、马立民:《民主与法治之间:信访的多维解读与多重建构》,《南都学坛》2008 年第 4 期。

55. 辛玲、杨岚:《信访制度功能分解与复归》,《科学论坛》2007 年第 2 期。

56. 刘学在:《我国法院行政化倾向成因探析》,《中南民族大学学报(人文社会科学版)》2003 年第 1 期。

57. 张烁:《中国法院体制行政化的历史轨迹》,《广西政法管理干部学院学报》2003 年第 3 期。

58. 郝红鹰:《我国法院审判管理的去行政化研究》,《理论与现代化》2011 年第 6 期。

59. 王晓:《法官职业化背离民主之倾向及其合理调整》,《重庆师范大学学报(哲学社会科学版)》2010 年第 3 期。

60. 吴元中:《法官职业化之路探析》,《山东行政学院学报》2011 年第 6 期。

61. 张东明、孙洪坤:《主审法官制与审判公正》,《开封大学学报》2003 年第 1 期。

62. 叶青:《主审法官责任制析》,《法学》1995 年第 7 期。

63. 张红:《主审法官责任制的法理分析》,《中共杭州市委党校学报》2015 年第 1 期。

64. 吴卫军:《法理与建构:中国司法改革的宏观思考》,博士学位论文,中国政法大学 2003 年。

65. 赵钢、刘学在:《我国法院行政化、企业化倾向之初步批判——以民事诉讼为切入点》,载陈光中、江伟主编:《诉讼法论丛》(第 7 卷),法律出版社 2002 年版。

66. 唐玉沙:《"破茧"之路——论中国法官形象改变的内在困境与出路》,载万鄂湘主编:《建设公平正义社会与刑事法律适用问题研究》,人民法院出版社 2012 年版。

67. 刘安荣:《我国法院体制的行政化及改革对策》,《陕西师范大学学报(哲学社会科学版)》2004 年第 6 期。

68. 常明、张昌辉:《司法地方化透析》,《理论观察》2006 年第 5 期。

69. 刘风景:《司法地方保护主义之病状与诊治》,《北京联合大学学报(人文社会科学版)》2014 年第 3 期。

70. 张志远:《法官职业化的反思与构想》,《辽宁教育行政学院学报》2011

年第 4 期。

71. 王晨光:《法官职业化和法官职业道德建设》,《江苏社会科学》2007 年第 1 期。

72. 刘会生:《人民法院管理体制改革的几点思考》,《法学研究》2002 年第 3 期。

73. 周群:《论构建具有中国特色的司法制度》,《行政与法》2004 年第 6 期。

74. 王晔:《网络直播庭审问题研究》,硕士学位论文,复旦大学法学院 2011 年。

75. 侯云锦:《行政诉讼立案难问题探究——基于 S 省人民法院行政不立案案件的实证分析》,硕士学位论文,浙江工商大学 2012 年。

76. 梁冰:《网络时代下人民法院司法公开》,硕士学位论文,吉林大学行政学院 2013 年。

77. 戴全寿:《法官职业化几个问题的思考——试论法官职业化的意义、保障和路径》,硕士学位论文,中国政法大学 2004 年。

78. 倪寿明:《司法公开问题研究》,博士学位论文,中国政法大学 2011 年。

79. 鲁强:《当代中国司法改革过程研究》,博士学位论文,中国政法大学 2008 年。

80. 张晓东:《法治视域下的中国司法改革——以保障司法审判独立为目标》,硕士学位论文,吉林大学行政学院 2014 年。

81. 刘中华:《审判主体论——兼评我国近期法官制度改革》,硕士学位论文,山东大学法学院 2002 年。

82. 刘琦:《当代司法环境下的法官角色重塑》,硕士学位论文,苏州大学法学院 2012 年。

83. 高一飞:《自由旁听是审判公开的重大改革》,《人民法院报》2011 年 10 月 14 日。

84. 江必新:《论合议庭职能的强化》,《人民法院报》2002 年 9 月 18 日。

85. 肖瑜:《以司法细节阐释核心价值》,《人民法院报》2012 年 6 月 17 日。

86. 刘元元:《判决修辞是司法公正的细节》,《人民法院报》2010 年 12 月 21 日。

87. 赵凌:《国内首份信访报告获高层重视》,《南方周末》2004 年 11 月 4 日。

88. 狄济洪:《加强信访工作,疏通信访渠道》,《人民日报》1998 年 8 月

31 日。

　　89. 刘新慧:《法院微博促进司法公开问题研究》,《人民法院报》2011 年 12 月 30 日。

　　90. 公丕祥:《中国司法改革的时代进程(下)》,《光明日报》2008 年 12 月 30 日。

　　91. 赵旭东:《抓铁有痕,构建防止干预司法的制度堤坝》,《检察日报》2015 年 4 月 15 日。

　　92. 汤维建:《司法改革应重视问责制度建设》,《团结报》2014 年 8 月 5 日。

　　93. 谢佑平、黎宏伟:《司法机关的去地方化和去行政化》,《上海法治报》2014 年 4 月 30 日。

　　94. 王比学:《司法不能听任地方化》,《人民日报》2014 年 3 月 26 日。

　　95. 郭书宏:《法官职业化:全面推进依法治国的保障》,《团结报》2014 年 12 月 2 日。

　　96. 张建:《中国语境与独立审判叙事》,《法制日报》2015 年 1 月 7 日。

　　97. 胡云腾:《审判独立与司法公正》,《法制日报》2013 年 8 月 21 日。

　　98. 潘建兴:《用信息标准化"点睛"司法公开》,《人民法院报》2015 年 1 月 18 日。

　　99. 王亚明:《主审法官应有助理选择权》,《江苏法制报》2015 年 3 月 20 日。

　　100. 倪寿明:《在人民法庭推行主审法官责任制》,《人民法院报》2014 年 7 月 16 日。

　　101. 郑金雄:《细节折射司法特殊正义》,《人民法院报》2011 年 2 月 24 日。

　　102. 刘作翔:《法院信息化建设与司法公开》,《人民法院报》2015 年 1 月 30 日。

后 记

本书是作者2013年所承担的河北省社会科学基金项目"民事司法权力运行机制的改革与实践——以河北法院为例"（编号：HB13FX004）的最终成果。从调研立项直至书稿付梓，历时三年。期间实证调研分为"司法公开""庭审公开""司法运行"三个专题在河北省各地展开，其中涉及参与被调查的法官1600余名、律师1200余名、当事人1500余名，其工作量之大、调研难度之巨自不必说。触及法院改革这一宏大命题，不仅需要掌握大量的理论与实务资料，而且需要集中精力进行长时间的理论沉思，唯此方能激发写作的冲动与灵感。同时，笔者写作此书时，当今的法院改革正进行得如火如荼，其变革可谓日新月异，稍不留神，相关研究极有可能已经"过时"。但繁忙的教学工作撕裂的碎片化时间，致使写作很难集中时间进行连续性思考，且本书写作亦无法追踪法院改革的所有最新动态，这不能不说是一种遗憾。令人稍感欣慰的是，写作过程尽管是一个漫长而痛苦的过程，但能够对中国司法改革进行再学习，亦是一个成长和收获的过程。写作当中偶尔闪现的思想火花往往令笔者欣喜不已。

然而，即使如此，如果没有人民出版社王怡石女士反复不断的催促与鼓励，本书可能依然难产。王怡石女士对本书倾注了大量的心血，从选题到注释的每一个细节均极尽细心，令人深受感动。

同时，河北省高级人民法院在本书的实践资料提供和问卷调查中提供了切实的大力帮助。本书选题为"法院改革的理论探索与地方实践"，其中"地方实践"是本书的重要组成部分，也是实现"笔者力图回避'闭门造车'式的空洞理论论述，而是以地方鲜活的司法改革实践作为论证之源，进而为当前轰轰烈烈开展的司法改革提供有益建言"写作思路的重要支撑。本书的问卷调查涉及大量法官、当事人和律师，没有河北省高级人民法院的协助，以笔者的微薄之力是无论如何也无法完成的。此外,河北省高级人民法院还毫无保留地提供了河北省各级人民法院鲜活的司法实践资料,这些资料要么属于本书的一部分,要么是本书的论证基础。众所周知,法院的司法实践资料往往被视为"内部资料"抑或"秘密资料",作为笔者本人而言,获取某一家法院的相关资料已是难事,更遑论涉及多家法院的新鲜素材。

在此,谨向河北省高级人民法院表示真诚的感谢! 同时,感谢教育部"新世纪优秀人才支持计划"对本书出版提供的资助!

在课题的完成过程中,课题组的王雅坤、于浩、陈焘、李广德、李庆保、刘宇晖、李雷、霍文良、李书萍等同仁参与了辛苦的工作,从调查问卷、访谈提纲的设计到实地调研、数据的统计分析及阶段论文成果的写作等都倾注了很多心血,在此一并表示感谢!

改革开放以来,人民法院的司法改革呈现出从"司法规范重建—审判方式改革—司法体制改革"的基本走向。沿循渐次稳妥推进之思路,如今,法院改革正步入"深水区",而具体改革则被分解成多项改革任务逐步推进,某些改革尚需通过试点,以评估是否能够加以推广。可以想见,人民法院改革目标之达成,在拥有改革的魄力和勇气背后,亦需要不断地摸索与实践,这种探索可能会持续较长一段时间。而作为学术界而言,对人民法院改革进程的思考与探索,只有进行时,没有完成时。

如今,现代技术的充分运用和广泛普及对人类社会的各个方面都产生了深刻的影响,引发了社会运行方式和人们思维模式的改变,有力地推动着人类文明的进步和社会经济发展。同样,现代信息技术的运用在知识传递方面功不可没,任何的探索思考均离不开前人的研究积累,但这亦有可能淹没自我思维,但无论如何,读者如果发现书中还有几句可以借鉴的话也算是对笔者的一种鼓励。

责任编辑：王怡石
封面设计：春天书装

图书在版编目（CIP）数据

法院改革的理论探索与地方实践：基于河北法院的考察 /
梁平，陈奎著. -- 北京：人民出版社，2015

ISBN 978-7-01-014938-7

Ⅰ．①法…　Ⅱ．①梁…②陈…　Ⅲ．①法院 – 司法制度 – 体制
改革 – 研究 – 河北省　Ⅳ．①D926.22

中国版本图书馆CIP数据核字（2015）第117897号

法院改革的理论探索与地方实践：基于河北法院的考察
FAYUAN GAIGE DE LILUN TANSUO YU DIFANG SHIJIAN:
JIYU HEBEI FAYUAN DE KAOCHA
梁平　陈奎　著

人民出版社 出版发行
（100706 北京市东城区隆福寺街99号）

环球印刷（北京）有限公司印刷　新华书店经销
2015年12月第1版　2015年12月北京第1次印刷
开本：710毫米×1000毫米　1/16　印张：22.75
字数：390千字
ISBN 978-7-01-014938-7　定价：59.00元

邮购地址　100706 北京市东城区隆福寺街99号
人民东方图书销售中心　电话：（010）65250042　65289539